Thomas Böhm (Hg.)
in Zusammenarbeit mit Benedikt Barth

Glaube und Kultur

Thomas Böhm (Hg.)
in Zusammenarbeit mit Benedikt Barth

Glaube und Kultur

Begegnung zweier Welten?

FREIBURG · BASEL · WIEN

© Verlag Herder GmbH, Freiburg im Breisgau 2009
Alle Rechte vorbehalten
www.herder.de
Umschlaggestaltung: Finken & Bumiller, Stuttgart
Satz: SatzWeise, Föhren
Herstellung: fgb · freiburger graphische betriebe
www.fgb.de
Gedruckt auf umweltfreundlichem, chlorfrei gebleichtem Papier
Printed in Germany

ISBN 978-3-451-29878-3

Dem Ehrendoktor
der Theologischen Fakultät
der Albert-Ludwigs-Universität Freiburg,
Erzbischof emeritus
Dr. Oskar Saier (1932–2008)
in dankbarer Erinnerung
gewidmet

Inhaltsverzeichnis

Vorwort 9

„Ziel der Kirche ist es, zu evangelisieren, und nicht, Kultur zu treiben" (Pius XI.). Zum spannungsvollen Verhältnis von Glaube und Kultur 15
Peter Walter

„Meine Wonne ist es, bei den Menschen zu sein" (Spr 8,31). Welt-Weisheit im Glauben des biblischen Israel 39
Hubert Irsigler

Von Jerusalem nach Rom. Die Rezeption des Evangeliums in der hellenistischen Welt 71
Lorenz Oberlinner

Glaube und Inkulturation. Gab es einen „Zwang" zur Heterodoxie in der Spätantike? 109
Thomas Böhm

Islamischer Glaube versus christliche Kultur. Zur Kritik an der These vom Aufklärungsbedarf des Islam . . . 141
Bernhard Uhde

Widerstreit und Annäherung. Zum prekären Verhältnis zwischen postmodernem und christlichem Denken 155
Markus Enders

Mehr als Brot und Wein. Zur Phänomenologie der Gabe . . . 187
Helmut Hoping

Inhaltsverzeichnis

Kirchliche Rechtskultur. Vom Umgang mit dem Recht in der
Kirche 203
Georg Bier

Das Gefühl des Glaubens. Pastoraltheologische Anmerkungen
zu kirchlichen Großereignissen 229
Hubert Windisch

Wenn Laien die Fachleute sind. Zur Verhältnisbestimmung von
christlichem Glauben und menschlicher Gesellschaft 241
Ursula Nothelle-Wildfeuer

Hilfekultur als Kulturhilfe. Die organisierte Nächstenliebe
(caritas/diakonia) der Kirche als Kulturfaktor 265
Klaus Baumann

Menschenwürde, Biopolitik und Kultur. Der Beitrag des
Glaubens zum ethischen Diskurs der Gesellschaft 289
Eberhard Schockenhoff

Herausgeber und Autoren 317

Vorwort

Der Titel des Bandes „Glaube und Kultur – Begegnung zweier Welten?" zeigt bereits die Problematik auf, in der sich der moderne oder postmoderne Mensch befindet. Geht man davon aus, dass Glaube, hier der christliche Glaube an eine Letztinstanz, kulturprägend gewirkt hat, trifft dies unbestreitbar auf verschiedene Bereiche unserer Lebensgestaltung zu, etwa auf die über die Jahrhunderte hinweg entwickelten Texte, Dokumente und Sprachformen, aber genauso auf die Architektur, Kunst oder die Musik sowie auf individuelle und gemeinschaftliche Lebensformen.[1] Gerade diese konstitutive Bedeutung christlicher Kulturprägung geht in der Postmoderne mehr und mehr verloren. Statt von Kontinuität zu sprechen, scheint heute gerade die Unbestimmtheit oder der Konflikt die Lebenswelt zu bestimmen oder kulturelle Identitätsbildungen zu verhindern. Lassen sich überhaupt noch kulturelle Identitäten – soziologisch betrachtet – in heutigen Gesellschaften finden – und, falls dies bejaht wird, unter welchen Bedingungen?[2] Welche Rolle spielt dabei der christliche Glaube? Wenn sich im Diskurs herausstellt, dass der christliche Glaube eine geschichtliche Ausprägung – grob gesprochen – westlicher Provenienz ist, ist dann dieser christliche Glaube problemlos in neue Kontexte zu übertragen?[3] Ist überhaupt zwingend davon auszugehen, dass die unterschiedlichen Ausformulierungen christlichen Glaubens im Kontext ihres Wahrheitsanspruches Bestand haben können gegenüber anderen Religionen und der modernen Gesellschaft? Was ist überhaupt Kultur?[4] In manchen Ansätzen der Religionswissenschaft und Religionssoziologie ist gerade ein exzeptioneller Anspruch einer Religion fragwürdig geworden, sodass man Definitionsversuche vermeidet, die z. B. den Begriff „Kultur" näher bestimmen.[5]

Angesichts dieser Lage ist es dringlicher denn je, die Frage von Kultur und Glaube erneut aufzugreifen. Dies geschieht im vor-

Vorwort

liegenden Band zunächst dadurch, dass im Beitrag von Peter Walter das spannungsvolle Verhältnis von Glaube und Kultur unter dem programmatischen Satz von Pius XI. „Ziel der Kirche ist es, zu evangelisieren, und nicht, Kultur zu treiben" in den Blick genommen wird, um Bildung und Glaube in Beziehung zu setzen bis hin zum Zweiten Vatikanischen Konzil (mit der Konstitution „Gaudium et spes"). Aufgabe der Theologie ist u. a., dazu beizutragen, dass die Kirche als Zeitgenossin der Gegenwart kritische Akzente setzt. Will Theologie dieses kritische Potenzial nutzen und zur Sprache bringen, muss sie zugleich nach den historischen Bedingungen und Bedingtheiten des christlichen Glaubens fragen. Diesem Anliegen widmen sich die exegetischen und historischen Beiträge, um herauszustellen, welche Ausformulierungen christliche Theologie erfahren hat. Dies geschieht einerseits durch die alttestamentliche Reflexion auf die Welt-Weisheit im Glauben des biblischen Israel (Hubert Irsigler), wo die unterschiedlichen Weisheitskonzeptionen thematisiert sind, und zwar bis zur personifizierten Weisheit als Ausdruck von Weltoffenheit und Kulturoptimismus und somit als weisheitliche Selbstkritik gegen fundamentalistische Abschottungen. Andererseits zeigt die neutestamentliche Perspektive der Rezeption des Evangeliums in der hellenistischen Welt (Lorenz Oberlinner) gerade die prägende Kraft des Hellenismus auch in der christlichen Verkündigung, ein Thema, das für die altkirchliche Gestalt des Christentums maßgeblich wurde und zugleich aus unterschiedlichen Motiven heraus im Rahmen von Inkulturationsvorgängen zu Formen von Orthodoxie und Heterodoxie führte (so der Beitrag von Thomas Böhm). Die aus biblischer und historischer Perspektive deutlich werdende Kontextualität von Aussagen und Lebensentwürfen und die Inkulturationsvorgänge zeigen die Reichweite, aber zugleich die Grenzen der jeweiligen Konzeptionen sowie die Notwendigkeit, den Glauben in neuen Kontexten auch neu entwerfen zu müssen.

Dieser Herausforderung des modernen bzw. postmodernen Diskurses, der von unterschiedlichen Faktoren geprägt ist (Fragen der Menschenwürde, Bioethik und Biopolitik, Globalisierung, aber auch Fragen des Verhältnisses der Religionen zueinander, zumal die von Jan Assmann angeregte Debatte um das Gewaltpotenzial von Religion, welche die heutige Gesellschaft zutiefst bewegt[6]) widmen sich in differenzierter Weise die systematisch orientierten Beiträge. Bernhard Uhde untersucht dabei die heute, angesichts des häufig heraufbeschworenen Gefahrenpotenzials des Islam drängende Frage, ob denn der islamische Glaube im Kontrast zur nachaufklärerischen christlichen Kultur tatsächlich an einem Aufklärungsdefizit leidet. Ist der Islam vor der Folie der westlichen Aufklärung – argumentativ fundiert – deshalb als „rückständig" einzustufen? Dem gegenüber behandelt Markus Enders die nicht weniger prekäre Frage des Verhältnisses von postmodernem und christlichem Denken, indem er vor allem nach den Ansätzen von J.-F. Lyotard, W. Welsch und M. Foucault den Tendenzen postmoderner Vergleichgültigung das christliche Wahrheitsverständnis gegenüberstellt. Wenn auch thematisch anders akzentuiert, nämlich am Gabendiskurs hinsichtlich des Eucharistieverständnisses orientiert, reihen sich die grundsätzlichen Überlegungen von Helmut Hoping zur Phänomenologie der Gabe in Auseinandersetzung mit J. Derrida und J.-L. Marion in diese „postmoderne" Debatte ein.

Die Bedeutung von Theologie und Glaube als kulturprägende Faktoren muss über die historischen und systematischen Aspekte hinaus auch in den sogenannten praktischen Facetten beleuchtet werden, einerseits im Hinblick auf die internen Strukturen von Kirche, andererseits in ihrem Verhältnis zu den gesellschaftlichen Phänomenen, wenn Theologie das zuvor erörterte kritische Potenzial wahren will. Deutlich wird dies beispielsweise an Erscheinungsweisen und Anwendungen von Recht in der Kirche, ein Phänomen, das hinsichtlich der kirchlichen Rechtskultur optimiert werden könnte (so der Beitrag von Georg Bier). Dies betrifft aber auch die medienpräsenten Großereignisse der Kirche, die – wie Hubert Windisch kritisch beleuchtet – in den Kontext von Sinnfindung gehören und vor dem Hintergrund von Wahrheitsansprüchen eingeordnet werden müssen, um zu einer inhaltsgetreuen Authentizität zu gelangen. Deutlich wird, dass die kritischen Akzente des Christentums im Hinblick auf Kultur und Gesellschaft den Blick auf die aktuellen Probleme schärfen können, wie dies in den abschließenden Beiträgen geschieht. Wenn es vor dem Hintergrund des Subsidiaritäts- und Solidaritätsprinzips um die Entwicklung einer Kultur der Gerechtigkeit geht, sind gerade die sogenannten Laien als die Fachleute für diese Form von Gerechtigkeit

Vorwort

in umfassender Weise herausgefordert (so Ursula Nothelle-Wildfeuer). Dies zeigt sich u. a. auch in der organisierten Nächstenliebe der Kirche als Kulturfaktor (etwa in Bereichen der Hospizarbeit, der Caritas und Diakonie, so Klaus Baumann) sowie dem Beitrag des Glaubens zum ethischen Diskurs der Gesellschaft. Auch gerade hier ist, wie Eberhard Schockenhoff zeigt, eine kritische Zeitgenossenschaft nötig angesichts der Verwissenschaftlichung der Welt, der Embryonenforschung und zahlreichen weiteren ethischen Problemfeldern des heutigen Diskurses (u. a. in den „life sciences").

Selbst wenn hier nur einzelne Aspekte des Verhältnisses von Glaube und Kultur aus unterschiedlichen Perspektiven thematisiert worden sind, so ist deutlich geworden, dass die Theologie für den Diskurs der Moderne einen zentralen Beitrag leisten kann und muss, um neue Impulse zu eröffnen und dadurch auch eine kritische Wegbegleiterin zu sein. Dass diese Reflexion auf Glaube und Kultur in einer Ringvorlesung der Theologischen Fakultät im Jubiläumsjahr 2007 der Albert-Ludwigs-Universität Freiburg zustande kam, geht auf die Anregung und Initiative von Prof. em. Dr. Heribert Smolinsky zurück. Ihm sei an dieser Stelle ausdrücklich gedankt. Dank gebührt aber auch Herrn Weihbischof Prof. Dr. Paul Wehrle, der der Theologischen Fakultät stets mit Rat und Tat zur Seite steht. Ohne den großzügigen Druckkostenzuschuss von Seiten des erzbischöflichen Ordinariates wäre die Publikation der Ringvorlesung nicht möglich gewesen. Dies trifft auch auf die zuvorkommende Betreuung durch den Verlag Herder zu. Ihm und dem zuständigen Lektor, Herrn Stephan Weber, sei an dieser Stelle für die gute Zusammenarbeit gedankt. Der Dank gilt auch Herrn Dr. Michael Becht, auf dessen Initiative hin die einzelnen Vorträge als Audiodateien für das Archiv der Universitätsbibliothek Freiburg aufgenommen wurden. Diese können somit als zeitgeschichtliche Dokumente einen hörbaren Eindruck der Theologischen Fakultät Freiburg in ihrem 550jährigen Bestehen vermitteln. Und nicht zuletzt gilt der Dank den Mitarbeitern des Arbeitsbereiches „Alte Kirchengeschichte und Patrologie", den Herrn Ullrich Eibler und Andreas Kirchner, die die Aufnahmen der Vorträge besorgten, vor allem aber Herrn Benedikt Barth, der die Planung und Durchführung der Ringvorlesung mit begleitet

Vorwort

und für die Drucklegung der Aufsätze engagierte und kompetente Arbeit geleistet hat.

Freiburg, im Dezember 2008   Thomas Böhm

Anmerkungen

[1] Die Begriffe, die in diesem Zusammenhang verwendet werden, wie z.B. *Enkulturation, Akkulturation,* sind in sich selbst zunächst umstritten und erklärungsbedürftig; vgl. dazu einführend etwa COLLET, Giancarlo, Inkulturation I, in: LThK³ 5 (1996) 504f.
[2] Vgl. dazu z.B. LUCKMANN, Thomas, Lebenswelt, Identität und Gesellschaft. Schriften zur Wissens- und Protosoziologie, Konstanz 2007.
[3] Zur Problematik vgl. z.B. SCHREITER, Robert J., Constructing local theologies, London 1985; kritisch dazu besonders BEER, Peter, Kontextuelle Theologie. Überlegungen zu ihrer systematischen Grundlegung, Paderborn u.a. 1995 (BÖT 26).
[4] Vgl. den Überblick von LAUBSCHER, Matthias S., Kultur I. Religionswissenschaftlich, in: RGG⁴ 4 (2001), 1820f.
[5] Vgl. ASSMANN, Jan, Das kulturelle Gedächtnis. Schrift, Erinnerung und politische Identität in frühen Hochkulturen, München 1992; LUHMANN, Niklas, Kultur als historischer Begriff, in: Ders., Gesellschaftsstruktur und Semantik Bd. 4, Frankfurt 1995, 31–54 sowie KUPER, Adam, Culture. The Anthropologists' Account, Cambridge 1999.
[6] Vgl. dazu ASSMANN, Jan, Monotheismus und die Sprache der Gewalt, Wien ³2006 und ASSMANN, Jan, Das Gewaltpotential des Monotheismus und der dreieine Gott, hg. v. P. WALTER, Freiburg – Basel – Wien 2005 (QD 216).

„Ziel der Kirche ist es, zu evangelisieren, und nicht, Kultur zu treiben" (Pius XI.)
Zum spannungsvollen Verhältnis von Glaube und Kultur

Peter Walter

Mein unvergessener Lehrer, Kollege und Freund Karl Suso Frank warnte davor, aus „Erstbegegnungen" gleich einen Vortrag oder einen Aufsatz zu machen. Daran musste ich bei der Ausarbeitung dieses Themas häufig denken. Natürlich ist Kultur für unsereinen wie die Luft zum Atmen selbstverständlich. Aber wenn man beginnt, darüber nachzudenken, geht es einem wie demjenigen, der angesichts seines Nachdenkens über die Zeit feststellte: „Wenn mich niemand danach fragt, weiß ich es; will ich einem Fragenden es erklären, weiß ich es nicht."[1] Bei meinen Erkundungen, was „es" denn sei, gehe ich nicht der faktischen Verschränkung von Glaube und Kultur nach – zahlreiche Facetten dieses vielgestaltigen Phänomens werden im Laufe dieser Ringvorlesung beleuchtet –, sondern versuche einige Stationen des Nachdenkens darüber nachzuzeichnen. Dabei halte ich mich zunächst an den Begriff „Kultur" selbst und erinnere in kurzen Strichen an dessen Ausbildung von der Antike bis in die Neuzeit. Eine bewusste Reflexion auf das moderne Kulturphänomen setzt von Seiten der katholischen Kirche erst mit dem II. Vaticanum und seiner Pastoralkonstitution über die Kirche in der Welt von heute ein. Diesem häufig unterschätzten Text wird der zweite Teil dieses Vortrags gewidmet sein wird.

1. Stationen bei der Herausbildung des Kulturbegriffs

a. „cultura animi" – metaphorischer Gebrauch der landwirtschaftlichen Terminologie

„Kultur" ist ein Lehnwort aus dem Lateinischen.[2] „Cultura" wird wie das vom selben Verb „colere" abgeleitete Substantiv „cultus" synonym gebraucht für die Pflege von etwas. Was gepflegt wird, ist zunächst der Acker (agri cultura bzw. cultus), dann im weiteren Sinne das Äußere oder das Innere eines Menschen. Darüber hinaus meint „cultura" die Kleidung oder die Bildung und sittliche Veredelung, schließlich bezeichnet man damit auch die Pflege von Freundschaft bis hin zur Verehrung der Götter. Wann die heute gebräuchliche Aufteilung zwischen Kultur und Kult beginnt, muss hier nicht rekonstruiert werden. Es fällt auf, dass „in der Antike das Wort *cultus* unserem Begriffe Kultur näher gestanden hat als das Wort cultura."[3] Wir beschäftigen uns im Folgenden mit Kultur als dem heute allgemeineren Phänomen bzw. Begriff.

Im klassischen Latein wird „cultura" wie „cultus" in der Regel mit einem Genetiv bebraucht, durch den klar wird, was gemeint ist: etwa „agri bzw. vitis cultura". Mit Cicero (106–43) beginnt der metaphorische Gebrauch des Wortes, wenn er in seinen „Tusculanae disputationes" die Philosophie als „cultura animi" bezeichnet und deren Kulturleistung mit Tätigkeiten des Ackerbaus beschreibt: Herausreißen des Unkrauts mit den Wurzeln, Vorbereitung des Bodens für die Aufnahme der Saat und schließlich das Aussäen derselben, damit sie später reiche Frucht hervorbringe.[4] Dieselbe agrarische Bildwelt ist auch bei dem Gleichnis Jesu vom Sämann zu erkennen, dessen Saat nur auf „gutem Boden" aufgeht, aus dem die Steine und das Gestrüpp entfernt sind, und reiche Frucht bringt (Mt 13,3–9). Jesus gebraucht dieselbe Metaphorik wie Cicero, auch bei ihm geht es um einen inneren Vorgang, den er durch den landwirtschaftlichen Vergleich expliziert, die bereitwillige Aufnahme des Wortes Gottes und seine Verwirklichung. Aber wer ist der Handelnde? Das ist beim jesuanischen Gleichnis nicht leicht zu entscheiden. Für Augustinus ist es nicht wie bei Cicero der sich selbst vervollkommnende Mensch, sondern einem Wort des Johannesevangeliums entsprechend (Joh 15,1 [Vg.]: „Pater meus agricola est") Gott: „Er pflegt uns wie ein Bauer den Acker. [...] Seine Pflege an uns besteht darin, dass er nicht aufhört, durch sein Wort die schlechten Samen aus unseren Herzen zu entfernen, unser Herz zu öffnen durch den Pflug der Predigt, die Samen der Gebote zu säen und die Frucht der Frömmigkeit zu erwarten."[5] Die Tätigkeitsbeschreibung des Bauern ist bei Cicero, bei Jesus und Augustinus identisch. Der entscheidende Unterschied ist, dass Cicero über die Selbstpflege im Sinne der Bildung bzw. des gebildet Werdens nicht hinauskommt. Für Augustinus ist eindeutig Gott der Handelnde. Der Mensch ist der, der Frucht bringt. Und dieses Fruchtbringen besteht in der Gottesverehrung, was mit demselben Verb zum Ausdruck gebracht wird: „ut eum colamus".[6] Auch Paulus greift die agrarische Terminologie auf, wenn er die korinthische Gemeinde als „Gottes Ackerfeld" (θεοῦ γεώργιον) bezeichnet, was die Vulgata mit „Dei agricultura" wiedergibt (1 Kor 3,9).[7] Die Landleute sind Paulus, der pflanzt, und Apollos, der bewässert, Gott ist derjenige, der nicht unmittelbar handelt, sondern ihr Handeln ermöglicht, der Wachstum gewährt (vgl. 1 Kor 3,6f.). Der römische Adlige, der Zimmermann aus Nazaret, der Pharisäer aus Tarsus und der nordafrikanische Bischof wussten noch, wovon sie sprachen, wenn sie die Bildwelt des Landbaus bemühten. Aber sie setzen sie ganz unterschiedlich ein: Cicero sieht „cultura" im Sinne der Selbstpflege, Augustin als Eingreifen Gottes, Paulus und wohl auch Jesus unterscheiden die innerweltliche Ebene, auf der der Mensch wirkt, und Gott, der dieses Wirken ermöglicht.

b. „cultura" und „natura"

Kehren wir noch einmal zu Cicero zurück. Im Zusammenhang der zitierten Stelle ist nicht nur von der „cultura animi", sondern auch von der „natura", d. h. der natürlichen Anlage eines Menschen, die Rede. Die Philosophie setzt, um wirken zu können, im Menschen eine „idonea natura" voraus, die wiederum ein Geschenk der umfassend verstandenen „natura" ist.[8] Aber jene wirkt nicht von selbst, was am Beispiel von Philosophen illustriert wird, die keineswegs ihrer Lehre entsprechend leben. Die natürliche Anlage bedarf wie der fruchtbare Acker der Pflege.[9] Von selbst wachsen nur das Unkraut und die Laster. Noch Erasmus (1466/7–1536) wird in seiner Bildungsschrift „De pueris statim ac liberaliter instituendis", die er 1529 in Freiburg vollendete, die Auffassung vertreten: „homines […] non nascuntur, sed finguntur."[10] Die Urmenschen, die ohne Gesetz und Disziplin in Promiskuität ihr Leben in den Wäldern zubrachten, waren für ihn eher Tiere als Menschen.[11] Erasmus hatte den „edlen Wilden"[12] noch nicht entdeckt, der naturbelassen sich am besten entwickele. Für ihn war Natur selbstverständlich Kulturauftrag, und das bedeutet für ihn vor allem Bildung. Kultur in Form der Pädagogik war für ihn eine zwar mühsame, aber auch schöne Aufgabe. Die Natur bietet dazu die ausbaufähigen Vorgaben.[13] Sie ist für ihn keinesfalls vollkommen verderbt wie für Luther. Aber auch für Erasmus bedarf sie der Hilfe Christi. Diese besteht für ihn in der „philosophia Christi", womit er eine aus den Quellen der Heiligen Schrift und der Kirchenväter gespeiste geistlich-theologische Bildung bezeichnet, die weniger rational als affektiv ausgerichtet ist. Die „philosophia Christi", die Jesus Christus selber „Wiedergeburt" nennt, bedeutet für Erasmus nichts anderes als die Wiederherstellung der gut geschaffenen Natur.[14]

Eine Generation früher hatte der italienische Renaissance-Philosoph Giovanni Pico della Mirandola (1463–1494) den Menschen in seiner programmatischen „Oratio de hominis dignitate" als ein von Gott sich selbst aufgegebenes Wesen dargestellt, das die Wahl hat, zum Tier zu degenerieren oder zum Göttlichen wiedergeboren zu werden.[15] Die Tiere sind bei ihrer Geburt festgelegt. Auch die Engel bzw. die bösen Geistes bleiben in Ewigkeit das, wofür sie sich am Anfang entschieden haben. Nur dem Menschen hat Gott unterschiedliche Samen und Anlagen mitgegeben. Diejenigen, welche ein jeder ausbildet bzw. pflegt („excoluerit"), werden wachsen und Frucht bringen.[16] Die ganze Rede ist eine Einladung, die Studien zu pflegen, um zur Gottesschau zu gelangen. Die Studien, die Pico empfiehlt, sind Moralphilosophie, Dialektik und Naturphilosophie,[17] die in die Theologie münden.[18]

c. Äquivalente Begriffe: „civilitas", „urbanitas", „humanitas"

Um das zu bezeichnen, was wir heute unter Kultur verstehen, gebraucht der Humanismus nicht in erster Linie Substantive wie „cultura" und „cultus" oder Verben wie „(ex)colere",[19] sondern „civilitas", „urbanitas" und vor allem „humanitas". Diese Begriffe hat er aus der Antike übernommen, aber auch ihre spätere Füllung, und hat sie weiter angereichert. „Civilitas" bzw. „urbanitas" bezeichnen bereits in der Antike das Verhalten des (guten) Stadtbürgers, der gelernt hat, „sich zu beherrschen, zu mässigen [sic], freundlich zu sein" und der sich dadurch von dem ungebildeten Landmenschen unterscheidet.[20] Bei Dante (1265–1321) erhält der Begriff „civiltà" eine ganze Bandbreite von Bedeutungen: „Nicht nur 1) Rechtlichkeit, Staats- und Gemeinschaftssinn, 2) Rechtsordnung und Organisierung zu eigenem Staatswesen, sondern auch 3) Kultur im Sinne der Verbindung von Gemeinschaftssinn und Staatsordnung zu einem durchorganisierten Ganzen mit ‚eigenartigen' Einrichtungen, Rechtsgebräuchen und Sitten kann civilitas bei Dante beinhalten."[21] Diese Bandbreite wird der Begriff auch im Humanismus bewahren.[22] Zum eigentlichen Hauptbegriff, der der ganzen Bewegung den Namen gegeben hat, ist hier jedoch „humanitas" geworden. In der Antike, besonders bei Cicero, der diesen Begriff zwar nicht geprägt, aber voll ausgebildet hat, bezeichnet „humanitas" 1) die menschliche Natur, welche menschliche Gemeinschaft begründet und 2) menschenwürdiges Verhalten fordert, was die Griechen φιλαντρωπία nannten. Schließlich bedeutet „humanitas" 3) die Bildung und Erziehung zu solchem Verhalten: παιδεία.[23] Im Humanismus, der seinen Namen den „studia humanitatis" (Grammatik, Rhetorik, Poetik, Geschichte und Moralphilosophie) und deren Lehrer, der in Italien „humanista" genannt wurde, verdankt, stand die dritte Bedeutung im Vordergrund.[24] Natürlich schwangen hier auch die erste und zweite Bedeutung mit; denn die Bildung zielt auf die Formung eines Menschenbildes, das man ebenso aus der antik-paganen wie der christlichen Überlieferung schöpfte. Den Gegensatz zwischen diesen Quellen sollte man nicht allzu sehr betonen. Kultur im Sinne der Bildung und christlicher Glaube gehören zusammen.

d. Bildung im Dienst des Glaubens

Das gilt vor allem für Erasmus, den bedeutendsten mitteleuropäischen Humanisten des frühen 16. Jh.s, der die Bildung ganz in den Dienst des Glaubens stellte. Statt vieler Beispiele möchte ich nur einen Text herausgreifen, der sich in der frühen, allerdings später überarbeiteten und spät publizierten Schrift mit dem bezeichnenden Titel „Antibarari" findet.[25] Erasmus lässt in diesem Dialog einen gebildeten Laien, Jakob Batt, den Stadtschreiber von Bergen op Zoom, das Ideal des „eloquens theologus" zeichnen, d.h. eines humanistisch gebildeten Theologen. Die „eloquentia" meint keineswegs nur eine formale Redegewandtheit, sondern umfasst auch die bildungsmäßigen, inhaltlichen, und sittlichen Voraussetzungen, über die ein guter Redner verfügen muss. Die Lektüre der neueren, scholastischen Theologen zählt für ihn nicht dazu. Sie haben nichts als Sophistereien gelernt und können sich nicht adäquat ausdrücken. Man muss sich an die „veteres" halten, unter denen Erasmus hauptsächlich auf Augustinus und Hieronymus zurückgreift und die er auch ausführlich selber zu Wort kommen lässt. Dabei verteidigt er den letzteren gegen den Vorwurf, den man ja auch ihm selber gemacht hat, er sei nur ein „orator" und „grammaticus", kein Theologe. Was sind die Gründe für eine klassische Bildung? 1. Wenn man über sie nicht verfügt, kann man die Kirchenväter nicht verstehen. Die „litterae saeculares" rächen sich an ihren Verächtern, indem sie diese auch am Verständnis der von ihnen bevorzugten theologischen Literatur hindern. 2. Ohne eine gründliche philologische und rhetorische Bildung ist der Sinn der Heiligen Schrift nicht zu erschließen. Erasmus beruft sich dafür auf Hieronymus' „Epistula ad Magnum oratorem urbis Romae"[26] und vor allem auf Augustins „De doctrina Christiana", dem er eine lange Liste von „disciplinae liberales" entnimmt, deren Kenntnis für die Bibellektüre hilfreich ist.[27] Beide Male mündet die Darstellung in einen bei den Kirchenvätern gebräuchlichen Topos, um die Art und Weise des Umgangs mit der heidnischen Literatur zu kennzeichnen: einmal den der „mulier captiva" (Dtn 21,10–13), zum andern denjenigen der „spoliatio Aegyptiorum" (Ex 3,22; 11,2f.; 12,35f.).[28] 3. Die Heilige Schrift selber verdeutlicht, wie viel Bildung in ihr steckt. 4. Der Heilige Geist macht Bildung sowohl bei den Autoren wie bei den Interpreten der Heiligen Schrift nicht überflüssig, sondern setzt sie voraus. Erasmus, der über ein ausgebildetes philologisches Judiz verfügte, argumentiert mit den zweifelsfrei wahrnehmbaren Unterschieden zwischen den biblischen Autoren. Obwohl sie alle in gleicher Weise inspiriert waren, hat der Heilige Geist die unterschiedliche Begabung, aber auch die Bildungsunterschiede und die unterschiedliche Sprachkompetenz der Hagiographen nicht ausgeglichen und vereinheitlicht, sondern in seinen Dienst genommen.

Ziel der Kirche ist es, zu evangelisieren

Auch wenn Erasmus sich, allein schon aufgrund der von ihm verwandten Sprache, des Lateinischen, an eine Bildungselite wandte, so hat er doch kein elitäres Christentum gepredigt. Die Gebildeten hat er vielmehr als Vermittler angesprochen, die die „philosophia Christi", deren Inhalt für ihn schlicht ist und sich dadurch von den scholastischen Spitzfindigkeiten unterscheidet, in der Sprache des Volkes diesem vermitteln sollen.

Für Erasmus bilden Glaube und Kultur nicht notwendig einen Gegensatz, obwohl es auch für ihn eine glaubenslose Kultur gibt. Aber die interessiert ihn wenig. Auch seine Gegner waren keine Kulturbanausen, aber sie ließen Kultur und Bildung letztlich nur als „ancillae theologiae" gelten. Der Unterschied zwischen ihnen und Erasmus liegt wohl am ehesten darin, dass er die philologisch-historische Methode nicht nur apologetisch anwandte und keineswegs nur ein ästhetisches Verständnis von Kultur hatte, sondern dass Bildung und Kultur für ihn eine hermeneutische Funktion haben und dass er sie kritisch einsetzt, um Theologie und Kirche von aus seiner Sicht überholten Vorstellungen zu befreien.

e. Der absolute Gebrauch von „cultura"

„Cultura" wird von der Antike bis zum Humanismus immer durch einen Genetiv näher bestimmt. Erst in der Neuzeit begegnet das Wort absolut und bezeichnet dann durchweg das, was wir heute darunter verstehen. Ganz neu ist dieser Gebrauch freilich nicht. Der viel gelesene Horaz dichtet in seiner ersten Epistel: „nemo adeo ferus est ut non mitescere possit, / si modo culturae patientem commodet aurem" (ep. 1, 1, 40). Aber unmittelbare Folgen für den Sprachgebrauch hatte dies nicht. Der absolute Gebrauch von „cultura" geht auf den lutherischen Staatsrechtler, Rechtsphilosophen und Historiker Samuel Pufendorf (1632–1694) zurück, und das hat durchaus theologische Gründe. Zum einen greift er in seinen naturrechtlichen Schriften die von Cicero her kommenden und später weiter gebildeten Aussagen zur „cultura animi" auf, wobei er vor allem von Francis Bacon (1561–1626) beeinflusst zu sein scheint.[29] Zum anderen wurde die von Pufendorf im Anschluss an Hugo Grotius (1583–1645) und Thomas Hobbes (1588–1679) ausgeprägte Auffassung der „socialitas" des Menschen für seinen Kultur-Begriff maßgebend. Seine Zentralthese lautet: „Der Mensch findet sein persönliches Glück nur in der Gesellschaft."[30] Diese „ermöglicht die Entwicklung der Anlagen, zwingt zur Bebauung der Felder, zur Bereitung der Bekleidung, zum Bau von Unterkünften, zur Heranziehung der Tiere zur Mithilfe; sie schafft damit aber die Möglichkeiten zu bequemerem Leben, sie zwingt den Menschen zur Ordnung des Menschenchaos, d. h. zum Gesellschaftsvertrag, d. h. zur Staatsbildung. Das soziale Leben hat hinwiederum als Voraussetzung die cultura animi. Diese umfasst ihrerseits Geistes- und Herzensbildung und dazu sind die litterae notwendig."[31] Im Zusammenhang mit den „litterae" findet sich bei Pufendorf auch ein erasmischer Seitenhieb gegen die Scholastik, die nichts zur Lebenskultur und -zier beitrage, sondern dieser schade, da sie „bonas et utiles literas suffocat".[32] Wer nur eine scholastische Erziehung genossen habe, sei kein bisschen besser, klüger, lebens- oder geschäftstüchtiger geworden.[33] Ist dies alles noch eher konventionell, wenn auch um den Aspekt der Geselligkeit erweitert, so wird Pufendorf zum Schöpfer des modernen Kulturbegriffs in seiner Auseinandersetzung mit den lutherischen Theologen, die ihn zum einen wegen seiner These, die Geselligkeit sei Fundament des Naturrechts und zum andern wegen seiner Beschreibung des Naturzustandes des Menschen als eines Mangelzustandes, der durch „cultura" verbessert werden müsse, angreifen. Für sie ist Gott Grund allen Rechts und der Naturzustand der „status naturae integrae".[34] Pufendorf verteidigt sich in seinem 1686 in Frankfurt am Main erschienenen Werk „Eris Scandica qua adversus libros de jure naturali et gentium objecta diluuntur". Hier gebraucht er das Wort „cultura" ohne Genetiv und damit nicht als Beschreibung von Funktionen, sondern absolut als Beschreibung einer Leistung der Gesellschaft.[35] Hier nennt er „alles nicht von der Natur Gegebene, sondern vom Menschen – dem Einzelnen wie der Gesamtheit – durch eigenes Bemühen der Natur Hinzugefügte (der menschlichen Natur wie der Natur der Dinge), […] Kultur."[36] Joseph Niedermann sieht darin „begriffsgeschichtlich eine[n] der bedeutendsten Vorgänge des 17. Jh.s"[37] und fasst dessen Ergebnis so zusammen: „Cultura ist nicht mehr Veredlung, Erziehung, sondern Veredeltsein, Bildung, bezeichnet nicht mehr eine Wirk-, sondern eine

Seinsweise, eine durch die gesellschaftliche Hilfe gehobene Seinsweise inbezug auf die Fähigkeiten und Strebungen, zugleich aber auch eine angenehmere Seinsweise wegen erleichternder und erfreuender Lebensumgebung; kürzer gefasst: Cultura ist die höhere Leistungsfähigkeit und die höhere Genussmöglichkeit, ist aber zugleich das Geleistete und das Genussmittel selbst (im weiteren Sinn: Kunst etc.)."[38] Allerdings ist diese begriffsgeschichtliche Jahrhundertleistung dem mangelnden lateinischen Sprachgefühl Pufendorfs geschuldet, das bereits Zeitgenossen wie Leibniz beklagten. Der Theologiehistoriker Emanuel Hirsch urteilt über den absoluten Gebrauch von „cultura": „Nur einem so erschröcklichen Latinisten wie Pufendorf ist übrigens auch die ziemlich barbarische Zurechtlegung des Begriffs zuzutrauen."[39]

Mit ihm jedenfalls ist der absolute Gebrauch des Wortes „Kultur", zunächst im Lateinischen, in der Welt und tritt seinen Siegeszug an. Kultur wird fortan nicht mehr nur als Pflege von etwas gedacht, sondern als Ergebnis dieser Pflege, als ein Zustand, ja sie wird selber als aktiv vorgestellt. Kultur ist, wie der Kulturtheoretiker Ralf Konersmann schreibt, ein grundsätzlich unabgeschlossener Vorgang. Sie muss stets „von neuem und aus sich selbst heraus aktualisiert werden. [...] So etwas wie ‚die Kultur' gibt es gar nicht. Es gibt nur diese Fülle von Ereignissen und Manifestationen, diese Masse von Hinterlassenschaften und Verweisen, diese vielfältigen, in Worten, Gesten, Werken, Regeln, Techniken niedergelegten Formen menschlicher Intelligenz und Weltbearbeitung. Aus dieser Vielfalt menschlicher Aktivität und Produktion geht die Kultur als der provisorische und in unablässiger Bewegung begriffene Mentalitäts- und Handlungszusammenhang, als der offene Kommunikationsraum hervor, der sie ist."[40]

Diese Kultur, die nicht nur als Hochkultur, sondern auch als Trivialkultur existiert, die von unterschiedlichen Kulturindustrien bedient wird, stellt heute den Rahmen auch für den gelebten und gedachten Glauben dar, für Kirche und Theologie. Wie nimmt die Kirche dazu Stellung?

2. Glaube und Kultur: Gaudium et spes

Dem II. Vaticanum (1962–1965) kommt unzweifelhaft das Verdienst zu, sich auf der Stufe des obersten kirchlichen Lehramtes erstmals in umfassender Weise mit dem Phänomen der Kultur beschäftigt zu haben und nicht nur mit einzelnen Aspekten wie der Kunst und der Musik.[41] Letzteres hat etwa bereits das Konzil von Trient (1545–1563) getan, als es sich knapp zur musikalischen Gestaltung von Gottesdiensten[42] und ausführlicher zur bildnerischen Ausstattung von Kirchen und zur Bilderverehrung[43] äußerte. Das II. Vaticanum hat der Kultur, so kann man ohne Umschweife sagen, einen eigenen Text gewidmet, die Pastoralkonstitution über die Kirche in der Welt von heute „Gaudium et spes", die am vorletzten Sitzungstag des Konzils, am 7. Dezember 1965, verabschiedet und verkündet wurde. Zwar handelt in diesem umfangreichsten aller Dokumente dieses Konzils nur ein langer Passus, das zweite Kapitel des zweiten Hauptteils, ausdrücklich über „Die richtige Förderung des kulturellen Fortschritts". Aber „das Kulturproblem ist", wie Bernhard Hanssler (1907–2005), in einem frühen Kommentar scharfsichtig festgestellt hat, „nicht ein Einzelthema der Konstitution, es ist die thematische Wurzel, aus der die Stammthematik der Prinzipien wie die Verzweigungen in Spezialfragen vorgetrieben wurden."[44] Bereits die umfangreiche „Einführung", die „Die Situation des Menschen in der heutigen Welt" aus der Sicht der katholischen Kirche darstellt (GS 4–10), „kann mit Fug als Skizze einer Kulturanalyse bezeichnet werden."[45] Im ersten, grundlegenden Hauptteil der Pastoralkonstitution sodann, der von der „Würde der menschlichen Person" (GS 12–22) ausgeht und ihre Verwobenheit in die „menschliche Gemeinschaft" (GS 23–32) betrachtet, ist ein ausführliches Kapitel dem „menschlichen Schaffen in der Welt" (GS 33–39) gewidmet. Und diese Überschrift „ist nichts anderes als ein neuer und recht treffender Name für Kultur."[46] Schon dieser kurze Überblick bestätigt die Einschätzung Hansslers, dass die „Kulturproblematik [...] der Einstieg in die Fragen der modernen Welt" ist und „Kultur die orientierende und organisierende Idee für die ganze Stoffmasse der Konstitution" liefert.[47] Im zweiten Hauptteil, der sich „[e]inige drängendere Probleme"[48] vornimmt, rangiert die Kultur nach Ehe und Familie

(GS 47–52) an zweiter Stelle vor den Themen Wirtschaft (GS 63–72), Politik (GS 73–75), Frieden und Völkergemeinschaft (GS 77–90). Der gesamte zweite Teil wirft Fragen nach seinem Aufbau und seiner inneren Systematik auf, die hier nicht zu beantworten sind. „In der lockeren Abfolge der Themen zeigt sich bereits, dass das Konzil nicht den Ehrgeiz hatte, seinen Aussagen die Form oder den Schein der Systematik zu geben und sie damit dem Anspruch auf erschöpfende Vollständigkeit zu unterwerfen. Es geht um beispielhafte Erörterung, nicht um Systematisierung. Von daher wird die oft zufällig wirkende Auswahl wie die impressionistische Darstellung verständlich, die unvermeidbar mehr oder weniger geringschätzige Bemerkungen der an Traktate gewöhnten theologischen Kritiker nach sich zog."[49] Es ist das Spezifikum der Pastoralkonstitution, dass sie gerade nicht doziert, sondern Fragen der heutigen Welt aufnimmt und auch als Fragen stehen lässt, ohne gleich eine umfassende, fertige Antwort zu präsentieren. Dies gilt auch für das Kapitel über die Kultur, von dem Bernhard Hanssler gesagt hat, es sei „kein sehr methodisch gearbeiteter und kein unbedingt imponierender Text, der in geschliffenem Gedankengang, in der Meisterschaft der sprachlichen Formulierung und in der Monumentalität seines Anspruchs den Leser in Atem zu halten und die Jahrhunderte zu überdauern vermöchte", vielmehr handele es sich um einen „Zwischenbescheid der Kirche, dem die theologische und geistliche Vertiefung erst folgen [müsse]."[50] Gerade weil das Konzil nicht so tut, als habe es schon eine Antwort auf alle Fragen parat, sondern weil es zunächst einmal diese Fragen an sich heran lässt und so ein Problembewusstsein zeigt, das man in vielen kirchlichen Stellungnahmen vermissen muss, halte ich diesen Text für einen Meilenstein, der vielleicht dauerhafter ist als manche dogmatische Aussage mit geringerer Halbwertzeit.

Der umfangreiche Passus über die Kultur, an dem seit 1963 gearbeitet wurde,[51] wurde erst nach und nach in das Schema „De activa praesentia Ecclesiae in mundo aedificando" integriert.[52] In der Einführung wird eine Beschreibung dessen versucht, was das Konzil unter Kultur versteht. Diese wird hier zunächst ganz allgemein als Pflege der Naturgüter und der Werte bezeichnet, die für die wahre und volle Ausbildung des menschlichen Wesens notwendig ist.[53] Die Fragen, ob Kultur zur Bewältigung des erbsündlichen Zustands der Menschheit notwendig sei bzw. in welchem Verhältnis das Erlösungshandeln Gottes zu ihr stehe, werden hier gar nicht erst aufgeworfen. Unabhängig von solchen theologischen Überlegungen wird ein Zusammenhang zwischen Person und Kultur gesehen. Kultur bedeutet, wie Bernhard Hanssler richtig gesehen hat, „nicht ein äußeres Werk, eine Leistung des Menschen [...], sondern [...] Selbstverwirklichung"[54]. Diese wird natürlich nicht solipsistisch eng geführt, sondern umfassend betrachtet: „Unter Kultur im allgemeinen versteht man alles, wodurch der Mensch seine vielfältigen geistigen und körperlichen Anlagen ausbildet und entfaltet; wodurch er sich die ganze Welt in Erkenntnis und Arbeit zu unterwerfen sucht; wodurch er das gesellschaftliche Leben in der Familie und in der ganzen bürgerlichen Gesellschaft im moralischen und institutionellen Forschritt menschlicher gestaltet; wodurch er endlich seine großen geistigen Erfahrungen und Strebungen im Lauf der Zeit in seinen Werken vergegenständlicht, mitteilt und ihnen Dauer verleiht – zum Segen vieler, ja der ganzen Menschheit" (GS 53). Diese kulturelle Selbstverwirklichung des Menschen vollzieht sich unter unterschiedlichen geschichtlichen und gesellschaftlichen Bedingungen, so dass in der konkreten Verwirklichung sowohl synchron als auch diachron von verschiedenen Kulturen zu sprechen ist (vgl. ebd.).

Die Darlegung schreitet sodann entsprechend dem von Joseph Cardijn (1882–1967) entwickelten methodischen Dreischritt „Sehen – Urteilen – Handeln"[55] voran. Im *ersten* Abschnitt, der dem „Sehen" gewidmet ist, wird „Die Situation der Kultur in der Welt von heute" beschrieben. Das Konzil nennt den „ungeheuren Zuwachs" in Wissenschaft, Technik und Kommunikationsmitteln als Grund für den tiefen Wandel der Lebensbedingungen des modernen Menschen, der die Rede von einer neuen Epoche der Menschheitsgeschichte rechtfertige. Dieser Fortschritt wird am Beispiel der exakten Wissenschaften, die das kritische Urteilsvermögen ausbilden helfen, der Psychologie, die das menschliche Handeln erklären hilft, und der historischen Wissenschaften, die die geschichtliche Wandelbarkeit und Entwicklung der Dinge sehen lehren, positiv gewürdigt. Als weitere Zeichen der Veränderung werden die wachsende Vereinheitlichung von Lebensstil und Moral, Industrialisierung und Urbanisierung genannt. Diese und andere nicht genannte

Faktoren schaffen neue Kulturformen, die im lateinischen Text mit dem englischen Wort „mass-culture" bezeichnet werden. Aus ihnen erwachsen „ein neues Lebensgefühl, neue Weisen des Handelns und der Freizeitgestaltung" (GS 54). Der Austausch zwischen Völkern und gesellschaftlichen Gruppen eröffnet eine stärkere Partizipation aller an diesen Schätzen und fördert die Einheit der Menschheit. Letzteres hatte das Konzil zu Beginn der Kirchenkonstitution „Lumen gentium" neben der Förderung der Einheit der Menschen mit Gott als zweite Aufgabe der Kirche als „Sakrament" bezeichnet (LG 1). Dass diese Einheit keineswegs als Einheitlichkeit verstanden werden muss, macht der abschließende Nebensatz von Nr. 54 deutlich, der indirekt dazu auffordert, „die Besonderheiten der verschiedenen Kulturen" zu achten (GS 54). Bei dem Menschen, der sich immer stärker als Gestalter und Urheber seiner Kultur wahrnimmt, wächst „der Sinn für Autonomie und zugleich für Verantwortlichkeit, was ohne Zweifel für die geistige und sittliche Reifung der Menschheit von größter Bedeutung ist" (GS 55).

Ein eigener und nicht gerade kurzer Paragraph (GS 56) weist auf die Schwierigkeiten hin, die der kulturelle Wandel mit sich bringt. Diese werden klugerweise als Fragen formuliert: Was ist zu tun, damit dieser Wandel die Eigentümlichkeiten der Völker und ihr kulturelles Erbe nicht gefährdet? Wie kann angesichts der fortschreitenden Zersplitterung der Einzelwissenschaften die Fähigkeit zur Synthese gefördert und die Fähigkeit zu Kontemplation und Staunen erhalten bleiben, die zur Weisheit führen? Wie kann die Teilhabe aller Menschen an den Kulturgütern gesichert werden? Wie kann die Autonomie der Kultur als legitim anerkannt werden, ohne dass diese zu einem rein innerweltlichen, religionsfeindlichen Humanismus verkommt?

Mit diesen Fragen leitet die Pastoralkonstitution zum *zweiten* Abschnitt über, der unter dem Gesichtspunkt des „Urteilens" „Einige Prinzipien zur richtigen Förderung der Kultur" entfaltet. Als erstes macht die Pastoralkonstitution klar, „daß die übernatürliche Berufung des Menschen ihn nicht seiner Verpflichtung entfremdet, am Bau einer menschlicheren Welt mitzuarbeiten, vielmehr dieser Verpflichtung neue und tiefere Kraft verleiht, weil sie sie in eine umfassendere Sicht des Menschheitsgeschickes hineinstellt"[56]. Bei der Beschreibung, wie der Mensch dem göttlichen Kulturauftrag

(Gen 1,28) entsprechen soll, greift das Konzil zunächst auf die klassische agrarische Sprache vom Bebauen der Erde („terram excolit") und von deren Fruchtbringen auf, nennt aber neben der Handarbeit auch die Technik und bezieht den gesellschaftlichen Bereich darin ein und betont, dass der Mensch dadurch sich selbst entfaltet („seipsum excolit") und Christi Auftrag zum geschwisterlichen Dienst erfüllt. Die Pflege von Geistes- und Naturwissenschaften sowie der Künste kann den menschlichen Geist, „von der Versklavung unter die Sachwelt befreit, ungehinderter zur Kontemplation und Anbetung („cultum") des Schöpfers erheben" und disponiert ihn „unter dem Antrieb der Gnade [...] zur Erkenntnis des Wortes Gottes" (GS 57). Während die natürliche Gotteserkenntnis, wie es bereits das I. Vaticanum getan hat (vgl. DH 3004), als menschliche Möglichkeit ausgesagt wird, wird die gnadenhafte Disposition zur Erkenntnis Jesu Christi als Gewissheit behauptet, was der Betonung des allgemeinen Heilswillens Gottes durch das II. Vaticanum entspricht (vgl. LG 16; NA 1; AG 7). Es werden dann aber auch die Faktoren genannt, die es den Menschen erschweren, dieser Disposition zu entsprechen: Naturwissenschaft und Technik begünstigen aufgrund der ihnen eigenen Methode, wenn diese verabsolutiert wird, „Phänomenismus", Agnostizismus und Immanentismus. Mit dem Hinweis auf diese Gefahren möchte das Konzil jedoch weder eine Zwangsläufigkeit zwischen der heutigen Kultur und diesen Fehlentwicklungen konstruieren noch deren positive Werte verkennen. „Als solche werden genannt: das strenge Sachlichkeitsethos der modernen Wissenschaft, die Teamarbeit [...], das neuerwachte Verantwortungsbewußtsein der Wissenschaft für den Dienst am Menschen [...], der Wille zur Reform der bestehenden Verhältnisse zugunsten der Benachteiligten"[57]. Im nächsten Paragraphen wendet sich das Konzil der Interdependenz zwischen der Verkündigung des Evangeliums und menschlicher Kultur zu. Aus der inkarnatorischen Struktur der göttlichen Selbstmitteilung folgt, dass die Kirche in ihren Grundfunktionen Verkündigung, Liturgie und Gemeinschaftsleben ihre Botschaft immer wieder neu inkulturieren muss, um einen vom Konzil noch nicht gebrauchten Begriff zu verwenden. Dabei ist sie „an keine Rasse oder Nation, an keine besondere Art der Sitte, an keinen alten oder neuen Brauch ausschließlich und unlösbar gebunden" (GS 58). In Treue zu ihrer eigenen Tradition und ihrer universalen Sendung bewusst, ist sie in der Lage, sich mit unterschiedlichen Kulturen zu verbinden „zur Bereicherung sowohl der Kirche wie der verschiedenen Kulturen" (ebd.). Die Bereicherung der Kulturen durch die Kirche wird als Akt der Befreiung gesehen. Sie bekämpft Irrtümer und Übel und reinigt und erhebt die Sitten. Diese Förderung der menschlichen Kultur leistet die Kirche, wenn sie ihre genuine Aufgabe erfüllt. Hier beruft sich das Konzil auf die Aussage Pius XI. (1922–1939), die im Titel dieses Vortrags zitiert wird: „Il ne faut jamais perdre de vue que l'objectif de l'Église est d'évangéliser et non de civiliser. Si elle civilise, c'est par l'évangélisation."[58] Man darf fragen, ob das römische Lehramt in den zurückliegenden Jahrzehnten nicht allzu sehr vor den Implikationen dieser Aufgabe zurückgeschreckt ist, wenn Versuche zur Inkulturation eilig zurückgestutzt wurden und werden, etwa im Bereich der Theologie oder der Liturgie. Der „Fall Sobrino"[59] ist das jüngste Beispiel für ersteres und die Übersetzungsinstruktion „Liturgiam authenticam"[60] für letzteres.

Zu den Prinzipien gehört auch die Autonomie der Kultur, die freilich dem Gemeinwohl unterworfen ist. Um die Freiheit und Eigengesetzlichkeit von Kultur und Wissenschaft zu verteidigen, beruft sich das Konzil erstaunlicherweise auf das I. Vaticanum (DH 3015. 3019). Daraus folgen Forschungs- und Meinungsfreiheit sowie Freiheit der Kunst, die der Staat zu garantieren und zu fördern habe und nicht einschränken dürfe. Eine Verzweckung der Kultur für politische und wirtschaftliche Ziele ist zu verhindern (GS 59).

Im *dritten* Abschnitt geht es um Handlungsanweisungen. Die Überschrift lautet: „Einige dringliche Aufgaben der Christen im Bereich der Kultur". Im ersten Paragraphen (GS 60) wird das Recht aller Menschen auf Teilhabe an den Kulturgütern und im Gegenzug die Pflicht von Wirtschaft und Politik herausgestellt, ihnen dies zu ermöglichen. In diesem Zusammenhang ist von einer „cultura fundamentalis" die Rede, für die das in besonderer Weise gilt, und deren Fehlen als Analphabetismus und Mangel an Eigenverantwortlichkeit beschrieben wird. Das Recht auf Kultur ist allen Menschen ebenso bewusst zu machen wie die Pflicht, sich selbst zu bilden (sese excolendi) und andere dabei zu unterstützen. Besonders genannt werden die Menschen, deren Lebensbedingungen ihnen die Wahrnehmungen dieses Rechtes erschweren: Landbevölkerung, Arbeiter und Frauen. Neben äußeren Behinderungen werden auch innere Gründe genannt, die die Ausprägung einer umfassenden Kultur behindern, für die das Renaissance-Ideal des „uomo universale" steht (GS 61). Die Menge und Vielfalt an Wissenschaften und Künsten ist kaum noch von einem einzelnen zu überschauen und in eine Synthese zu bringen. Gleichwohl bleibt die Verpflichtung, die menschliche Person umfassend zu bilden in Bezug auf Verstand, Willen, Gewissen und Mitmenschlichkeit. In der Familie ist diese Bildung grundzulegen und in der Erziehung zu entfalten. Besonders hingewiesen wird auf Freizeit, Reisen und Sport. Im letzten Paragraphen ist von den Problemen die Rede, die dem christlichen Glauben aus der wissenschaftlichen und kulturellen Entwicklung erwachsen. Naturwissenschaften, Geschichtswissenschaften, Philosophie, Psychologie und Soziologie werfen Fragen auf, die die Theologie zu beantworten hat. Dieser wird die Unterscheidung zwischen der zeitbedingten Aussageform und dem überzeitlichen Inhalt des Glaubens, von der Johannes XXIII. bei der Konzilseröffnung sprach, als Hilfe an die Hand gegeben (GS 62 Anm. 12). Weiterhin wird auf die Bedeutung von Literatur und Kunst zur Daseinsdeutung und -bewältigung hingewiesen und es wird den Künstlern versichert, dass die Kirche ihr Schaffen und die dazu nötige Freiheit anerkenne. Ins Heiligtum dürfen neue Formen der Kunst aber nur Eingang finden, wenn sie, wie es etwas verklausuliert und interpretationsbedürftig heißt, „in einer dafür angepaßten Aussageweise den Erfordernissen der Liturgie entsprechen und den Geist zu Gott erheben" (GS 62). Darüber, welche Kunst diese Bedingungen erfüllt, kann man trefflich streiten. Abschließend werden alle Gläubigen aufgefordert, mit ihren Zeitgenossen in engster Verbindung zu leben und sich darum zu bemühen, dass allgemeine und christliche Bildung miteinander Schritt halten. Dazu sollen ihnen die Theologen helfen, die sich selber sowohl um eine vertiefte Kenntnis der offenbarten Wahrheit als auch um die Wahrnehmung ihrer jeweiligen Gegenwart bemühen sollen. Die Laien werden ausdrücklich zum Theologiestudium eingeladen. Allen Theologen, Klerikern wie Laien, muss „die entsprechende Freiheit des Forschens, des Denkens sowie demütiger und entschiedener Meinungsäußerung zuerkannt werden in allen Bereichen ihrer Zuständigkeit" (ebd.).

3. Schluss

Das Zweite Vaticanum hat mit seiner Pastoralkonstitution das praktiziert, was Ansgar Kreutzer in seiner mit dem „Karl-Rahner-Preis für theologische Forschung" ausgezeichneten Freiburger Dissertation „Kritische Zeitgenossenschaft" nennt.[61] Die Entstehungsgeschichte dieses Konzilstextes, um den zwischen den unterschiedlichen auf der Kirchenversammlung vertretenen Strömungen viel gerungen worden ist, zeigt, wie sich das Konzil von einer anfänglich rein naturrechtlich orientierten deduktiven zu einer an dem schon erwähnten Cardijnschen Dreischritt „Sehen – Urteilen – Handeln" ausgerichteten induktiven Darlegung durchgerungen hat. Im letzten Moment gelang es deutschen Theologen und Konzilsvätern, angeregt von Karl Rahner, noch, die hauptsächlich von französischen Kollegen erarbeitete sehr affirmative, optimistische Stellungnahme zur zeitgenössischen Kultur und Zivilisation um kritische Akzente zu erweitern, die auch in dem hier betrachteten Abschnitt über das Verhältnis von Kirche und Kultur erkennbar sind. Der induktive Ansatz bei der Wahrnehmung der Phänomene macht die Kirche zur Zeitgenossin ihrer Gegenwart. Das Einbringen theologischer Grundeinsichten wie der Botschaft vom Kreuz, die die Sünde umso deutlicher wahrnehmen lässt, setzt einen kritischen Akzent.

Die Situation hat sich seither sicher verschärft. Die moderne Kultur hat in allen ihren Facetten die umfassende Deutungskompetenz, die früher der Glaube für sich beanspruchte und wahrnahm, übernommen. Und selbst wenn sie nicht die umfassende Deutung beansprucht, funktioniert sie immerhin als Surrogat. Die Christen und ihre Kirchen haben die Chance, sich in dieses vielstimmige, oft kakophone Konzert einzubringen. Häufig bedienen sie dabei die pessimistische, kulturkritische Klientel. „Selbststigmatisierung" war schon immer ein Mittel, um die Christenschar nach innen zu stabilisieren. Auf der anderen Seite beruft man sich auf „Kulturwerte", um Eigenes gegen säkularistische Angriffe zu verteidigen. Die immer wieder aufflammende Debatte um das Kreuz in öffentlichen Einrichtungen offenbart eine eigenartige Situation: „Weil die Kirchen wollen, daß das Kreuz hängen bleibt, schreiben sie ihm eine allgemein kulturelle Bedeutung zu, obwohl sie doch auf seinem ursprünglichen Sinn bestehen müßten. Laizistische Gegner des Schulkreuzes dagegen beharren auf dem stärker verpflichtenden Sinn, obwohl sie nicht mehr an ihn glauben."[62] Die Kirchen sollten ihren Kritikern dankbar sein, dass sie ihnen Gelegenheit geben, auf die Bedeutung des Kreuzes hinzuweisen, statt die Chance zu verschenken, indem sie es als Kulturgut verharmlosen. Insofern hat Pius XI. recht. Der Kulturbetrieb läuft heute auch ohne die Kirchen. Das war in früheren Zeiten sicher anders. Aber die Kirchen haben, wenn sie sich auf ihre eigene Botschaft besinnen und diese für heutige Menschen in ihren ganz unterschiedlichen Lebenswelten problembewusst und lebensnah vermitteln, durchaus etwas dazu beizutragen. Jesus hat seine Jünger aufgefordert „Salz der Erde" (Mt 5,13) zu sein. Salz steht nicht nur für das Gewürz und Konservierungsmittel, sondern hat auch eine vielfältige metaphorische Bedeutung. Wir kennen die „gesalzene" Rede. Im Lateinischen vor allem steht Salz für „Witz", durchaus nicht nur im humoristischen Sinne gebraucht, sondern auch für Weisheit.[63] Erasmus paraphrasiert das Wort Jesu vom „Salz der Erde" aus der Bergpredigt: „Ich habe euch nicht dazu bestimmt, dass ihr mittelmäßig und erträglich, sondern dass ihr das Salz der Erde seid. Nicht die Menge, sondern die Wirksamkeit des Salzes ist entscheidend, damit es, was es bestreut, durchdringt und damit aus Geschmacklosem Schmackhaftes werde. [Das hier gebrauchte lateinische Wortspiel kann man auch übersetzen: „damit aus Dummem Weises werde".] Die Erde ist riesengroß, und doch hat sie ihren Geschmack von einem bisschen beigemischten Salz."[64]

Anmerkungen

[1] Aug. conf. 11, 14, 17; Übersetzung: AUGUSTINUS, Confessiones – Bekenntnisse. Lateinisch und deutsch, eingel., übers. und erläutert von Joseph BERNHARD, München ³1966, 629.
[2] Noch immer als ganze unersetzt, wenn auch in manchen Details überholt, ist die Arbeit von NIEDERMANN, Joseph, Kultur. Werden und Wandlungen

Ziel der Kirche ist es, zu evangelisieren

des Begriffs und seiner Ersatzbegriffe von Cicero bis Herder (Biblioteca dell'„Archivum Romanicum" 1, 28), Firenze 1941; vgl. auch BOLLENBECK, Georg, Bildung und Kultur. Glanz und Elend eines deutschen Deutungsmusters, Frankfurt am Main – Leipzig ²1994, 31–96.

[3] NIEDERMANN, Kultur (Anm. 2), 20.

[4] „Cultura autem animi philosophia est: haec extrahit vitia radicitus et praeparat animos ad satus accipiendos eaque mandat iis et, ut ita dicam, serit, quae adulta fructus uberrimos ferant" (Cic. Tusc. 2, 5, 13).

[5] „Ille [sc. Deus] autem colit nos tanquam agricola agrum. […] Cultura ipsius est in nos quod non cessat verbo suo exstirpare semina mala de cordibus nostris, aperire cor nostrum tanquam aratro sermonis, plantare semina praeceptorum, exspectare fructum pietatis" (Aug. serm. 87, 1; PL 38, 530 f.).

[6] Ebd.; PL 38, 531.

[7] Dieses biblische Hapaxlegomenon dürfte die Schwierigkeiten beseitigen, welche NIEDERMANN, Kultur (Anm. 2), 34 mit Anm. 87 mit der Formulierung des Honorius Augustudonensis „in agricultura Dei adiutorium" hat.

[8] Vgl. Cic. Tusc. 2, 4, 11.

[9] „[…] ut ager quamvis fertilis sine cultura fructuosus esse non potest, sic sine doctrina animus" (Cic. Tusc. 2, 5, 13).

[10] ERASMUS Roterodamus, De pueris statim ac liberaliter instituendis, ed. Jean-Claude MARGOLIN, in: Opera omnia Desiderii Erasmi Roterodami recognita et adnotatione critica instructa notisque illustrata, Bd. I-2, Amsterdam 1971, (1) 21–78; 31, Z. 21.

[11] Ebd., Z. 22–25.

[12] Vgl. Der Alteritätsdiskurs des edlen Wilden. Exotismus, Anthropologie und Zivilisationskritik am Beispiel eines europäischen Topos, hg. von Monika FLUDERNIK, Peter HASLINGER und Stefan KAUFMANN (Identitäten und Alteritäten 10), Würzburg 2002.

[13] Statt vieler Verweise: „Tota vero ratio felicitatis humanae tribus potissimum rebus constat, natura, ratione et exercitatione. Naturam appello docilitatem ac propensionem penitus insitam ad res honestas. Rationem voco doctrinam, quae monitis constat et praeceptis. Exercitationem dico vsum eius habitus quem natura inseuit, ratio prouexit. Natura rationem desiderat, exercitatio, nisi ratione gubernetur, multis periculis atque erroribus est obnoxia" (ERASMUS, De pueris [Anm. 10], 39, Z. 9–14).

[14] „Quid autem aliud est Christi philosophia, quam ipse renascentiam vocat, quam instauratio bene conditae naturae?" (ERASMUS Roterodamus, Paraclesis ad lectorem pium [1516], in: Desiderius ERASMUS Roterodamus, Ausgewählte Werke, in Gemeinschaft mit Annemarie HOLBORN hg. von Hajo HOLBORN, München ²1964, 139–149; 145). Vgl. auch WALTER, Peter, Art. Philosophia Christi, in: LThK³ 8 (1999) 247 f.

[15] „Poteris in inferiora quae sunt bruta degenerare; poteris in superiora quae sunt divina ex tui animi sententia regenerari" (PICO DELLA MIRANDOLA, Giovanni, De hominis dignitate / Über die Würde des Menschen. Übersetzt von

Norbert Baumgarten, hg. und eingeleitet von August BUCK (Philosophische Bibliothek 427), Hamburg 1990, 6).

[16] Ebd.

[17] Diese Einteilung der Philosophie in die drei Teile der Logik, der Naturphilosophie und der Moralphilosophie findet sich in der Antike etwa, wenn auch mit je unterschiedlicher Anordnung, bei SENECA (ep. 89, 9–17: philosophia moralis, naturalis, rationalis) und QUINTILIAN (inst. 12, 2, 10–21: philosophia rationalis, moralis, naturalis).

[18] Vgl. PICO DELLA MIRANDOLA, De hominis dignitate (Anm. 15), 14–18.

[19] Vgl. NIEDERMANN, Kultur (Anm. 2), 62–65.

[20] Vgl. NIEDERMANN; Kultur (Anm. 2), 26–29; Zitat: 28.

[21] NIEDERMANN, Kultur (Anm. 2), 54. Vgl. ebd., 53–59.

[22] Vgl. NIEDERMANN, Kultur (Anm. 2), 65–72.

[23] Vgl. NIEDERMANN, Kultur (Anm. 2), 30.

[24] Vgl. NIEDERMANN, Kultur (Anm. 2), 72–102. Zu den „studia humanitatis" nach wie vor grundlegend KRISTELLER, Paul Oskar, Humanismus und Renaissance, 2 Bde., München 1974–1976, bes. Bd. 1, 17f.

[25] Für das Folgende vgl. mit entsprechenden Nachweisen WALTER, Peter, Theologie aus dem Geist der Rhetorik (Tübinger Studien zur Theologie und Philosophie 1), Mainz 1991, 21–23.

[26] HIERONYMUS ep. 70 (CSEL 54, 700–708). Auf den berühmten Traum des Hieronymus, in dem dieser des „Ciceronianismus" bezichtigt und deswegen gezüchtigt wurde, geht ERASMUS in den „Antibarbari" nicht ein. Er setzt sich damit auseinander in seiner „Eximii doctoris Hieronymi Stridonensis vita", in: Erasmi opuscula. A Supplement to the Opera omnia, ed. Wallace K. FERGUSON, The Hague 1933, Nachdruck: Hildesheim – New York 1978, 134–190; 153f., Z. 553–561 und 176f., Z. 1135–1167 sowie in Scholion 16 zum Brief des Hieronymus an Eustochium (Hier. ep. 22, 30) in seiner Hieronymus-Ausgabe (Epistolarum opus Divi Hieronymi in tres tomos distinctum una cum scholiis Des. Erasmi Roterodami, Basileae 1543, 158). Während er in der „Vita" die Historizität des Beschriebenen problematisiert und die faktische Nichtbefolgung durch Hieronymus herausstellt, löst er in den Scholien die Problematik, indem er die Position, die dieser in dem späteren, um 397/98 verfassten Brief an Magnus eingenommen hat, gegen die in dem früheren, um 375/76 oder gar schon um 370 geschriebenen Brief an Eustochium ausspielt. Zur Problematik bei Hieronymus selbst vgl. FÜRST, Alfons, Hieronymus. Askese und Wissenschaft in der Spätantike, Freiburg – Basel – Wien 2003, 138–144. Lorenzo Valla hatte das Problem durch die Unterscheidung zwischen der abzulehnenden heidnischen Philosophie und der zu rezipierenden Rhetorik zu lösen versucht. Vgl. WALTER, Theologie (Anm. 25), 15, Anm. 65.

[27] Vgl. dazu MARROU, Henri-Irénée, Augustinus und das Ende der antiken Bildung, Paderborn u. a. 1982, 343–348; POLLMANN, Karla, Doctrina Christiana. Untersuchungen zu den Anfängen der christlichen Hermeneutik unter besonderer Berücksichtigung von Augustinus, De doctrina christiana (Paradosis 41), Freiburg i. Ue. 1996.

²⁸ Zu beiden Topoi vgl., auch wenn nur der erste im Titel genannt wird, FRANK, Karl Suso, Die „captiva gentilis" (Dt 21,10–13) in der lateinischen Väterexegese, in: Aristotelica et Lulliana magistro doctissimo Charles H. LOHR septuagesimum annum feliciter agenti dedicata, ed. Fernando DOMÍNGUEZ REBOIRAS, Ruedi IMBACH, Theodor PINDL et Peter WALTER (Instrumenta Patristica 26), Steenbrugis 1995, 1–10.

²⁹ Vgl. NIEDERMANN, Kultur (Anm. 2), 132–139; zu Bacon, der sich von Vergil zu dem Ausdruck „Georgica animi humani" anstelle von „cultura animi" inspirieren ließ, vgl. ebd., 126–129.

³⁰ NIEDERMANN, Kultur (Anm. 2), 141.

³¹ NIEDERMANN, Kultur (Anm. 2), 141 f.

³² PUFENDORF, Samuel, Specimen controversiarum circa jus naturale, Uppsala – Osnabrück 1678, cap. 2, § 5, in: DERS., Eris Scandica und andere polemische Schriften über das Naturrecht, hg. von Fiammetta PALLADINI (Samuel Pufendorf Gesammelte Werke 5), Berlin 2002, 132.

³³ Vgl. NIEDERMANN, Kultur (Anm. 2), 145; vgl. auch 149 f.

³⁴ Vgl. die Zusammenfassung bei NIEDERMANN, Kultur (Anm. 2), 154–157.

³⁵ Vgl. NIEDERMANN, Kultur (Anm. 2), 152 f. sowie PUFENDORF, Eris Scandica (Anm. 32), 455 (Reg. s. v. Cultura).

³⁶ NIEDERMANN, Kultur (Anm. 2), 159.

³⁷ NIEDERMANN, Kultur (Anm. 2), 163.

³⁸ NIEDERMANN, Kultur (Anm. 2), 166.

³⁹ HIRSCH, Emanuel, Der Kulturbegriff. Eine Lesefrucht, in: Deutsche Vierteljahrsschrift für Literaturwissenschaft und Geistesgeschichte 3 (1925) 398–400; 400, zit. nach NIEDERMANN, Kultur (Anm. 2), 153 Anm. 235. Vgl. ebd., 153 auch zeitgenössische Urteile über das Latein Pufendorfs.

⁴⁰ KONERSMANN, Ralf, Kulturphilosophie zur Einführung (Zur Einführung 282), Hamburg 2003, 8 f.

⁴¹ Vgl. dazu RIED, Martin, Kirchliche Einheit und kulturelle Vielfalt. Zum Verhältnis von Kirche und Kultur, ausgehend vom Zweiten Vatikanischen Konzil (Wissenschaft und Forschung 23), Frankfurt am Main 1993. Eine nach den unterschiedlichen Kultursachbereichen, von der Architektur bis zur Sepulkralkultur, gegliederte Aufstellung jüngerer kirchlicher Verlautbarungen und entsprechender Literatur findet sich in: SEKRETARIAT DER DEUTSCHEN BISCHOFSKONFERENZ (Hg.), Kirche und Kultur. Dokumentation des Studientages der Herbst-Vollversammlung 2006 der Deutschen Bischofskonferenz (Arbeitshilfen 212), Bonn 2007, 84–115.

⁴² Sessio 22, 17. September 1562: Decretum de observandis et vitandis in celebratione missarum (Conciliorum Oecumenicorum Decreta, ed. Istituto per le Scienze Religiose (Bologna), Bologna ³1973, 736 f.; 737, 6–8). Vgl. WEINMANN, Karl, Das Konzil von Trient und die Kirchenmusik. Eine historisch-kritische Untersuchung, Leipzig 1919; WEBER, Edith, Le Concile de Trente et la musique. De la Réforme à la Contre-Réforme (Musique – Musicologie 12), Paris 1982, 85–90.

⁴³ Sessio 25, 3–4. Dezember 1563: De invocatione, veneratione et reliquiis

sanctorum, et de sacris imaginibus (Conciliorum Oecumenicorum Decreta [Anm. 42], 774–776). Vgl. dazu FELD, Helmut, Der Ikonoklasmus des Westens (Studies in the History of Christian Thought 41), Leiden u. a. 1990, 193–200; BAUMGARTEN, Jens, Konfession, Bild und Macht. Visualisierung als katholisches Herrschafts- und Disziplinierungskonzept in Rom und im habsburgischen Schlesien (1560–1740) (Hamburger Veröffentlichungen zur Geschichte Mittel- und Osteuropas 11), Hamburg – München 2004, 32–41.

[44] HANSSLER, Bernhard, Glaube und Kultur (Kommentarreihe zur Pastoralkonstitution des Zweiten Vatikanischen Konzils Über die Kirche in der Welt von heute 6), Köln 1968, 7. Zum Autor vgl. HANK, Rainer, Art. Hanssler, Bernhard, in: LThK³ 11 (2001) 122f.

[45] HANSSLER, Glaube (Anm. 44), 10.

[46] HANSSLER, Glaube (Anm. 44), 10.

[47] HANSSLER, Glaube (Anm. 44), 11.

[48] So die wörtlichere und plastischere Übersetzung in: HÜNERMANN, Peter (Hg.), Die Dokumente des Zweiten Vatikanischen Konzils. Konstitutionen, Dekrete, Erklärungen. Lateinisch-deutsche Studienausgabe (Herders Theologischer Kommentar zum Zweiten Vatikanischen Konzil 1), Freiburg – Basel – Wien 2004, 663, statt „Wichtigere Einzelfragen" in der offiziellen deutschen Übersetzung.

[49] HANSSLER, Glaube (Anm. 44), 36.

[50] HANSSLER, Glaube (Anm. 44), 36.

[51] Er bildete ursprünglich ein Kapitel des Schemas „De Ecclesiae principiis et actione ad bonum societatis" unter dem Titel „De cultura humana", der dann so umformuliert wurde, wie er noch im endgültigen Text von GS lautet: „De culturae progressu rite promovendo". Zur Entstehungsgeschichte vgl. den Kommentar von TUCCI, Roberto, in: LThK² Ergänzungsband 3, 447–452, bes. 448f.

[52] Vgl. TUCCI, Kommentar (Anm. 51), 449–451.

[53] „Ad ipsam personam hominis pertinet ut nonnisi per culturam, hoc est bona naturae valoresque colendo, ad veram plenamque humanitatem accedat" (GS 53).

[54] HANSSLER, Glaube (Anm. 44), 37.

[55] Vgl. METTE, Norbert, Art. Sehen – Urteilen – Handeln, in: LThK³ 9 (2000) 402. Zu Joseph Cardijn, dem Gründer der „Christlichen Arbeiterjugend" (CAJ), vgl. RUHMÖLLER, Georg, Art. Cardijn, Joseph, in: LThK³ 2 (1994) 943f.

[56] TUCCI, Kommentar (Anm. 51), 461.

[57] HANSSLER, Glaube (Anm. 44), 46.

[58] PIUS XI. an M.-D. Roland-Gosselin, in: Semaine Sociale de Versailles 1936, 461f.; zit. GS 58 Anm. 7. Es ist mir nicht gelungen, dieses Zitat zu verifizieren. Thema der Semaine Sociale von Versailles (20.–26. Juli 1936) war „le conflit des civilisations". Gefunden habe ich lediglich das Schreiben des Kardinalstaatssekretärs Eugenio PACELLI an den Präsidenten des Organi-

sationskomitees Eugène Duthoit vom 10. Juli 1936, in: Actes de S.S. Pie XI, Bd. 14 (Année 1936), Paris 1939, S. 277–279.

⁵⁹ Vgl. die vom Papst gebilligte, vom Präfekten der Glaubenskongregation, Kardinal William LEVADA, und deren Sekretär, Erzbischof Angelo AMATO, unterzeichnete Notificatio de operibus P. Jon Sobrino S.I.: „Jesucristo liberador. Lectura histórico-teológica de Jesús de Nazaret" (Madrid, 1991) y „La fe en Jesucristo. Ensayo desde las víctimas" (San Salvador, 1999), in: Acta Apostolicae Sedis 99 (2007) 181–198 sowie das Dossier: Solidaritätsadressen für Jon Sobrino und Stellungnahmen zur Notifikation bezüglich seiner Werke, in: Concilium 43 (2007) 364–373. Einen Vergleich mit ähnlichen „Fällen" zieht WALDENFELS, Hans, Theologen unter römischem Verdacht: Anthony de Mello SJ – Jacques Dupuis SJ – Roger Haight SJ – Jon Sobrino SJ, in: Stimmen der Zeit 226 (2008) 219–231.

⁶⁰ Vgl. Kongregation für den Gottesdienst und die Sakramentenordnung, Der Gebrauch der Volkssprache bei der Herausgabe der Bücher der römischen Liturgie „Liturgiam authenticam" […] 28. März 2001 (Verlautbarungen des Apostolischen Stuhls 154). Vgl. dazu die unmittelbar sich anschließende Auseinandersetzung zwischen KACZYNSKI, Reiner, Angriff auf die Liturgiekonstitution? Anmerkungen zu einer neuen Übersetzer-Instruktion, in: Stimmen der Zeit 219 (2001) 651–668, und RATZINGER, Joseph, Um die Erneuerung der Liturgie. Antwort auf Reiner Kaczynski, in: Stimmen der Zeit 219 (2001) 873–843.

⁶¹ KREUTZER, Ansgar, Kritische Zeitgenossenschaft. Die Pastoralkonstitution Gaudium et spes modernisierungstheoretisch gedeutet und systematisch-theologisch entfaltet (Innsbrucker theologische Studien 75), Innsbruck – Wien 2006.

⁶² SEIBT, Gustav, in: Frankfurter Allgemeine Zeitung vom 23.8.1995, Geisteswissenschaften N 5; zit. nach MOXTER, Michael, Kultur als Lebenswelt. Studien zum Problem einer Kulturtheologie (Hermeneutische Untersuchungen zur Theologie 38), Tübingen 2000, 1, Anm. 3.

⁶³ Zur Salzmetaphorik vgl. LUZ, Ulrich, Das Evangelium nach Matthäus, Bd. 1 (Evangelisch-katholischer Kommentar zum Neuen Testament 1/1), Düsseldorf – Zürich – Neukirchen-Vluyn ⁵2002, 297f.

⁶⁴ „Vos enim in hoc delegi, non ut sitis mediocres aut tolerabiles, sed sitis sal terrae. Non opus est multo sale, sed efficaci, ut quicquid contigerit afficiat, & ex insipido reddat sapidum. Ingens est terra, & tamen hoc quod habet salsitatis, habet a paululo salis admixto" (Desiderii Erasmi Roterodami Opera omnia emendatiora et auctiora, t. 7, Lugduni Batavorum 1706, Nachdruck: Hildesheim 1962, 27 B/C).

„Meine Wonne ist es, bei den Menschen zu sein" (Spr 8,31)

Welt-Weisheit im Glauben des biblischen Israel

Hubert Irsigler

1. „Weisheit" als kulturelle Kompetenz in Israel und ihr spannungsvolles Verhältnis zu religiösem Glauben

Was hat biblischer Glaube, wie ich ihn hier vorrangig aus der Sicht des ersten Teils der christlichen Bibel, also des Alten oder Ersten Testaments, verstehe, mit Kultur zu tun? Gewiss hat Israel wie andere Völker in seinem Umkreis teil an den verschiedenen Kulturepochen seiner Geschichte, der Kulturgeschichte der Levante. Angefangen in der späten Bronzezeit, mit dem ausgehenden 13. Jh. v. Chr., in dem eine wohl noch vorjahwistische Volksgruppe „Israel" von Hirten und Bauern erstmals auf der berühmten Stele des Pharao Merenptah greifbar wird, dann als JHWH-Volk in Konkurrenz und Übernahme kanaanäischer königsstaatlicher Kultur und Urbanität, über kultur- und religionspolitische Einflüsse der neuassyrischen Zeit, der babylonischen und persischen Epoche bis hin zu den kulturellen und religionssynkretistischen Herausforderungen der hellenistischen Epoche Palästinas. Inkulturation bei gleichzeitiger immer neuer Überprüfung und Klärung der eigenen Identität und religiösen Glaubenswelt war auch für Israel als Volk JHWHs eine Überlebensaufgabe.

Jedoch entzündet sich die Frage nach dem Verhältnis von Glaube und Kultur für das biblische Israel nicht zuerst an den Merkmalen der Einbettung Israels in die kulturgeschichtlichen Epochen der Levante. Vielmehr wird sie durch einen zentralen Bereich kultureller Kompetenz provoziert, der in die Glaubens- und Lebenswelt Israels selbst hineingehört, ein Bereich, der mit intellektueller und praktischer Kompetenz, mit Lebensberatung und politischem Rat, mit Erziehung und Bildung bis hin zur Naturwissenschaft zu tun hat. All dies kann in der Bibel mit dem Terminus „Weisheit" (חָכְמָה / *ḥokmā* bzw. σοφία) bezeichnet werden. Ich

Hubert Irsigler

konkretisiere daher das Rahmenthema der Vorlesungsreihe „Glaube und Kultur" in meinem Beitrag als *„Glaube und Weisheit"* im biblischen Israel.

„Weisheit" im biblischen Sinn trennt nicht zwischen Kultur und Wissenschaft, auch nicht zwischen Geistes- und Naturwissenschaften. In allem wirkt dieselbe Weisheit, auch wenn die Erkenntnisfelder und Erkenntniswege unterschiedlich sind. Im engeren Sinne freilich steht „Weisheit" für eine Kompetenz, die über bloßes Wissen hinausgreift, Ordnungen des Lebens und der Welt entdeckt und sie für eine gelingende Lebensgestaltung und Lebensbewältigung einsetzt. „Weisheit" bildet einen komplexen Traditionsstrom, tief verankert in der Weisheitswelt der Völker, der sich zumal, aber nicht ausschließlich in sog. weisheitlichen Schriften der Bibel niederschlägt, also doch heilige Schrift als „Urkunde" des Glaubens geworden ist.

Religiöser Glaube und menschliche Weisheit, die Kultur stiftet, wie geht das zusammen? Auch in der Bibel keineswegs glatt und selbstverständlich! Hören wir eine Drohwort des Propheten Jesaja von Jerusalem, wahrscheinlich konkret zu einem Bittgottesdienst gesprochen, den man angesichts der kriegerischen Verheerungen durch die Assyrer in Juda und der harten Bedrohung Jerusalems im Jahr 701 v. Chr. oder kurz davor gehalten hatte: *„Da sprach Adonai: Weil sich dieses Volk da (mir) nahte (nur) mit seinem Mund und mich (bloß) mit seinen Lippen ehrte, sein Herz von mir fern gehalten hat und ihre Furcht vor mir (nur) ein angelerntes Menschengebot war – darum, siehe da, ich bin dabei, weiterhin wunderbar zu handeln ⟨an diesem Volk da⟩, wunderbar und wundersam: Dann wird die Weisheit seiner Weisen vergehen und die Klugheit seiner Klugen sich verbergen"* (Jes 29,13–14). Wer sind diese Weisen für Jesaja? So gut wie sicher die neunmalklugen Politikberater, die Kommissionsweisen am judäischen Königshof. Nun darf allerdings der Text schon sprachlich nicht als Rede über ein zeitlos gültiges Spannungsverhältnis von Glaube und Weisheit verstanden werden, auch nicht als grundsätzliche Gegnerschaft Jesajas gegen die Weisen. Jesaja selbst war, wie längst erkannt, ein Mann hoher Bildung. Er ist aber Gegner derjenigen Weisheit, die die Politiker und politischen Berater in der konkreten Situation der Auseinandersetzung mit Assur praktizierten.[1] Es ist die Weisheit derjenigen, die sich mit dem, was sie als Realpolitik verstehen, aus der Schlinge ziehen wollen, mit einem dann doch nutzlosen Bündnis mit Ägypten. Sie nehmen das Wort JHWHs aus dem prophetischen Mund Jesajas nicht ernst. Und dieses Wort ruft, keineswegs blind angesichts der aktuellen politischen Situation, zu Besonnenheit, Ruhe, Hinkehr zu JHWH, Festigkeit in ihm und Denken und Handeln von ihm her auf – in Kurzform: zu biblischem „Glauben", wie er sich bei Jesaja gerade im politischen Kontext profiliert und wirkungsgeschichtlich Maßstäbe für das Gottesverhältnis setzt (vgl. Jes 28,16; 30,15 wie schon 7,4.9!). Das Textbeispiel aus Jesaja mag zeigen, dass wir es durchaus *nicht* mit einem fraglosen Verhältnis zu tun haben, wenn wir von „Weisheit" und Glaube in Israel reden. Es ist schon mindestens so, wie Gerhard von Rad es formulierte, dass Weisheit als diese große geistige Bemühung Israels sich „so merkwürdig auf Messers Schneide zwischen Wissen und Glauben"[2] bewegt.

2. „Weisheit" als „Fenster zur Welt" im Glauben des biblischen Israel

2.1 Bestimmung und Ort der Weisheit als umfassender Welterkenntnis

Welterkenntnis als Lebensweisheit und Naturweisheit

Wenn Weisheit auf Messers Schneide steht zwischen Wissen und Glauben, was ist sie dann? Jedenfalls mehr als bloßes Wissen und Anderes als religiöses Glauben. Kurz gesagt: sie ist Welt-Erkenntnis im umfassenden Sinn, in allen ihren Aspekten. Sie will Einsicht gewinnen in die Ordnungen zuerst des menschlichen Lebens und Zusammenlebens, dann aber auch der umgebenden Natur und Welt. So gesehen ist die geschichtlich keineswegs einheitliche Größe „Weisheit" in Israel in ihren unterschiedlichen kulturellen Ausprägungen etwas wie ein *„Fenster zur Welt"* in Überlieferung und Literatur Israels. Als ein solches Fenster zur Welt und Welterkenntnis ist die Weisheitstradition in Israel mit ihrer internationalen Verwurzelung und Ausrichtung zugleich eine Brücke hin zu Kulturen der Völker in Israels Mit- und Umwelt.

Weisheit, wie sie sich in den vorrangigen Weisheitsschriften des Alten Testaments vom Buch der Sprichwörter über Ijob, Kohelet bis Jesus Sirach und dem Buch der Weisheit Salomos, insbesondere aber auch in Weisheitspsalmen darstellt,[3] ist zum allergrößten Teil *praktische Lebensweisheit*. Ihr geht es fundamental um die Erkenntnis von „Gut und Böse", dessen, was Leben fördert und was ihm schädlich ist (Gen 3,5.22). Weisheit wird im Vorspruch zum Proverbienbuch in Spr 1,5 sehr passend hebräisch als *taḥbūlōt*, griechisch κυβέρνησις, d.h. als Steuermannskunst der guten Lebensführung bezeichnet. Man kann diese lebenskundliche Weisheit auch als eine Ethik des „common sense" verstehen.[4] Da zudem das von ihr vertretene Ethos auch dort, wo – wie zumal in älteren Teilen des Proverbienbuches – der Name JHWH nicht oder kaum begegnet, doch stets als religiös begründet vorausgesetzt wird, können wir mit Manfred GÖRG auch von einer „Theologie der praktischen Vernunft"[5] sprechen. Erst in zweiter Linie kommt auch *Naturweisheit* ins Spiel.[6] Sie sammelt Beobachtungen aus der belebten und unbelebten Natur und sucht sie zu ordnen. Sie verwendet also die Vorgehensweise der alten enzyklopädischen Listenwissenschaft, wie wir sie aus den Onomastika, den Namenslisten aus Mesopotamien und aus dem alten Ägypten kennen. Solcher Art listenwissenschaftlich geprägte Naturweisheit findet sich im Alten Testament nicht nur in weisheitlichen Schriften, sondern auch in Psalmen und Gebeten sowie im priesterlichen Schöpfungsbericht von Gen 1,1–2,4a.[7]

Altorientalisch-internationale Verankerung von Israels Weisheit

Dazu fügt sich sehr passend, dass die biblischen Autoren weisheitlicher Schriften keine Scheu kennen, nach ihren Möglichkeiten internationalen Austausch zu pflegen und außerisraelitische Weisheitsüberlieferungen in ihre Werke aufzunehmen und zu transformieren. So wird Weisheit ein Fenster der Bibel zur Kultur anderer Völker.

Von Salomo, dem Prototypen und idealisierten Ur-Vater israelitischer Weisheit wird in 1 Kön 5,9–14 gesagt, dass Gott ihm in so hohem Maße an Weisheit, Einsicht und „*Herzensweite*" gab, so dass sie sogar die als berühmt vorausgesetzte Weisheit der „Söhne des Ostens", d. h. der Nomadenvölker der syrisch-arabischen Wüste und die Weisheit Ägyptens übertraf, ebenso die Weisheit exemplarischer vor- und außerisraelitischer berühmter Männer. Danach soll Salomos Weisheit nicht nur praktische Lebenskunst in Sprichwörtern (3000!) und literarische Bildung in Lieddichtungen (nach MT 1005, nach LXX sogar 5000!) umfasst haben, sondern zumal auch Naturweisheit, Wissen von Pflanzen und Tierwelt (1 Kön 5,13). Menschen aus verschiedenen Völkern, nicht nur die Königin von Saba (1 Kön 10,1–13), sollen zu Salomo gekommen sein, um seine Weisheit zu hören. Das sehr späte Buch der Weisheit Salomos (Weish 7,15–21) traut Salomo in der philosophischen Terminologie der Stoa sogar Kenntnis von der „Zusammensetzung des Kosmos und der Wirkkraft der Elemente" zu, weit über diesen Erdkreis hinaus, dazu besondere astronomische und biologische Kenntnisse (Weish 7,17–20). Und dies alles, weil sich Salomo belehrt weiß von der Weisheit als der τεχνῖτις, der „Künstlerin" oder „Meisterin" aller Dinge (Weish 7,21).

Im klassischen Weisheitsbuch der Proverbien sind nichtisraelitische Weisheitsüberlieferungen in adaptierter Form aufgenommen. So die „Worte Agurs ... aus Massa" (Spr 30,1) und die „Worte an Lemuël, den König von Massa, mit denen ihn seine Mutter ermahnt hat" (Spr 31,1), jeweils ein Hinweis auf den nordarabischen Raum. Seit den zwanziger Jahren des vergangenen Jahrhunderts ist die enge Verwandtschaft der Mahnwortsammlung in Spr 22,17–23,11 mit der ägyptischen Lehre des Amenope (bzw. Amenemope, 20. Dynastie, um 1100 v. Chr.) bekannt. Auszüge aus dieser Lehre in 30 Kapiteln sind im Sprüchebuch in charakteristischen Adaptionen an den Glauben Israels aufgenommen.[8] Ijob und seine drei Freunde werden bekanntlich als Nichtisraeliten dem ostjordanisch-aramäischen wie andererseits auch dem für seine Weisheit bekannten südlich-edomitischen Raum zugeordnet. Das späte deuterokanonische Buch Tobit rühmt die altorientalisch gut bekannte, kulturübergreifende Gestalt des weisen Achikars und macht ihn sogar zum Neffen des frommen Tobit (Tob 1,21 f.; 2,10; 11,19; 14,10). Das ebenfalls griechische Buch Baruch endlich setzt im ersten vorchristlichen Jahrhundert Kanaan, Ägypten, Edom und Midian als bekannte Orte der Weisheit voraus (Bar 3,22 f.), auch wenn es diese nur Israel und seiner Tora zuschreibt (3,37–4,4).

Diese Beispiele sollen genügen, um zu zeigen, wie sehr die Bibel selbst um ihre tiefe Verankerung in den zeitgenössischen altorientalischen Weisheitstraditionen weiß.

In jedem Fall fordert die Weisheitsliteratur Israels und die in vielen Teilen der Bibel nachweisbaren weisheitlichen Einflüsse in Redeformen und Motiven zur salomonischen kulturellen „Herzensweite" (1 Kön 5,9) biblischen Glaubens auf.

Zum „Sitz im Leben" der Weisheit

Doch wer sorgt sich in Israel um „Weisheit", wer sind die Träger und Tradenten der Weisheitsliteratur? Weisheit, ganz allgemein verstanden als soziale und kulturelle Kompetenz, wird in Israel getragen von einem breiten Strom der *lebenskundlichen Weisheit der Sippen und Familien,* wie sie von Sippenältesten sowie von Vater und Mutter in den Familien weitergegeben wurde.[9] Es handelt sich um Lebenserfahrung und Lebensweisheit vieler Generationen, die zu einem gelingenden Leben des Einzelnen wie der Gemeinschaft führen will. Sie hat viele Entsprechungen im kollektiven kulturellen Gedächtnis anderer Völker und Kulturen im Umkreis des alten Israel.

In der königsstaatlichen Zeit Israels und Judas tritt ähnlich wie in benachbarten Kulturen *der Königshof* als Ort der Weisheitsrede, der politischen Beratung wie auch der Beamtenerziehung hervor. Der *Streit um die Existenz von „Schulen"* im alten Israel hat überwiegenden Konsens dafür erbracht, dass wir jedenfalls, wenn man diesen Begriff nicht zu eng fasst, mit Schulen für Beamte und für Priester in urbanen Zentren und zum Teil auch in kleinen Landstädten zu rechnen haben.[10] Klar genug kommt die Welt von Bauern, Händlern und Beamten im Proverbien-Buch zur Sprache (z. B. Spr 6,6–8; 14,23; 11,1.10). Allerdings ist israelitische Weisheit deutlich weniger Standesweisheit als etwa die ägyptische, wie sie in den Lebenslehren (Sebajit) zutage tritt. *Schule, das ist in Israel auch das Stadttor und der Marktplatz.* Entsprechend breit ist der

Adressatenkreis der dort auftretenden Weisen (vgl. z. B. Spr 1,20 f.; 8,1–3; 9,3).[11] Gewiss spielt auch in Israel das Famulus-System, die Weitergabe zumal berufsspezifischen Wissens vom Meister auf den Schüler, eine ganz gewichtige Rolle.[12] Allerdings zeichnet sich schon seit der vorexilischen Zeit Israels doch auch die Herausbildung des Typs des professionellen Weisen bzw. zur Weisheit als Beruf ab.[13] *In der nachexilischen Zeit Judas* ist der Tempel zu Jerusalem nicht nur Ort priesterlicher Ausbildung und Bildung, sondern auch Ort der Pflege der Weisheitstradition Israels und der Sammlung, Formierung und Überlieferung „klassischer", als normativ gewerteter Schriften. Was den universitären Akademiker bis heute kennzeichnet – Forschung, Lehre und schriftliche Veröffentlichung – finden wir im 3. vorchristlichen Jh. entsprechend bei *Kohelet* (so im ersten Nachwort Koh 12,9–10.11). Der Weisheitslehrer wird endlich zum weisen Schriftgelehrten, wie er im hebräischen Buch Ben Sira um 180 v. Chr. zum ersten Mal explizit hervortritt (Sir 38,24–39,11).

Die Bedeutung religiöser Weisheitslehre für die Kanonbildung

„Fenster zur Welt" ist die Weisheit für Israel in alttestamentlicher Spätzeit, nicht an der tradierten Glaubensnorm Israels, nicht an seinem geschichtlich ausgebildeten Gottesbekenntnis vorbei. Man kann mit Recht von einer *Theologisierung der Weisheitstradition Israels* in den Jahrhunderten seit dem babylonischen Exil bis hin zur Zeitenwende sprechen. Wie ein Fanal dieser Theologisierung erscheint der nachexilisch mehrfach belegte Grundsatz: *„Die Furcht JHWHs ist Anfang der Weisheit!"* (Spr 1,7; 9,10; 15,33; Ps 111,10; Ijob 28,28). Die Furcht *JHWHs*, nicht einfach Gottesfurcht! Der Klang geschichtlich erfahrener Befreiung Israels wie der Freiheit Gottes und seiner barmherzigen rettenden Zuwendung darf im Gottesnamen JHWH auch im Kontext der Weisheitsrede Israels nicht überhört werden, zumal die Weisheit sonst, auch altorientalisch, eher allgemeine und unspezifische Namen für die Gottheit verwendet. Die Furcht JHWHs ist demnach aller Weisheit vorgeordnet, ist Vorbedingung der Einsicht, weil tiefe Einsicht im Verständnis dieses Grundsatzes von sich aus notwendig nach ihrer

Ermöglichung und damit ihrer Bindung an Gott zurückfragt.[14] Allerdings stoßen wir auch umgekehrt auf eine *Sapientialisierung der Glaubenstraditionen Israels*, einer Tendenz also, israelitische Glaubenswelt, wie sie in geschichtlichen, prophetischen, priesterlichen und Rechtstraditionen überliefert ist, zu Zwecken der Lehre, Mahnung und Warnung wie auch Ermutigung und Hoffnungsbegründung, zur religiösen Erziehung und Bildung einzusetzen wie im Buch Jesus Sirach, bis hin zu den spätalttestamentlichen Versuchen, Israels Glaubensüberlieferungen in die Denk- und Redeweisen zeitgenössischer hellenistisch geprägter Intellektualität wenigstens ansatzweise zu integrieren, wie dies im Buch der Weisheit Salomos und außerbiblisch weitaus nachhaltiger in den Werken des Philon von Alexandrien im 1. Jh. christlicher Zeitrechnung geschieht.

Für die Frage nach dem Verhältnis von normativ gewordenem Glaubensgut und kultureller Kompetenz der Weisheit Israels ist da ein entscheidender Punkt erreicht: Die zu Schriftgelehrten gewordenen Weisheitslehrer, die die Überlieferungen der Alten sammeln und pflegen, sind jene, die letztgültig für die Formierung, Ordnung und normative Überlieferung der Schriften Israels als *„Kanon" religiös legitimierter „Heiliger Schriften"* verantwortlich sind. Sie haben in den religiös-weisheitlichen Bearbeitern geschichtlicher und prophetischer Überlieferungen vorab seit dem Buch Deuteronomium und seit der Zeit des babylonischen Exils, entscheidend angestoßen durch die Frage nach der Identität Israels, ihre Vorläufer. Mit anderen Worten, die Entstehung einer „klassischen" Literatur Israels, ihre Überlieferung mit der Absicht religiöser Lehre, Daseinsdeutung und Lebensorientierung geht Hand in Hand mit dem Prozess der Kanonisierung biblischer Texte. Er verdankt sich letztlich nicht nur priesterlicher Bearbeitung, sondern vor allem der Überlieferungsarbeit jener Weiser, wie sie dann im Idealbild des umfassend gebildeten Schriftgelehrten in Sir 38–39 ihr schönstes literarisches Denkmal erhalten haben.[15]

Biblische Weisheitslehre, so sagten wir, ist Welterkenntnis in ihren verschiedenen Spielarten, aber immer zuletzt mit dem Ziel, dem Menschen bei seiner Lebensgestaltung und Lebensbewältigung orientierend zu helfen, nicht ein Wissen allein um des Wissens Willen. Aber eben dies muss nun doch aus der Sicht der Bibel Jesu bzw. der jüdischen Bibel und unseres (gegenüber Letzterer nach der

Septuaginta erweiterten) Alten Testaments sehr bedacht werden, dass jetzt dieses Bemühen um Welterkenntnis unmittelbar zum Kanon heiliger Schriften gehört und als geschichtlich ergangener An-Spruch Gottes in Menschenworten mit all ihren geschichtlichen Bedingungen, Begrenzungen, auch sachlichen Fehlern und Irrtümern verstanden und geglaubt wird. *Der jüdischen und der christlichen Religion ist damit weisheitliche Welterkenntnis normativ ins Stammbuch ihrer Glaubenstraditionen geschrieben.*

2.2 Welt-Wissen im Schöpfungsglauben Israels (Naturweisheit als Listenwissenschaft in Schöpfungstexten)

Wenn wir die Weisheitstradition in Israel als ein „Fenster" biblischen Glaubens zur Welt als Schöpfung, Natur und Kosmos wie auch zur kulturellen Welt der Völker, ja der Menschheit insgesamt, bezeichnen können, so gilt dies in ähnlicher Weise von biblischen Schöpfungstexten. Es sind Texte, die vom fortwährenden Schöpfungswirken Gottes in der Welt handeln wie Ps 104; Ijob 38–39; Sir 42,15–43,33. Von einer urzeitlichen, als ganze abgeschlossenen Weltschöpfung ist streng genommen so nur im priesterschriftlichen Schöpfungsbericht in Gen 1,1–2,4a die Rede. Die zahlreichen Bezüge zu Texten, einzelnen Motiven und Mythologien mit Schöpfungsthematik im alten vorderen Orient und weit darüber hinaus sind spätestens seit dem Bibel-Babel-Streit um die biblische Offenbarungsreligion am Beginn des 20. Jh.s[16] intensiv erforscht worden. Die Hermeneutik biblischer Schöpfungstexte eröffnet aber *auch Wege zur Naturwissenschaft*, mögen diese Texte auch der Sache nach nichts mit einer modernen experimentierenden Erforschung der Natur zu tun haben. Gleichwohl zeigen sich gemeinsame Fragestellungen, die vom Menschen als dem fragenden Subjekt ausgehen, die Auswirkungen seines Handelns auf die natürliche Umwelt und auf die Menschen selbst betreffen und eine Wissenschaftsethik anregen und fordern.[17] Vor allem ist nicht zu übersehen, dass die Weltschöpfungstexte der Bibel nicht nur als schöne Poesie verstanden sein wollen, um etwa im Sinne Johann Gottfried HERDERS dem Bedürfnis einer ästhetischen Naturbetrachtung entgegen zu kommen.[18] Vielmehr sind sie von einer

Naturweisheit her gestaltet, in der sich enzyklopädische Listenwissenschaft als älteste Wissenschaftsform zeigt, die Phänomene beobachtet und in der Form von Onomastika klassifiziert und aufreiht.

Das gilt insbesondere auch für den allbekannten priesterschriftlichen Weltschöpfungsbericht in Gen 1,1–2,4a. Als theologischer Lehrtext par excellence, streng gegliedert und bewundernswert folgerichtig, synthetisiert er eine ganze Reihe vorgegebener Schöpfungsvorstellungen und ordnet sie dem Wirken des für ihn einen und einzigen Gottes zu. Die auf sechs Tage verteilten acht Schöpfungswerke im Wort- und Tatbericht dieses Textes führen sukzessive Phänomene der beobachteten Natur wie des vorgestellten Weltbildes in einer auch für heutige Leser sinnvollen Aufeinanderfolge ein. Gleichwohl hat dies nichts mit dem Gedanken einer Evolution einer Art aus einer anderen zu tun. Alles Geschaffene, jedes Phänomen, jede Art wird ja als Teil eines großen Ganzen der primordialen Schöpfung verstanden. Sehr wohl aber tritt da zeitgenössische Listenwissenschaft hervor. Kurz: die Priesterschrift formuliert in Gen 1 mit Mitteln der Naturwissenschaft ihrer Zeit. Dabei konzipiert sie selbstverständlich keine naturwissenschaftliche Theorie. Die Deutungskategorie „Schöpfung" hat eine von einer solchen Theorie unabhängige eigene Basis und Plausibilität.[19] Doch es kommt dem priesterlichen Verfasser darauf an zu sagen, was das göttliche Erschaffen bewirkt und was es kennzeichnet, nämlich dass alles Geschaffene für Gott und für die Geschöpfe von seinem Ursprung her „sehr gut", ja auch „schön" ist (Gen 1,31). Zugleich setzt der Text voraus, dass wir dieses Urteil in der vorfindlichen Wirklichkeit nicht schlechthin bestätigt finden können, sondern nur in gebrochener Form. Und dafür ist letztlich der Mensch verantwortlich, der durch Gewalttat die Harmonie der Erde verdirbt (vgl. Gen 6,11–13 „P"), ohne doch das Gesamtgebäude der Schöpfung, den Kosmos, zerstören zu können.[20]

Eben diesem Menschen, Mann und Frau, bleibt als dem Bild und somit dem Repräsentanten Gottes gegenüber seinen Mitgeschöpfen auf der Erde von Gott her nach Gen 1,28 aufgetragen, sich diese Erde „dienstbar zu machen" *(KBŠ)*. Dieser Daseinsauftrag des Menschen – nicht sein letzter Daseinssinn und -zweck – zielt auf die Verwirklichung des göttlichen Segens, der Fruchtbarkeit und Mehrung ermöglicht. Er schließt gewiss eine Herrschaft über die Tierwelt ein, nicht aber des Menschen über den Menschen. Wie die Priesterschrift nicht (mehr) von einer Unterwerfung des verheißenen Landes spricht, so legt sie im Auftrag, die Erde dienstbar zu machen, *den Akzent nicht auf die Gewalt, sondern auf die Nutzung und Kultivierung der Erde durch den Menschen.* Die Konsequenzen aus Genesis 1 liegen auf der Hand:

Biblischer Schöpfungsglaube ermöglicht nicht nur, sondern fordert Kulturarbeit des Menschen an dieser Erde als dem Lebensraum der Menschen und ihrer Mitgeschöpfe. In einem anderen Vorstellungskontext sagt dies bereits die ältere Garten-Eden-Erzählung in Gen 2,15.

Vom priesterschriftlichen Schöpfungsbericht her, aber auch im Blick auf jene listenwissenschaftlich geprägten Schöpfungstexte wie Ps 104 und Ijob 38–39 (vgl. auch Ps 148; Sir 43; LXX Dan 3,52–90), die den Schöpfer fortwährend kreativ vorstellen und den Menschen viel stärker in die Gemeinschaft aller Geschöpfe einbinden, ergibt sich indes auch eine wichtige *Konsequenz für unser Reden von Schöpfung heute.* Ähnlich wie jene biblischen Autoren offen für das Wissen von der Natur in der Form der Naturweisheit ihrer Zeit waren, ist theologisches Reden von Schöpfung heute gehalten, naturwissenschaftliches Wissen unserer Zeit wahrzunehmen. Und dies nicht deshalb, um etwa den Spezialisten den Rang abzulaufen, sondern gerade um die ganzheitliche Perspektive biblischen Schöpfungsglaubens als Welt- und Lebensdeutung dem Stand heutigen Wissens und Nichtwissens von Natur und Welt angemessen und plausibel zur Sprache zu bringen. Weltbildhafte Voraussetzungen, aber auch verfehlte Fixierungen in Rede und Vorstellung von unserer Welt gilt es bei Glaubenden wie bei Nichtglaubenden aufzudecken und zu durchschauen. *So gesehen weist schon die Art der Textbildung biblischer Schöpfungsrede darauf hin, dass biblisch orientierter Schöpfungsglaube Welt-Wissen und ganzheitliche Welt-Weisheit als Werk menschlicher Kultur anerkennt, voraussetzt und sogar stimuliert.*

3. Die personifizierte Weisheit in der Welt nach Spr 8,22–31 als Ausdruck von Welt-Offenheit und Kulturoptimismus im JHWH-Glauben

Religiöser Glaube geht in Israels Geschichte dort eine besonders innige Symbiose mit umfassender kultureller Kompetenz zur Weltgestaltung und Lebensbewältigung ein, wo sich diese Kompetenz in der Gestalt der poetisch personifizierten Weisheit verselbständigt und als verobjektivierte weltimmanente Größe gegenüber den Menschen auftritt, sich als Lehrerin und Führerin zum Leben anbietet, jedoch in unüberbietbarer Gottesnähe bleibt. Exemplarisch steht für diese personifizierte Frau Weisheit, in der sich israelitische und außerisraelitische weisheitliche Traditionen und religiös-mythische Vorstellungen bündeln, die Weisheitsrede im Proverbienbuch Kap. 8.

Der Text Spr 8,22–31 im Kontext von Kap. 8

Der poetisch und theologisch sehr dichte Text Spr 8,22–31 fügt sich in die Rede der Weisheit in Spr 8 als zentraler Mittelteil ein. Voraus geht in den Versen 1–21 die einleitende Situationsangabe und die Rede der personifizierten Weisheit, die sich als Lehrerin und Erzieherin selbst empfiehlt. Im Zentrum steht die Selbstprädikation der Weisheit in den Versen 22–31, in denen die Weisheit von ihrem unvergleichlichen Ursprung vor den Schöpfungswerken und von ihrem begleitenden Dasein bei allem Schöpfertum Gottes spricht. Der letzte Abschnitt der Weisheitsrede in den Versen 32–36 ruft die „Söhne" zur Annahme der Lehre und zur Entscheidung auf.

Der zentrale Text Spr 8,22–31 als Selbstvorstellungsrede der Weisheit tritt durch sein theologisches Bemühen hervor, die Weisheitsgestalt mit ihrem zeitlosen kosmologischen Charakter in den JHWH-Glauben einzuordnen. Im Gesamten der Weisheitsrede von Spr 8 dient dieser Text dazu, den Autoritätsanspruch der Weisheit in ihrem je aktuellen Anruf an die Menschen zu begründen.[21] Zu diesem Zweck schildert der Text den einzigartigen Vorrang der Weisheit vor allen Schöpfungswerken von Urzeit an. Textkritisch

Meine Wonne ist es, bei den Menschen zu sein

ist der Abschnitt Spr 8,22–31 gut überliefert; er enthält jedoch einige viel erörterte semantische Probleme. Meine Übersetzung kommt mit nur zwei geringfügigen textkritisch begründeten Korrekturen (in V. 22 und 28, vgl. BHS z. St.) aus. Auffälligerweise enthält der Text 11 Bikola oder 22 poetische Halbverse gemäß der Zahl der hebräischen Buchstaben: schon darin gewissermaßen ein Spiegelbild der Ganzheit und Vollkommenheit der in der Welt wirkenden Weisheit.

22 JHWH hat mich *geschaffen* als Erstling seine[r] Weg[e], / vor seinen Werken von einst.
23 Von Urzeit her bin ich gebildet, / seit Anbeginn, vor den Anfängen der Erde.
24 Noch ehe die Urfluten waren, wurde ich geboren, / noch ehe es Quellen gab, reich an Wasser.
25 Ehe die Berge eingesenkt wurden, / vor den Hügeln wurde ich geboren.
26 Noch hatte er die Erde nicht gemacht und die Fluren, / und die ersten Erdschollen des Festlands.
27 Als er den Himmel festsetzte, war ich dabei, / als er den Horizont einzeichnete auf der Fläche der Urflut,
28 als er die Wolken droben befestigte, / und die Quellen der Urflut [stark machte],
29 als er dem Meer seine Grenze setzte, / so dass die Wasser seinen Befehl nicht übertreten durften, als er die Fundamente der Erde einsenkte, /
30 da war ich ihm zur Seite *als vertrautes Wesen*, da war ich (lauter) *Wonne* Tag für Tag, / *freudig spielend vor ihm* alle Zeit,
31 *freudig spielend* auf dem Festland seiner Erde, / *und meine Wonne ist es, bei den Menschen zu sein*.

Zur Interpretation von Wesen und Wirken der personifizierten Weisheit

Wer ist die Weisheit, die sich in Spr 8,22–31 vorstellt, welche Rolle kommt ihr zu? Die poetische Kosmologie dieses im Kontext von Spr 8 eigenartig selbständigen Stückes zielt zweifellos ganz fundamental darauf, die Weisheitsgestalt möglichst eng an JHWH als den Weltschöpfer anzubinden. Aus dieser engen Beziehung zu

JHWH dürfte die Weisheit zu einem guten Teil ihre personhaften Züge gewonnen haben, wenn sie in Spr 8 einlädt, wirbt, aber auch droht und warnt wie eine Gottesrede der klassischen Prophetie. Die Personifikation der Weisheit wird also nicht nur poetisch-rhetorische Gründe haben.[22]

In Spr 8,22–31 bezeugt sich die Weisheit selbst als von Gott hervorgebracht bzw. geschaffen. Der Text scheut sich nicht, dieses Geschaffen-Sein der Weisheit durch Gott in V. 22–25 mit Verben zu umschreiben, die „erwerben" (QNY „erwerben, hervorbringen, erschaffen"), „künstlerisch weben und bilden" konnotieren (NSK[2] „flechten, weben, bilden") und mythisch-metaphorisch von „Geburt" sprechen (ḤīL polal „kreißend hervorgebracht werden"). Allerdings vermeidet es der Text, JHWH mythisierend explizit die Funktion des Gebärens zuzuschreiben.[23] Die bildhaft konnotierten Bezeichnungen der Erschaffung der Weisheit zielen wesentlich darauf, den personhaften Charakter der sprechenden Weisheit anschaulich zu machen. Keinesfalls ist diese Weisheit trotz ihrer Gottnähe eine eigenständige präexistente Gestalt „neben Gott", auch keine Hypostasierung einer Eigenschaft Gottes, da sie ja von ihm geschaffen und damit ihm eindeutig untergeordnet ist. Der poetische Text legt aber alles Gewicht darauf, die Weisheit *als Zeugin bei sämtlichen Schöpfungswerken Gottes in der Urzeit* darzustellen. Sie ist nicht selber Architektin der Welt. Schöpfer und Bildner ist allein JHWH. Aber sie ist bei all den Schöpfungswerken Gottes bei ihm, an seiner Seite. Daher kennt sie die innerste Ordnung der Welt, ja, sie erscheint selbst als die geheimnisvolle übergreifende Ordnung und Sinnhaftigkeit der geschaffenen Welt.

Das Ziel des Selbstzeugnisses der Weisheit geht aus den Versen 30–31 hervor. Einzigartig ist die Weisheit in ihrer Beziehung zu JHWH, aber auch in ihrem Verhältnis zu den Menschen. Dabei ist und bleibt die Weisheit in unserem Text eine bildhaft personifizierte verobjektivierte Eigenschaft *der Welt*, nicht Gottes, so sehr sie selbst die überragende Weisheit des Schöpfergottes voraussetzt. Da wird einmal gesagt, dass die Weisheit unablässig treu und vertraut dem Schöpfergott zur Seite steht.[24] Es ist hier weder möglich noch nötig, die Fülle der semantischen Interpretationen des hebräischen Worts ʾāmōn in V. 30, eines der umstrittensten Lexeme der Bibel, vorzustellen. Weder z.B. „Werkmeisterin", noch „Schoßkind"

Meine Wonne ist es, bei den Menschen zu sein

oder „geliebtes Kind" (so die Einheitsübersetzung) wird dem Kontext gerecht. Mir scheint am ehesten eine von der aramäischen Version gestützte Deutung von ʾamōn als substantivierte Adjektivform im Sinne von „vertrautes, treues Wesen" zuzutreffen, möglicherweise auch in adverbieller Funktion: Die Weisheit ist dem Schöpfergott als vertrautes Wesen oder in verlässlicher, vertrauter Weise zur Seite.[25]

Künstlerisch scheint *Michelangelo*, der schon seinen Zeitgenossen als bibelfest galt, in seiner berühmten Darstellung der Erschaffung Adams in der Sixtinischen Kapelle gerade *dieses interessierte Dabeisein der Weisheit* beim Schöpfungsakt im Blick zu haben.[26] Er lässt aus dem Bausch des Gewandes des Schöpfers eine attraktive junge Frau mit wachem Interesse auf Adam hin hervorblicken. Der Schöpfergott hat um sie wie um eine eng Vertraute seinen linken Arm gelegt. Die Deutung auf die Gestalt der Sophia / Sapientia nach Spr 8,22–31 wird von einzelnen Kunstgeschichtlern schon seit langem vertreten.[27] Die ältesten Biographen Michelangelo Buonarrotis im 16. Jh., Ascanio CONDIVI und Giorgio VASARI, sprechen indes nur von kleinen Engeln *(agnolini)* bzw. nackten Engelknaben *(angioli ignudi / alcuni putti)*.[28] Jedenfalls dürfte die Deutung auf die schöne junge Frau Weisheit näher liegen als auf irgendein Engelwesen oder gar auf die im Vorgriff präsentierte (Seele oder Idee der) Eva.

Als „lauter Freude" oder besser noch als vitales „Entzücken, Wonne" identifiziert die Weisheit *sich selbst* metaphorisch in Spr 8,30 (Satz b), im hebräisch-masoretischen Text (MT) genau genommen *nicht* als Freude, Wonne und Entzücken *JHWHs*, des Schöpfergottes. Entsprechendes gilt für die Vulgata V. 30: „... et delectabar per singulos dies ludens coram eo omni tempore". In der griechischen Version der Septuaginta indes erscheint die Weisheit explizit als Grund und Gegenstand der Freude Gottes.[29] Als solches Entzücken, Wonne, Vergnügen und Freude – doch wohl an den herrlichen Schöpfungswerken Gottes – wird sie im MT 8,30c und 31a „scherzend / freudig spielend / tanzend" vorgestellt *(mśaḥäqät)*, d. h. in einer spielerischen Aktivität, die Heiterkeit und Lust bereitet, für sich selbst und auch für andere.[30] Da das zweifache *mśaḥäqät* in den Sätzen 30c und 31a durch den Ausdruck der „Wonne" der Weisheit in den Sätzen 30b und 31b gerahmt wird, akzentuiert der Kontext die enthusiastische Freude, die mit der spielerischen Aktivität des Verbs ŚḤQ (D-Stamm) „scherzen / etwas lachend tun / (fröhlich) spielen / (begeistert) tanzen" verbunden ist, weniger den Unterhaltungswert dieser Tätigkeit für andere. In diesem Sinn ist die Weisheit voll Heiterkeit „freudig / entzückt spielend" aktiv *vor dem Schöpfergott* (wörtlich „vor seinem Angesicht"), ja nach V. 31a „spielend *auf seinem Erdenrund (/ dem Festland seiner Erde)*". Das ist nicht das Spiel eines hilflosen Schoßkinds, sondern *die Verkörperung der Dimension einer unbändigen spielerischen Freude in der gesamten Schöpfung.*[31] Denn trotz ihres Vorrangs vor allen anderen Schöpfungswerken ist die Weisheit als Geschöpf Gottes doch eine weltimmanente Größe. Es fällt auf, dass nicht direkt von einem Spiel der Weisheit *für*[32] den Schöpfergott die Rede ist, so sehr sich alles Lachen, Scherzen, Sich-Vergnügen der Weisheit, was immer diese spielerische Aktivität umfasst, *vor*[33] dem Schöpfergott abspielt und damit auch an die Freude denken lässt, die der Schöpfergott an der (als „Erstling" geschaffenen!) Welt-Weisheit hat. Nein, die Freude und Wonne der Weisheit zielt letztlich auf die Menschen: „*meine Wonne / mein Entzücken ist bei den Menschen*", so sagt es wörtlich die Weisheit in V. 31b am Schluss- und Höhepunkt ihres Selbstzeugnisses in Spr 8,22–31.[34] Gerade *an den Menschen* hat die Weisheit ihre Freude, ihnen ist sie heiter spielerisch zugewandt. So gewiss die Weisheit von ihrem Ursprung her nie ihre enge Verbindung mit Gott verliert, so gewiss sie Gottes Begleiterin und Zeugin bei all seinen Schöpfungswerken ist, so gewiss ihre „Wonne" auf einen Gott verweist, der sich an seiner in Weisheit geschaffenen Welt freut, so sicher ist es doch die eigentliche Bestimmung und „Wonne" der personifizierten Weisheit von Spr 8, bei den Menschen zu sein. Die Menschen sollen durch sie aus und in der Schöpfung eine unversiegbare Freude erahnen und erfahren können. Menschen will sie zu einem guten gelingenden Leben führen und alle aufbauenden und lebensförderlichen geistigen Kräfte der Menschen wecken.

Seit den sechziger Jahren des 20. Jh.s hat die exegetische Forschung an Spr 8 erkannt, dass dieser berühmte Mittelteil des Kapitels vorab altägyptische Vorstellungen vom kultischen Spiel und Tanz von Göttinnen vor dem Sonnen- und Schöpfergott Re (Amon Re oder Amon Re Harachte) aufgreift, allein, um die Einzigartig-

Abb.: Pektoral Schoschenqs II. Nachzeichnung von *Carmen Diller*.

keit der Weisheit hervorzuheben. In Ägypten ist es vor allem die Göttin Maʿat *(mꜣʿt)*, Verkörperung von Recht, Gerechtigkeit, Wahrheit und Ordnung, daneben auch die lebenslustige Hathor, die ikonographisch und textlich als Anregung für die Vorstellung und Rede von der spielenden Weisheit dienen konnte.[35]

Exemplarisch kann dies das Pektoral, das man im Grab Pharao Schoschenqs (Scheschonqs) II. (um 900 v. Chr.) in Tanis gefunden hat, treffend verdeutlichen. Möglicherweise gehört es ursprünglich schon dem Begründer der 22. Dynastie Schoschenq I. (945–924)[36], dem biblischen „Schischak (Schuschak)", der einst auf seinem Palästinafeldzug in Jerusalem die Schätze von Tempel und Palast als Unterwerfungsgabe an sich nahm (1 Kön 14,25f., vgl. 11,40). Das Pektoral[37] präsentiert die Maʿat als Mädchen (mit typischer Straußenfeder) in der Sonnenscheibe auf der Sonnenbarke, in Verehrung vor dem Sonnen-, Schöpfer- und Königsgott Amun-Re-Harachte. Die Göttinnen Hathor (mit im Kuhgehörn eingebetteter Sonnenscheibe) zur einen und Maʿat (mit Sonnenscheibe und Straußenfeder) zur anderen Seite – Letztere ist also zweimal dargestellt – schützen mit ihren Flügelarmen die Sonnenscheibe, symbolisch damit zugleich das pharaonische Königtum.[38] Kosmische Bezüge treten hervor, die im Blick auf die Weisheit von Spr 8 (V. 27.29) bemerkenswert sind: Das Sonnenboot fährt über dem mit Lotusblumen (offenen Blüten und Knospen) geschmückten Ozean dahin, unter einem mit Sternen übersäten Himmelsgewölbe, dargestellt durch ein Band aus Lapislazuli mit einer Reihe goldener Sterne. Gestützt wird das Band des Himmels durch die Stängel von Papyrus und Lotus, den beiden symbolischen Pflanzen von Unter- und Oberägypten.

Gleichwohl sind die Unterschiede von Spr 8 zur ägyptischen Ma'at nicht zu übersehen. Weder erhält die Weisheit in Spr 8 göttliche Qualität, noch geht es ihr in erster Linie darum, allein den Schöpfergott zu erfreuen, der schon gar nicht von dieser *geschaffenen* Weisheit „lebt", wie es vom ägyptischen Schöpfergott mit Bezug auf die Ma'at gesagt werden kann.[39] Vielleicht kann man sagen, dass sich in der personifizierten Weisheitsgestalt religionsgeschichtlich ein Erbe von Göttinnen und ihren Vorstellungsgehalten „wohl mehr unbewußt als bewußt" abzeichnet.[40] Die außerordentliche Rolle der Weisheit in der Welt konnte so profiliert werden. Daneben aber muss auch an eine innerisraelitische Wurzel dieser Weisheitsgestalt im familiären und kulturellen Leben der nachexilischen Zeit Israels erinnert werden. Wie Claudia V. CAMP treffend gezeigt hat, kommt in der personifizierten Weisheit die Stärkung der sozialen, kulturellen und religiösen Stellung der Frau in Israels nachexilischer Zeit zum Vorschein.[41] Ältere mütterliche Züge im tradierten Gottesverständnis Israels werden in unpolemischer Weise verstärkt, ohne den prinzipiellen Monotheismus der Religion Israels in der persischen und hellenistischen Epoche zu beeinträchtigen.

Vor allem aber ist die Deutung zu beachten, die die personifizierte Weisheit im unmittelbaren Kontext innerhalb von Spr 8 erfährt, schon vom ersten Vers des Kapitels her: „Ruft nicht die Weisheit, erhebt nicht die Einsicht ihre Stimme? ..." Im Kontext von Spr 8 wird ganz deutlich, dass die Weisheit als Erstling der Schöpfungswerke Gottes die Menschen aus der Schöpfung heraus anspricht, heiter und spielerisch. Es ist ein umfassender Ordnungswille, der den Menschen aus der Schöpfung heraus freundlich anruft und dem er sich nicht entziehen kann.[42] Die Weisheit, die alle Ordnung der Welt bis ins Innerste kennt und selber verkörpert, regt die Menschen zu freudiger Welt- und Lebensgestaltung an und schenkt ihnen etwas wie ein Urvertrauen in den guten Lebenssinn der Schöpfung. So stimuliert sie das interessierte und freudige kulturelle Tun der Menschen und lädt zur heiteren Welt-Offenheit ein.

Durch ihren vorweltlichen Ursprung erscheint die Weisheit als geradezu transzendente Größe, ohne ihre weltimmanente Seite abzustreifen. In diesem Oszillieren zwischen Transzendenz und Immanenz ist sie eine Mittlerin zwischen Gott und Welt, etwas wie der göttliche Plan in der Welt und der göttliche Wille zur Gemeinschaft mit den Menschen in Lust und Liebe.[43]

Nach ihrer poetischen Selbstoffenbarung in Spr 8 wendet sich Frau Weisheit an die „Söhne" in einem abschließenden Mahnaufruf (8,32–36). Hier erhält sie nochmals eine neue Qualität. Sie wird zum Inbegriff der Lebensverheißung. Sie zu finden oder zu verfehlen ist eine Frage auf Leben und Tod. In all den unterschiedlichen und doch kohärenten Aspekten der Weisheitsgestalt kann reflektierter Glaube auch heute noch *von ihrer stimulierenden Welt-Zugewandtheit und Menschenfreundlichkeit lernen*, damit aber von der Welt-Offenheit der hinter dieser Weisheitsgestalt aufscheinenden weisen Männer und Frauen Israels. Angstvolle Engherzigkeit und Weltverlust im Glauben widersprechen total der Glaubens- und Lebenshaltung, zu der die personifizierte Weisheit in Spr 8 einlädt.

4. Ein Ausblick auf die weitere Geschichte der Weisheitsinterpretation in der hebräischen und griechischen Bibel des Alten Testaments

Die ferne Weisheit in Kohelet 7,23 f. und die verborgene Welt-Weisheit von Ijob 28

Es ist in der Spätzeit des biblischen Israel nicht immer bei dem ethischen Bildungsoptimismus der älteren Weisheitstradition geblieben, auch nicht bei dem zuversichtlichen Wissen, dass universal alle Menschen grundsätzlich und jederzeit Zugang zu der welt-

freudigen und kulturschaffenden Weisheit haben, die Gott, wie
Jesus Sirach sagt, über alle seine Werke ausgegossen hat (Sir 1,9).
In einem „Ausblick" soll davon noch die Rede sein.

Der Skeptiker *Kohelet* im 3. Jh. v. Chr., ein intellektueller kritischer Kopf, sieht sich doch zu dem Bekenntnis gezwungen, dass
ihm auf allen Wegen des Weisheitserwerbs, sei es durch Lernen von
Traditionswissen, sei es durch eigene Beobachtung, die *ḥokmā*, die
Weisheit als Schlüssel zum „zukunftsbeherrschenden Lebenswissen"[44] doch „fern" geblieben sei (Koh 7,23 f.). Das grandiose Gedicht von der verborgenen Weisheit in *Ijob 28*, ein sicher redaktioneller Eintrag in der primären Ijob-Dialogdichtung,[45] schlägt in
dieselbe Kerbe, nur noch grundsätzlicher: Die Menschen graben
nach Bodenschätzen, ersinnen tolle Techniken, um an Silber, Gold
und Edelsteine zu kommen. Alles Dinge, mit denen man die unvergleichlich wertvollere Weisheit nicht eintauschen kann. Und doch:
*„Die Weisheit aber, wo ist sie zu finden? Und wo ist der Ort der
Einsicht? Kein Mensch kennt [ihren Weg], sie findet sich nicht in
der Lebenden Land"* (Ijob 28,12–13, vgl. V. 21). Nur Gott ist es,
der den Weg zu ihr weiß und ihren Ort kennt (V. 23). Er hat sie als
den Menschen unzugängliches innerstes Geheimnis der Welt in sein
Schöpfungshandeln eingeordnet und dem Zugriff der Geschöpfe
entzogen. Im Kontext des Ijobbuches entzieht dieser Text jedem
Bemühen, die Warum-Fragen der Leidenden mit den Mitteln traditioneller Weisheitslehre zu beantworten, radikal den Boden. Auf
dem Hintergrund eines alten und neuen Wissenschaftsoptimismus
mahnt diese Stimme in Ijob 28 die Grenzen menschlichen Wissens
und menschlicher Machbarkeitsphantasien an.

*Die interpretatio israelitica der Welt-Weisheit von Spr 8 im frühen
Judentum der hellenistischen Zeit: als Tora in Jesus Sirach 24 und
Baruch 3,9–4,4*

Einen ganz anderen Weg als Ijob 28 gehen Texte, die zwar am universalen Charakter der Weisheit und an ihrer Kultur inspirierenden
Funktion festhalten, zugleich aber die drängende Frage nach der
Israel-Identität des frühen Judentums in hellenistischer Zeit beantworten wollen. Es sind Texte, die eine *„interpretatio israelitica"*

der Weltweisheit von Spr 8 leisten. Da erscheint die Weisheit keineswegs als verborgen. Das gilt für das inhaltlich zentrale *Kapitel 24 im Buch des frühjüdischen Lehrers Ben Sira bzw. griechisch Jesus Sirach* aus dem 2. Jh. v. Chr. Darin tritt die σοφία als eigene Person in weiblicher Gestalt auf. In ihrem Selbstlob im Ich-Stil erinnert sie kaum verkennbar an die zeitgenössischen Aretalogien der ägyptisch-griechischen Göttin Isis, einer Herrscher- und Allgöttin, in denen sich die Isis ihrer Vorzüge als Göttin und Mutter rühmt.[46] Doch die Weisheit ist in Sir 24 keine Göttin, sondern zuallererst die Weisheit Gottes. Sie geht aus dem Mund des „Höchsten" (ὕψιστος / *älyōn*) hervor. Sie tritt demnach als Wort und Rede des einen Gottes in ihre Existenz, woran die Logos-Christologie des Johannesevangeliums (Joh 1) anschließen wird. Die Weisheit verhüllt wie ein befruchtender Nebel die Erde, wirkt herrscherlich im Kosmos und in allen Völkern, findet aber auf Gottes Geheiß erst und endlich in Israel ihren Ruheplatz, konkretisiert in der Tora, der Weisung des Mose (V. 23). In Bildern paradiesischer Fruchtbarkeit schildert Sir 24 den reichen Ertrag der Weisheit an Bildung (παιδεία V. 27), in diesem Sinne an Kultur, vermittelt durch die Tora, das Zentrum der Glaubenswelt Israels. Dem Text Sir 24 gelingt in der Weisheitsperson, einem Realsymbol der Gottesgegenwart und des göttlichen Wirkens, eine großartige Synthese der Welt der Weisheit mit der Glaubenswelt Israels. Sie umgreift alle Dimensionen der Zeit: Schöpfung, Geschichte, Gegenwart und Zukunft.

Im Gefolge von Sir 24, aber auch von Spr 8 und Ijob 28 steht das späte Buch *Baruch*. Es rühmt in der wohl noch im 2. vorchristlichen Jh. entstandenen Lehrrede Bar 3,9–4,4[47] die allein Gott verfügbare Weisheit, die in Israel Tora geworden ist. Jedoch verengt sich in Baruch der Blickwinkel in religiöser Hinsicht. Nicht in den für ihre Weisheit bekannten Völkern, nicht in Kanaan und nicht im edomitischen Teman, findet sie sich, sondern allein im Buch der göttlichen Gebote, in der Tora. So ist die Weisheit auf Erden unter den Menschen erschienen (Bar 3,38)[48]. Eher verständlich wird der verengte Blickwinkel, wenn man die Situation der Diaspora des Judentums und des Kampfes um die Treue zum Glauben Israels als Hintergrund des Buches Baruch erkennt.

Hubert Irsigler

Die interpretatio israelitica der Welt-Weisheit von Spr 8 im frühen Judentum der hellenistischen Zeit: als rettende Wirkmacht Gottes in der Geschichte im Buch der Weisheit Salomos (bes. Weish 9–19)

Eine andere Form der „interpretatio israelitica" erfährt die Weisheit im griechischen Buch der *Weisheit Salomos* aus den letzten Jahrzehnten des ersten vorchristlichen Jh.s. Auch hier geht es um Identitätsvergewisserung in der attraktiven und verführerischen geistigen Welt des Hellenismus in Alexandrien. Charakteristisch für sie ist die Hochschätzung griechischer Bildung und Philosophie, aber auch Mysterienreligionen, die das verbreitete Gefühl des Ausgesetztseins an blinde Schicksalsmächte linderten. Hinzu kommt die Dominanz der Religion der ägyptisch-griechischen Göttin Isis, in der wichtige weibliche Gottheiten aufgingen und die so eine Art weise und rettende Allherrscherin wurde.[49] Eine Gleichsetzung der σοφία mit der Tora, der Mose-Weisung Israels, findet sich nirgends ausdrücklich im Buch. Dagegen hebt das Weisheitsbuch vor allem die rettende Wirkmacht der Weisheit in der gesamten auf Israel hinführenden Menschheitsgeschichte und zumal in der Geschichte des Gottesvolkes Israel hervor (Weish 8,19–19,22). Zugleich aber bildet der Autor des Weisheitsbuches die umfassendste Konzeption vom Wesen und Wirken der Weisheit im vorchristlichen frühen Judentum aus, insbesondere mit Hilfe stoischer Philosophie und Kosmologie, mit Elementen platonischen Denkens und einer polemischen Adaption von Lobesprädikationen der hellenistischen Isis: Alles schöpferische Handeln Gottes (9,1–2), alle Wissenschaft und Kultur der Menschen (7,15–21), alles ethische Handeln gemäß den hier in der Bibel erstmals genannten vier Kardinaltugenden (Weish 8,7), auch die ganz neu gedeutete Hoffnung auf Gottesgemeinschaft der Gerechten über den Tod hinaus (1,1–6,21, bes. 3,1–9; 4,7–20; 5,1–13), all das verdankt sich dem Wirken der Weisheit. Höchste Aussagen werden von ihr gemacht. Sie ist heiliger Geist der Zucht und Bildung (1,5), menschenfreundlicher (1,6) „Geist des Herrn", der den Erdkreis erfüllt und das All umfasst, wie in stoischer Terminologie, aber nicht in pantheistischem Sinn gesagt wird (1,7).[50] Sie ist „Parhedros", königliche Beisitzerin am göttlichen Thron, sie kann bildhaft vorgestellt werden als eine eigenständige Wesenheit (9,4), ohne doch im strengen Sinn eigenmächtig wirkende „Hypostase" bzw. ansprechbare Person zu sein.[51] Sie tritt ja auch anders als in Spr 8 und Sir 24 nicht in Ich-Rede sich selbst bezeugend auf.

Die Frage ist: Verlieren in einer solchen, vom Glauben getragenen Sicht der Weisheit, wenn sie gewissermaßen das Fundament der Religion ist, nicht menschliche Kultur, Kunst und Wissenschaft ihre Eigenständigkeit, ihre Sachautonomie? Die Antwort ist eindeutig: Nein! Die Weisheit *ermöglicht* zwar die gesamte hellenistisch-zeitgenössische Wissenschaftspalette, die in 7,15–21 als Salomos überragende Kompetenz hervorgehoben wird. Sie bleibt aber demokratisch, allgemeinmenschlich zugänglich und bestimmt *nicht* von einer religiösen Deutebrille her die Ziele und Ergebnisse der Wissenschaften. Diese Weisheit verführt daher nicht zu einem fundamentalistischen und integralistischen Verständnis von Religion. Der Mensch vermag mit der Weisheit als himmlischer Parhedros Gottes in alle Wissensbereiche einzudringen, in Politik und gerechter Staatsführung, in jedem einem Menschen aufgetragenen Weltdienst sich zu bewähren. Dies schärft das große Enkomion, das Preislied auf die Weisheit in 6,22–11,1 nachdrücklich ein. Diese Weisheit fordert Weltoffenheit, Optimismus und Lebensbejahung geradezu heraus.[52]

Bildung ist ein Schlüsselbegriff in der gegenwärtigen gesellschaftlichen Diskussion. Bildung ist auch ein Schlüssel, um die Art der Teilhabe jüdischer Gelehrsamkeit an der Philosophie und der gesamten geistig-kulturellen Welt des Hellenismus und der Auseinandersetzung mit ihr im Buch der Weisheit zu beschreiben.[53] Die exegetische Forschung an diesem Buch hat aber klargestellt, dass hellenistische Terminologien und Ideen nicht ohne Kommentar und Adaption übernommen wurden. Statt Isolation und einfacher Assimilation gehen der Verfasser und die gebildeten Kreise, für die er steht, den Weg der transformierenden selektiven Adaption.[54] Das Proprium monotheistischer alttestamentlich-jüdischer Glaubenstradition wurde nicht aufgegeben, sondern konnte gerade so in neuer Zeit bewahrt werden. Das Anliegen, das das ganze Buch durchzieht, ist es gerade, biblische Inhalte in der Sprache zeitgenössischer Bildung auszudrücken und – wie Helmut ENGEL sagt – „so erkennbar zu machen, daß treues Festhalten am biblischen Glauben keinen Gegensatz und keine Rückständigkeit gegenüber griechischer Kultur bedeutet ...".[55]

Biblische Offenbarungssprache hat durch die Integration griechischer Bildung an Präzision gewonnen. Allerdings warnt diese zeitbedingte Integration aber auch davor, die Sprachmöglichkeiten und Denkformen eines bestimmten Kulturkreises mit der verbindlichen Identität alttestamentlich-biblischen Glaubens gleichzusetzen, ebenso wie dann auch mit der verbindlichen Identität des Christentums und seiner Bekenntnisformulierungen.[56] Biblisch-christlicher Glaube ist keineswegs an eine (mehr oder weniger absolut gesetzte) griechische oder römische Sprach- und Denkform gebunden.

5. Die bleibende kritische Funktion der Weisheit für den Glauben

Die immer notwendige Selbstkritik des Glaubens und der Religion beruht im biblischen Israel auf zwei tragenden Säulen: zum einen auf dem großen Erbe der klassischen Prophetie Israels, zum anderen auf dem kritischen Potential der Weisheitradition nicht nur in den Büchern Ijob und Kohelet. Beide Säulen, Prophetie und Weisheit, sind Paradigmen, stimulierende Vorbilder für den wichtigen Dienst, den die Theologie auch heute am christlichen Glauben, an seiner Verstehbarkeit und Wirksamkeit leisten kann und soll. Sie kann es umso mehr, wenn sie selber zur Selbstkritik fähig, zum Dialog mit anderen Wissenschaften auf Augenhöhe bereit ist und sich nicht auf bestimmte kulturelle Sprach- und Denkmodelle mit Absolutheitsanspruch festlegt.

In Spr 29,18 heißt es, ohne *prophetische Offenbarung* verwildert das Volk. Und wir können hinzufügen: *Weisheitliche Selbst-Kritik* biblisch-christlichen Glaubens wehrt seiner Verengung und fundamentalistischen Abschottung und hilft mit, ihn weltoffen, kulturell dialogfähig und in die Zeiten hin lebendig zu halten. Dann könnte der Glücksfall solchen Glaubens doch immer wieder gelingen, nämlich *glaubhaft* werden zu lassen, was die personifizierte Weisheit als eine Manifestation göttlicher Präsenz in der Welt nach Spr 8,31 für alle Menschen auf dieser Erde erstrebt, wenn sie sagt: *„Meine Lust und Wonne ist es, bei den Menschen zu sein."*

Anmerkungen

[1] Vgl. WILDBERGER, Hans, Jesaja: BK X/3, Neukirchen-Vluyn 1982, 1123.
[2] VON RAD, Gerhard, Weisheit in Israel, Neukirchen-Vluyn 1970. ³1985, 16.
[3] Vgl. resümierend IRSIGLER, Hubert, Art. Weisheit (I) AT, in: NBL II, Lfg. 14/15 (2001) 1076–1086; ders., Art. Weisheitspsalmen, in: NBL II, Lfg. 14/15 (2001) 1090–1092. Einen vorzüglichen Forschungsüberblick bietet VAN OORSCHOT, Jürgen, Weisheit in Israel und im frühen Judentum, in: Verkündigung und Forschung 48 (2003) 59–89.
[4] Vgl. LANG, Bernhard, Klugheit als Ethos und Weisheit als Beruf: Zur Lebenslehre im Alten Testament, in: ASSMANN, A. (Hg.), Weisheit. Archäologie der literarischen Kommunikation III, München 1990, 177–192, bes. 179f.
[5] GÖRG, Manfred, Weisheit in Israel. Wurzeln, Wege, Wirkungen, in: Katechetische Blätter 113 (1988) 544–549, 548.
[6] Vgl. zur Unterscheidung von Lebensweisheit und Naturweisheit in der Bibel z.B. KREUZER, Siegfried, Gottesglaube und Welterkenntnis am Beispiel der alttestamentlichen Weisheit, in: Theologische Beiträge 18 (1987) 34–41, bes. 35f.
[7] Vgl. neben Gen 1,1–2,4a bes. 1 Kön 5,12f.; Spr 30,24–31; Ijob 38–39; Ps 104; 148; Sir 43; LXX Dan 3,52–90. Grundlegend: VON RAD, Gerhard, Hiob XXVIII und die altägyptische Weisheit, in: Vetus Testamentum Supplement 3 (1955) 293–301. Vgl. Fox, Michael V., Egyptian Onomastica and Biblical Wisdom, in: Vetus Testamentum 36,3 (1986) 302–310.
[8] Vgl. SHIRUN-GRUMACH, Irene, in: Texte aus der Umwelt des Alten Testaments III,2 (1991) 222ff.; dies. (I. GRUMACH), Untersuchungen zur Lebenslehre des Amenope, München 1970; RICHTER, Wolfgang, Recht und Ethos. Versuch einer Ortung des weisheitlichen Mahnspruches (StANT 15), München 1966, 12ff.25–37; STEIERT, Franz-Josef, Die Weisheit Israels – ein Fremdkörper im Alten Testament? Eine Untersuchung zum Buch der Sprüche auf dem Hintergrund der ägyptischen Weisheitslehren, (Freiburger theologische Studien 143), Freiburg u.a. 1990, 194–209, der es für denkbar hält, dass eine Berührung von Spr mit der Lehre des Amenope vor deren endgültiger schriftlicher Fixierung stattgefunden hat (209). Eingehend zu dieser Frage der Verhältnisbestimmung und Interpretation der Texte RÖMHELD, K. F. D., Wege der Weisheit. Die Lehren Amenemopes und Proverbien 22,17–24,22 (BZAW 184), Berlin – New York 1989.
[9] Vgl. Spr 1,8; 4,1–4; 6,20; 31,1; 31,26; lebenskundliche Weisheit findet sich in Sprichwörtern und allgemeinen Verhaltensnormen wie Ri 8,21; 1 Sam 24,14.20.
[10] LEMAIRE, André, Les écoles et la formation de la Bible dans l'ancien Israel (OBO 39), Freiburg i.Ue. – Göttingen 1981. Ders., Sagesse et écoles, in: Vetus Testamentum 34 (1984) 270–281. OLIVIER, J. P. J., Schools and Wisdom Literature, in: Journal of Northwest Semitic languages 4 (1975) 49–60. SEVENICH-BAX, Elisabeth, Schule in Israel als Sitz der Weisheit, in: FASSNACHT, M. / LEINHÄUPL-WILKE, A. / LÜCKING, S. (Hgg.), Die Weisheit –

Ursprünge und Rezeption. FS Carl LÖHNING (Neutestamentliche Abhandlungen 44), Münster 2003, 59–77.

[11] Vgl. E. SEVENICH-BAX, Schule in Israel (Anm. 10), 70.

[12] Dafür tritt besonders ein: GOLKA, W., Die israelitische Weisheitsschule oder ‚des Kaisers neue Kleider': Vetus Testamentum 33 (1983) 257–270.

[13] Auf professionelle Weise bzw. höfische Beamte deutet die Rede von den „Weisen" bzw. den „Männern des Hiskija" in Spr 22,17; 24,23; 25,1 hin. In Jer 18,18 kennzeichnet der „Rat" den Weisen wie den Priester die „Tora (Weisung)" und den Propheten das „Wort (Orakelspruch)".

[14] G. VON RAD, Weisheit in Israel (Anm. 2), 94.

[15] Vgl. die dezidierte Position A. LEMAIREs, Les écoles (Anm. 10), 72–83, der die Überlieferung der klassischen Texte Israels in den Schulen ansiedelt und von daher die Kanonisierung der Schriften erklärt.

[16] Der Streit wurde entscheidend ausgelöst im Jahre 1902 durch einen Vortrag „Babel und Bibel" des Assyriologen Friedrich DELITZSCH, des radikalen Vertreters eines heute längst überwundenen Panbabylonismus, vgl. z. B. LEHMANN, Reinhard G., Friedrich Delitzsch und der Babel-Bibel-Streit, Göttingen – Freiburg i. Ue. 1994.

[17] Vgl. dazu S. KREUZER, Gottesglaube und Welterkenntnis (Anm. 6), 38–40.

[18] Eine solche vertritt exemplarisch J. G. HERDER (1744–1803) in seiner Rezeption des Ijobbuches, so ders., Schriften zum Alten Testament, hg. von Rudolf SMEND, Frankfurt a. M. 1993, bes. 735–780.

[19] So mit Recht SEEBASS, Horst, Genesis I. Urgeschichte (1,1–11,26), Neukirchen-Vluyn 1996, 95.

[20] Zum literarischen und theologischen Charakter von Gen 1,1–2,4a vgl. bes. RUPPERT, Lothar, Genesis. Ein kritischer und theologischer Kommentar, 1. Teilband: Gen 1,1–11,26 (FzB 70, 2), korr. u. ergänzte Aufl., Würzburg 2003, 60–62.98 (57–104!).

[21] Vgl. KAYATZ, Christa, Studien zu Proverbien 1–9. Eine form- und motivgeschichtliche Untersuchung unter Einbeziehung ägyptischen Vergleichsmaterials (WMANT 22), Neukirchen-Vluyn 1966, 78 (76–119!). Kommentare zum Proverbienbuch sind verzeichnet bei FUHS, H. F., Das Buch der Sprichwörter. Ein Kommentar (Forschung zur Bibel 95), Würzburg 2001, 25 f.

[22] Einen guten Überblick über die Frage der Personifikation und Identifikation der Weisheit in Ijob 28, Spr 8, Sir 24, Bar 3,9–4,4 und Weish 7–9 gibt MURPHY, Roland E., The personification of Wisdom, in: DAY, J. / GORDON, R. P. / WILLIAMSON, H. G. M. (Hgg.), Wisdom in ancient Israel, FS J. A. EMERTON, Cambridge 1995, 222–233. Vgl. neuerdings bes. auch SINNOTT, Alice M., The Personification of Wisdom (Society for Old Testament Study Monographs), Aldershot Hants – Burlington 2005 (Resümee 171–178). Beide unterstreichen die Wandlungsfähigkeit und Brückenfunktion der personifizierten „Frau Weisheit" als Ausdruck der wirksamen Präsenz Gottes in der Welt.

[23] Gegen BAUMANN, Gerlinde, Die Weisheitsgestalt in Proverbien 1–9. Tradi-

tionsgeschichtliche und theologische Studien (FAT 16), Tübingen 1996, 140. Dass die Weisheit „wie ein Kind von JHWH geboren" wird, sagt der Text trotz der Geburtsmetapher in V. 24 und 25, die im Gegensatz zu Satz 22a nicht aktivisch, sondern im Passiv formuliert ist, gerade nicht. Schwerlich zu Recht gibt LANG, Bernhard, Wisdom and the Book of Proverbs. A Hebrew Goddess Redefined, New York 1986, 77, Satz 22a mit „Jahweh ... begot me ..." wieder. Vgl. dagegen zu QNY in Spr 8,22 KEEL, Othmar, Die Weisheit spielt vor Gott. Ein ikonographischer Beitrag zur Deutung des m^eṣaḥäqät in Spr 8,30f., Freiburg i. Ue. – Göttingen 1974, 15–17 (15–21).

[24] Die einzigartige Nähe der Weisheit zu JHWH sehen manche Kommentatoren auch in den beiden wa=ʾähyä(h)-Sätzen Spr 8,30a und 30b ausgedrückt, die eine Reminiszenz der Deutung des Gottesnamens JHWH von Ex 3,14 seien, vgl. MURPHY, Roland E., Proverbs (Word Biblical Commentary 22), Nashville 1998, 52f.; FUHS, Hans F., Sprichwörter (NEB), Würzburg 2001, 68.

[25] Das Proverbien-Targum übersetzt das fragliche hebräische ʾamōn in V. 30 mit mhēmantaʾ(ʾ) „treu, verlässlich" (Ptz. Af. Pass. fem. sg.). GESENIUS, W., Hebräisches und aramäisches Handwörterbuch über das Alte Testament, 18. Aufl. unter verantw. Mitarb. von U. RÜTERSWÖRDEN bearb. u. hg. von R. MEYER u. H. DONNER, Berlin u.a., Lfg. 1, 1987, 71, leitet das Wort plausibel als Adjektivform von *ʾamun „treu" ab. Dieselbe Form liegt auch im Personennamen Amon z.B. des judäischen Königs (der „Treue") vor, vgl. NOTH, M., Die israelitischen Personennamen im Rahmen der gemeinsemitischen Namengebung, Stuttgart 1928, 228, Nr. 181. Auch das Adjektiv ʾamūn – im Plural von den „Getreuen Israels" 2 Sam 20,19; Ps 12,2; 31,24, im Singular „zuverlässig" Ben Sira 37,13 (Ms B und D) – könnte dem fraglichen Wort im MT Spr 8,30 zugrunde liegen; es spricht jedenfalls für die Annahme einer morphologischen Adjektivform. Das Argument von G. BAUMANN, Weisheitsgestalt (Anm. 23), 137, dass bei der Annahme eines Adjektivs in Bezug auf die Weisheit zwingend eine Femininform zu erwarten wäre, trifft dann nicht zu, wenn man von einem substantivierten Adjektiv „vertrautes Wesen" o.ä. ausgeht. In Jer 52,15 ist statt ha=ʾamōn viel besser ha=ʾumman im Sinne von „Handwerker, Werkmeister" zu lesen, entsprechend Hld 7,2. Das spricht auch gegen ein Verständnis von ʾamōn als „Werkmeister" in Spr 8,30, was dann nicht appositionell, sondern prädikativ auf JHWH bezogen wäre: „... da war ich bei ihm als einem Werkmeister", so z.B. O. KEEL, Die Weisheit spielt vor Gott (Anm. 23), 14.24f.; NEHER, Martin, Wesen und Wirken der Weisheit in der Sapientia Salomonis (BZAW 333), Berlin – New York 2004, 45.48. Die Endstellung von ʾamōn ist viel eher ein Argument dafür, das Wort syntaktisch als prädikatives Adnominale auf den ganzen Satz, also auf die Art des Daseins der Weisheit bei JHWH zu beziehen und nicht nur auf das enklitische Personalpronomen 3.m.sg. von ʾäṣl=ō „bei ihm / ihm zur Seite". In diesem syntaktischen Verständnis auch KEEL, O. / SCHROER, S., Schöpfung. Biblische Theologien im Kontext altorientalischer Religionen, Göttingen – Freiburg i.Ue. 2002, 221: „Ich war bei ihm als Expertin" bzw. in anderer

Herleitung „(als) Vertraute"; die Umdeutung von *'amōn* zu einem *femininen* Substantiv geht allerdings nicht an. – LXX ἁρμόζουσα muss nicht auf eine aktive Beteiligung der Weisheit am Schöpfungswerk Gottes bezogen werden („zusammenfügend, ordnend"), es könnte sich eher um den Ausdruck einer engen harmonischen Beziehung der Weisheit zu Gott handeln („in Harmonie mit / passend"). Vulgata („cum eo eram cuncta componens") und die syrische Peschitta *(matqnā(') (h)wēt)* gehen eindeutig von einer aktiven ordnend-feststellenden Tätigkeit der Weisheit aus. Im Sinne eines hebräischen *'amūn* „Pflegekind, Pflegling" übersetzt Aquila: τιθηνουμένη, ähnlich auch Symmachus und Theodotion: ἐστηριγμένη „Ziehkind (unterstützungsbedürftiges Kind)". – Die wichtigsten Interpretationsmöglichkeiten von *'amōn* Spr 8,30 („Werkmeister / Künstler, Pflegekind"; „aufwachsend mit", „beständig" etc.) sind aufgeführt bei Fox, Michael V., *Proverbs 1–9*. A New Translation with Introduction and Commentary (AncB 18A), New York 2000, 286f.; Fox entscheidet sich für eine Deutung als Inf. abs. in der Funktion eines adverbialen Komplements und übersetzt mit „growing up" (264.287). Zur Diskussion des umstrittenen Worts vgl. bes. noch HUROWITZ, Victor Avigdor, Nursling, Advisor, Architect? אמון and the Role of Wisdom in Proverbs 8,22–31, in: Biblica 80 (1999) 391–400, der sich für „nursling" entscheidet (397.399). Ein neueres Forschungsresümee findet sich bei A. M. SINNOTT, The Personification of Wisdom (Anm. 22), 29–34.

[26] Dies vermutet auch PLÖGER, Otto, Sprüche Salomos (Proverbia) (BK XVII), Neukirchen-Vluyn 1984, 95; allerdings sieht er die Weisheit in Spr 8 als „Kind" präsentiert.

[27] Die restaurierten Gemälde Michelangelos in der Sixtinischen Kapelle sind ediert in: Michelangelo. La Capella Sistina. Documentazione e Interpretazioni, Volume I: Tavole la Volta Restaurata: Monumenti, Musei e Gallerie Pontificie, Novara 1994, bes. 35/1 und 35/5. Zur Deutung der Gestalt, die unter Gottes linkem Arm hervor auf Adam schaut, als die Gestalt der Sophia vgl. bes. die eingehende biblische Begründung bei KUHN, Rudolf, Michelangelo. Die sixtinische Kapelle. Beiträge über ihre Quellen und zu ihrer Auslegung (Beiträge zur Kunstgeschichte 10), Berlin – New York 1975, 28f. (im Anschluss an KLACZKO, ebd. 28 mit Anm. y; ebd. 28 mit Anm. w.x auch Verweis auf die – abgewiesene – Deutung auf die präexistente Seele oder die Idee Evas). Vgl. schon KLACZKO, Julian, Rome et la Renaissance. Essais et Esquisses. Jules II, Paris 1898, 355f., zur Frauengestalt an der Seite des Schöpfergottes: „Je pencherais assez à y reconnaitre la *Sapientia* du chapitre VII [scil. VIII, H. Irsigler] des *Proverbes*, chapitre que l'Église fait réciter aux offices de certaines fêtes da la Vierge ..."

[28] Die biographischen Darstellungen von Ascanio CONDIVI (1553) und Giorgio VASARI (1568) sind italienisch und deutsch ediert bei ZÖLLNER, Frank, Michelangelos Fresken in der Sixtinischen Kapelle. Gesehen von Giorgio Vasari und Ascanio Condivi (Rombach Wissenschaften. Quellen zur Kunst 17), Freiburg i. Br. 2002, 29–36.37–46 (ebd. 31 / 39) und 47–58.59–73 (ebd. 52 / 65).

²⁹ „Ich war die, an der er sich erfreute" (LXX Spr 8,30). Zur Septuaginta-Version insgesamt von Spr 8,22–31 vgl. HENGEL, Martin, Judentum und Hellenismus. Studien zu ihrer Begegnung unter besonderer Berücksichtigung Palästinas bis zur Mitte des 2. Jh.s v. Chr. (Wissenschaftliche Untersuchungen zum Neuen Testament 10, 3), durchgesehene Aufl., Tübingen 1988, 292–295.

³⁰ Zur Bedeutungsbreite von hebr. ŚḤQ (ṢḤQ) im D-Stamm, die vom fröhlichen Scherzen und Spielen der Kinder (Sach 8,5), vom lauten Lachen und Sich-Freuen (Jer 30,15), von spielerischer Kurzweil und heiteren Possen für andere (Ri 16,25) bis zur Liebkosung (ṢḤQ-D Gen 26,8) und sogar zum Kampfspiel (2 Sam 2,14) reicht, vgl. BARTELMUS, Rüdiger, Art. *śaḥaq / ṣaḥaq*, in: Theologisches Wörterbuch zum Alten Testament VII (1993) 730–745, bes. 740–742.

³¹ Mit Recht O. KEEL, Die Weisheit spielt vor Gott (Anm. 23), 73: Der Dichter von Spr 8,22–31 weiß „um eine unbändige Freude als Grundgeheimnis der geschaffenen Welt", verkörpert in der „scherzenden Weisheit von Spr 8" als einer Eigenschaft der Welt, „keine Verobjektivierung einer Eigenschaft oder einer Fähigkeit Gottes".

³² So im Sinne von „Scherze machen, Kurzweil treiben" für jemanden mit der Präposition *l-* in Ri 16,25. Wenn in Ri 16,26 zu ŚḤQ *lipnē* gewechselt wird, so dürfte hier kontextuell das neutralere „vor" schon eine gewisse Reserve gegenüber den Adressaten der Kurzweil andeuten, vgl. R. BARTELMUS, in: ThWAT VII (Anm. 30), 741.

³³ Mit der Präposition *lipnē* ausgedrückt. Auf einen Unterschied des Spiels der Weisheit *vor* (in der Präsenz JHWHs) und nicht einfach *für* JHWH, macht auch H. F. FUHS, Sprichwörter (Anm. 24), 68, aufmerksam. Vgl. zu Spr 8,30 bes. ŚḤQ *lipnē* vom begeisterten kultischen Tanzen Davids „vor JHWH" 2 Sam 6,5.21 und 1 Chr 13,8 („vor Gott") als Ausdruck der begeisterten Freude, Hingabe und Verehrung Gottes, kaum kontextuell primär als „Scherzen" zur „Unterhaltung JHWHs", so KEEL, O., Davids „Tanz" vor der Lade, in: Bibel und Kirche 51 (1996) 11–14, 13, in einem religionsgeschichtlich fundierten Beitrag (ebd. 11–14).

³⁴ Der letzte Satz (b) von Spr 8,31 sollte *nicht* mit O. KEEL, Die Weisheit spielt vor Gott (Anm. 23), 15, ebd. Anm. 23, bzw. mit O. KEEL / S. SCHROER, Schöpfung (Anm. 25), 221, als Zusatz angesehen werden. Dagegen spricht schon die semantische Anschließbarkeit von „Menschenkinder" 31b an „Festland seiner Erde" 31a, doch im Sinne des bewohnten Landes, vgl. HAL 1551a, Nr. 2b), 3a). Zudem ist der Chiasmus von „Wonne" – „(freudig / entzückt) spielend" – „(freudig / entzückt) spielend" – „Wonne" zu beachten. Außerdem ist erst mit V. 31b die Zahl von 11 Bikola bzw. 22 poetischen Halbversen und damit der Ausdruck einer formvollendeten Ganzheit der Rede erreicht (siehe oben in den einführenden Bemerkungen zur Übersetzung von Spr 8,22–31!).

³⁵ Zum ägyptischen Vergleichsmaterial zu Spr 8 vgl. neben der grundlegenden Arbeit von Chr. KAYATZ, Studien zu Proverbien 1–9 (Anm. 21), beson-

ders noch O. KEEL, Die Weisheit spielt vor Gott (Anm. 23), mit reichem ebenda dargebotenen ägyptischen Bildmaterial (S. 46–62, Erläuterungen 63–67). Zu den Bezügen der „Weisheit" von Spr 8 zur ägyptischen Maʿat vgl. z. B. noch G. VON RAD, Weisheit in Israel (Anm. 2), 199f., allerdings mit der schwerlich haltbaren Annahme, dass ʾamōn in Spr 8,30, gelesen als ʾamūn, als „Liebling, Hätschelkind" zu verstehen sei. Vgl. noch O. PLÖGER, Sprüche Salomos (Anm. 26), 91–96. Dagegen möchte WINTER, Urs, Frau und Göttin. Exegetische und ikonographische Studien zum weiblichen Gottesbild im Alten Israel und in dessen Umwelt (OBO 53), Freiburg i. Ue. – Göttingen 1983, 523, „nicht ausschließen", dass nicht die Maʿat, sondern „die sich entschleiernde syrisch/kanaanäische Göttin" (vor dem Gott oder auch dem König) den „Prototyp für das $ms'aḫāqāt$ der personifizierten Weisheit in Spr 8,30.31 darstellt, vgl. ebd. die Abb. 263.278–283.304–305.

[36] Vgl. Bild und Erläuterung von Silvia EINAUDI zum „Pektoral Scheschonks II. mit Sonnenbarke" in: Francesco TIRADRITTI (Hg.), Die Schatzkammer Ägyptens. Die berühmte Sammlung des Ägyptischen Museums in Kairo, München 2000, 330!

[37] Die folgende Abbildung ist eine Nachzeichnung der fotografischen Wiedergabe des Pektorals bei S. EINAUDI, Pektoral (Anm. 36), 330, für die ich meiner Assistentin Frau Dr. Carmen Diller herzlich danke. Vgl. auch die Abbildung bei O. KEEL / S. SCHROER, Schöpfung (Anm. 25), 222 Abb. 167. Außerdem sei auf die (nur um die Falken mit der Doppelkrone des vereinten Ägyptens verkürzte) Nachzeichnung des Pektorals Schoschenqs II. durch H. KEEL-LEU in O. KEEL, Die Weisheit spielt vor Gott (Anm. 23), Abb. 27, S. 59 mit Erläuterung S. 64 f., verwiesen.

[38] Die Hieroglyphenkomposition mit dem Udjat- oder Horusauge in der einen Hand der beiden Göttinnen ist selbst Symbol des Königtums von Ägypten, die Straußenfeder in der anderen Hand symbolisiert nochmals die Wahrheits- und Ordnungsmacht Maʿat. Der Hieroglyphentext auf den beiden Goldplatten, auf denen die Enden der Sonnenbarke ruhen, hebt den Schutz des Amun-Re-Harachte, der täglich den Himmel bereist, für den König Schoschenq (Scheschonq) hervor, vgl. S. EINAUDI, Pektoral (Anm. 36), 330.

[39] Vgl. Chr. KAYATZ, Studien zu Proverbien 1–9 (Anm. 21), z. B. S. 97, mit dem Zitat eines Ritualtextes im Rahmen des „Mundöffnungsrituals": „O Re, Herr der Maat! O Re, der von der Maat lebt …"

[40] KLOPFENSTEIN, Martin A., Auferstehung der Göttin in der spätisraelitischen Weisheit von Prov 1–9?, in: Ders., Leben aus dem Wort. Beiträge zum Alten Testament, hg. von Walter DIETRICH (BEATAJ 40), Frankfurt a. M. u. a. 1996, 123–135, Zitat S. 133. Die Weisheit in Spr 8 ist jedoch keine „Göttin", so LANG, Bernhard, Wisdom and the Book of Proverbs. A Hebrew Goddess Redefined, New York 1986, 77–79. Vgl. dagegen die vorsichtigen Bemerkungen von HADLEY, Judith M., Wisdom and the goddesss, in: Day, J. / GORDON, R. P. / WILLIAMSON, H. G. M. (Hgg.), Wisdom in ancient Israel. FS J. A. EMERTON, Cambridge 1995, 239.243.

[41] CAMP, Claudia V., Wisdom and the Feminine in the Book of Proverbs

(Bible and Literature Series 11), Sheffield – Decatur 1985, zusammenfassend 283–291. Vgl. dazu die Besprechung von H. IRSIGLER, in: Biblische Zeitschrift NF 34 (1990) 117–120.

[42] So bes. G. VON RAD, Weisheit in Israel (Anm. 2), 206–211.

[43] Vgl. dazu MARBÖCK, Johannes, Gottes Weisheit unter uns. Sir 24 als Beitrag zur biblischen Theologie, in: Ders., Gottes Weisheit unter uns. Zur Theologie des Buches Sirach (HBS 6), Freiburg u. a. 1995, 73–87, ebd. 76 mit Anm. 11. MARBÖCK verweist hier auf ALETTI, J. N., Proverbes *8,22–31*. Ètude de structure, in: Biblica 57 (1976) 25–37. Mit Recht folgert J. N. ALETTI, dass der Wille *Gottes selbst*, bei den Menschen zu sein, in Spr 8,31 ausgedrückt ist, insofern man die Personifikation der Weisheit als poetischen Stilzug deuten kann, ebd. 34.

[44] LOHFINK, Norbert, Kohelet (NEB), Würzburg 1980, 57.

[45] Das Gedicht Ijob 28 (mit Zusatz V. 28) kritisiert nicht nur die Freunde Ijobs, sondern auch ihn selbst und schlägt so sachlich die Brücke zu den Gottesreden des Ijobbuches. Vgl. grundlegend FOHRER, Georg, Das Buch Hiob (KAT XVI), Gütersloh 1989, 389–399.

[46] Vgl. bes. CONZELMANN, Hans, Die Mutter der Weisheit, in: E. DINKLER (Hg.), Zeit und Geschichte. Dankesgabe an Rudolf BULTMANN, Tübingen 1964, 225–234. Siehe auch M. HENGEL, Judentum und Hellenismus (Anm. 29), 285–288 (284–292); SAUER, Georg, Jesus Sirach / Ben Sira (ATD Apokryphen 1), Göttingen 2000, 180 f.; SCHREINER, Josef, Jesus Sirach 1–24 (NEB), Würzburg 2002, 129. Skeptisch gegenüber einem Einfluss der sog. Isis-Aretalogien äußert sich J. MARBÖCK, Gottes Weisheit unter uns (Anm. 43), 76, in seiner vorzüglichen Interpretation von „Sir 24 als Beitrag zur biblischen Theologie" (73–87).

[47] SCHREINER, Josef, Baruch (NEB), Würzburg 1986, 47, datiert Bar 3,9–4,4 etwa in die Zeit Jesus Sirachs, um 200 v. Chr., den dritten Teil der Baruchschrift Bar 4,5–5,9 allerdings erst nach der Eroberung Jerusalems durch Pompeius 63 v. Chr. Dagegen betrachtet STECK, Odil Hannes, Das Buch Baruch, in: ATD Apokryphen, Bd. 5, Göttingen 1998, 18–22, das Buch Baruch als literarisch einheitlich und datiert es in die Regierungszeit Antiochus V. (164–162 v. Chr.), ebd. 23.

[48] Bar 3,38 schließt klar an Spr 8,31 an. Bei christlichen Theologen seit den Kirchenvätern wurde Bar 3,38 häufig als Ankündigung der Menschwerdung Gottes in Jesus Christus verstanden. Vgl. dazu VOGT, Hermann Josef, Das Glaubensbekenntnis des Johannes Chrysostomus? Versuch einer „Symbolstudie" mit einem Exkurs zu Baruch 3,38 bei den Vätern, in: Zeitschrift für antikes Christentum 3 (1999) 64–86.

[49] Vgl. zur Religion, Kultur und Wissenschaft des Hellenismus bes. GEHRKE, Hans-Joachim, Geschichte des Hellenismus (Oldenbourg Grundriss der Geschichte 1A), München 1990, 75–82.82–99.

[50] Vgl. z. B. SCHMITT, Armin, Das Buch der Weisheit. Ein Kommentar, Würzburg 1986, 39. Zu den Einflüssen stoischer Terminologie und Vorstellung insbesondere auch in Weish 7,17 und 7,22–24 vgl. HÜBNER, Hans, Die Sa-

pientia Salomonis und die antike Philosophie, in: Ders. (Hg.), Die Weisheit Salomos im Horizont biblischer Theologie (Biblisch-Theologische Studien 22), Neukirchen-Vluyn 1993, 58–63 (55–81). HÜBNER, ebd. 71–79, sieht hingegen in Weish 7,25–26 primär platonischen Einfluss. Vgl. auch HÜBNER, Hans, Die Weisheit Salomons. Liber Sapientiae Salomonis (ATD Apokryphen 4), Göttingen 1999, 33.102–112.

[51] Die Auffassung der Weisheit als „Hypostase" vertritt im Anschluss an H. D. Preuss z. B. WILLMES, Bernd, Alttestamentliche Weisheit und Jahweglaube. Zur Vielfalt theologischer Denkstrukturen im Alten Testament (Fuldaer Hochschulschriften 16), Frankfurt a. M. 1992, 40 mit Anm. 146, in seiner treffenden konzisen Darstellung des Buches der Weisheit. Gegen eine solche Auffassung spricht sich SCHMITT, Armin, Weisheit (NEB), Würzburg 1989, 8.41 aus: „Im AT findet sich nämlich an keiner Stelle eine Beziehung zur Weisheit von Person zu Person, nirgendwo wird sie wie Jahwe persönlich angeredet oder um Hilfe angefleht" (41 zu Weish 7,12). Es bleibt bei einer primär poetischen Personifizierung, die allerdings eine dichte lebendige und wirksame Vorstellung erzeugt, um so mehr, wenn man die möglichen (polemischen) Anleihen etwa an zeitgenössische Isis-Aretalogien und die Verehrung der Isis auch als Göttin der Weisheit bedenkt. Vgl. resümierend H. HÜBNER, Die Weisheit Salomons (ATD, Anm. 50), 27f. Eingehend zur Frage zeitgenössischer religionsgeschichtlicher Anleihen in der Gestalt der Weisheit im Weisheitsbuch äußert sich auch ENGEL, Helmut, Das Buch der Weisheit (NSK-AT 16), Stuttgart 1998,129–141. Auch für ihn ist die Weisheit „ebensowenig wie in Spr oder Sir ein selbständiges personhaftes Wesen „neben" Gott und Menschen oder „außerhalb" ihrer ..." (130).

[52] So mit Recht A. SCHMITT, Weisheit (Anm. 51), 13.42f.

[53] Vgl. resümierend KEPPER, Martina, Hellenistische Bildung im Buch der Weisheit. Studien zur Sprachgestalt und Theologie der Sapientia Salomonis (BZAW 280), Berlin – New York 1999, 204.

[54] Vgl. KAISER, Otto, Anknüpfung und Widerspruch. Die Antwort der jüdischen Weisheit auf die Herausforderung durch den Hellenismus, in: MEHLHAUSEN, J. (Hg.), Pluralismus und Identität (Veröffentlichungen der Wissenschaftlichen Gesellschaft für Theologie 8), Gütersloh 1995, 54–69, bes. 62–67.69.

[55] H. ENGEL, Das Buch der Weisheit (Anm. 51), 54.

[56] Mit Blick auf das frühe Christentum zumal im syrischen Raum, gegenüber der griechisch geprägten Auslegung des Christentums in den altkirchlichen Konzilien, hat dies der Kirchenhistoriker Norbert BROX hervorgehoben in seinem Artikel „Jüdische Wege des altkirchlichen Dogmas", in: Kairos NF 26 (1984) 1–16, ebd. 14.

Von Jerusalem nach Rom
Die Rezeption des Evangeliums in der hellenistischen Welt
Lorenz Oberlinner

1. Der programmatische Sendungsauftrag des Auferstandenen nach Apg 1,8

> „Aber ihr werdet die Kraft des Heiligen Geistes empfangen, der auf euch herabkommen wird; und ihr werdet meine Zeugen sein
> in Jerusalem und in ganz Judäa
> und Samarien
> und bis an die Grenzen der Erde."

Dieses zu Beginn der Apostelgeschichte dem Auferstandenen in den Mund gelegte Programm für die missionarische Tätigkeit der Jünger, sie sollten seine Zeugen sein, angefangen in Jerusalem bis an die Grenzen der Erde (Apg 1,8), scheint dem gestellten Thema bestens zu entsprechen.

Denn der Weg des Evangeliums wird im zweiten Buch des sog. lukanischen Doppelwerks als eine sowohl theologisch begründete wie topographisch strukturierte Entwicklung vorgestellt. Die für die Verkündigung des Evangeliums wesentlichen theologischen Voraussetzungen und Bedingungen sind zum einen gegeben durch die Geistmitteilung (vgl. schon Lk 24,45–49) und die von Petrus vorgenommene Interpretation des Pfingstgeschehens vor den „Juden und allen Bewohnern von Jerusalem", worauf hin viele sich taufen ließen (vgl. Apg 2,1–41). Der Weg der Verkündigung des Evangeliums an die Heiden wird sodann eröffnet durch den dem Simon Petrus in einer Vision eröffneten Auftrag, in das Haus des Heiden Kornelius zu gehen. Als auf die dort versammelten Heiden der Geist herabkam, ordnete Petrus an, sie zu taufen. Die das Verhalten des Petrus zuerst kritisierenden Judenchristen in Jerusalem mussten darauf hin zugestehen: „Gott hat also auch den Heiden die Umkehr zum Leben geschenkt" (vgl. Apg 10,1–11,18).

Die christliche Mission lässt sich, folgt man der Darstellung der Apostelgeschichte, entsprechend dem Auftrag des Auferstandenen in 1,8, auch topographisch charakterisieren. Der ausführlichen Schilderung der Anfänge in Jerusalem (Apg 2,1–8,3) folgt die durch die Verfolgung von einigen Mitgliedern der Gemeinde bedingte Verkündigung in Samarien, initiiert durch Philippus (8,5–8) und sanktioniert durch die aus Jerusalem gesandten Apostel Petrus und Johannes (8,14–25). Mit der Bekehrung des Saulus/Paulus (Apg 9,1–22)[1] und der erwähnten wegweisenden Offenbarung an Simon Petrus und der ausdrücklichen Erwähnung der Einsicht und der Zustimmung der Jerusalemer Judenchristen in Apg 10f. sind die Voraussetzungen für die Verkündigung des Evangeliums unter den Völkern geschaffen. In einer gewiss etwas schematisierenden Darstellung schildert der Verfasser der Apostelgeschichte in den drei sog. Missionsreisen des Paulus (13,4–14,28; 15,36–18,22; 18,23–21,17) die Ausbreitung des Evangeliums und die Gründung von christlichen Gemeinden in Kleinasien und Griechenland. Paulus kommt dann auf dem Umweg über Jerusalem – er will die auf dem sog. Apostelkonzil vereinbarte Kollekte für die „Armen" in Jerusalem (vgl. Gal 2,10) überbringen (Röm 15,25–27; vgl. Apg 21,1–17) – letzten Endes nach Rom, zwar nicht wie von ihm geplant als Besucher der Gemeinde, um sich für die Weiterreise nach Spanien versorgen zu lassen (vgl. Röm 15,23f.), sondern als Gefangener (vgl. Apg 23,12–28,14), allerdings mit der Möglichkeit, während zweier Jahre alle, die zu ihm kamen, in seiner Mietwohnung zu empfangen, das Reich Gottes zu verkünden und „ungehindert und mit allem Freimut" die Lehre über Jesus Christus, den Herrn, vorzutragen (Apg 28,30f.).

Die von Lukas geschilderte Entwicklung hat theologischen Symbolwert: Ausgehend vom Zentrum des jüdischen Glaubens, Jerusalem, hat das Evangelium die Hauptstadt des römischen Weltreiches, Rom, den „heidnischen", d.h. nicht-jüdischen Mittelpunkt der damaligen Welt erreicht.

Zwei Beobachtungen sind bei dem Programmwort des Auferstandenen an die Jünger in Apg 1,8 und bei der Darstellung des missionarischen Wirkens von Petrus und Paulus festzuhalten: (1) Es handelt sich hier um eine aus dem Rückblick auf die geschichtliche Entwicklung formulierte Beschreibung der Ausbreitung des Evangeliums. In der Zeit der Entstehung der Apostelgeschichte sind christliche Gemeinden in der Hauptstadt des römischen Reiches bereits fest etabliert, was im Übrigen für die 50er Jahre auch durch den Brief des Paulus an die Christen in Rom bestätigt wird. (2) Gleichzeitig ist aber sowohl in der zeitlichen als auch in der topographischen Strukturierung historisch Zuverlässiges festgehalten: Der Ort der ersten Verkündigung der Auferweckung Jesu und die damit verbundene Sammlung einer neuen Gemeinschaft von Jesusanhängern, die sich jetzt zu ihm als Messias bekennen, war Jerusalem. Die Wahl dieser Stadt ist angesichts der Konzentrierung der Verkündigung Jesu und seines Wirkens auf Galiläa nicht selbstverständlich, hat aber programmatische Bedeutung für den Anspruch dieser messianischen Gruppe. Und die Bedeutung von Rom wird im NT in unterschiedlichen Texten, v. a. durch Paulus im Römerbrief und durch die Apostelgeschichte, bestätigt.[2]

Ist nun aber der in der Apostelgeschichte skizzierte Weg der Ausbreitung des Evangeliums von Jerusalem nach Rom im Verlauf des 1. Jh.s n. Chr. auch in dem Sinn auszuwerten, wie es in der Vergangenheit häufig geschah und auch bis in die Gegenwart weiterwirkt, dass es in dessen Verlauf zu einer inhaltlichen Veränderung der christlichen Verkündigung gekommen ist? Dieses unter dem Stichwort „Hellenisierung" verhandelte Problem treibt verständlicherweise v. a. die Vertreter der Frühen Kirchengeschichte und der systematischen Theologie um, insofern insbesondere die christologischen und trinitätstheologischen Auseinandersetzungen der späteren Jahrhunderte davon betroffen scheinen, weniger die Entwicklungen in Theologie und Christologie im 1. Jh., wie sie sich in den neutestamentlichen Schriften niedergeschlagen haben.

Im Blick auf die neutestamentlich-biblische Botschaft wird der Einfluss des Hellenismus, zumindest für die erste Zeit, eher zurückhaltend beurteilt, obgleich nicht bestritten wird, dass erste Tendenzen der Hellenisierung auch schon in der biblischen Verkündigung zu erkennen sind; allerdings wird dieser frühe Einfluss des Hellenismus häufig verknüpft mit der topographisch bestimmbaren Ausbreitung des Evangeliums aus dem politisch und religiös begrenzten Raum der jüdisch-palästinischen Welt hinein in den nichtjüdisch-hellenistisch bestimmten Bereich des römischen Weltreiches. In diese Richtung weist etwa eine Formulierung von Peter

Neuner: „Als die christliche Botschaft über den jüdischen Kulturkreis hinaus griff, kam sie in Berührung mit der hellenistischen Welt, die die Kultur im östlichen Mittelmeerraum prägte."[3] Offener formuliert Thomas Böhm in seiner Untersuchung der Christologie des Arius, die, wie der Untertitel präzisiert, „unter besonderer Berücksichtigung der Hellenisierungsfrage" erfolgt; Böhm stellt einleitend die Fragen, was überhaupt unter „Hellenisierung" zu verstehen sei und ob „christliches Gedankengut in einem anderen Kulturkreis ausgedrückt werden (kann) als im sog. jüdisch-christlichen"[4].

Gleichsam als These sei eine Antwort auf die letzte Frage von Th. Böhm so formuliert: Das christliche „Gedankengut" ist von Anfang an in einer Welt ausgebildet und tradiert worden, die sowohl von der jüdischen Glaubenstradition als auch vom nichtjüdisch-hellenistischen Denken geprägt war.

Diese These soll im Folgenden von zwei Seiten her begründet werden:

(1) Griechisch-hellenistische Bildung und hellenistische Kultur haben bereits in den zwei Jahrhunderten *vor* dem Auftreten Jesu und *vor* Beginn christlicher Verkündigung Palästina und die Hauptstadt Jerusalem so stark geprägt, dass die christliche Botschaft von Beginn an durch hellenistisches Denken und religiöse Vorstellungen der nichtjüdischen Umwelt geprägt war.

(2) Auch die an der Tora ausgerichtete Lebensweise jüdischer Gemeinden im Mittelmeerraum war, in unterschiedlicher Form und Intensität, den Erfordernissen der hellenistischen Umwelt angepasst.

Bevor wir uns mit diesen Themen befassen – der Prägung von Jerusalem als einer vom Hellenismus bestimmten Metropole und dem dadurch bedingten Einfluss auf die frühe christliche Verkündigung (III.) und der Prägung jüdischen Glaubens und Lebens in der Diaspora durch die nichtjüdische Umwelt und deren Einwirkung auf Inhalt und Form der christlichen Verkündigung (IV.) –, sollen einführend (II.) einige Anmerkungen zum Begriff „Hellenismus" vorausgeschickt werden.

2. Die Epoche des Hellenismus und seine politische und zivilisatorische Vormachtstellung in der Zeit der Diadochenreiche

In der Geschichtswissenschaft hat sich weitgehend ein Konsens darüber herausgebildet, was die zeitliche Abgrenzung des Zeitabschnittes betrifft, auf den die von Johann Gustav Droysen (1808–1884) eingeführte Epochenbezeichnung „Hellenismus" bezogen wird.[5]

Es ist der Zeitabschnitt, der mit der Herrschaft Alexanders des Großen beginnt, sei es, wie zumeist vertreten, mit der Machtübernahme im Jahr 336 v. Chr. und dem darauf folgenden Eroberungsfeldzug, oder sei es die mit Alexanders Tod im Jahr 323 einsetzende Auseinandersetzung um seine Nachfolge zwischen den Diadochen.[6]

Das Ende der Epoche des Hellenismus als politisch bzw. machtpolitisch definierter Geschichtszeitraum wird übereinstimmend mit dem Jahr 30 v. Chr. angegeben. So erklärt etwa H.-J. Gehrke zur zeitlichen Abgrenzung des Hellenismus „von der Politik her" das Jahr 30 v. Chr. als „ein sinnvolles Datum", da mit der Einnahme von Alexandreia das letzte der hellenistischen Großreiche in das Imperium Romanum aufgegangen war.[7] Verbunden mit dieser zeitlichen Abgrenzung ist aber auch der Hinweis wichtig, dass diese Jahresangabe nicht verabsolutiert werden darf, insbesondere, wenn man neben der politischen Bestimmung andere Faktoren mit in Rechnung stellt, die mit dem Begriff „Hellenismus" verknüpft werden.[8]

Der Terminus „Hellenismus" hat sich neben dieser machtpolitisch geprägten Definition in der Geschichtswissenschaft auch als Bezeichnung für die parallel zur politischen Vorherrschaft sich abzeichnende Prägung des kulturellen und religiösen Lebens durch die griechisch-makedonische Vorherrschaft in den eroberten Gebieten etabliert. Ein eindrucksvolles und sowohl topographisch als auch zeitlich über Jahrhunderte dominierendes Zeichen der Dominanz des Hellenismus, weit über den angesprochenen Zeitraum der politischen Vorherrschaft der Diadochenherrschaft hinaus, ist „der Siegeszug der griechischen Sprache"[9].

Dabei lassen sich ganz allgemein zwei Entwicklungen ausmachen: Es ist zum einen eine auf breiter Ebene zu beobachtende Tendenz der Assimilation der unterworfenen Völker. Die Überlegenheit der griechischen Kultur in Kunst, Literatur und Wissenschaft findet Anerkennung und führt zu einer umfassenden „Hellenisierung" der traditionellen Strukturen im privaten wie im öffentlichen Leben. Vor allem auch im Bereich der religiösen Traditionen macht sich der wachsende Einfluss griechischen Denkens und Glaubens bemerkbar.

Auf der anderen Seite lässt sich, wenn auch weniger ausgeprägt und nicht für alle Gebiete und Völker in gleicher Weise gültig, eine bewusste und zum Teil ausdrücklich antihellenistisch geprägte Besinnung auf die traditionellen Werte und Überzeugungen feststellen. Und es überrascht nicht, dass dies v. a. auf dem Gebiet religiöser Traditionen und damit auch der kulturell-ethnischen Identität zu beobachten ist.[10]

Beide Formen der Reaktion, Rezeption auf der einen Seite, Skepsis bis radikale Ablehnung auf der anderen Seite, begegnen uns auch in der politischen, sozialen und religiösen Entwicklung in Palästina in hellenistischer Zeit. Allein die Tatsache, dass das jüdische Kernland nach der Einverleibung in das Reich Alexanders des Großen von den beiden nachfolgenden Diadochenreichen beherrscht wurde, für etwa 100 Jahre (rund 300 bis 200 v. Chr.) von den ägyptischen Ptolemäern und anschließend für wenigstens 50 Jahre von den syrischen Seleukiden – beide, Ptolemäer und Seleukiden, in der hellenistischen Tradition verankert –, macht deutlich, dass auch für das Judentum, sowohl für seine religiösen Führer und Verantwortlichen als auch für die „einfachen" Gläubigen, die Frage unausweichlich war, ob und wie diese von griechischer Sprache und Kultur bestimmte Lebensform mit ihren politischen, kulturellen und religiösen Möglichkeiten und Ansprüchen mit der überlieferten Tradition des Jahweglaubens in Einklang zu bringen sei.

Als kurzes Fazit zum Thema Hellenismus/Hellenisierung bleibt für unsere Fragestellung in politischer Hinsicht und im Blick auf die kulturellen und religiösen Bedingungen festzuhalten: Das politische Leben, die kulturellen Entwicklungen sowie die Glaubens- und Lebensformen standen in den von Alexander dem Großen eroberten und nach ihm von den Diadochen beherrschten

Gebieten weitgehend unter dem Einfluss griechisch-hellenistischen Denkens. Da also bereits im Verlauf der drei Jahrhunderte v. Chr. durch die Dominanz der hellenistischen Monarchien das öffentliche und private Leben der unterworfenen Gebiete zunehmend „hellenisiert" worden war, ergibt sich konsequent, dass auch die christliche Verkündigung von Anfang an unter dem Einfluss des Hellenismus stand. Schon von da her erscheint es problematisch, den Begriff der „Hellenisierung" sowohl zeitlich als auch topographisch und gruppenspezifisch für die christliche Botschaft von der allgemeinen Entwicklung abzukoppeln und in einem spezifischen Sinn zu verwenden.[11]

Der Ausgangspunkt für die Verkündigung vom Messias Jesus war das jüdische Kernland Judäa. Von besonderer Bedeutung für die politische und religiöse Entwicklung in Judäa war in den Zeiten der Fremdherrschaft immer die Frage, wie sich die politisch und religiös maßgeblichen Kreise in Jerusalem entschieden haben.

Wir konzentrieren uns deshalb im Wesentlichen zuerst auf das nicht nur in Palästina, sondern in der ganzen Mittelmeerwelt anerkannte Zentrum des Judentums, Jerusalem.

3. Die prägende Kraft des Hellenismus für Leben und Glauben von Juden und Judenchristen

3.1 Jerusalem in neutestamentlicher Zeit – eine hellenistische Stadt

Wir wählen als Ausgangspunkt die häufig zitierte und, soweit ich sehe, nicht bestrittene These von Martin Hengel, dass Jerusalem in Herodianischer Zeit, also in den der Geburt Jesu unmittelbar vorausgehenden Jahrzehnten (37–4 v. Chr.), „äußerlich eine ganz und gar hellenistische Stadt" war.[12] Der Charakter der Stadt hat sich natürlich bereits in den davor liegenden Jahrhunderten in diese Richtung entwickelt. Schon für das 3. Jh. v. Chr. finden wir Hinweise dafür, dass zumindest in den aristokratischen Kreisen des Judentums, und dazu zählen v. a. die hochpriesterlichen Familien, die griechische Sprache geläufig war.[13]

Ein Beispiel für die wirtschaftlichen Beziehungen zwischen Ägypten und Palästina sind die in griechischer Sprache abgefassten

Zenon-Papyri aus der Zeit 260–258 v. Chr. Zenon, „eine Art Privatsekretär des obersten ptolemäischen Verwaltungsbeamten Apollonios"[14], reiste in dessen Auftrag durch das zu der Zeit zum ptolemäischen Herrschaftsgebiet gehörende Palästina und besuchte dabei auch Jerusalem mit dem Ziel, die Handelsbeziehungen zu festigen. Die Bedeutung dieser Reise ist nach Hengel auch an der Größe der von Zenon geleiteten Delegation zu erkennen; 78 Personen werden in den Listen namentlich aufgeführt, 66 davon mit griechischen Namen. Der Stellenwert der in diesen Papyri bezeugten Beziehungen liegt nach Einschätzung von Hengel darin, dass mit dieser „verwaltungstechnischen und wirtschaftlichen Erschließung Palästinas auch der eigentliche Hellenisierungsprozess eingesetzt haben (wird)"[15].

Massiver werden die Versuche einer Einflussnahme auf die religiöse Praxis und damit auf die Gesamtgestaltung des Lebens in der Zeit der Seleukidenherrschaft in der ersten Hälfte des 2. Jh.s v. Chr. Wir sind über diese Zeit ausnehmend gut unterrichtet. Zusammen mit dem jüdischen Historiker Flavius Josephus informieren uns die beiden biblischen Bücher 1 Makk und 2 Makk über die innerjüdische Entwicklung, wenn auch teilweise mit eindeutiger Parteinahme zugunsten der jüdischen Seite bzw. der den Makkabäischen Aufstand gegen die Herrschaft der Seleukiden und gleichzeitig gegen Vertreter der Jerusalemer Tempelaristokratie bestimmenden Gruppe um den Priester Mattatias, seine Söhne und die diese zum Teil stützende Bewegung der Chassidim (= der Frommen). Nach den Quellen sind die seleukidischen Fremdherrscher bestrebt, in die Selbstverwaltung und in die am Mosaischen Gesetz ausgerichtete Lebensgestaltung der jüdischen Untertanen einzugreifen.

Im Religionsedikt versucht Antiochus IV. Epiphanes (175–164) im Jahre 167 ein Verbot der jüdischen Kultpraxis durchzusetzen, verbunden mit einer Änderung der politischen Rahmenbedingung. „Jerusalem sollte unter dem Namen Antiocheia eine griechische Polis werden."[16] Mit der Errichtung eines Gymnasions war ein weiterer Schritt hin zu Angleichung Jerusalems an hellenistisch geprägte Städte getan.

Das Besondere der Hellenisierungstendenzen in seleukidischer Zeit liegt darin, dass führende Repräsentanten des Judentums

Von Jerusalem nach Rom

selbst aktiv dazu beitrugen, dass der Einfluss hellenistischer Kultur wuchs. Der Eingriff des seleukidischen Königs in die Besetzung des Amtes des Hohepriesters wurde dadurch eingeleitet, dass ein gewisser Jason, ein Jude priesterlicher Abstammung, mit dem Angebot höherer Steuereinkünfte an den seleukidischen Herrscher sich das Amt des Hohepriesters (an Stelle seines Bruders Onias) erkaufte; er verknüpfte damit das Zugeständnis, in Jerusalem hellenistische Institutionen wie Gymnasion und Ephebie zu gründen. Mit dem Versprechen noch höherer Einnahmen gelang es dann einem gewissen Menelaos, den Jason zu verdrängen und selbst das Amt des Hohepriesters zu übernehmen.[17]

Daraus wird ersichtlich, dass Befürworter einer hellenisierenden Anpassung jüdischer Lebensgewohnheiten sich auch in führenden Kreisen etwa der Priesterschaft fanden. Die in diese Richtung weisenden Bemühungen und Maßnahmen beruhten also nicht – vorsichtiger formuliert: nicht ausschließlich – auf Zwang seitens der Fremdherrscher.[18]

Es gab aber auch Widerstand gegen diese die jüdische Glaubenstradition in zentralen Bereichen tangierende Politik der Hellenisierung. Politisch bedeutsam und wirksam war der Makkabäeraufstand (ab 167 v. Chr.), der schließlich zur Herrschaft der Hasmonäer und unter Aristobul (104–103) zur Wiedererrichtung des Königtums führte (s. dazu Flavius Josephus, Bell I 3,1).[19]

Die gegensätzlichen Einstellungen zu den politischen und religiösen Entwicklungen blieben bestehen; denn die Politik der Hasmonäer (von ca. 150–67 v. Chr.) änderte sich im Blick auf die angestrebte Machtausbreitung nicht. Die in den Eroberungskriegen der jüdischen Herscherdynastie der Hasmonäer sich zeigende „Säkularisierung"[20] führte zu innerjüdischen Protestbewegungen, so etwa zur Bildung der priesterlich orientierten, der Priesterschaft in Jerusalem aber ablehnend gegenüberstehenden Gruppierung der Essener und der auf Gewaltlosigkeit und radikale Gesetzesobservanz pochenden Gemeinschaft der Pharisäer.

In der Zeit der römischen Herrschaft (ab den 60er Jahren) mit der Regierung des Titularkönigs Herodes d. Gr. (37–4 v. Chr.) änderte sich im Inneren wenig. Herodes war bestrebt, sein Herrschaftsgebiet politisch, wirtschaftlich und kulturell stärker in das römische Reich einzubinden; zugleich verstand er sich „als ein

Monarch in der hellenistischen Tradition, die mit der ptolemäischen und seleukidischen Vormacht über Jahrhunderte hinweg die politische und materielle Kultur in der jüdisch-palästinischen Levante beeinflusst hatte"[21]. Als Reaktion auf diese Politik bildeten sich im Inneren weitere Protestgruppen (Sikarier und Zeloten), die auf politischem, sozialem und religiösem Gebiet gegen die hellenistisch-römische Überfremdung und für die Wiederherstellung der einzig am Gesetz orientierten jüdischen Volks- und Glaubensgemeinschaft kämpften.

Dies war auch die Situation in der Zeit des Wirkens Jesu und daran anschließend der Bildung der christlichen Gemeinde. Es standen sich gegenüber prohellenistische Gruppierungen, repräsentiert v. a. durch die auf aristokratische und priesterliche Familien sich stützende Gruppe der Sadduzäer, und antihellenistisch eingestellte Kreise, die etwa von den Pharisäern und deren Sympathisanten in der Bevölkerung auf dem breiten Land repräsentiert wurden.

Insgesamt gesehen führen uns die literarischen Zeugnisse zu dem von M. Hengel in vielen Untersuchungen formulierten und auch im Bereich der neutestamentlichen Forschungen akzeptierten Ergebnis,[22] das H. Frankemölle so zusammenfasst: „Die traditionelle Unterscheidung zwischen hellenistischem Judentum (in der Diaspora) und judäischem Judentum (ohne Beeinflussung durch den Hellenismus) ist zu korrigieren."[23]

Von dieser Inhomogenität, die insbesondere für die städtische Bevölkerung und damit etwa für Jerusalem vorauszusetzen ist, war die Gemeinschaft derer, die zu Beginn der 30er Jahre zuerst in Jerusalem verkündeten, dass der am Kreuz hingerichtete Jesus von Nazaret der verheißene Messias sei, von Anfang an betroffen.

3.2 Der Konflikt zwischen „Hebräern" und „Hellenisten" in der Jerusalemer Urgemeinde

Der Verfasser der Apostelgeschichte ist nicht daran interessiert, die Entwicklung der Jerusalemer Urgemeinde historiographisch getreu zu schildern. Er zeichnet ihr Idealbild, das für die Gemeinden seiner Zeit Vorbild sein konnte.

In diese idealisierende Tendenz gehört auch die Beschreibung

Von Jerusalem nach Rom

der Christen als Gemeinschaft von Menschen gleichen Glaubens, die „alles gemeinsam" hatten, „ein Herz und eine Seele" waren (vgl. 2,42–47; 4,32) und „einmütig" (ὁμοθυμαδόν) sich versammelten (1,14; 2,46; 5,12). Aber auch der Autor kann eine Krisensituation nicht ganz übergehen, auch wenn er sie in ihrer geschichtlichen Bedeutung und v. a. in der theologisch-christologischen und damit auch missionsstrategischen Programmatik herunterspielt. Es ist der in Apg 6,1–6 geschilderte Konflikt zwischen Hebräern und Hellenisten:[24]

> V. 1 In diesen Tagen, als die Zahl der Jünger zunahm, begehrten die Hellenisten gegen die Hebräer auf, weil ihre Witwen bei der täglichen Versorgung übersehen wurden. V. 2 Da riefen die Zwölf die ganze Schar der Jünger zusammen und erklärten: Es ist nicht recht, dass wir das Wort Gottes vernachlässigen und uns dem Dienst an den Tischen widmen. V. 3 Brüder, wählt aus eurer Mitte sieben Männer von gutem Ruf und voll Geist und Weisheit; ihnen werden wir diese Aufgabe übertragen. V. 4 Wir aber wollen beim Gebet und beim Dienst am Wort bleiben. V. 5 Der Vorschlag fand den Beifall der ganzen Gemeinde, und sie wählten Stephanus, einen Mann, erfüllt vom Glauben und vom Heiligen Geist, ferner Philippus und Prochorus, Nikanor und Timon, Parmenas und Nikolaus, einen Proselyten aus Antiochia. V. 6 Sie ließen sie vor die Apostel hintreten, und diese beteten und legten ihnen die Hände auf. V. 7 Und das Wort Gottes breitete sich aus, und die Zahl der Jünger in Jerusalem wurde immer größer; auch eine große Anzahl von den Priestern nahm gehorsam den Glauben an.

Unmittelbar angeschlossen wird die Anklage gegen einen der in den Siebenerkreis gewählten Vertreter der Hellenisten, nämlich Stephanus, geschildert. Er wird beschuldigt, „gegen diesen heiligen Ort und das Gesetz" zu reden (6,14). Seine ausführliche Rede, die in eine Anklage gegenüber den Mitgliedern des Hohen Rates mündet (7,2–50.51–53), wird mit der Steinigung beantwortet (7,54–60). Es folgt eine „große Verfolgung der Gemeinde in Jerusalem", von der „die Apostel" nicht betroffen waren, wohl aber, auch wenn es ausdrücklich nicht gesagt wird, die Hellenisten (8,1b). Ein Beleg dafür ist, dass einer aus dieser Siebenergruppe, Philippus, im Anschluss an die Vertreibung aus Jerusalem als Verkünder des Evangeliums in der Hauptstadt Samariens vorgestellt wird (8,5).

Aus der Schilderung der Apg lässt sich ablesen, dass es zwischen zwei Gruppen in der Gemeinde in Jerusalem zu Auseinandersetzungen gekommen ist, wobei diese beiden Gruppen sich nach außen hin durch die Sprache unterschieden haben: Es sind in beiden Fällen Juden, die einen aramäisch, die anderen griechisch sprechend: Hebräer und Hellenisten.

Lassen sich nun die beiden Gruppen bezüglich ihrer Herkunft, ihrer sozialen Stellung innerhalb der Bevölkerung Jerusalems und in ihrer theologischen Einstellung, sowohl als Juden als auch als Christen, genauer bestimmen? Im Allgemeinen werden im Anschluss an die Darstellung von Apg 6 die Hebräer als palästinische, aramäisch sprechende Judenchristen angesehen, die den Glauben an den Messias Jesus angenommen haben, sich aber weiterhin der jüdischen Tradition verpflichtet wissen. Zu ihnen ist wohl auch ein Teil der aus dem Jüngerkreis kommenden Mitglieder der Jerusalemer Gemeinde zu zählen.[25]

Die Hellenisten dagegen werden meistens als aus der Diaspora nach Jerusalem übergesiedelte, griechisch sprechende Juden bestimmt, also als „hellenisierte Diasporajuden"[26]. Die Rückkehr oder die Übersiedlung solcher Diasporajuden nach Jerusalem mag in vielen Fällen religiöse Gründe gehabt haben; sie suchten die Nähe zum Tempelkult und damit die Möglichkeit eines toragemäßen Lebens im Kreis von Gleichgesinnten.[27]

Doch passt diese Charakterisierung als besonders auf Gesetzestreue ausgerichtete Fromme zu den hellenistischen Juden, die den Glauben an den Messias Jesus angenommen haben und die jetzt in Konflikt mit anderen Mitgliedern der christlichen Gemeinde geraten? Das darf angesichts der aus der Schilderung der Apostelgeschichte zu erschließenden sozialen Situation und der religiösen Stellung dieser Gruppe der Hellenisten bezweifelt werden. Zwei Beobachtungen wollen sich in die oben vorgestellte Beschreibung der Hellenisten und ihrer Motive für eine Rückkehr bzw. Übersiedlung nach Jerusalem nicht recht einfügen.

(1) Da ist zum einen die im Streit um die Versorgung der Witwen vorausgesetzte Notlage der Witwen der Hellenisten, die man als *einen* Anlass für die Krise zugrunde legen darf. Im Allgemeinen wird angenommen, dass die soziale Stellung der nach Jerusalem zurückgekehrten Diasporajuden wirtschaftlich gut war. Eine Übersiedlung aus anderen Ländern in die jüdische Hauptstadt ist nicht

Von Jerusalem nach Rom

in großem Umfang anzunehmen. Diese Umsiedlung war, worauf L. Schenke zu Recht hinweist, „sicher nur einer relativ kleinen religiösen Elite des Diasporajudentums möglich", die über ein entsprechendes Vermögen verfügte. Schenke meint deshalb: „Die Mehrheit der nach Jerusalem heimgekehrten Diasporajuden dürfte in wirtschaftlich gesicherten Verhältnissen gelebt haben; ... die hellenistische Judenschaft Jerusalems (war) insgesamt eher wohlhabend und vermögend."[28] Bei den Witwen der Hellenisten in Apg 6 handelt es sich aber um Frauen, die auf Unterstützung durch die Gemeinde angewiesen waren. Man muss deshalb vermuten, dass sie entweder aus sozial weniger gut abgesicherten Synagogengemeinden kamen oder dass die Annahme des Glaubens an den Messias Jesus einen Ausschluss aus der Synagogengemeinde zur Folge hatte. Darauf könnte die Schilderung des Konflikts um Stephanus hinweisen, der von hellenistischen Juden vor dem Synedrium als Lästerer gegen Gott und Mose angeklagt wurde (Apg 6,8–14).

Das größere Problem liegt (2) in der religiösen Einstellung der jetzt zur christlichen Gemeinde zählenden Hellenisten. Der Vorwurf einer tempel- und torakritischen Positionierung, wie er etwa gegen Stephanus erhoben wird, passt nicht ohne weiteres zu der Gruppe von Rücksiedlern, deren Motiv mit dem Wunsch einer besonderen Orientierung an Gesetz und Kult angegeben werden kann. Ja, nach Darstellung der Apostelgeschichte geht der Widerstand gegen Stephanus – und man muss ergänzen: gegen die von ihm und von der judenchristlichen Gruppe der Hellenisten vertretene Theologie – gerade von den Mitgliedern solcher Synagogen aus, in denen Juden aus der Diaspora, also auch Hellenisten, sich aufgrund der gemeinsamen Herkunft und sicher auch wegen ihrer gemeinsamen griechischen Sprache zusammengeschlossen haben (Apg 6,9); genannt werden die Synagoge der Libertiner (wahrscheinlich aus römischer Kriegsgefangenschaft freigelassene ehemalige Sklaven bzw. ihre Nachkommen), der Zyrinäer (Rückkehrer aus der nordafrikanischen Kyrenaika) und der Alexandriner (aus Ägypten). Gerade diese Hellenisten präsentieren sich als radikale Vertreter der reinen jüdischen Lehre.

Kommen wir zurück zu den judenchristlichen Hellenisten. Aus den genannten Gründen ist bei ihnen nicht nur und nicht einmal vorrangig an heimgekehrte Diasporajuden zu denken, sondern auch an in oder bei Jerusalem lebende Juden, die von ihrer Erziehung her, aufgrund ihrer Ausbildung oder auch aus beruflichen Gründen die griechische Sprache beherrschten. Und mit der griechischen Sprache und im Kontakt mit der griechischen Kultur, Philosophie und Religiosität hatten sie auch eine etwas „liberalere" Haltung gegenüber dem Tempelkult und dem Gesetz mit den unterschiedlichen Regelungen und Bestimmungen des täglichen Lebens gewonnen. So kann man mit guten Gründen annehmen, dass der Konflikt zwischen Hebräern und Hellenisten mit der daraus resultierenden Herausbildung einer eigenen hellenistischen Gemeindegruppe „längerfristige Wurzeln schon in Spannungen zwischen ‚Hebräern' und ‚Hellenisten' innerhalb der jüdischen Gemeinschaft hatte".[29]

In jedem Fall gibt es in Jerusalem seit langem, wie oben schon gesagt, hellenistische Juden; und damit besteht auch die Möglichkeit bzw. Wahrscheinlichkeit, dass einige aus diesen Kreisen sich der christlichen Gemeinde angeschlossen haben und aufgrund ihrer zur Mehrheit unterschiedlichen Einstellungen zu zentralen Fragen der jüdischen Glaubenstradition, etwa zur Sabbatpraxis und zu den Speisevorschriften, in dem Glauben an den Messias Jesus und der damit verknüpften Neuorientierung des Verhältnisses zu den Nichtjuden in einer neuen Weise begründet haben. Denkbar ist dabei auch, dass sich diese Hellenisten auf Jesus und seine in Einzelfällen kritische Einstellung zu derartigen gesetzlichen Regelungen berufen haben. Vorsichtig darf man auch die Frage stellen, ob nicht die eine oder andere Person aus dem Kreis der Jüngerinnen und Jünger Jesu zu dieser Gruppe der Hellenisten zu zählen ist.[30] Die in jedem Fall erkennbare Beziehung zur Botschaft Jesu führt L. Schenke zu der gut begründeten Annahme, dass in den aus Jerusalem vertriebenen und anschließend in Samarien und in Syrien missionarisch tätigen Hellenisten „das historische Bindeglied zwischen der Jerusalemer Urgemeinde und Paulus" zu sehen ist.[31]

Damit ist bereits für die Urgemeinde in Jerusalem die Situation zugrunde zu legen, die in den folgenden Jahrzehnten die Ausbreitung der christlichen Botschaft bestimmen wird und die auch im sog. Apostelkonzil Ende der 40er Jahre besprochen, aber nicht gelöst wird, wie der Antiochenische Zwischenfall, also eine gegensätzliche Interpretation der auf dem „Konzil" beschlossenen „Gemeinschaft" (vgl. Gal 2,9), demonstriert (vgl. Gal 2,11–21). Auf der einen Seite stehen die aramäisch sprechenden Judenchristen („Hebräer"), deren Kennzeichen die Betonung der Kontinuität zur jüdischen Glaubens- und Lebenspraxis darstellt. Auf der anderen Seite stehen die griechisch sprechenden Judenchristen („Hellenisten"), die zwar noch keine eigenständige Gemeinde bilden, deren Selbstbewusstsein und Anspruch sich aber in der Wahl eines eigenen „Leitungskollegiums" zeigt;[32] dazu zählen ganz offensichtlich rhetorisch begabte und theologisch qualifizierte Personen wie etwa Stephanus, bei dem ausdrücklich „die Weisheit" hervorgehoben wird, mit der er gesprochen hat (Apg 6,10), sowie Philippus, dessen erfolgreiches missionarisches Wirken in Apg 8 geschildert wird.

Die Gruppe der Hellenisten hatte sich nach innen und nach außen bereits derart profiliert, dass sie, und zwar ausschließlich sie, Opfer der Verfolgungen von Seiten der Juden wurden.

Es ist also festzuhalten: In der Urgemeinde von Jerusalem, näherhin in dem aus dem Kreis der Hellenisten hinzugekommenen gläubigen Juden, sind die Wurzeln für die Entwicklung hin zum gesetzesfreien Evangelium gelegt. Will man den Begriff der „Hellenisierung" der christlichen Verkündigung aufrecht erhalten, dann muss man ihn auf die früheste Zeit der Jerusalemer Urgemeinde beziehen. Auch nach Einschätzung von M. Hengel sind die in der Apostelgeschichte nur fragmentarisch überlieferten Ereignisse um den Stephanuskreis relativ bald „nach dem gemeindegründenden Auferstehungsgeschehen" anzusetzen; und deshalb ist s. E. „die Entstehung der Gruppe der ‚Hellenisten' ... in die Anfänge dieser ‚Gründerzeit'" zu verlegen.[33]

Schaut man auf die von den Hellenisten wenigstens in den Grundzügen gestaltete Theologie, dass nämlich Gottes Heilshandeln sich in Jesus Christus über Tempelkult und Gesetz hinaus offenbart hat, dann liegt bei diesen „Hellenisten" neben einer durchaus denkbaren Anbindung an die Verkündigung Jesu die Neuorientierung der Soteriologie im Bekenntnis zu Tod und Auferweckung Jesu als Heilsereignis mit allen daraus sich ergebenden Konsequenzen bereits vor. Mit dem „Verständnis von Jesu Tod und Auferweckung als eines endzeitlichen Sühne- und Offenbarungshandelns Gottes" ist der Grundstein für die universale Verkündigung des Evangeliums gelegt.[34] In der Gruppe der Hellenisten in

Jerusalem, schreibt L. Schenke zu Recht, „wurden theologische und christologische Vorstellungen entwickelt, die das Christentum für eine Mission auch unter den Heiden öffneten"[35]. In der Praxis beginnt mit der Vertreibung der Hellenisten aus Jerusalem und der daran anschließenden Verkündigung des Evangeliums über Samaria bis nach Antiochien „eine neue Phase in der Geschichte der Urgemeinde: Die sukzessive Öffnung der Ekklesia als des endzeitlichen Gottesvolkes zunächst für ‚Randsiedler', dann auch für Heiden"[36].

Mit den die Mission der Hellenisten bestimmenden grundsätzlichen theologischen Erkenntnissen und der faktischen Miteinbeziehung von Nichtjuden als Adressaten der Frohbotschaft vom Handeln Gottes in Jesus Christus und das durch ihn geschenkte Heil sind die entscheidenden Voraussetzungen geschaffen für das missionarische Wirken des Völkerapostels Paulus und sein gesetzesfreies Evangelium.

3.3 Paulus – hellenistischer Jude, Pharisäer, Verfolger der Christen (und Verkünder des gesetzesfreien Evangeliums)

Aus der Vielfalt der mit Paulus verbundenen Fragen und Themen soll hier nur der biographische Ausschnitt angesprochen werden, der im Vorfeld seines Wirkens als Verkünder des Evangeliums von der Rechtfertigung des Menschen „allein aus Glauben, nicht aus Werken des Gesetzes" (vgl. Gal 2,16) angesiedelt ist. Es geht um den Saulus/Paulus, der als Pharisäer auf strengen Gesetzesgehorsam bedacht war, sodann um die Fragen nach der Herkunft, der Bildung im Spannungsfeld von Judentum und Hellenismus, sowie der von Feindseligkeit geprägten ersten Begegnung mit der christlichen Verkündigung.[37]

Einleitend gilt es die Problematik der Quellenfrage anzusprechen. In erster Linie sind die authentischen Briefe zu befragen und auszuwerten. Eine biographische Strukturierung der Paulus-Geschichte ist jedoch ohne Berücksichtigung der dem Völkerapostel gewidmeten Passagen der Apostelgeschichte nicht möglich. Allerdings ist deren Auswertung als Geschichtsquelle, wie bereits festgestellt, nicht unumstritten; denn aus einem Vergleich der authentischen Zeugnisse der Briefe mit der Schilderung der Apostelgeschichte ist immer wieder festzustellen, dass der Paulus der Apostelgeschichte in vielen Bereichen, sowohl in der Beschreibung seiner Biographie, seiner missionarischen Tätigkeit als besonders auch in der Gestaltung seiner Botschaft, nach den kerygmatischen Interessen des Autors der Apostelgeschichte geschildert wird.

Auf der anderen Seite ist auch bei Paulus, etwa bei den biographischen Angaben, zu bedenken, dass er damit die angeschriebenen Gemeinden nicht unterhalten wollte, sondern dass sie als Argumente eingesetzt wurden.[38] So stehen auch die Informationen über seine Herkunft aus einer jüdischen Familie zumeist in polemischem Kontext. In der Auseinandersetzung mit jüdisch beeinflussten Kritikern an seinem Evangelium von der Rechtfertigung des Menschen allein aus Glauben, die auch aus den Reihen der (Juden-)Christen kommen, betont Paulus, dass er am achten Tag beschnitten worden ist, aus dem Volk Israel kommt, zum Stamm Benjamin gehört (Phil 3,5; ähnlich in 2 Kor 11,22, gegenüber Gegnern in Korinth: „sie sind Hebräer – ich auch; sie sind Israeliten – ich auch; sie sind Nachkommen Abrahams – ich auch", und, hier nicht polemisch akzentuiert, in Röm 11,1 mit der Selbstvorstellung als „Israelit, vom Geschlecht Abrahams, aus dem Stamm Benjamin").

Der Wahrheitsgehalt dieser genealogischen Selbstvorstellung braucht nicht bezweifelt zu werden. Man darf aber angesichts der polemischen, ja. z. T. aggressiven Betonung seines Judeseins und im Blick auf das an anderen Stellen hervorgehobene Selbstverständnis als Missionar für die Heidenvölker (vgl. bes. Gal 1,15f.; 2,2.7–9; 2,11–14; aber auch Röm 1,5.13) vermuten, dass der Grund für solche genealogisch begründete Gleichrangigkeit darin zu sehen ist, dass jüdische bzw. judenchristliche Kreise mit Blick auf seine den Heiden gewidmete Missionstätigkeit und die damit verbundene theologisch-christologische Positionierung seine Autorität in Zweifel gezogen haben (vgl. den auffälligen Einsatz in Phil 3,4b: εἴ τις δοκεῖ ἄλλος ...); *ihnen* gegenüber betont Paulus seine genealogische und religiöse Bindung an das Judentum, die allerdings nun in ihrem Stellenwert auch eingeschränkt wird (vgl. das die Vergangenheit relativierende Adverb ποτε Gal 1,13).[39]

Es ist sicher, dass Paulus als Vertreter des gesetzesfreien Evangeliums in seiner Verkündigung den Nichtjuden gegenüber anders argumentieren musste. Darum ist zu fragen: Ist für den *Christen* Paulus seine jüdische Abstammung wirklich bleibend von so zentraler Bedeutung, wie er an einigen Stellen betont?

In ähnlicher Weise sind die Hinweise zu befragen, die seine Zugehörigkeit zur religiösen Gruppe der Pharisäer (so Phil 3,5) bzw. die für die Pharisäer charakteristische radikale Orientierung an der Tora und den mündlichen Auslegungstraditionen betonen (vgl. Gal 1,14). Auch hier ist an der historischen Zuverlässigkeit dieser Angaben nicht zu zweifeln. Aber es ist bemerkenswert, dass derartige Hinweise wiederum in den von Auseinandersetzungen mit gesetzestreuen Judenchristen bestimmten Briefen stehen, im Philipperbrief und im Galaterbrief, aber nicht im thematisch verwandten Brief an die Christen in Rom. Eine Bestätigung für seine Zugehörigkeit zur Gruppe der Pharisäer finden wir in den beiden Verteidigungsreden des Paulus in der Apostelgeschichte: vor dem Synedrium (Apg 23,6) und vor König Agrippa II. und dem Prokurator Festus (Apg 26,5).[40]

Da uns Paulus selbst den Geburtsort nicht nennt, könnte man aus den biographischen Angaben auf seine Herkunft aus dem jüdischen Kernland, etwa aus Jerusalem, schließen. Dass wir den Völkerapostel Paulus mit Tarsus in Verbindung bringen, dieser in der damaligen Zeit nach antiken Quellen wirtschaftlich und kulturell bedeutenden Hauptstadt der römischen Provinz Kilikien,[41] ist den Angaben der Apostelgeschichte entnommen. Vor dem römischen Oberst in Jerusalem stellt er sich als „Jude aus Tarsus in Kilikien, Bürger einer nicht unbedeutenden Stadt" vor (21,39; ähnlich sagt er von sich in der schon genannten Verteidigungsrede vor dem Synedrium, dass er in Tarsus geboren wurde; vgl. auch die indirekten Hinweise in 9,11; 11,25). Tarsus wird in antiken Quellen als „ein Zentrum stoischer Philosophie" und der Bildung im Allgemeinen gerühmt, also als „eine Metropole hellenistischer Kultur"[42]. Die Briefe des Paulus belegen, dass er sich nicht nur als „theologisch hoch stehender Denker"[43] profiliert hat, sondern dass er auch, das zeigt sowohl die Sprachkompetenz als auch die rhetorische Prägung seiner Briefe, eine solide elementare Schulbildung erworben hat.[44] Das könnte wieder eher für Tarsus sprechen, wo Paulus die entscheidenden Jahre verbracht haben dürfte. Eine eindeutige Beantwortung der Frage, wo Paulus in die Schule ging,[45] ist deshalb nicht möglich, weil allseits zugestanden wird, dass der Grunderwerb der für einen Pharisäer notwendigen Schriftkenntnis und der Schriftauslegung auch in der jüdischen Gemeinde in Tarsus möglich war, dass aber umgekehrt hellenistische Bildung auch für einen Juden in Jerusalem zu erwerben war.

Die Forschung zu Paulus hat sich weitgehend auf einen Kompromiss geeinigt: Die schulische Grundausbildung erhielt Paulus in Tarsus; „die Ausbildung zum pharisäischen Schriftgelehrten" wird dagegen mit Judäa, näherhin Jerusalem verknüpft.[46] Für die Übersiedlung nach Jerusalem nimmt man bisweilen ein Alter von ca. 15 Jahren an.[47] Dazu würde die autobiographisch formulierte Notiz in Apg 22,3 passen, er sei „zu Füßen Gamaliels" im väterlichen Gesetz unterwiesen worden.

Die Zuverlässigkeit dieser letzten biographischen Notiz, die in den Briefen fehlt, kann man dadurch bestätigt sehen, dass unmittelbar damit der Hinweis verbunden ist, dass er „diesen Weg", d.h. die Anhänger der neuen Lehre, verfolgt hat (Apg 22,3–5). Dies wird von Paulus selbst in seinen Briefen des Öfteren ausdrücklich erklärt (1 Kor 15,9; Gal 1,13; Phil 3,6). Wo das geschah, das sagt er allerdings nicht. Gegen Jerusalem wird häufig der Einwand erhoben, dass Paulus in Gal 1,22 betont, dass er den christlichen Gemeinden in Judäa persönlich unbekannt geblieben ist. Das bezieht sich allerdings nicht auf die Zeit, da er Christen verfolgt hat, sondern auf seinen ersten Jerusalembesuch, drei Jahre nach der Christophanie (Gal 1,18). Im Allgemeinen favorisiert man für eine topographische Festlegung der Verfolgung von Christen durch Paulus das Gebiet bei Damaskus. Diese Stadt spielte nicht nur in der Bekehrungsgeschichte Apg 9 eine Rolle, sondern wird in Gal 1,17 von Paulus selbst auch im Zusammenhang seiner kurzen Interpretation der Christophanie genannt.

Ausführlich diskutiert M. Hengel das Problem einer topographischen Festlegung der Verfolgung der Anhänger des Messias Jesus.[48] Der Darstellung des Lukas gibt er insofern Recht, dass Paulus sich auf den Weg nach Damaskus gemacht hat, um die judenchristlichen Jesusanhänger zu verfolgen. Die Christophanie hat das verhindert. Hengel stützt sich dabei v.a. auf die Darstellung der Apg. Die Verfolgung der Gemeinde aber, von der Paulus selbst spricht, hat nach Meinung von Hengel in Jerusalem stattgefunden, und zwar nach der Steinigung des Stephanus. Da „die Vertreter dieser gesetzesfeindlich-schwärmerischen Gruppe", also etwa Hellenisten aus dem Stephanus-Kreis, „nicht klein beigaben, sondern weiterhin agierten, ergriff er [Paulus] die Initiative und veranstaltete im begrenzten Rahmen der ‚hellenistischen' Synagoge Jerusalems einen ‚Pogrom' gegen diese Sektierer" (181). Die „theologischen Motive des Verfolgers" sieht Hengel auch in einer – möglichen oder tatsächlichen – kult- und torakritischen Einstellung und zusätzlich in der „Verkündigung des gekreuzigten Messias" (vgl. 174–180).

Die auf die Quellen gestützten, aber unterschiedlichen Rekonstruktionen der frühen Jahre des Saulus/Paulus sowohl hinsichtlich des Ortes seiner Ausbildung – Tarsus und/oder Jerusalem – als auch eines vom Bildungsweg bestimmten Ortswechsels – Elementarschule in Tarsus, Torastudium in Jerusalem – zeigen, dass sich keine These eindeutig belegen oder widerlegen lässt.

Was den von der Verfolgertätigkeit des Paulus betroffenen Personenkreis angeht, muss man wohl differenzieren. Die dem Gesetz weiterhin verpflichteten Judenchristen sind bei Paulus – wie zuvor beim Konflikt um die Hellenisten in Jerusalem – mit Gewissheit nicht betroffen gewesen. Deshalb kann der Grund für das Vorgehen des Paulus gegen Judenchristen auch *nicht nur* in der Tatsache begründet gesehen werden, dass diese sich zum gekreuzigten Messias bekannt haben.[49] Wenn Paulus von der Verfolgung der Christen spricht, betont er gleichzeitig seine radikale Verpflichtung auf die jüdische Lebensweise (Ἰουδαισμός) und die Erfüllung von Gesetz und Väterüberlieferung (Gal 1,13 f.; Phil 3,5 f.); das spricht dafür, den Grund für sein Tun in seinem „Eifer für das Gesetz" und die Betroffenen im Kreis der nicht mehr eindeutig gesetzeskonformen Hellenisten zu suchen.[50]

Somit haben wir den Christenverfolger Paulus auf einer Linie mit den hellenistischen Juden zu sehen, die nach Darstellung der Apostelgeschichte für den Tod des Stephanus und die Vertreibung der judenchristlichen Hellenisten verantwortlich waren. In der Darstellung der Apostelgeschichte ist Paulus sogar bei der Steinigung des Stephanus anwesend gewesen, war mit dessen Tötung einverstanden und begann anschließend mit eigenen Aktionen (Apg 8,3; 9,1 f.). Die Historizität dieser Notizen wird beinahe einmütig bezweifelt. In der Grundaussage trifft die Darstellung der

Apostelgeschichte aber den Kern: Der hellenistisch beeinflusste Pharisäer Paulus steht als radikaler Vertreter einer am jüdischen Gesetz ausgerichteten Frömmigkeit auf einer Linie mit den hellenistischen Juden in Jerusalem, die die judenchristlichen Hellenisten verfolgt haben.

Man kann, unter rein historischem Gesichtspunkt, es als eine Ironie der Geschichte betrachten, dass Paulus später, als Verkünder des gesetzesfreien Evangeliums, letzten Endes genau diese Position vertreten wird, die er anfangs massiv bekämpft hat: die Botschaft vom Heilshandeln Gottes in Tod und Auferweckung Jesu und der dadurch bedingten Relativierung des soteriologischen Stellenwertes des jüdischen Gesetzes. So lautet auch das Urteil bei H. Räisänen: Paulus verfolgte die „Hellenisten", weil sie von „Heiden" weder Beschneidung noch Unterwerfung unter die Ritualgesetze forderten; und: „He built his individual theology, for example his particular ideas about justification and the law, on foundations laid by the Hellenists."[51]

Für die systematische Begründung und Ausgestaltung der Heidenmission durch die Verkündigung des Evangeliums von der Rechtfertigung des Menschen allein aus Glauben sorgte dann Paulus im Rahmen seines missionarischen Wirkens.

4. Jüdischer Glaube und jüdisches Leben in der hellenistischen Welt und ihre Bedeutung für die christliche Verkündigung

4.1 Die Septuaginta (LXX) als Grundlage der Ausbreitung des christlichen Glaubens in der hellenistischen Welt

Für die Ausbreitung des jüdischen Glaubens über Palästina hinaus und insbesondere für die christliche Mission ist die Bedeutung der Übersetzung der hebräischen Bibel ins Griechische nicht hoch genug einzuschätzen.[52] M. Tilly sieht in der LXX „eines der wichtigsten literarischen Dokumente zu einem umfassenden Verständnis des vielfältigen und sich fortwährend entwickelnden religiösen, intellektuellen und politischen Lebens ... des antiken Judentums im palästinischen Mutterland und in der westlichen Diaspora. Zugleich ermöglicht die Septuaginta einen tiefen Einblick in die Entstehung und die Entwicklung des christlichen Glaubens."[53]

Einzelfragen zur Entstehung der griechischen Bibel, die sich über einen längeren Zeitraum erstreckte, können hier unberücksichtigt bleiben.[54]

Zuerst wurde der Pentateuch übersetzt, auch ein Zeichen für den zentralen Stellenwert dieses Schriftcorpus im jüdischen Glauben. Man datiert diese Übersetzung ins 3. vorchristliche Jh. Entstehungsort ist nach dem Zeugnis des Aristeasbriefes (s. dazu unten) die jüdische Gemeinde in Alexandrien. Der entscheidende Grund für die Übersetzung dieses zentralen jüdischen Textes[55] ist darin zu sehen, dass die meisten der in der Diaspora lebenden, griechisch sprechenden Juden mit dem hebräischen Text nichts anzufangen wussten; dies gilt auch für die in den Synagogen für die Auslegung der Schrift zuständigen Experten.[56]

Es erscheint daher sinnvoll, die Übersetzung in erster Linie mit dem „gottesdienstlichen Bedürfnis des griechisch sprechenden Judentums" zu erklären.[57] Das schließt andere Interessen nicht aus, etwa die Ermöglichung halachisch-rechtlichen Einsatzes in der Synagogengemeinde und den Gebrauch für das Studium sowohl in der Schule wie im privaten Bereich.[58] Da die Situation der anderen jüdischen Diasporagemeinden hinsichtlich der mangelnden Sprachkompetenz im Bezug auf die hebräische Bibel mit der von Alexandrien identisch war, ist mit einer schnellen Ausbreitung der griechischen Übersetzung, v. a. des Pentateuch, zu rechnen. Die Entdeckung griechisch geschriebener Rollen in Judäa, etwa unter den Texten in Qumran, ist ein Hinweis, dass sich auch dort Übersetzungen als notwendig erwiesen haben.[59]

Der Stellenwert der griechischen Bibel, näherhin der Tora, für das Selbstverständnis des hellenistischen Judentums zeigt sich zusätzlich darin, dass in einer im zweiten vorchristlichen Jh. entstandenen Schrift, dem sog. Aristeasbrief (Arist), die Übersetzung des Pentateuch als systematisch geplantes und durchgeführtes Unternehmen dargestellt wird.[60] Danach hat der in Ägypten regierende König Ptolemaios II. (282–246 v. Chr.) den Auftrag erteilt, das jüdische Gesetz für die Bibliothek in Alexandrien ins Griechische zu übersetzen.[61] 72 jüdische Gelehrte aus Jerusalem (vgl. Arist 46–50) führen in 72 Tagen (vgl. Arist 307) diese Übersetzung durch. Bei aller novellistischen Ausgestaltung der Entstehungsgeschichte des griechischen Textes der Bibel durch den Verfasser dieser apologetischen Schrift,[62] einem gebildeten Mitglied der Oberschicht des alexandrinischen Judentums,[63] gelten zwei Feststellungen als gesichert:

(1) Eine Beteiligung der herrschenden Ptolemäer am Zustandekommen der Übersetzung ist wahrscheinlich, sei es in einer aktiven finanziellen Unterstützung oder sei es indirekt in der ausdrücklichen Erteilung der Erlaubnis.[64]

(2) Die Mitarbeit, wenn nicht gar eine entscheidende Unterstützung durch führende Schriftgelehrte aus Jerusalem kann als beinahe selbstverständlich angesehen werden. Das heißt aber, „dass auch die Übersetzer aus Palästina über eine perfekte griechische Bildung verfügten"[65]. Darin liegt eine Bestätigung der früher gemachten Aussage, dass das Judentum zur Zeit Jesu und der frühchristlichen Gemeindebildung in Jerusalem wenigstens in den führenden Kreisen hellenistisch geprägt war, und zwar auf hohem intellektuellen Niveau.

Was für die jüdische Gemeinde in Alexandrien gilt, das ist auch für die in anderen Städten des Mittelmeerraumes lebenden Juden anzunehmen. Die Bewahrung der Religion der Väter in einer nichtjüdischen und fremdreligiösen Gesellschaft war nur möglich mit einer gewissen Bereitschaft zu Kompromissen und einer unterschiedlich deutlichen bzw. vorsichtigen Anpassung an die Lebensform der hellenistischen Umwelt.[66]

Als dadurch zumindest mit beeinflusste positive Reaktion seitens der Nichtjuden ist das Interesse an der jüdischen Religion zu erklären.

4.2 Die Gottesfürchtigen – die bevorzugten Adressaten der christlichen Verkündigung

Den Übergang der Verkündigung des Evangeliums von den Juden zu den Heiden schildert der Verfasser der Apostelgeschichte ausführlich in der Erzählung von der Begegnung zwischen dem aus Cäsarea stammenden Heiden Kornelius und dem in Joppe weilenden Petrus (Apg 10,1–11,18). Der heidnische Hauptmann Kornelius wird dabei ausdrücklich als „fromm und gottesfürchtig (εὐσεβὴς καὶ φοβούμενος τὸν θεόν)" vorgestellt; des Weiteren wird von ihm gesagt, dass er „dem Volk reichlich Almosen spendete und beständig zu Gott betete" (Apg 10,2; ähnlich 10,22). Mit der Vorstellung des Nichtjuden als „Gottesfürchtiger" (φοβούμενος τὸν θεόν) wird dieser Heide zu der Gruppe von Personen gezählt, die nicht nur als „Sympathisanten" der jüdischen Religion zu bezeichnen sind, sondern die sich in der Lebensführung an wichtigen Ordnungen des jüdischen religiösen Lebens und der daraus für die alltägliche Praxis resultierenden Pflichten orientierten. Sie hielten sich an das Sabbatgebot, die wichtigsten Speisevorschriften, feierten die jüdischen Feste mit und nahmen am Synagogengottesdienst teil.[67]

Wenn sich christliche Missionare mit der Verkündigung des Evangeliums jeweils an Synagogen und den dort versammelten Gläubigen orientierten, dann trafen sie in den hellenistischen Städten nicht nur auf die zum Kern der jüdischen Glaubensgemeinschaft zählenden Angehörigen des jüdischen Volkes, sondern auch auf diese Gottesfürchtigen; diese sind in ihrer religiösen Einstellung und Praxis dem Verhalten des heidnischen Hauptmanns Kornelius vergleichbar. In der Darstellung der Apostelgeschichte wird also insofern historisch zuverlässige Tradition festgehalten, dass die Gottesfürchtigen zusammen mit den Israeliten als zum Glauben an den Messias Jesus Berufene angesprochen werden.

So lässt der Verfasser den Paulus im Pisidischen Antiochien seine Verkündigung mit der Anrede beginnen: „Ihr Männer von Israel und ihr Gottesfürchtigen (ἄνδρες Ἰσραηλῖται καὶ οἱ φοβούμενοι τὸν θεόν) ..." (Apg 13,16.26). Ähnlich werden die Adressaten der Predigt in der Synagoge in Athen charakterisiert; Paulus redet „zu den Juden und den Gottesfürchtigen (τοῖς Ἰουδαίοις καὶ τοῖς σεβομένοις)" (17,17). Der Erfolg der Predigt in Thessalonich wird damit beschrieben, dass sich mit einigen Juden „eine große Menge von gottesfürchtigen Griechen (τῶν τε σεβομένων Ἑλλήνων πλῆθος πολύ)" Paulus und Silas anschlossen (17,4). Mit dem Prädikat „gottesfürchtig" werden auch Einzelpersonen vorgestellt: Die Purpurhändlerin Lydia aus Thyatira (16,14 Λυδία ... σεβομένη τὸν θεόν) und ein Titius Justus in Korinth, in dessen Haus Petrus kommt (18,7 ... Τιτίου Ἰούστου σεβομένου τὸν θεόν) und ein größerer Kreis von Personen in Thessalonich (17,4.17).[68]

Dabei darf die Tatsache nicht überbewertet werden, dass schon die in der Apostelgeschichte verwendeten Bezeichnungen variieren und dass in den Inschriften und bei heidnischen Autoren diese Personen zumeist als θεοσεβεῖς charakterisiert werden.

Das in der Apostelgeschichte bezeugte Phänomen wird durch antike Quellen jüdischer und nichtjüdischer Herkunft bestätigt.[69] B. Wander verweist unter anderem auf einen „spektakulären Inschriftenfund von Aphrodisias im Südwestteil der Türkei"; auf einer Tafel am Synagogeneingang sind 125 Namen von Spendern und Unterstützern verzeichnet, von welchen 54 Personennamen mit dem Zusatz θεοσεβεῖς (Gottesfürchtige) versehen sind. Mit dieser Inschrift werden die Nachrichten heidnisch-antiker Autoren bestätigt, die belegen, dass v. a. in der Oberschicht der römischen Gesellschaft die jüdische Religion „als in höchstem Maße attraktiv" angesehen wurde.[70] Hauptanziehungspunkte waren der Monotheismus und die jüdische Ethik.[71]

Dieses „Umfeld" der Diasporasynagogen[72] war für die christliche Verkündigung ein geradezu idealer Anknüpfungspunkt; denn hier konnten die christlichen Missionare, wie schon gesagt, auf dem festen religiösen Fundament des jüdischen = christlichen Gottesbekenntnisses aufbauen und waren gleichzeitig nicht gezwungen, die von Heiden als unattraktiv angesehenen Bedingungen der Beschneidung und der vollen Toraobservanz zu relativieren bzw. aufzugeben.[73]

Es ist jedoch wichtig zu betonen, dass die positive Bedeutung der Gottesfürchtigen und ihrer religiösen Einstellung für die christliche Heidenmission nicht erst für das missionarische Wirken des Paulus von Bedeutung war. Dies gilt auch für die Entstehung der christlichen Gemeinde in Rom, deren Zusammensetzung sicher von Anfang an mit bestimmt war von Nichtjuden aus dem Umfeld der Synagogen.[74]

Das heißt: Als Paulus seinen Brief an die Gemeinde in Rom schrieb, das dürfte in der zweiten Hälfte der 50er Jahre gewesen sein, da waren die Adressaten längst mit den Grundzügen des gesetzesfreien Evangeliums vertraut.

4.3 Die christliche Gemeinde in Rom, eine von Anfang an jüdisch-hellenistisch geprägte Gemeinde

Über die Entstehung der christlichen Gemeinde in Rom[75] haben wir keine Nachrichten. Sie ist sicher nicht das Ergebnis einer systematischen missionarischen Tätigkeit, sondern wie die meisten anderen entstanden durch die Verkündigung von Wandermissionaren, insofern vergleichbar mit dem späteren Wirken des Paulus. Auch wenn keine eindeutigen Belege vorliegen, so sind doch die meisten dieser Missionare als hellenistisch gebildet und theologisch den aus Jerusalem vertriebenen Hellenisten nahe stehend anzusehen. Ihr Programm ist bestimmt von der universalen Bestimmung der christlichen Heilsverkündigung. Diese ersten christlichen Missionare sind zum großen Teil – wie übrigens auch Paulus! – Judenchristen und deshalb ist der Anknüpfungspunkt, wie später bei Paulus, die jüdische Synagoge gewesen.[76]

Ein Hinweis auf die judenchristlich-hellenistische Prägung der römischen Gemeinde ist die vom römischen Geschichtsschreiber Sueton bezeugte Aktion des Kaisers Klaudius gegen Mitglieder der jüdischen bzw. (juden-)christlichen Gemeinden. Klaudius, schreibt Sueton Anfang des 2. Jh.s, „vertrieb die Juden aus Rom, weil sie unter ihrem Anführer Chrestus ununterbrochen Unruhe stifteten"[77]. Das Klaudiusedikt, am besten zu datieren auf das Ende der 40er Jahre, richtete sich wohl gegen führende Personen in den jüdischen Gemeinden. Dass davon auch Judenchristen betroffen waren, belegt die Notiz in Apg 18,1–3[78].

Die genannten Unruhen hatten ihren Grund mit ziemlicher Sicherheit in Auseinandersetzungen zwischen jüdischen bzw. der Synagoge nahe stehenden Jesusanhängern und nichtchristlichen Mitgliedern der jüdischen Gemeinden. Es ging dabei um die Frage nach dem Stellenwert der jüdischen Glaubenstradition im Kontext des Bekenntnisses zu Jesus als dem Messias und damit verknüpft um die Bedingungen einer Öffnung der Heilsverkündigung hin auf die Heiden.[79]

Im Grundsätzlichen ist die Situation vergleichbar mit der schon angesprochenen Auseinandersetzung in Jerusalem um die theologische Position der sog. Hellenisten um Stephanus, mit dem Unterschied, dass jetzt durch die Existenz von heidenchristlich dominierten Gemeinden die Frage nach möglichen Bedingungen für die Aufnahme von Nichtjuden in die christliche Gemeinde erledigt schien.

Die Auseinandersetzungen zwischen Juden und Juden- bzw. Heidenchristen in Rom sind m. E. nur verständlich, wenn wir die dortige Gemeinde von Beginn an als judenchristlich-hellenistisch geprägte Gemeinde sehen.[80]

Das berechtigt zu zwei wichtigen Folgerungen: (1) Wenn Paulus an die römische Gemeinde schreibt, um sie auf sein Kommen vorzubereiten, dann kann er dort das Wissen um die Grundzüge des gesetzesfreien Evangeliums, welches er im Brief ausführlich darstellt und begründet, voraussetzen. (2) Das Bildungsniveau der Gemeindemitglieder in Rom steht hinter dem des Paulus nicht zurück. Die Sorgen der Ausleger, ob die Gemeindemitglieder in Rom in der Lage waren, die differenzierte Argumentation des Apostels aus der Schrift zu verstehen, sind somit hinfällig.

Bei aller Anerkennung der Bedeutung der paulinischen Mission und v. a. auch seiner Briefe für die theologische Begründung und die inhaltliche Entfaltung des gesetzesfreien Evangeliums und damit für die weltweite Ausbreitung der christlichen Verkündigung darf nicht übersehen werden, dass der entscheidende Schritt, nämlich die Formulierung des christlichen Bekenntnisses als „für alle" gültige Heilsbotschaft, schon vor Paulus getan worden ist.

Die Bedeutung von Rom lag für Paulus v. a. auf dem missionsstrategischen Gebiet. In dieser Hinsicht trifft er sich mit dem Verfasser der Apg, der das Wirken des Völkerapostels ebenfalls, zwar erst am Ende, aber mit dem Ausblick auf eine für eine freie und ungehinderte Verkündigung des Evangeliums offene Zukunft hin, mit Rom verknüpft (vgl. Apg 28,16–31).[81]

Für Lk, der für heidenchristliche Gemeinden schreibt, ist aber auch die in dem zu Beginn zitierten Sendungswort gegebene Verknüpfung mit Jerusalem wichtig; auf diese Weise wird die heilsgeschichtlich unverzichtbare Bindung der Kirche an den Ursprung in Jerusalem festgehalten.[82]

5. Drei Schlussbemerkungen:

1. Die Verkündigung der Menschen in Jerusalem, die sich zum Messias Jesus bekannt haben, hat sich von Anfang an in einem Dialog bzw. auf der Grundlage hellenistischen Denkens vollzogen, was auch deshalb nicht als Widerspruch zur jüdischen Glaubenstradition gesehen werden muss, weil diese sich ebenfalls in einem über Jahrhunderte sich erstreckenden Prozess mit hellenistischem Denken auseinanderzusetzen hatte und in vielen Dingen davon befruchtet worden war.

Auf dieser Linie liegt dann auch die geradezu selbstverständliche Übernahme hellenistischer Vorgaben etwa im Bereich der Ethik, bereits bei Paulus breit bezeugt, verstärkt dann in den späteren Schriften (vgl. etwa Tugend- und Lasterkataloge; Haustafeln; die Oikonomik).

2. Im Unterschied zur Terminologie des Paulus – er spricht von Berufung – darf man den Begriff „Bekehrung" insofern verwenden, als die Christophanie ihn gleichsam dazu zwang, die bis dahin von ihm abgelehnte und bekämpfte Botschaft vom Handeln Gottes in Jesu Tod und Auferweckung zur Mitte seiner Verkündigung zu machen.

3. Die bis heute diskutierte und kontrovers beantwortete Frage, ob die Rechtfertigungstheologie des Paulus eine ad hoc, d. h. in der Auseinandersetzung mit gesetzesorientierten Judenchristen in den galatischen Gemeinden entwickelte theologische Position darstellt, also eine Art „Kampfeslehre" ist, muss mit einem eindeutigen Nein beantwortet werden.

Die Rechtfertigungstheologie ist nicht einmal erst von Paulus entwickelt worden; das von hellenistischen Judenchristen in Jerusalem formulierte Glaubensbekenntnis vom Handeln Gottes in Jesu Tod und Auferweckung enthält das Grundthema der Rechtfertigungsbotschaft, dass wir „als aus Glauben Gerechtfertigte Frieden haben mit Gott durch unseren Herrn Jesus Christus" (Röm 5,1).

Von Jerusalem nach Rom

Anmerkungen

[1] Im Unterschied zu den kurzen Hinweisen des Paulus in seinen Briefen auf die ihm widerfahrene „Offenbarung" des Sohnes Gottes und deren Interpretation als „Berufung" zur Verkündigung des Evangeliums an die Heiden (Gal 1,15 f.; vgl. auch 1 Kor 9,1; 15,8; Röm 1,1–7) hat die detailliert ausgeführte Erzählung vom Weg des Saulus/Paulus vom Christenverfolger zum Verkünder Jesu als „Sohn Gottes" in Apg 9 eher den Charakter einer Bekehrungsgeschichte, was sich besonders in der Begegnung mit Hananias und in der Taufe des Saulus/Paulus zeigt.

[2] In 2 Tim, dem stark persönlich geprägten „Brief" unter den pseudepigraphischen Pastoralbriefen, stellt sich „Paulus" durchgängig als Gefangener in Rom vor (2 Tim 1,8.11.16 f.; 2,9; 4,16 f.). Mit der negativen Kennzeichnung als „Babylon" hat die römische Hauptstadt Eingang gefunden in 1 Petr 5,13 und Offb 17,1–6.

[3] NEUNER, Peter, Die Hellenisierung des Christentums als Modell von Inkulturation, in: StZ 213 (1995), 363–376, hier 367.

[4] BÖHM, Thomas, Die Christologie des Arius. Dogmengeschichtliche Überlegungen unter besonderer Berücksichtigung der Hellenisierungsfrage (STG 7), St. Ottilien 1991, 22 f.

[5] Vgl. dazu u. a. BETZ, Hans Dieter, Art. Hellenismus, in: TRE 15 (1986) 19–35; ERRINGTON, Robert Malcolm, A History of the Hellenistic World 323–30 BC, Malden – Oxford 2008; GERBER, Jörg, Art. Hellenisierung I. Geschichte, in: DNP 5 (1998) 301–309; EDER, Walter, Art. Hellenismus, in: DNP 5 (1998) 312–314; GEHRKE, Hans-Joachim, Geschichte des Hellenismus (OGG 1A), 3. überarb. u. erw. Aufl., München 2003; HEINEN, Heinz, Geschichte des Hellenismus. Von Alexander bis Kleopatra, München 2003; Hellenismus. Beiträge zur Erforschung von Akkulturation und politischer Ordnung in den Staaten des hellenistischen Zeitalters. Akten des internationalen Hellenismus-Kolloquiums 9.–14. März 1994 in Berlin, hg. v. B. FUNCK, Tübingen 1996; HENGEL, Martin, Judentum und Hellenismus (WUNT 110), Tübingen ³1988; ders., Die Begegnung von Judentum und Hellenismus im Palästina der vorchristlichen Zeit, in: Ders., Judaica et Hellenistica. Kleine Schriften I, unter Mitarbeit v. R. DEINES u.a. (WUNT 90), Tübingen 1996, 151–170; Lexikon des Hellenismus, hg. v. H. H. SCHMITT u. E. VOGT, Wiesbaden 2005; MEISSNER, Burkhard, Hellenismus, Darmstadt 2007.

[6] R. M. ERRINGTON, History (Anm. 6) benutzt zwar auch die Begriffe „Hellenism" und „Hellenstic", doch s. E. ist diese Begrifflichkeit zurückzuführen „to a historical misconception". „Whatever the long-term importance of Droysen's observation of the later development in Jewish circles, it is a quite inadequate characteristic for defining the three centuries following the death of Alexander ... A much better and more accurate description of the period would be the ‚Macedonian Centuries', since all changes and developments in these years were directly conditioned by the Macedonian conquest of the Persian empire and its replacement by regional Macedonian monarchies"

(8; vgl. 1–9). Wie ERRINGTON deshalb „the post-Alexandrian Macedonian monarchies" zum Gegenstand seiner Untersuchung der „hellenistischen Welt" macht (ebd. 9), so will auch B. MEISSNER die Epoche des Hellenismus festlegen auf die Zeit nach Alexanders Tod (Hellenismus [s. Anm. 5], 3).

[7] H.-J. GEHRKE, Geschichte (Anm. 5), 3 f.; 133–135.

[8] Vgl. etwa die Einleitung „Hellenismus" zum Lexikon des Hellenismus (Anm. 5), 1–8, hier 3, mit der deutlichen Einschränkung, diese Fixierung auf das Jahr 30 sei „einigermaßen berechtigt", erweise sich aber „bei Einbeziehung aller Aspekte ... als ebenso einseitig wie alle Versuche, eine scharfe Epochengrenze zwischen Antike und Mittelalter zu bestimmen".

[9] HOHEISEL, Karl, Art. Hellenismus, in: LThK[3] 4 (1995) 1410.

[10] Vgl. J. GERBER, Art. Hellenisierung (Anm. 5), 301, der das Judentum zu den Gesellschaften zählt, „wo sich trotz umfangreicher H[ellenisierungs]-Prozesse die einheimische Identität in ungebrochener Traditionslinie behaupten konnte, zwar gewandelt, aber auch gestärkt".
TILLY, Michael, Einführung in die Septuaginta, Darmstadt 2005, 42 f., sieht bei den Juden sowohl im Mutterland als auch in der Diaspora je nach individuellem Standpunkt und persönlicher Lebenssituation unterschiedliche Empfindungen gegeben; ausgehend von der traditionellen Lebensgestaltung nach der Tora konnte die neue, dominierende Kultur der Umwelt „als Bedrohung, als Herausforderung oder als Bereicherung" empfunden werden. Doch auch für das antike Judentum gilt, dass sich „niemand auf Dauer der allgemeinen Hellenisierung der Sprache, der Lebensform, aber auch der Religion völlig entziehen (konnte)."

[11] Ausgehend von der Feststellung, dass die Begegnung zwischen Judentum und Hellenismus bereits im 4. Jahrh. v. Chr. einsetzte und „sämtliche Lebensbereiche, den profanen von Handel, Wirtschaft, Verwaltung und Militärwesen, den geistigen von Sprache und Bildung, wie auch den religiösen" umfasste, gibt M. HENGEL, Begegnung (Anm. 5), 169, zu bedenken, dass Theologen „immer in der Gefahr (sind), den letzteren Bereich isoliert untersuchen zu wollen. Der Historiker muß jedoch um der geschichtlichen Realitäten willen den Menschen in der Gesamtheit seiner Lebensbezüge zu erfassen suchen".

[12] HENGEL, Martin, Zum Problem der „Hellenisierung" Judäas, in: Ders., Judaica et Hellenistica. Kleine Schriften I, unter Mitarbeit v. R. DEINES (WUNT 90), Tübingen 2000 (= 1996), 1–90, hier 57.

[13] Zum Einfluss des Hellenismus auf das Judentum und auf Jerusalem im Besonderen vgl. u. a. BAKHOS, Carol (Hg.), Ancient Judaism in its Hellenistic Context (JSJ Suppl. 95), Leiden 2005; BRINGMANN, Klaus, Geschichte der Juden im Altertum. Vom babylonischen Exil bis zur arabischen Eroberung, Stuttgart 2005; FRANKEMÖLLE, Hubert, Frühjudentum und Urchristentum. Vorgeschichte – Verlauf – Auswirkungen (4. Jahrhundert v. Chr. bis 4. Jahrhundert n. Chr.) (Studienbücher Theologie 5), Stuttgart 2006; HAAG, Ernst, Das hellenistische Zeitalter. Israel und die Bibel im 4. bis 1. Jahrhundert v. Chr. (Biblische Enzyklopädie 9), Stuttgart 2003; HENGEL, Martin, Jerusalem als jüdische und hellenistische Stadt, in: Ders., Judaica, Hellenistica et

Christiana. Kleine Schriften II (WUNT 109), Tübingen 1999, 115–156; THOMPSON, T. L. (Hg.), Jerusalem in Ancient History and Tradition, London – New York 2003; KOVELMAN, Arkady, Between Alexandria and Jerusalem. The Dynamic of Jewish and Hellenistic Culture (BRLA 21), Leiden 2005; SASSE, Martin, Geschichte Israels in der Zeit des Zweiten Tempels. Historische Ereignisse – Archäologie – Sozialgeschichte – Religions- und Geistesgeschichte, Neukirchen-Vluyn 2004; SCHÄFER, Peter, Geschichte der Juden in der Antike. Die Juden Palästinas von Alexander dem Großen bis zur arabischen Eroberung, Stuttgart – Neukirchen-Vluyn 1983.

[14] KOLLMANN, Bernd, Einführung in die Neutestamentliche Zeitgeschichte, Darmstadt 2006, 27.

[15] M. HENGEL, Judentum und Hellenismus (Anm. 5), 10; vgl. auch 34; 36–38; 76–79 u. ö. Siehe auch ders., Das Gleichnis von den Weingärtnern Mk 12,1–12 im Lichte der Zenonpapyri und der rabbinischen Gleichnisse, in: ZNW 59 (1968) 1–39 (= Ders. / C.-J. THORTON [Hgg.], Jesus und die Evangelien. Kleine Schriften V, Tübingen 2007, 139–176. Zum Einfluss der „siegreichen" hellenistischen Kultur auf das Judentum in politisch-wirtschaftlicher Hinsicht und im Zeugnis der jüdischen Literatur aus hellenistisch-römischer Zeit vgl. KAISER, Otto, Zwischen Athen und Jerusalem. Studien zur griechischen und biblischen Theologie, ihrer Eigenart und ihrem Verhältnis (BZAW 320), Berlin 2003, 101–106 und 106–117; auch SALDARINI, Anthony J., rev. by LEVINE, Amy-Jill, Jewish Responses to Greek and Roman Cultures, 332 B.C.E. to 200 C.E., in: The Cambridge Companion to the Bible, hg. v. B. CHILTON u. a., sec. ed., Cambridge 2008, 327–480.

[16] GEHRKE, Hans-Joachim, Hellenismus (336–30 v. Chr.), in: Geschichte der Antike, hg. v. H.-J. GEHRKE u. H. SCHNEIDER, 2. erw. Aufl., Stuttgart – Weimar 2006, 195–259, hier 237. Vgl. auch M. HENGEL, Begegnung (Anm. 5), 163–165, der die Umwandlung des jüdischen Tempelstaates in eine „hellenistische Polis" auch von der „vermutlich den überwiegenden Teil der Aristokratie und Bürgerschaft umfassenden(n) Reformpartei" vorangetrieben sieht.

[17] Bereits die Namensänderung der beiden zeigt, dass sie sich der neuen hellenistischen Kultur gegenüber mehr als aufgeschlossen zeigten: Jason für Josua, Menelaos für Menahem (vgl. COLPE, Carsten / HANHART, Robert, Art. Juden, in: Lexikon des Hellenismus, hg. v. H. H. SCHMITT u. E. VOGT, Wiesbaden 2005, 485–504, hier 488).

[18] Vgl. BRINGMANN, Klaus, Hellenistische Reform und Religionsverfolgung in Judäa. Eine Untersuchung zur jüdisch-hellenistischen Geschichte (175–163 v. Chr.), Göttingen 1983, 67; mit ihm E. HAAG, Das hellenistische Zeitalter (Anm. 13), 57 f.

[19] Diese auf Ausweitung des Herrschaftsgebietes bedachte Herrschaft der Hasmonäer „became a Hellenistic monarchy, like many others in the eastern Mediterranean, competing for territory, revenues, and influence" (A. J. SALDARINI / A.-J. LEVINE, Responses [Anm. 15], 381).

[20] Vgl. GEHRKE, Hellenismus (Anm. 16), 205, der eine gewisse Ironie darin

sieht, dass gerade die Erfolge der Vertreter der Hasmonäerdynastie zu einer weiteren Hellenisierung beitrugen.

[21] GÜNTHER, Linda-Marie, Herodes der Große, Darmstadt 2005, 213 f.; vgl. 195–233: „Herodes – Jude oder Hellenist?". S. dazu auch STRANGE, John, Herod and Jerusalem: The Hellenization of an Oriental City, in: Jerusalem in Ancient History and Tradition (Anm. 13), 97–113.

[22] So etwa mit der Feststellung, dass „auch das palästinische Judentum – nach fast 400jähriger Auseinandersetzung – zur Zeit Jesu eine besondere Form des ‚hellenistischen Judentums' war" (M. HENGEL, Begegnung [Anm. 5], 170).

[23] H. FRANKEMÖLLE, Frühjudentum (Anm. 13), 106.

[24] Zu den Hellenisten vgl. u. a. H. FRANKEMÖLLE. Frühjudentum (Anm. 13) 240–262; KRAUS, Wolfgang, Zwischen Jerusalem und Antiochia. Die „Hellenisten", Paulus und die Aufnahme der Heiden in das endzeitliche Gottesvolk (SBS 179), Stuttgart 1999; SCHENKE, Ludger, Die Urgemeinde. Geschichtliche und theologische Entwicklung, Stuttgart 1990, 176–197; SCHNEEMELCHER, Wilhelm, Das Urchristentum (UTB 336), Stuttgart 1981, 100–108; THEISSEN, Gerd, Hellenisten und Hebräer (Apg 6,1–6). Gab es eine Spaltung der Urgemeinde?, in: Geschichte – Tradition – Reflexion. FS M. HENGEL, hg. v. H. CANCIK u. a., Bd. III. Frühes Christentum, hg. v. H. LICHTENBERGER, Tübingen 1996, 323–343; VOUGA, François, Geschichte des frühen Christentums (UTB 1733), Tübingen – Basel 1994, 40–46; ZELLER, Dieter, Die Entstehung des Christentums, in: Ders. (Hg.), Christentum I. Von den Anfängen bis zur Konstantinischen Wende, Stuttgart 2002, 15–123, hier 70–74.

[25] Es ist sicherlich nicht gerechtfertigt, von einer „Spaltung der Urgemeinde" in zwei „einander entgegengesetzte ‚Urgemeinden'" zu sprechen (mit G. THEISSEN, Hellenisten [Anm. 24], 325); doch die Konstituierung des Siebenerkreises neben dem Zwölferkreis belegt m. E. Spannungen in der Jerusalemer Gemeinde, die auch einen theologischen Hintergrund hatten.

[26] Vgl. W. SCHNEEMELCHER, Urchristentum (Anm. 24), 102.

[27] Vgl. WEISER, Alfons, Die Apostelgeschichte. Kap. 1–12 (ÖTK 5/1), Gütersloh – Würzburg 1981, 168.

[28] L. SCHENKE, Urgemeinde (Anm. 24), 57. Ähnlich sieht G. THEISSEN in den nach Jerusalem zurückgekehrten Diasporajuden und damit auch in ihren Witwen „relativ Bessergestellte" (Hellenisten [Anm. 24], 329 f.). Anders beurteilt A. WEISER, Apg I (Anm. 27), 169, die Situation: „Die sozialen Verhältnisse heimgekehrter Diasporajuden waren ungünstiger als die der Einheimischen. Es war für sie schwerer, Arbeit zu finden, sie hatten weniger Besitz und oft keine Stütze in einer Großfamilie; gerade ihre älteren und allein stehenden Frauen waren auf Fürsorge angewiesen."

[29] W. KRAUS, Zwischen Jerusalem (Anm. 24) 27 f., mit Verweis auf WALTER, Nikolaus, Apostelgeschichte 6,1 und die Urgemeinde in Jerusalem, in: Praeparatio Evangelica. Studien zur Umwelt, Exegese und Hermeneutik des Neuen Testaments, hg. v. W. KRAUS / F. WILK (WUNT 98), Tübingen 1997, 187–211.

[30] In der sehr eigenwilligen Rekonstruktion der historischen Entwicklung der

Jerusalemer Urgemeinde bei G. Theißen ist der im Siebenerkreis genannte Philippus „möglicherweise" bzw. „wahrscheinlich" identisch mit dem gleichnamigen Mitglied des Zwölferkreises und damit müsste er nach Theißen als „Hebräer" gelten (Hellenisten [s. Anm. 24], 331 f.).

[31] L. SCHENKE, Urgemeinde (Anm. 24), 194; so auch H. FRANKEMÖLLE, Frühjudentum (Anm. 24), 244.

[32] Vgl. L. SCHENKE, Urgemeinde (Anm. 24), 78; ähnlich D. ZELLER, Entstehung (Anm. 24), 71: „ein eigenes charismatisches Leitungsgremium".

[33] HENGEL, Martin, Zwischen Jesus und Paulus, in: Ders., Paulus und Jakobus. Kleine Schriften III (WUNT 141), Tübingen 2002, 1–67, hier 22.

[34] L. SCHENKE, Urgemeinde (Anm. 24), 179.

[35] L. SCHENKE, Urgemeinde (Anm. 24), 73; zustimmend zitiert von H. FRANKEMÖLLE, Frühjudentum (Anm. 24), 244.

[36] W. KRAUS, Zwischen Jerusalem (Anm. 24), 55; vgl. 55–58; 61–66; ähnlich W. SCHNEEMELCHER, Urchristentum (Anm. 24), 108.

[37] Im Anschluss an die Akzentsetzung von HENGEL, Martin, Der vorchristliche Paulus, in: Ders. / U. HECKEL (Hgg.), Paulus und das antike Judentum (WUNT 58), Tübingen 1991, 177–293.
Weitere Literatur (in Auswahl): GNILKA, Joachim, Paulus von Tarsus. Apostel und Zeuge (HThK Suppl. 6) Freiburg i. Br. 1996; HAACKER, Klaus, Paulus. Der Werdegang eines Apostels (SBS 171), Stuttgart 1997; HECKEL, Ulrich, Das Bild der Heiden und die Identität der Christen bei Paulus, in: R. FELDMEIER / U. HECKEL (Hgg.), Die Heiden. Juden, Christen und das Problem des Fremden (WUNT 70), Tübingen 1994, 269–296; HENGEL, Martin / SCHWEMER, Anna Maria, Paulus zwischen Damaskus und Antiochien. Die unbekannten Jahre des Apostels (WUNT 108), Tübingen 1998; LOHSE, Eduard, Paulus. Eine Biographie, München 1996; NIEBUHR, Karl-Wilhelm, Heidenapostel aus Israel. Die jüdische Identität des Paulus nach der Darstellung in seinen Briefen (WUNT 62), Tübingen 1992; Paulus und das antike Judentum, hg. v. M. HENGEL u. U. HECKEL (WUNT 58), Tübingen 1991; SCHNELLE, Udo, Paulus. Leben und Denken, Berlin 2003; TIWALD, Markus, Hebräer von Hebräern. Paulus auf dem Hintergrund frühjüdischer Argumentation und biblischer Interpretation (HBS 52), Freiburg i. Br. 2008; WISCHMEYER, Oda (Hg.), Paulus. Leben – Umwelt – Werk – Briefe (UTB 2767), Tübingen – Basel 2006.

[38] Vgl. M. HENGEL / A. M. SCHWEMER, Paulus zwischen Damaskus (Anm. 37), 9 f.: Die „Selbstaussagen der Briefe" sind „gewiss am wertvollsten, obwohl gerade sie, zumeist in kritische Situationen hinein gesprochen, alles andere als frei von persönlichen Tendenzen sind. Paulus berichtet in der Regel *cum ira et studio*".

[39] Zur „argumentative(n) Funktion" der autobiographischen Anmerkungen in Gal und Phil vgl. K.-W. NIEBUHR, Heidenapostel (Anm. 37), 4–111; auch K. HAACKER weist auf die „apologetische oder polemische Haupt- oder Nebenfunktion" dieser Texte hin (Paulus [s. Anm. 37], 13 f.).

[40] Zum „Pharisäer" Saulus/Paulus u. a. M. HENGEL, Der vorchristliche Pau-

lus (Anm. 37), 222–232; K.-W. NIEBUHR, Heidenapostel (Anm. 37), 48–66; K. HAACKER, Paulus (Anm. 37), 48–50; 60–71; M. TIWALD, Hebräer (Anm. 37), 42–49.

[41] Vgl. dazu U. SCHNELLE, Paulus (Anm. 37), 42–44.

[42] U. SCHNELLE, Paulus (Anm. 37), 43, mit Verweis auf den Geographen und Historiker Strabon.

[43] U. SCHNELLE, Paulus (Anm. 37), 48. Vgl. E. Lohse, Paulus (Anm. 37) 23: ein „geschulter Theologe".

[44] Vgl. dazu SCHMELLER, Thomas, Schulen im Neuen Testament? Zur Stellung des Urchristentums in der Bildungswelt seiner Zeit (HBS 30), Freiburg i. Br. 2001, 95–103; 102: „eine mittlere Bildung".

[45] Vgl. dazu etwa M. HENGEL, Der vorchristliche Paulus (Anm. 37), 103–130.

[46] Vgl. FREY, Jörg, Das Judentum des Paulus, in: O. WISCHMEYER, Paulus (Anm. 37), 5–43, hier 24: „Eine Ausbildung zum pharisäischen Schriftgelehrten konnte er nur im Mutterland erhalten."

[47] Vgl. U. SCHNELLE, Paulus (Anm. 37), 55.

[48] M. HENGEL, Der vorchristliche Paulus (Anm. 37), 156–184.

[49] So aber U. SCHNELLE, Paulus (Anm. 37), 74.

[50] Vgl. E. LOHSE, Paulus (Anm. 37), 52 f.

[51] RÄISÄNEN, Heikki, The ‚Hellenists': A Bridge Between Jesus and Paul?, in: Ders., Jesus, Paul and Torah (JSNT Supp. 43), Sheffield 1992, 149–202, hier 150.

[52] Zu den mit der Entstehung der Septuaginta zusammenhängenden Problemen und Fragen, zu Entstehungszeit, Bedingungen und Intentionen vgl. u. a. DE TROYER, Kristin, Die Septuaginta und die Endgestalt des Alten Testaments. Untersuchungen zur Entstehungsgeschichte alttestamentlicher Texte, übers. v. G. Schenke Robinson (UTB 2599), Göttingen 2005; HENGEL, Martin (unter Mitarbeit von Roland DEINES), Die Septuaginta als „christliche Schriftensammlung", ihre Vorgeschichte und das Problem ihres Kanons, in: Ders. / A. M. SCHWEMER (Hgg.), Die Septuaginta zwischen Judentum und Christentum (WUNT 72), Tübingen 1994, 182–284; MAIER, Johann, Studien zur jüdischen Bibel und ihrer Geschichte, Berlin 2004; SIEGERT, Folker, Zwischen Hebräischer Bibel und Altem Testament. Eine Einführung in die Septuaginta (MJSt 9), Münster 2001; M. TILLY, Einführung (Anm. 10).
Umfassend informieren über Entstehung, Bedeutung und theologische Grundfragen: FABRY, Heinz-Josef / OFFERHAUS, Ulrich (Hgg.), Im Brennpunkt: Die Septuaginta. Studien zur Entstehung und Bedeutung der Griechischen Bibel, Bd. 1 (BWANT 153), Stuttgart 2001; KREUZER, Siegfried / LESCH, Jürgen Peter (Hgg.), Im Brennpunkt: Die Septuaginta. Studien zur Entstehung und Bedeutung der Griechischen Bibel, Bd. 2 (BWANT 161), Stuttgart 2004; FABRY, Heinz-Josef / BÖHLER, Dieter (Hgg.), Im Brennpunkt: Die Septuaginta, Bd. 3: Studien zur Theologie, Anthropologie, Ekklesiologie, Eschatologie und Liturgie der Griechischen Bibel (BWANT 174), Stuttgart 2007.

Vgl. auch: Die Septuaginta – Texte, Kontexte, Lebenswelten, hg. v. M. KARRER u. W. KRAUS, unter Mitarbeit v. M. MEISER (WUNT 219), Tübingen 2008.

53 M. TILLY, Einführung (Anm. 10), 9.

54 Zu diesen Fragen – „quis? (wer?), quid? (was?), quomodo? (wie?), ubi? (wo?), quando? (wann?), cur? (warum?)" (K. DE TROYER, Septuaginta [s. Anm. 52], 9–25) – vgl. die „Einführungen" von F. SIEGERT, Zwischen (Anm. 52), und M. TILLY, Einführung (Anm. 10).

55 Die Bezeichnung „Septuaginta" (LXX) wurde erst von christlichen Autoren in Anknüpfung an den Aristeasbrief verwendet, und zwar für die griechische Übersetzung des ganzen AT; vgl. dazu M. HENGEL (R. DEINES), Septuaginta (Anm. 52), 71–80; WALTER, Nikolaus, Die griechische Übersetzung der „Schriften" Israels und die christliche „Septuaginta" als Forschungs- und als Übersetzungsgegenstand, in: H.-J. FABRY / U. OFFERHAUS (Hgg.), Im Brennpunkt: Die Septuaginta. Bd. 1 (Anm. 52), 71–96, hier 71–80.

56 Vgl. M. TILLY, Einführung (Anm. 10), 46: Das „Grunddokument der jüdischen Religion (musste) zur Überwindung der Sprachbarriere ins Griechische übersetzt werden", auch zur „Vergewisserung und Stabilisierung der kollektiven Identität der Diasporagemeinde".

57 So E. HAAG, Das hellenistische Zeitalter (Anm. 13), 109.

58 Vgl. M. TILLY, Einführung (Anm. 10), 48. Die genannten „innerjüdischen Notwendigkeiten" im privaten wie im gemeinde-öffentlichen Bereich, allgemein gesprochen „ein (mit der Synagoge verbundener) Schul- und Studienbetrieb", sind nach S. Kreuzer als Gründe für die Übersetzung zu bedenken: KREUZER, Siegfried, Entstehung und Publikation der Septuaginta im Horizont frühptolemäischer Bildungs- und Kulturpolitik, in: Ders. / J. P. LESCH (Hgg.), Im Brennpunkt: Die Septuaginta. Bd. 2 (Anm. 52), 61–75, hier 66 f.; 73.

59 Vgl. DE TROYER, Septuaginta (Anm. 52), 13. Im Einzelnen aufgeführt bei FABRY, Heinz-Josef, Die griechischen Handschriften vom Toten Meer, in: Ders. / U. OFFERHAUS (Hgg.), Im Brennpunkt: Die Septuaginta. Bd. 1 (Anm. 52), 131–153.

60 Vgl. zur Einführung und Übersetzung MEISNER, Norbert, Aristeasbrief, in: JSHRZ II/1, Gütersloh 1973, 35–85. S. auch die Analyse des Textes bei KOVELMAN, Arkady, Between Alexandria and Jerusalem. The Dynamic of Jewish and Hellenistic Culture, Leiden 2005, 101–134 („Theology and Pesher in the ‚Letter of Aristeas'").

61 Vgl. Arist 38, aus dem Brief des Königs Ptolemaios an den Hohepriester Eleazar in Jerusalem: „Da wir nun diesen [in Ägypten lebenden] und allen Juden in der Welt wie auch den späteren Generationen eine Gunst erweisen wollen, haben wir beschlossen, dass euer Gesetz aus dem bei euch gebräuchlichen Hebräisch ins Griechische übersetzt wird, damit sich auch dieses in unserer Bibliothek bei den anderen königlichen Büchern befindet."

62 Die Wirkungsgeschichte des Aristeasbriefes, nach SIEGERT, Zwischen (Anm. 52), 27, die „sicherlich wirkungsvollste Legende der westlichen Lite-

raturgeschichte", zeigt sich einmal in der Rezeption bei PHILO (VitMos II 35–40) und FL. JOSEPHUS (Ant XII 2), außerdem in der apologetisch-polemischen Verwendung bei christlichen Autoren, etwa bei JUSTIN (Dial 120,4; 124,3; 131,1; 137,3) und AUGUSTINUS (Civ 18,42–44). Dazu u. a. M. HENGEL (R. DEINES), Septuaginta (Anm. 52), 212–216.

[63] Vgl. TILLY, Einführung (Anm. 10), 29. Vgl. auch GRUEN, Erich S., The Letter of Aristeas and the Cultural Context of the Septuagint, in: Die Septuaginta (Anm. 52), 134–156: In der Übersetzung der Tora ins Griechische dokumentiere das Judentum mit Stolz und Selbstbewusstsein seinen kulturellen Anspruch in der mediterranen Welt. Und Arist, „that quintessential text of Jewish Hellenism, testifies most eloquently to the appropriation of Hellenistic culture to express the preeminence of Jewish values" (143; 155 f.).

[64] FRANKEMÖLLE, Frühjudentum (Anm. 13), 73, spricht von „positive(r) Duldung" bzw. einem „wohlwollenden Interesse" seitens der ptolemäischen Könige, welches sich in einer aktiven Förderung des Unternehmens aus bildungs- und kulturpolitischen Interessen niederschlug; ähnlich S. KREUZER, Entstehung (Anm. 58), 68–70. Positiv urteilt auch RAJAK, Tessa, Translating the Septuagint for Ptolemy's Library: Myth and History, in: Die Septuaginta (Anm. 52), 176–193, hier 192: „There was good reason for Ptolemy to have had some interest in a translation of the Hebrew Bible, and benefit to be derived from patronizing it."

[65] FRANKEMÖLLE, Frühjudentum (Anm. 13), 74.

[66] Vgl. M. TILLY, Einführung (Anm. 10), 41; KREUZER, Siegfried, Die Septuaginta im Kontext alexandrinischer Kultur und Bildung, in: H.-J. FABRY / D. BÖHLER (Hgg.), Im Brennpunkt: Die Septuaginta. Bd. 3 (Anm. 52), 28–56. R. Hanhart nennt als die „drei Intentionen" der Übersetzung „Bewahrung, Aktualisierung und Interpretation" (HANHART, Robert, Die Bedeutung der Septuaginta für die Definition des „hellenistischen Judentums", in: Ders., Studien zur Septuaginta und zum hellenistischen Judentum, hg. v. R. G. KRATZ [FAT 24], Tübingen 1999, 67–79, bes. 70–77). N. WALTER, Übersetzung (Anm. 55), 88–92, gebraucht in dem Zusammenhang den Begriff „Septuaginta-Frömmigkeit", die zum einen bestimmt sei von einer „Frömmigkeit", die sich „in allen aufweisbaren Akzentverschiebungen der griechischen gegenüber der hebräischen Bibel" niedergeschlagen habe, und die zum anderen als eine auf der LXX beruhende und von ihr aus sich entwickelnde „Frömmigkeit und Theologie" zu begreifen sei, die sich rund um das Mittelmeer seit etwa 200 v. Chr. bis in die neutestamentliche Zeit entwickelt habe.

[67] Vgl. SIEGERT, Folker, Art. Gottesfürchtige, in: NBL I (1991) 931 f. Vgl. dazu auch M. HENGEL / A. M. SCHWEMER, Paulus zwischen Damaskus (Anm. 37), 80–132; LAMPE, Peter, Die stadtrömischen Christen in den ersten beiden Jahrhunderten. Untersuchungen zur Sozialgeschichte (WUNT II/18), Tübingen ²1989, 53–65; SÄNGER, Dieter, Heiden – Juden – Christen. Erwägungen zu einem Aspekt frühchristlicher Missionsgeschichte, in: ZNW 89 (1998) 145–172; TREBILCO, Paul R., Jewish Communities in Asia Minor (MSSNTS 69), Cambridge 1991, 145–166; WANDER, Bernd, Gottesfürchtige

und Sympathisanten. Studien zum heidnischen Umfeld von Diasporasynagogen (WUNT 104), Tübingen 1998; ders., Gottesfürchtige und Proselyten, in: Neues Testament und antike Kultur. Bd. 3, Neukirchen-Vluyn 2005, 50–52.

[68] Vgl. zu diesen Belegen und der Diskussion um ihren historischen Gehalt B. Wander, Gottesfürchtige und Sympathisanten (Anm. 67), 180–203, der hier eine „Gratwanderung" zwischen historischer Information und Werben für eine bestimmte Lebensform sieht; ähnlich ist die Problemstellung bei GEHRING, Roger G., Hausgemeinde und Mission. Die Bedeutung antiker Häuser und Hausgemeinschaften – von Jesus zu Paulus (BWM 9), Gießen 2000, 224–250.

[69] Eine ausführliche Darstellung der Belege und deren Auswertung bei B. WANDER, Gottesfürchtige und Sympathisanten (Anm. 67), 138–179.

[70] B. WANDER, Gottesfürchtige und Proselyten (Anm. 67), 50–52. Die einschlägigen Inschriften in Kleinasien sind nach Überzeugung von P. R. TREBILCO, Jewish Communities (Anm. 67), 166, Beleg dafür, „that there were a significant number of God-worshippers in at least some of the synagogues in Asia Minor in the first four centuries CE".

[71] Vgl. B. WANDER, Gottesfürchtige und Sympathisanten (Anm. 67), 32 f.; M. HENGEL / A. M. Schwemer, Paulus zwischen Damaskus (Anm. 37), 129–132.

[72] B. WANDER, Gottesfürchtige und Sympathisanten (Anm. 67), 30 f., unterscheidet im Umfeld vier Gruppen: „a) am Judentum interessierte Heiden im generellen Sinn, hier Sympathisanten genannt, b) Nachahmer jüdischer Bräuche, c) Gottesfürchtige, d) Proselyten, wobei letztere … de iure auf die Seite der Synagogen gehören …"; die Grenzen v. a. zwischen „Gottesfürchtigen" und „Sympathisanten" sind aber auch nach Wander fließend. Zu den sozial, politisch, territorial und individuell bedingten unterschiedlichen Formen der Zuwendung von Nichtjuden zum jüdischen Glauben und zur jüdisch bestimmten Lebenspraxis M. HENGEL / A. M. SCHWEMER, Paulus zwischen Damaskus (Anm. 37), 101–119.

[73] Vgl. U. HECKEL, Bild (Anm. 37), 293: „Diese Gottesfürchtigen dürften die ideale Zielgruppe für die ‚Heiden'-Mission des Apostels gewesen sein, da er ihnen einerseits mit vielen für sie attraktiven Zügen der jüdischen Religion entgegenkam, andererseits aber zugleich – und das war entscheidend – nicht mehr den letzten Schritt des Übertritts zum Judentum verlangte …"

[74] D. SÄNGER, Heiden (Anm. 67), 154 f., will im Unterschied zu den „synagogal eingebundenen ‚Gottesfürchtigen'" eine Form von „frei vagabundierender Sympathisantenschaft mit dem Judentum" favorisieren, von der „Paulus und vielleicht (!) auch schon andere vor ihm" profitiert haben. Abgesehen davon, dass hier keine Alternativen zu sehen sind, überrascht die einseitige Konzentration auf Paulus (verbunden mit Kritik an der Darstellung der Apg), der etwa mit der Entstehung der christlichen Gemeinde in Rom absolut nichts zu tun hatte, auch nicht „nur cum grano salis" (170).

[75] Vgl. dazu LAMPE, Peter, Die stadtrömischen Christen in den ersten beiden

Jahrhunderten. Untersuchungen zur Sozialgeschichte (WUNT II/18), Tübingen ²1989.

[76] Für die christliche Gemeinde in Rom gilt, was U. HECKEL, Bild (Anm. 37), 293, schon für die in Korinth voraussetzt, dass man angesichts der zahlreichen alttestamentlichen Zitate und Traditionen an „diese Art von ‚Heiden'" zu denken habe, nämlich an die im Umfeld der Synagogen angesiedelten „Gottesfürchtigen". Zur römischen Gemeinde auch ZELLER, Dieter, Der Brief an die Römer, Regensburg 1985, 11 f.: „Die gute Kenntnis des AT ... legt die Folgerung nahe, dass die meisten schon früher als ‚Gottesfürchtige' dem Judentum zugetan waren."

[77] Sueton (* 70 n. Chr.), De vita Caesarum, Claud. 25,4 „(Claudius) Judaeos impulsore Chresto assidue tumultuantes Roma expulit". Zu den mit dem Klaudius-Edikt verbundenen Fragen vgl. etwa RIESNER, Rainer, Die Frühzeit des Apostels Paulus. Studien zur Chronologie, Missionsstrategie und Theologie (WUNT 71), Tübingen 1994, 139–180.

[78] „Hierauf verließ Paulus Athen und ging nach Korinth. Dort traf er einen aus Pontus stammenden Juden namens Aquila, der vor kurzem aus Italien gekommen war, und dessen Frau Priszilla. Klaudius hatte nämlich angeordnet, dass alle Juden Rom verlassen müssten. Diesen beiden schloss er sich an, und da sie das gleiche Handwerk betrieben, blieb er bei ihnen und arbeitete dort. Sie waren Zeltmacher von Beruf."

[79] Vgl. ALVAREZ CINEIRA, David, Die Religionspolitik des Kaisers Claudius und die paulinische Mission (HBS 19), Freiburg i. Br. 1999, 205 f. (vgl. 201–216): Gründe für die innerjüdische Auseinandersetzung waren „die neue Glaubenslehre" und „die Missionserfolge der Christen unter den Gottesfürchtigen".

[80] E. LOHSE, Der Brief an die Römer (KeK 4), Göttingen 2003, 39, sieht als Ergebnis des Klaudiusediktes eine Schwächung, ja möglicherweise eine Beseitigung des judenchristlichen Elementes der römischen Gemeinde, und dadurch wurden die „vornehmlich aus Kreisens sog. Gottesfürchtiger" kommenden Heidenchristen, die auch „einige Kenntnis der heiligen Schriften und ihrer maßgeblichen Auslegung (besaßen)", bestimmend; mit der Zughörigkeit dieser gottesfürchtigen Heiden zur Gemeinde ist dann aber schon in früher Zeit, ja von Anfang an zu rechnen (so auch P. LAMPE, Christen [s. Anm. 75], 53–63).

[81] Mit dem Missionsauftrag des Auferstandenen in 1,8 ist nicht nur eine „geographische Gliederung" gegeben (vgl. BROER, Ingo, Einleitung in das Neue Testament. Bd. I. Die synoptischen Evangelien, die Apostelgeschichte und die johanneische Literatur, Würzburg 2006, 150–177, hier 150), sondern auch ein „theologisches Programm", welches „mit der Ankunft des Heidenapostels in Rom ... theologisch eingelöst (ist)" (SCHMIDT, Karl Matthias, Abkehr von der Rückkehr: Aufbau und Theologie der Apostelgeschichte im Kontext des lukanischen Diasporaverständnisses, in: NTS 53 [2007] 406–424, hier 411.423).

[82] I. BROER, Einleitung (Anm. 81), 150, spricht von einer „zentralen Jerusalemperspektive des Autors".

Glaube und Inkulturation
Gab es einen „Zwang" zur Heterodoxie in der Spätantike?

Thomas Böhm

1. Einleitung

Mit dem Schritt der Christen, sich über den jüdischen Bereich hinaus zu engagieren und ihren Glauben an den auferstandenen Herrn zu bekennen, ist zugleich die Frage virulent, wie die Christen in neuen Kontexten ihren Glauben konzeptionell darstellten. Dies wurde in der Forschung seit langer Zeit mit dem Begriff der Hellenisierung umschrieben,[1] wiewohl dieser Begriff, wie Lorenz Oberlinner gezeigt hat, nicht allein auf die nachapostolische Zeit anzuwenden ist.[2] Die Fragestellung bezieht sich auch nicht allein darauf, ob das ursprüngliche religiöse Leben durch abstrakte Wahrheiten oder Dogmen ersetzt wurde, wie dies etwa Emil Brunner zu zeigen versuchte,[3] sondern darauf, ob die Hellenisierung als Inkulturation in neue lebensweltliche Konzepte angesehen werden kann.[4] Das Ziel der Theologen in der Frühen Kirche bestand vor allem darin, plausibel aufzeigen zu können, wieso diejenigen, die an Jesus als den Christus glauben, auch erlöst werden können. Dieses soteriologische Motiv, gepaart mit einem universalen Wahrheitsanspruch, stand dabei im 2. Jh. vor allem unter der Maßgabe, die „die Bibel" der Christen – und das heißt auch das Alte Testament – lieferte: Wir glauben an den *einen* Gott und zugleich nehmen wir, wie es bei Baruch 3,36 und 38 heißt, an: „Das ist unser Gott; kein anderer gilt neben ihm. (…) Danach erschien er auf der Erde und wandelte unter den Menschen."[5]

Gerade diese Weisheitsspekulation[6] wurde von den Theologen genutzt, um im paganen Umfeld deutlich machen zu können, dass in Jesus Christus der eine wahre Gott erschienen ist.[7] In der Konkurrenz zu philosophischen Strömungen der Spätantike versuchten die maßgeblichen Theologen der damaligen Zeit mit dem Instrumentarium der Philosophie – kontextgebunden – einen Entwurf vorzulegen, der es gestattete, als Mitstreiter im Ensemble spätantiker Lebensformen zu gelten.[8] Dies bedingte jedoch, dass nun unter der Voraussetzung philosophischer Konzeptionen die Schrift einer *relecture* unterzogen wurde.[9] Neue Kontexte erforderten dem entsprechend auch neue Lösungen. Der Dogmatiker Peter Neuner schreibt deshalb: „Die Hellenisierung des Christentums zeigt, dass die Botschaft tatsächlich neu gesagt wurde, dass Antworten formuliert wurden auf Fragen, die das Neue Testament noch nicht kannte."[10] Dies könne, so Peter Neuner, nicht etwa als ein organischer Prozess begriffen werden vom bezeugten Christus zu den dogmatischen Formulierungen, weder durch die Unterscheidung von Inhalt und Form noch durch die Differenzierung von implizit und explizit, sondern allein „durch die Korrelation von überkommener Glaubenslehre und neuer Fragestellung"[11]. So zutreffend diese Bestimmung sein mag, so ist doch zu fragen, ob nicht – mit Peter L. Berger – alle Modelle letzten Endes versagen: „Es gibt kein allumfassendes, endgültiges, nicht zu erschütterndes Gedankensystem"[12]. Wenn dem so sein sollte, stellt sich aber die Frage, wie dann mit der altkirchlichen Entscheidung von Chalcedon (451) umzugehen ist, die besagt, dass die vorherigen Konzilien definitiv nicht zu ändern seien, und zwar weder im Inhalt noch in der Formulierung.[13] Die Lage spitzt sich dabei insofern noch zu, als in nachkonstantinischer Zeit im 4. Jh., vor allem seit Kaiser Theodosius d. Gr., die Reichsidee mit der Einheit der Religion verbunden wird, d.h. im Grunde genommen mit der altrömischen Vorstellung, dass der Erhalt des Reiches durch die Einheit des Staatskultes garantiert werden solle.[14] Dies ist insofern von Bedeutung, als nun der Kaiser die Konzilien einberuft und sie promulgiert. Dogmatische Entscheidungen, für die altkirchlich neben kaiserlicher Einberufung und Promulgation die Rezeption entscheidend ist, sind von da an justiziabel.[15] Derjenige, der den Konzilsentscheidungen zuwiderläuft oder anders denkt, wird als Häretiker oder Heterodoxer verurteilt und verdammt.[16]

In den folgenden Ausführungen werde ich in einem ersten Schritt zeigen, wie im 2. Jh. die philosophische Gotteslehre durch die Gnostiker im Christentum etabliert und von ihren Gegnern rezipiert wurde. Von da an ist die Vorstellung eines unwandelbaren Gottes in der christlichen Gotteslehre verankert.[17] In einem zweiten

Schritt soll gezeigt werden, dass bei der Dogmenbildung Verformungen der gegnerischen Position maßgeblich waren. Dies geschieht anhand der Auseinandersetzung mit der arianischen Theologie. Und schließlich wird in einem dritten Schritt darauf verwiesen, dass Theologen aufgrund machtpolitischer Konstellationen zu Häretikern abgestempelt wurden. Dies lässt sich exemplarisch an den Konflikten um die Person des Nestorius festmachen.

2. Die Aufnahme des philosophischen Gottesbegriffes bei den Gnostikern

Unter der Vielfalt gnostischer Systeme, mit denen man seit den Funden aus Nag Hamadi und z. B. Medinet Madi genauer vertraut ist,[18] lässt sich etwa in einer Richtung der valentinianischen Gnosis (Ptolemäer) aufzeigen, wie in einem mythologischen System, das uns Irenäus von Lyon überliefert,[19] die philosophische Gotteslehre aufgenommen wird.[20] Der ptolemäische bzw. valentinianische Mythos stellt im Kern eine Vor- und Nachgeschichte zu den biblischen Schöpfungs- und Erlösungserzählungen dar. Diesem System zufolge heißt der oberste Gott *Propator* (Vorvater) oder *Bythos* (Abgrund oder Tiefe)[21], wodurch deutlich gemacht werden soll, dass der oberste Gott aufgrund seiner Einheit unerforschlich und unbegreiflich ist, weil das Eine selbst, insofern es an und für sich betrachtet wird, durch unsere menschliche, durch Differenz bestimmte Sprache nicht fassbar ist.[22] Dies ergibt sich im Gefolge einer prinzipientheoretischen Deutung der ersten Hypothesis des platonischen *Parmenides*.[23] Wenn nämlich *Eines* ist, ist es nicht bestimmbar und aussagbar. Folglich kann dieser jenseitige Gott, sofern er in einer relationslosen Einheit begriffen wird, weder durch unser Denken noch durch unsere Sprache erreicht werden.[24] In eine erkenntnismäßige Relation zu diesem jenseitigen Gott kann der Mensch nur durch die Offenbarung einer Erlösergestalt gelangen, die den Gnostikern Folgendes zu erkennen gibt: „Wer sind wir? Was sind wir geworden? Wo sind wir? Wohin sind wir geworfen worden?"[25] Auf die Forderung des delphischen Spruchs: „Erkenne dich selbst!"[26] antwortet ein Gnostiker sinngemäß: Ich erkenne, dass die Bestimmung des Menschen – und das heißt hier: des auserwählten Gnostikers – darin besteht, dass er selbst Seele oder Geist ist.

Diese Erkenntnismöglichkeit erreicht der Gnostiker allerdings nicht von sich selbst aus, sondern durch eine von außen her erscheinende Erlösergestalt. Nach platonischem Vorbild treten aus dem jenseitigen Gott göttliche Ewigkeiten *(Äonen)* hervor, Teilaspekte Gottes, die zusammen die Fülle *(Pleroma)* Gottes bilden.[27] Im valentinianischen System ist vor allem die Aufspaltung der Gestalt Jesu Christi auffällig: Aus dem Vater geht der Erstgeborene hervor (Joh. 1,14.18). Nach dem Fall der Weisheit *(Sophia)* wird die Fülle der göttlichen Ewigkeiten abgeschlossen durch eine Christus genannte Ewigkeit, die vom Erstgeborenen hervorgeht, sowie der *Paraklet* oder Erlöser, eine Figur, die auf die Welt gesandt wird.[28] Dabei ist vor allem auffällig, dass die geistige Erlösergestalt Prädikate erhält, die aus der philosophischen Gotteslehre stammen: „Der Christos hat sie nämlich belehrt, daß es für sie wichtig sei zu wissen, daß die paarweise Vereinigung (Syzygie) ihrem Wesen nach das Begreifen des Ungezeugten (Vaters) sei; und er hat unter ihnen die Gnosis (Erkenntnis) des Vaters bekannt gemacht, und daß er *unfaßbar* und *unbegreiflich* und weder *sichtbar* noch *hörbar* ist außer einzig durch den Monogenes."[29] Um nun das Erlösungsgeschehen durchzuführen, begibt sich der *Soter* (Retter) in die Welt bzw. Materie, zunächst vom psychischen Christus überkleidet, schließlich in der Heilsordnung, der *Oikonomia*, mit einem Leib umgeben – so gestaltet, dass er sichtbar, betastbar und leidensfähig war.[30]

Was in dem valentinianischen Mythos erreicht werden soll, ist offensichtlich zunächst, dass das Unfassbare, Unbegreifliche etc. mit dem Christos assoziiert bleibt, während das Sichtbare, Betastbare usw. in Verbindung mit dem Leib gesehen wird. Das Fassbare steht nun aller Wahrscheinlichkeit nach in Verbindung zum Sohn.[31] Die Diskrepanz oder – genauer – die Dissoziierung zwischen Christus und dem Sohn (wohl Jesus) bedingt zum einen, dass die Rettung durch das Pneumatische durchgeführt wird (Christus), zum anderen, dass das Leibhafte (der Sohn) im Erlösungsgeschehen ohne Bedeutung bleibt. Dies erfordert aber zugleich, dass im Blick auf das, was erlöst werden soll, das Materielle bzw. der Leib keinerlei Funktion erhält: „Materielles nahm er (sc. Christus) überhaupt nicht an, sagen sie, denn die Materie ist für das Heil unempfänglich."[32] Nach der Offenbarung, dass der Gnostiker in seinem Selbst wesentlich pneumatisch bestimmt ist und sich dem entsprechend von der körperlichen Hülle befreien muss, um in das *Pleroma* zu gelangen, indem der Gnostiker zur reinen Einsicht gelangt,[33] kehrt der geistige Christus zurück in die jenseitige Welt.[34] Dadurch ist es dem Gnostiker möglich, sich auch selbst von den materiellen, vielheitlichen Strukturen des Bösen, nämlich der Welt, zu befreien und sich dem Göttlichen anzugleichen,[35] d. h. pneumatischer Mensch zu werden in der vollkommenen Gnosis über Gott.[36]

Entscheidend ist an dem Erlösermythos, dass die irdische Gestalt, der Sohn, im Erlösungsprozess selbst keine Rolle spielt und dass diese Figur mit Prädikaten ausgestattet wird, die im Gegensatz zu den Aussagen stehen, die über die pneumatische Erlösergestalt gemacht werden.[37] Die irdische Gestalt ist nämlich geworden, sie leidet, stirbt und ist greifbar. Dadurch wird eine Diastase zwischen dem geistigen Erlöser (Christus) und der irdischen Hülle (gemeint ist Jesus) postuliert. Indem die pneumatische Erlösergestalt von den Gnostikern mit Prädikaten versehen wurde, die aus der philosophischen Gotteslehre stammen, um so zu garantieren, dass sich im Erlösungsprozess das geistige Element aus dem Bereich des Leiblichen befreien kann, um zu sich selbst und damit zum Pleroma, zu Gott, zu gelangen, ist über die philosophischen Bestimmungen zugleich eine Abwertung der irdischen Erscheinungsweise gegeben. Der Sohn ist mit den ihm eigenen Merkmalen – aus der Sicht der Großkirche – bis zu einer Stufe degradiert, in der ihm jegliche Beteiligung am Erlösungsprozess abgesprochen werden muss, weil er sichtbar und greifbar ist, gelitten hat und gestorben ist. Der Tod Jesu ist somit belanglos. Erlöser *versus* Sohn lautet das Motto. Und genau hier lag für die sogenannte Großkirche die entscheidende Herausforderung.

Der geschilderte valentinianische Erlösermythos bildete in der zweiten Hälfte des 2. Jh.s den Anlass dafür, dass in der Großkirche eine Glaubensregel entwickelt wurde, die vor allem in Kleinasien ihren Ort hat. Reinhard M. Hübner hat in zahlreichen Beiträgen plausibel nachgewiesen, dass diese Glaubensregel zum einen in Abgrenzung zur valentinianischen Gnosis bei Noët von Smyrna entstanden ist und dass zum anderen diese als monarchianisch einzustufende Lehre maßgeblich für zahlreiche Theologen des ausgehenden zweiten und beginnenden 3. Jh.s war.[38] Die von Noët entwickelte Glaubenslehre zeichnet sich dadurch aus, dass einerseits der Monotheismus gewahrt bleibt, indem Vater und Sohn identifiziert werden, und andererseits in der Figur Jesus Christus die beiden Aussagenreihen des valentinianischen Mythos über Christus und den Sohn in einem antithetischen Schema zusammengeführt werden.

So schreibt Hippolyt von Rom in seiner Refutatio X 27,2 etwa:

> „Ein und derselbe Gott sei aller Dinge Schöpfer und Vater.
> Als es ihm gefiel, sei er den Gerechten der alten Zeit erschienen (…)
> obwohl er unsichtbar (…) ist;
> wenn er nämlich nicht gesehen wird, ist er unsichtbar (…),
> ⟨wenn er aber gesehen wird, ist er sichtbar (…)⟩;
> er ist unfaßbar (…), wenn er nicht gefaßt werden will; faßbar
> (…) aber, wenn er gefaßt wird;
> so ist er im selben Sinne
> ungreifbar und greifbar (…),
> unerzeugt ⟨und gezeugt⟩ (…),
> unsterblich und sterblich (…)."[39]

Neu ist an dieser Glaubensformel bzw. der *regula fidei*, dass nun ein Maßstab erarbeitet ist, der es erlaubt, diejenigen, die davon abweichen, auszugrenzen. Der Glaubensregel des Noët liegt der philosophische Gottesbegriff zugrunde, der antithetisch um die biblischen Heilstaten ergänzt ist. Diese Glaubensregel entstammt einer polemischen Situation, in der versucht wird, gerade die Konsequenzen, die im valentinianischen System gezogen wurden, zu vermeiden, d.h. die Aufspaltung von Erlöser und Jesus zu überwinden.[40] Dies gelingt Noët nur insofern, als der Unsichtbare im Sichtbaren erscheint, womit Noët von Smyrna auf Bar 3,36–38 rekurriert und dies monarchianisch interpretiert.[41]

Diese antignostische Glaubensregel stellte zunächst den maßgeblichen Entwurf am Ende des 2. Jh.s dar,[42] dessen Nachwirkungen noch im 5. Jh. bei Leo dem Gr. zu finden sind.[43] Entscheidend ist nun, dass vor allem durch die sogenannten *Ignatianischen* Briefe, die vermutlich erst nach 160 anzusetzen sind,[44] eine Verbindung der wahren Lehre zu dem einen Bischof hergestellt wird, der als

Repräsentant Gottes auf Erden über die Einhaltung der richtigen Lehre wacht. Gebunden ist die *regula fidei* nun ausschließlich an das „Amt" und seit Ende des 2. Jh.s bei Irenäus von Lyon an eine Sukzessionskette, was von Irenäus exemplarisch für die Bischöfe von Rom ausgeführt wird.[45] Durch Ordination und eine lückenlose Sukzession, angefangen von Petrus und Paulus bis hin zum römischen Bischof zur Zeit des Irenäus, wird die *regula fidei* in der auf den Aposteln gegründeten Kirche garantiert.[46] Wer davon abweicht, gilt nun als heterodox. Diese Sukzessionskette, die Irenäus von Hegesipp übernommen haben dürfte,[47] die dieser jedoch seiner Funktion nach abänderte,[48] spiegelt aber keinesfalls die historische Entwicklung wider, weil sich aus den römischen Quellen, etwa dem ersten Clemensbrief oder dem Hirten des Hermas, zeigen lässt, dass in Rom selbst bis zur Mitte des 2. Jh.s Kollegialorgane maßgeblich waren.[49] Entscheidend ist vielmehr, dass sich am Ende des 2. Jhs mit der Entwicklung der *regula fidei* ein Instrument etabliert hat, das als Kriterium dafür diente, ob jemand einer Gemeinde oder Kirche angehört oder nicht.[50] Diese Glaubensregel hat jedoch den Preis, dass nun die antike metaphysische Gotteslehre einen unaufgebbaren Bestandteil des Christentums bildete, der dann schließlich seit Ende des 4. Jh.s durch das Edikt *Cunctos populos* bzw. dem Häretikergesetz von Kaiser Theodosius I. rechtlich verbindlich wurde.[51] Ein Häretiker war dann in der Folgezeit vom Staat durch ein Justizurteil zu verfolgen, wenn er von den dogmatischen Entscheidungen eines Konzils abwich, allerdings jetzt in der „neunizänischen" Form.[52]

4. Heterodox durch Verzeichnung: Der Fall Arius

Von den Werken des Arius sind nur geringfügige Spuren erhalten geblieben: Ein Brief an Eusebius von Nikomedien (Urk. 1 = Dok. 15)[53], eine theologische Erklärung des Arius und weiterer alexandrinischer Kleriker an den Bischof Alexander von Alexandrien (Urk. 6 = Dok. 1)[54] sowie ein Bekenntnis des Arius und Euzoius an Kaiser Konstantin nach dem Konzil von Nizäa (Urk. 30 = Dok 34)[55]. Und schließlich hat Athanasius Fragmente einer Thalia (Bankett) in Form eines Akrostichons überliefert, bei dem es sich jedoch zum Teil um ein polemisches Referat handelt.[56] In der jüngeren Forschung setzte sich auch die Meinung durch, dass man Arius zunächst aus seinen eigenen, wenn auch spärlich überlieferten Zeugnissen interpretieren müsse,[57] was hier anhand des Glaubensbekenntnisses an Alexander von Alexandrien (Urk. 6 = Dok. 1) geschieht,[58] eines Textes, der nach den jüngsten Überlegungen zur Chronologie in die Anfangsphase des arianischen Streites gehört und somit die ursprüngliche, genuine Ansicht des Arius widerspiegelt. In dieser theologischen Erklärung sind zwei Aussagenreihen deutlich, die sich zum einen auf Gott, zum anderen auf den Sohn beziehen:[59]

> Wir kennen *einen* Gott (z. B. Mk 10, 18)
> > allein ungeworden (vgl. Joh 1, 13 f.: der Sohn als *einzig*-gezeugt)
> > allein ewig, allein anfanglos[60]
> > allein wahrhaftig (Joh 17, 3; vgl. Ex 33, 6)
> > allein im Besitz der Unsterblichkeit (1 Tim 6, 16)
> > allein weise (Röm 16, 27)
> > allein gut (Mk 10, 18)
> > allein Herrscher (1 Tim 6, 15)
> > Richter aller Dinge (vgl. Röm 2, 16), Ordner und Verwalter (vgl. Weish 15, 1 und Jes 22, 19)
> > unveränderlich und unwandelbar (Mal 3, 6)
> > gerecht (Joh 17, 15) und gut (Mk 10, 18).
>
> Im Gegensatz dazu ist der eingeborene (Joh 1, 14) Sohn erzeugt
> > vor ewigen Zeiten[61] (Kol 1, 17; Hebr 1, 2; Prov. 8,23);
> > durch ihn sind die Zeiten (Äonen) und das All geschaffen (Joh 1, 3.10; 1 Kor 8, 6)
> > durch den Willen (Gottes) ins Dasein gerufen,
> > unveränderlich und unwandelbar (vgl. Hebr 13, 8: er ist derselbe gestern, heute und für immer)
> > als vollkommenes Geschöpf Gottes, doch nicht wie eines der (übrigen) Geschöpfe (Prov 8, 22 und Joh 1, 14)
> > als ein Erzeugnis (Prov 8, 22) aufgrund des Willens (Ps 113, 11) vor den Zeiten und Äonen (Kol 1, 17; Hebr 1, 2; Prov 8, 23);
> > er hat Leben, Sein und die Ehren vom Vater (Joh 17, 3; Röm 16, 27).
>
> Der Vater ist die Quelle allen Seins bzw. aller Dinge (Ps 35, 10), [so dass es drei Hypostasen gibt];[62]

Glaube und Inkulturation

Gott ist die Ursache bzw. der Grund allen Seins, einzig und
allein anfangslos bzw. ursprungslos (Gen 1, 1 in Verbindung
mit Joh 1, 1).
Der Sohn ist zeitlos (vgl. oben) vom Vater gezeugt (Prov. 8, 25),
vor allen Zeiten geschaffen (Prov 8, 22)
und gegründet (Prov 8, 23).
Folglich ist er nicht ewig oder gleichewig (gemeinsam ewig)
mit dem Vater und ungeworden.[63]

In diesem Sinne ist *der* Gott (Joh 1, 1) vor allen Dingen als Monas
und Ursprung (Anfang),
folglich auch vor dem Sohn.
Aus der Perspektive des Sohnes ist der Sohn aus Gott gezeugt,
aus dem Schoß (Ps 109, 3)
und aus dem Vater (Joh 8, 42).[64]

Dieser hier ausführlich angeführte Text des Arius und seiner Gefährten legt es auf den ersten Blick nahe, dass die Aussagen zumindest der Intention nach so verstanden werden können, dass hier ein Bekenntnis vorliegt, das biblisch fundiert sein möchte. Die Argumentationstechnik besteht jedoch darin, dass die einzelnen Schriftbelege aus dem jeweiligen Kontext isoliert und dann in einer Aussagenreihe miteinander kombiniert werden, eine Vorgehensweise, die in der frühen Kirche etabliert ist und derer sich auch Alexander von Alexandrien bediente.[65] Arius konnte sich also gegenüber seinem Bischof auf der sicheren Seite wähnen. Das zentrale Anliegen des Arius besteht nun darin hervorzuheben, dass der Sohn von Gott ausgehe, d.h. geschaffen, aber gerade *nicht* wie ein anderes Geschöpf einzustufen sei. Wenn es sich Arius zufolge um einen vorzeitlichen Hervorgang des Logos handelt, ist der Begriff des Schaffens logisch-metaphysisch zu interpretieren. Dies bedeutet dann aber, dass Arius eine klare Trennlinie zwischen der Gesamtschöpfung auf der einen Seite und dem Bereich des Göttlichen (Gott und Logos) auf der anderen Seite zieht, wiewohl gerade die Begriffe, die Arius für die Ewigkeit bzw. Nicht-Gleichewigkeit wählt, unscharf wirken und nur dann einen Sinn ergeben, wenn damit ausgedrückt werden soll, dass allein Gott als Ursprung interpretiert werden kann („ewig"), dass der Logos bzw. der Sohn von Gott hervorgebracht ist („nicht gleichewig") und infolge dessen erst die Relationalität von *Vater* und Sohn zustande kommt.

Den Ausgangspunkt dieser theologischen Erklärung bildet die Betonung der Transzendenz und Prinziphaftigkeit Gottes. Das Prinzip von allem – Gott und nicht der „Vater" in der Prädikationsform eines Relationsbegriffes – muss, sofern es *als* Prinzip gedacht wird, in seiner Einheit bestimmt werden. Dies ist im Rahmen einer prinzipientheoretischen Deutung der platonischen Spätdialoge (besonders des *Parmenides*) bzw. der sogenannten Ungeschriebenen Lehre Platons gängig[66] und gerade auch in der alexandrinischen Theologie fest verankert, wenn man z. B. den Ansatz des Origenes als systematischen Hintergrund der arianischen Streitigkeiten ansieht.[67] In diesem Sinne ist *allein* der *eine* **Gott** (nicht der Vater) ungeworden, ewig, anfanglos usw. Um jedoch den Sohn von der gesamten Schöpfung abzuheben, stellt Arius heraus, dass dieser zwar einen Anfang des Seins hat, weil er der Einziggeborene oder Einziggezeugte ist,[68] aber die Zeugung des Sohnes ist – anders als in der *Thalia* formuliert[69] – so konzipiert, dass der Sohn, weil durch ihn die Welt geschaffen und die Zeit koextensiv mit der Welt ist, als vor den Zeiten und Äonen entstanden gedacht wird. So ist der Sohn, durch den *willentlichen* Akt *Gottes* hervorgebracht, von allen Geschöpfen unterschieden und in diesem Sinne unveränderlich und unwandelbar. Erst wenn der Sohn hervorgegangen ist oder – um die Wortwahl des Arius anzuführen – mit Prov 8,22–25 gezeugt, geschaffen und gegründet ist, was alttestamentlich zunächst für die Weisheit zutrifft, ist eine Relation von *Vater* und Sohn gegeben. Nur in diesem Kontext, wenn der Sohn Leben, Sein und Ehre von Gott empfangen hat, kann von einer Bezüglichkeit in Gott gesprochen werden. Wäre nämlich der Sohn mit Gott gleichursprünglich bzw. gleichewig, müsste daraus geschlossen werden, dass der Sohn neben dem einen Gott ebenfalls als Prinzip (von allem) zu denken ist. Dies nun wäre entweder dualistisch zu interpretieren oder es würde dazu führen, nach der Bedingung der Möglichkeit zweier Prinzipien zu fragen. Als Folge hätte dies die Gefahr, in einen Regress zu geraten oder auch Gott die Prinzipienhaftigkeit absprechen zu müssen, wenn es denn einer erneuten Begründung für Vater/Gott und Sohn hinsichtlich eines einheitlichen Prinzips bedürfte.

Wenn Arius behauptet, dass Gott als Vater nur dann prädizierbar ist, wenn der Sohn ist, muss er sich strikt gegen die Auffassung wenden, wonach aus dem Relationsbegriff gefolgert werden könnte, dass Vater und Sohn gleichurspünglich sind. Es handelt sich um eine nicht-reziproke Relationsbestimmung von Vater und Sohn, aus der Arius die Nicht-Gleichursprünglichkeit von Vater und Sohn hinsichtlich des logischen Verhältnisses jenseits der mit der Welt koextensiven Zeitbestimmung ableitet. Wenn Vater und Sohn nicht gleichursprünglich sind, weil der Sohn erzeugt wurde, sind Vater und Sohn auch nicht gleichewig, sodass der Gott (Vater) von Gott-Logos (Joh 1,1b und 1,1c) unterschieden bleibt,[70] wiewohl auch der Sohn *qua* Logos unwandelbar ist. Dem entsprechend „war" der Sohn (logisch) nicht, bevor er gezeugt wurde, woraus sich im anti-arianischen Kontext der Schluss nahelegte, dass Gott nicht immer Vater war,[71] sofern die Vater-Sohn-Relation so bestimmt ist, dass zugleich mit der Prädikation Sohn auch die Prädikation Vater gegeben ist.[72]

Problematisch ist vor allem, dass Arius davon spricht, dass der Logos bzw. der Sohn mit dem Vater nicht gleichewig sein könne. Dies verstand Arius aber offensichtlich in dem Sinne, dass damit eine Relation von Vater und Sohn ausgesagt wird, die in logischen Kategorien gefasst werden kann. Unter dieser Voraussetzung interpretierte Arius auch den Begriff des „Schaffens": Dieser drücke einerseits die Subordination des Sohnes unter den Vater aus, also ein innergöttliches Verhältnis, andererseits sei damit die Differenz zwischen dem Geschaffensein des Sohnes und der gesamten Schöpfung ausgesagt. Der Sohn ist zwar ein Geschöpf, weil er einziggezeugt ist, aber er ist nicht wie eines der anderen Geschöpfe.

Der wesentliche Schritt für die gesamte Wirkungsgeschichte besteht nun darin, dass bereits in der unmittelbaren Auseinandersetzung mit Arius seine Aussagen so interpretiert wurden, dass der Sohn ein Geschöpf wie alle anderen Geschöpfe sei. So veränderte Bischof Alexander von Alexandrien die Position des Arius maßgeblich, indem er in dem Rundschreiben an alle Bischöfe (Urk. 4b = Dok. 2,2) schrieb: „Nicht immer war Gott Vater, sondern es war einmal, als Gott nicht Vater war. Nicht immer war das Wort Gottes, sondern es wurde aus nichts. (…) Deshalb war es einmal, daß er nicht war. Denn der Sohn ist Geschöpf und Werk. (…) (er ist) eines der gemachten und gewordenen Dinge (…)."[73] Diese Darstellung, die sich dann bei Athanasius an zahlreichen Stellen findet,[74] widerspricht eindeutig den Aussagen des Arius selbst, wonach der Sohn bzw. der Logos gerade nicht ein Geschöpf wie alle anderen ist.

Wieso zunächst Alexander von Alexandrien und dann Athanasius die Theologie des Arius, wie sie in seinem ursprünglichen Glaubensbekenntnis zu finden ist, in diesem Sinne falsch verstehen, d. h., dass der Sohn ein bloßes Geschöpf sei, liegt bisher im Dunkeln. Hier können nur Hypothesen aufgestellt werden. Möglich wäre, dass sich Arius tatsächlich so geäußert hat und Belege dafür verloren sind oder dass Alexander die Position des Arius bewusst verkürzt und verzeichnet hat. Meines Erachtens ist es jedoch viel plausibler, dies so zu interpretieren, dass bereits frühe Arianer die Theologie des Arius so weiterentwickelt hatten, dass genau das als Quintessenz der arianischen Lehre herauskommt, was dann Alexander an Arius moniert. Für eine solche Interpretation kommen mehrere Möglichkeiten infrage. In einem schwer zu datierenden Brieffragment des Athanasius von Anazarba an Alexander von Alexandrien (!), das wohl vor die Synode von Nicaea[75] – m. E. sogar in die Anfangsphase des arianischen Streites – gehört, heißt es in einer Auslegung des Gleichnisses vom verlorenen Schaf (Lk 15,4):

> „Was tadelst du (sc. Alexander) Arius und seine Mitstreiter, wenn sie sagen, der Sohn Gottes wurde aus Nichts als ein Geschöpf gemacht und ist eines von allen? Unter den hundert Schafen, mit denen alle Geschöpfe im Gleichnis verglichen werden, ist nämlich eines von ihnen auch der Sohn. Wenn also die Hundert keine Geschöpfe und nicht geworden sind oder wenn es noch etwas gibt jenseits dieser Hundert, dann ist klar, daß der Sohn weder ein Geschöpf noch eines wie alle anderen sein soll. Wenn aber alle Hundert geworden sind und es nichts jenseits der Hundert gibt außer Gott allein, was sagen Arius und seine Mitstreiter Verkehrtes, wenn sie ihn als einen von den Hundert ansehen und Christus dazurechnen und sagen: Er ist einer von ihnen allen!"[76]

Explizit wird hier in einem Brief an Alexander von Alexandrien hervorgehoben, dass für Arius Christus als ein Geschöpf (wie wir) verstanden werde, das von Gott aus dem Nichts gemacht ist, eine Interpretation, die sich in ähnlicher Weise in dem Rundschreiben Alexanders an alle Bischöfe findet.

Dass es sich hier nicht um einen singulären Vorgang der Interpretation der Theologie des Arius in der arianischen Anhängerschaft handelt, zeigen auch die jüngst publizierten Fragmente einer antiarianischen Epitome (Cod. Vat. 236) des Eustathius von Antiochien.[77] Diese Schrift, die nach dem Konzil von Nicaea (325) verfasst ist,[78] gehört zu den frühesten Werken gegen die Arianer, zumal bekannt ist, dass Eustathius seit etwa 320 schriftlich in den arianischen Streit eingegriffen hat.[79] Aus den Fragmenten des Eustathius wird klar, dass offensichtlich bereits die frühen Arianer (Antiochiens) eine Position bezogen, die darin kulminierte, dass Christus einen seelenlosen Leib angenommen habe.[80]

Beide Belege zeigen m.E. klar, dass bereits in der Frühphase der Auseinandersetzungen um Arius im „Lager" der Arianer unterschiedliche theologische Ausprägungen entwickelt wurden, die nicht zwingend das wiedergeben, was das ursprüngliche Anliegen des Arius war.[81] Mit der Vereinnahmung der Person des Arius im Gefolge divergierender arianischer Positionen, die ihren Niederschlag bei den alexandrinischen Bischöfen Alexander und später Athanasius gefunden haben, wurde Arius im Jahre 325 verurteilt, durch ein Edikt von Kaiser Konstantin mit dem Bann belegt[82] und schließlich durch den Kaiser rehabilitiert[83], ohne dass diese Rehabilitierung allerdings irgendeine Wirkung gezeigt hätte: Arius verstarb, bevor diese Maßnahme in Alexandrien durchgesetzt werden konnte[84] – und die pointierte Zuspitzung und Zurückweisung seiner Lehre besonders bei Athanasius von Alexandrien[85] haben ihre Wirkung über die folgenden Jahrhunderte hinweg gezeigt.[86]

IV. Heterodox durch Machtpolitik: Der Fall Nestorius[87]

Nachdem in Konstantinopel ein Streit um die Frage der Titulatur für Maria ausgebrochen war und Nestorius bereits einen Vermittlungsversuch gestartet hatte, eskalierte die Kontroverse zunächst nicht. Nestorius hatte sich nämlich in einem Brief lediglich an Papst Coelestin gewandt, nicht etwa wegen des Streites um den Titel Theotokos, sondern wegen der Pelagianer, die aus dem Westen in Konstantinopel Zuflucht gesucht hatten, um aus Rom weitere Informationen über diese zu erhalten.[88] In diesem Zusammenhang erwähnt Nestorius auch eher beiläufig die Ansicht einiger Leute, die den Ursprung des Gott-Logos aus der Jungfrau nehmen lassen; er selbst sei dennoch bereit, den Titel Theotokos – recht verstanden – zu dulden.[89]

Auf diesen Brief erhielt Nestorius von Papst Coelestin keine Antwort. Schließlich schrieb Nestorius noch mehrmals an Coelestin[90] und betonte, dass seine Gegner die göttliche und die menschliche Natur in Christus verwandelten und vermischten, „die aufgrund der höchsten und unvermischten Verbindung in einer Person des Einziggeborenen angebetet werden"[91]. Diese im Westen seit Tertullian bekannte Formel[92] hätte in den Augen des Nestorius die Zustimmung von Coelestin finden können. Erst nach geraumer Zeit antwortete Coelestin mit der Entschuldigung, dass die griechischen Briefe und Homilien, die Nestorius geschickt hatte, erst ins Lateinische übersetzt werden mussten. Diese Briefe, so Coelestin, enthielten offenkundige Blasphemien und Nestorius solle seine Irrlehre widerrufen.[93]

Erstaunlich ist aber nicht nur, dass Papst Coelestin offensichtlich vom genuinen Inhalt der nestorianischen Predigten keinerlei Kenntnis hatte, sondern darüber hinaus Nestorius nicht ein einziges Mal zitiert. Der Vorwurf lautet allein, Nestorius trenne in Christus, was die ehrwürdige Schrift vereint habe.[94] Coelestin wählte vielmehr im Jahre 429 einen anderen, für Nestorius verhängnisvollen Weg. Einerseits wandte er sich an Cyrill von Alexandrien, um sich die Lehre des Nestorius erklären zu lassen,[95] andererseits ließ er durch Johannes Cassian, der aus dem Osten stammte, ein Gutachten über die Lehre des Nestorius erstellen. Noch im Laufe des Sommers 430 reagierte Cyrill[96] und schickte seine Sicht der Dinge an Papst Coelestin. Der umfangreiche Brief Cyrills enthält allein die Anschuldigung gegen Nestorius: „Christus wird gelästert."[97]

Vor allem aber die Äußerungen von Johannes Cassian über die häretischen Ansichten des Nestorius waren bei der Entscheidungsfindung Roms maßgeblich. Ihm hatte der Archidiakon und spätere Papst Leo einige nestorianische Schriften mit der Bitte zur Verfügung gestellt, ein Gutachten zu erstellen. Johannes Cassian beschuldigte Nestorius, dieser habe gelehrt, dass Christus ein bloßer Mensch sei und nicht von der Jungfrau geboren worden sei,[98] ob-

Glaube und Inkulturation

wohl Johannes Cassian aus Predigten des Nestorius zitiert, in denen Nestorius gerade das Gegenteil behauptet.[99] So schreibt Nestorius in einer dieser Predigten explizit: „Weil vielmehr in dem Angenommenen Gott ist, trägt der Angenommene, da mit dem Annehmenden *geeint*, von dem Annehmenden her mit ihm zusammen die Bezeichnung ‚Gott‘."[100]

Johannes Cassians Urteil und das Dossier Cyrills[101] haben in Rom ihre Wirkung nicht verfehlt, obwohl Nestorius in seinen eigenen Schriften gerade das nicht ausgeführt hatte, was ihm Cyrill und Johannes Cassian unterstellten. Papst Coelestin und eine römische Synode verurteilten Nestorius am 10. August 430.[102] Papst Coelestin übertrug dem Cyrill die Vollstreckung des römischen Urteils gegen Nestorius.[103] Im November 430 berief Cyrill eine Synode in Alexandrien ein, auf der Cyrill seine Christologie absegnen ließ.[104]

Nachdem er die gegen ihn erhobenen Vorwürfe in zwei Predigten bereits zurückgewiesen hatte,[105] dachte Nestorius, dass nun die durch den Kaiser nach Ephesus (für den 7. Juni 431) einberufene Synode die Problematik klären werde.[106] Cyrill sollte als Angeklagter vor dem Konzil erscheinen. Papst Coelestin, der nicht persönlich kam, ließ sich durch drei Legaten vertreten, denen er auftrug, sich aus theologischen Diskussionen herauszuhalten und sich bei ihrem Urteil ganz nach Cyrill zu richten.[107]

Zunächst war Nestorius in Begleitung seiner Anhänger kurz nach Ostern (19. April 431) in Ephesus eingetroffen; Cyrill erschien etwa um Pfingsten. Entgegen der ausdrücklichen Anweisung des Kaisers, nur wenige Suffragane mitzubringen, traf Cyrill mit 50 ägyptischen Bischöfen, zahlreichen Klerikern und Mönchen ein. Ebenso hatte der Ortsbischof von Ephesus, Memnon, eine beträchtliche Anzahl von Bischöfen seiner Provinz versammelt, dazu noch eine Gruppe von Mönchen, gegen die auch der kaiserliche Abgesandte Candidian nichts ausrichten konnte.[108] Neben den päpstlichen Legaten fehlte zu dieser Zeit vor allem Johannes von Antiochien, der Weggefährte des Nestorius, der nach dem Willen des Kaisers den Vorsitz beim Konzil führen sollte.[109] Selbst die Nachricht zweier Bischöfe, dass Johannes in Kürze ankommen werde,[110] verhinderte es nicht mehr, dass Cyrill am 22. Juni das Konzil eigenmächtig eröffnete und Nestorius vor das Konzil zitierte.[111] Zahlreiche Bischöfe und der kaiserliche Kommissar Candidian protestierten schriftlich, weil Cyrill gegen den ausdrücklichen Befehl des Kaisers gehandelt hatte.[112] Cyrill ließ zunächst das Glaubensbekenntnis von Nicaea (325) verlesen, dann seinen zweiten Brief an Nestorius bestätigen und dessen Antwortschreiben verurteilen.[113] Auffällig ist hier vor allem, dass Cyrill sich vom Angeklagten zum Ankläger aufschwang und aufgrund der (deswegen eigentlich unrechtmäßigen) Vorladungen des Nestorius dessen Weigerung nun wiederum so interpretieren konnte, dass Nestorius gegen Recht und Gesetz verstoßen habe. In den Augen Cyrills erschien es deshalb „legitim", in eigenen Verhandlungen etwas theologisch absegnen zu lassen, was jedoch – im Grunde genommen – überhaupt nicht diskutiert war. Zum einen behandelt die offensichtliche Grundlage, das Nicaenum, die Problematik der Naturenlehre für Christus nicht, zum anderen genügt eine bloße Verlesung und die folgende Abstimmung in Abwesenheit der anderen (nestorianischen) Fraktion und vor allem des Konzilsvorsitzenden nicht, um davon ausgehen zu können, dass es hier zu einer förmlichen dogmatischen Entscheidung gekommen sei. Theologisch diskutiert hat man jedenfalls nicht.[114]

Als Johannes von Antiochien vermutlich am 26. Juni 431 in Ephesus eintraf, versammelte er augenblicklich ein Konzil, an dem der kaiserliche Kommissar Candidian teilnahm, der von den Gewalttätigkeiten gegen ihn und Nestorius berichtete. Was geschehen ist, sei gegen den Willen des Kaisers. Nach kurzen Verhandlungen verurteilte dieses Konzil Cyrill und dessen zwölf Anathematismen als häretisch; sie würden u. a. der Irrlehre des Apolinarius entsprechen.[115] Inzwischen waren nun die päpstlichen Legaten in Ephesus eingetroffen. Wie Papst Coelestin ihnen aufgetragen hatte, nahmen sie Kontakt zu Cyrill auf und schlossen sich ohne theologische Diskussion dem Absetzungsurteil gegen Nestorius und die orientalischen Bischöfe an.[116] Auch in diesem Zusammenhang wird deutlich, dass die zweite Teilsynode unter Johannes von Antiochien ohne theologische Ergebnisse zum Gegenschlag ausholte, die cyrillische Synode als rechtswidrig zurückwies und Cyrill selbst absetzte. Selbst das Eingreifen von Kaiser Theodosius II. durch ein Reskript vom 29. Juni[117] brachte keine Lösung des Konfliktes. In tumultartigen Ausschreitungen kam es zu keinerlei tragfähigen Entscheidungen.[118] Das Konzil endete, vom Kaiser aufgelöst, mit einem Schisma. Der Entscheidung des Kaisers zufolge galten Nestorius, Cyrill und Memnon als abgesetzt.[119]

Das Konzil von Ephesus hatte keine einzige theologische Frage geklärt. Die Beschlüsse der cyrillischen Synode waren vom Kaiser aufgehoben und nie promulgiert worden. Allein die Absetzung des Nestorius wurde vollstreckt. Dies bedeutet jedoch, dass das Konzil von Ephesus in der vom Kaiser Theodosius II. vorgesehenen Form nie durchgeführt wurde. Wenn es nämlich für antikes Verständnis zentral ist, dass es neben der Rezeption von Beschlüssen und der Promulgation durch den Kaiser eben auch darauf ankommt, dass der Kaiser das Konzil einberuft und es rechtlich in der Form eröffnet wird, wie dies vom Kaiser bestimmt war, fehlen aus dieser Perspektive zwei Elemente für die Ökumenizität: Durchführung entsprechend der Bestimmungen durch den Kaiser und die Beschlussfassungen.[120] In *diesem* Sinne hat das ökumenische Konzil von Ephesus (431) nie getagt.

Nach dem Tode Coelestins wiederholte dessen Nachfolger Sixtus III. (432–440) bei seiner Wahl die Verurteilung des Nestorius. Als er jedoch den Bericht des päpstlichen Legaten Philipp über die Ereignisse in Ephesus hörte,[121] forderte er von Cyrill ein Glaubensbekenntnis. Dort heißt es: „Ich weiß aber, dass die Natur des Logos Gottes leidensunfähig und unwandelbar ist, und dass die Natur der Menschheit leidensfähig ist, dass Christus ein *einziger* ist *aus beiden* und *in beiden*."[122] Dies entspricht genau dem, was *Nestorius* vertritt. Cyrill sandte dieses Werk nach Rom, die *Scholia de incarnatione unigeniti*, zusammen mit einer lateinischen Übersetzung.[123] Weder findet hier eine Auseinandersetzung mit der Theologie des Nestorius statt noch verwendet Cyrill seine sonstige Redeweise von der „einzigen fleischgewordenen Natur des Logos"[124]. Es ist vielmehr erkennbar, dass in den *Scholia de incarnatione unigeniti*, zumindest in der lateinischen Version (Collectio Palatina), die Zwei-Naturen-Lehre vertreten wird.[125] Sixtus war von den Ausführungen Cyrills überzeugt und schrieb diesem, dass er den Nestorianern, allen voran Johannes von Antiochien, die Möglichkeit zur Rückkehr offenhalten solle, wenn sie die Beschlüsse von Ephesus anerkennen.[126] Durch diese List erlangte Cyrill die Anerkennung im Westen. Zugleich erreichte er im Osten seine Freilassung durch einen geschickten Schachzug: Er ließ das gesamte

Gold in Alexandrien einschmelzen und schickte dieses mit weiteren Geschenken nach Konstantinopel zum Kaiserhof und bestach diesen.[127] Das Machtspiel glückte. Cyrill hatte erreicht, dass sein Kontrahent Nestorius in die Verbannung geschickt wurde und im Osten und Westen als Häretiker verurteilt blieb und bleibt.

5. Schluss

Die hier vorgelegten Überlegungen zeigen aus historischer Perspektive, dass die Frage, wann jemand als heterodox eingestuft worden ist, nicht allein von den theologisch-philosophischen Modellen abhängt, die sich durchgesetzt haben. Es scheint, wie der jetzige Erzbischof der anglikanischen Kirche von Canterbury, Rowan Williams, dargelegt hat, darüber hinaus äußerst problematisch zu sein, vornizänisch von Orthodoxie sprechen zu wollen.[128] Dogmatische Entscheidungen unterliegen einem geschichtlichen Prozess, der sich u. a. auch durch die Abgrenzung zu Positionen ergibt, die altkirchlich besonders aus der Soteriologie erwachsen. Dogmatische Entscheidungen unterliegen jedoch nicht allein den Abgrenzungen gegenüber den von der Mehrheit abweichenden Meinungen, die dann von Seiten des Staates, d. h. der Kaiser, promulgiert werden, sie stehen und fallen auch unter der Maßgabe von Verzerrungen der gegnerischen Meinung und von machtpolitischen Konstellationen. Gerade diese Faktoren können und dürfen für die Beurteilung dogmengeschichtlicher Perspektiven nicht unberücksichtigt bleiben. Zu Recht betonte deshalb Kardinal Karl Lehmann anlässlich der Übergabe der Festschrift für Hermann Josef Sieben am 12. Januar 2004: „Gerade wenn Traditionen verbindlich sind, muss man die Reichweite und damit auch die Grenzen ihrer Gültigkeit kennen. Darum ist die sorgfältige Kenntnis der Entstehung und der Entwicklungszusammenhänge unerlässlich. Es ist befreiend, wenn man nicht einen unbestimmten Bestand von Tradition wie einen Ballast übernehmen muss, sondern die Bestimmtheit und die Aussagen verbindlicher Dokumente unterscheiden kann von zeitbedingten Einflüssen und anderen Faktoren, die nicht dasselbe Gewicht haben."[129] Geschichte lässt sich nicht rückgängig machen; ein Blick zurück birgt jedoch für die ökumenischen

Bemühungen die Chance zu einem gegenseitigen Verstehen und zum Dialog, er eröffnet darüber hinaus auch Perspektiven für einen Begriff von Religion[130] und für die Einstufung der Funktion von Religion.[131]

Anmerkungen

[1] Vgl. dazu im Ausgang von Adolf von Harnack vor allem PANNENBERG, Wolfhart, Die Aufnahme des philosophischen Gottesbegriffs als dogmatisches Problem der frühchristlichen Theologie, in: ZKG 70 (1959) 1–45; jetzt in ders., Grundfragen systematischer Theologie, Göttingen 1967, 296–346; kritisch dazu STEAD, George Chr., Die Aufnahme des philosophischen Gottesbegriffes in der frühchristlichen Theologie: W. Pannenbergs These neu bedacht, in: ThRu 51 (1986) 349–371; insgesamt BÖHM, Thomas, Die Christologie des Arius. Dogmengeschichtliche Überlegungen unter besonderer Berücksichtigung der Hellenisierungsfrage, St. Ottilien 1991, 259–308; ferner RITTER, Adolf Martin, Ulrich Wickert, Wolfhart Pannenberg und das Problem der „Hellenisierung des Christentums", in: D. WYRWA u.a. (Hg.), Die Weltlichkeit des Glaubens in der Alten Kirche. FS für Ulrich Wickert zum siebzigsten Geburtstag (BZNW 85), Berlin – New York 1997, 303–318 sowie aus religionsphilosophischer Perspektive GEYER, Carl-Friedrich, Religion und Diskurs. Die Hellenisierung des Christentums aus der Perspektive der Religionsphilosophie, Stuttgart 1990; dazu BÖHM, Thomas, Rez. Carl-Friedrich Geyer: Religion und Diskurs. Die Hellenisierung des Christentums aus der Perspektive der Religionsphilosophie, Stuttgart 1990, in: MThZ 43 (1992) 466–468.

[2] Vgl. den Beitrag von Lorenz OBERLINNER in diesem Band: Von Jerusalem nach Rom. Die Rezeption des Evangeliums in der hellenistischen Welt.

[3] Vgl. BRUNNER, Emil, Das Mißverständnis der Kirche, Stuttgart 1951; dazu NEUNER, Peter, Die Hellenisierung des Christentums als Modell der Inkulturation, in: Stimmen der Zeit 213 (1995) 363–376, hier 364.

[4] Vgl. dazu etwa COLLET, Giancarlo, Theologische Begründungsmodelle von Inkulturation, in: F. Frei (Hg.), Inkulturation zwischen Tradition und Modernität. Kontexte – Begriffe – Modelle, Freiburg i.Ue. 2000, 337–353 sowie umfassend BEER, Peter, Kontextuelle Theologie. Überlegungen zu ihrer systematischen Grundlegung (BÖT 26), Paderborn u.a. 1995.

[5] Ob V. 38 eine christliche Einfügung ist, wie SCHIMANOWSKI, Gottfried, Weisheit und Messias, Tübingen 1985 (WUNT II 17), 63f. zu erweisen sucht, ist umstritten, ist aber für die vorliegende Fragestellung sekundär; sollte es eine christliche Interpolation sein (vgl. auch STECK, Odil Hannes, Das apokryphe Baruchbuch. Studien zur Rezeption und Konzentration „kanonischer" Überlieferung, Göttingen 1993 [FRLANT 160], 153f.), unterstützt es folgende Hypothese um so mehr; vgl. HÜBNER, Reinhard M., Εἷς θεὸς

Ἰησοῦς Χριστός. Zum christlichen Gottesglauben im 2. Jahrhundert – ein Versuch, in: MThZ 47 (1996) 325–344, hier 338; jetzt mit Ergänzungen abgedruckt in HÜBNER, Reinhard M., Der paradox Eine. Antignostischer Monarchianismus im zweiten Jahrhundert, Leiden – Boston – Köln 1999, 207–240, hier 228.

[6] Vgl. zur Frage der Interpretation der alttestamentlichen Weisheit vor allem IRSIGLER, Hubert, „Meine Wonne ist es, bei den Menschen zu sein" (Spr 8,31). Welt-Weisheit im Glauben des biblischen Israel (abgedruckt in diesem Band).

[7] Vgl. CAVALCANTI, Elena, Osservazioni sull'uso patristico di Baruch 3,36–38, in: Mémorial Dom Jean GRIBOMONT, Rom 1988, 145–165 und R. M. HÜBNER, Εἷς θεός (Anm. 5), 338–340 und R. M. HÜBNER, Der paradox Eine (Anm. 5), 228–232.239; ferner VOGT, Hermann Josef, Das Glaubensbekenntnis des Johannes Chrysostomus? Versuch einer Symbolstudie mit einem Exkurs zu Baruch 3,38 bei den Vätern, in: ZAC 3 (1999) 64–86, hier 75–80 (zum Teil unzutreffend).

[8] Zum Begriff der „Lebensform" vgl. besonders HADOT, Pierre, Philosophie als Lebensform. Geistige Übungen in der Antike, Berlin 1991.

[9] Vgl. P. NEUNER, Hellenisierung (Anm. 3), 368.

[10] P. NEUNER, Hellenisierung (Anm. 3), 373 f.

[11] P. NEUNER, Hellenisierung (Anm. 3), 375; vgl. zur Problematik vor allem auch P. BEER, Kontextuelle Theologie (Anm. 4), 81–111 in Auseinandersetzung mit den Positionen von R. J. Schreiter, J. O. Buswell, K. Blaser und St. Bevans.

[12] BERGER, Peter L., Der Zwang zur Häresie. Religion in der pluralistischen Gesellschaft, Freiburg – Basel – Wien 1992, 201.

[13] Dies ergibt sich wohl aus der sogenannten Sanktion des Konzils von Chalcedon (DH 303).

[14] Vgl. Theodosius I., Cunctos populos vom 28.2.380 (Cod. Theodos. 16,1,2).

[15] Dieses Prinzip von Ökumene werde ich in einem eigenen Beitrag entfalten.

[16] Zur Frage von Häresie und Heterodoxie vgl. besonders WILLIAMS, Rowan, Does it make sense to speak of pre-Nicene orthodoxy?, in: R. WILLIAMS, The making of orthodoxy. Essays in honour of Henry CHADWICK, Cambridge u. a. 1989, 1–23 und WILLIAMS, Rowan, Defining Heresy, in: A. KREIDER (Hg.), The Origins of Christendom in the West, Edinburgh – New York 2001, 313–335.

[17] Erst im Zuge einer nachhegelianischen Konzeption der Selbst-Offenbarung Gottes im Anderen seiner selbst fällt das Unveränderlichkeitsaxiom, etwa im Gefolge von Karl Barth bei JÜNGEL, Eberhard, Gottes Sein ist im Werden. Verantwortliche Rede vom Sein Gottes bei Karl Barth. Eine Paraphrase, Tübingen ³1976, 97–103 mit den entsprechenden Hinweisen zu K. Barth; JÜNGEL, Eberhard, Gott als Geheimnis der Welt. Zur Begründung der Theologie des Gekreuzigten im Streit zwischen Theismus und Atheismus, Tübingen 1977, 510–511; ferner MOLTMANN, Jürgen, Der gekreuzigte Gott.

Das Kreuz Christi als Grund und Kritik christlicher Theologie, München 1972, 184–192 oder transzendentaltheologisch gewendet bei RAHNER, Karl, Grundkurs des Glaubens. Einführung in den Begriff des Christentums, Freiburg – Basel – Wien ²1985 (Sonderausgabe), 123–131. 145–147; dazu auch ROHLS, Jan, Protestantische Theologie der Neuzeit, Bd. II: Das 20. Jahrhundert, Tübingen 1997, 786–788 (zu Moltmann).

[18] Vgl. dazu und zu weiteren Funden den Überblick bei MARKSCHIES, Christoph, Die Gnosis, München 2001 (²2006), 44–66.

[19] Vgl. Irenaeus von Lyon, Adv. haer. I 1,1–8,5 (128–187 Brox = Irenäus von Lyon, Epideixis. Darlegung der apostolischen Verkündigung. Adversus haereses. Gegen die Häresien I, ed. N. Brox, Freiburg u. a.1993 [FC 8/1]).

[20] Grundlegend SAGNARD, François M., La gnose valentinienne et le témoignage de saint Irénée (EphM 36), Paris 1947.

[21] Vgl. Irenaeus von Lyon, Adv. haer. I 1,1 (128 Brox).

[22] Dazu BÖHM, Thomas, Unsagbarkeit und Unbegreiflichkeit des Prinzips in Gnosis und Neuplatonismus. Zur prinzipientheoretischen Auslegung der ersten Hypothesis des platonischen Parmenides bei Allogenes und Plotin, in: A. FRANZ / TH. RENTSCH (Hgg.), Gnosis oder die Frage nach Herkunft und Ziel des Menschen, Paderborn u. a. 2002, 81–95 sowie BÖHM, Thomas, „Denken des Einen". Die platonischen Voraussetzungen in der „sethianischen" Gnosis, in: J.-M. NARBONNE / A. RECKERMANN (Hgg.), Pensées de l'„Un" dans l'histoire de la philosophie. Études en hommage au Professeur Werner BEIERWALTES, Paris – Québec 2004, 123–139.

[23] Zur Möglichkeit einer solchen Deutung vgl. HORN, Christoph, Der Platonische Parmenides und die Möglichkeit seiner prinzipientheoretischen Interpretation, in: AuA 41 (1995) 95–114.

[24] Vgl. Platon, Parm 141 e 9 f.; dazu HALFWASSEN, Jens, Der Aufstieg zum Einen. Untersuchungen zu Platon und Plotin, Stuttgart 1991, 393–402; zur neuplatonischen Interpretation vgl. den knappen Überblick bei Th. BÖHM, Unsagbarkeit (Anm. 22), 93 f. (dort die Belege und weitere Lit.).

[25] Vgl. Clemens von Alexandrien, Exc. ex Theodoto 78,2 (131,17 f. Stählin / Früchtel = Clemens Alexandrinus, Dritter Band, Berlin ²1970 [GCS 17²]).

[26] Zur Interpretation des Delphischen Spruches von den Sentenzen der Sieben Weisen bis hin zum Neuplatonismus vgl. BEIERWALTES, Werner, Selbsterkenntnis und Erfahrung der Einheit. Plotins Enneade V 3. Text, Übersetzung, Interpretation, Erläuterungen, Frankfurt 1991, 77–93.

[27] Vgl. Irenaeus von Lyon, Adv. haer. I 1,1–8,5 (128–187 Brox), auch zu den folgenden Ausführungen; dazu z.B. Chr. MARKSCHIES, Die Gnosis (Anm. 18), 91 f.

[28] Genauere Präzisierungen des Erlösermythos brauchen hier nicht nachgezeichnet zu werden, da sie für die Reaktionen auf diesen Mythos im Monarchianismus nicht entscheidend sind; vgl. auch BÖHM, Thomas, Noët von Smyrna, in: M. VINZENT (Hg.): Metzler Lexikon christlicher Denker, Stuttgart – Weimar 2000, 510.

²⁹ Irenaeus von Lyon, Adv. haer. I 2,5 (139 Übers. Brox; Hervorhebung von Th. B.).
³⁰ Vgl. Irenaeus von Lyon, Adv. haer. I 6,1 (162 Brox).
³¹ Vgl. Irenaeus von Lyon, Adv. haer. I 2,5 (138 Brox).
³² Irenaeus von Lyon, Adv. haer. I 6,1 (163 Übers. Brox).
³³ Vgl. Irenaeus von Lyon, Adv. haer. I 6,1 (162 Brox) und I 7,1 (168 Brox).
³⁴ Dies ergibt sich offensichtlich aus Irenaeus von Lyon, Adv. haer. I 7,2 (170 Brox), wonach sich das herabgekommene Pneuma, worunter der Soter verstanden ist, vom psychischen Christus hinweggehoben habe.
³⁵ Mit Platon, Theait. 176b formuliert.
³⁶ Vgl. Irenaeus von Lyon, Adv. haer. I 6,1 (162 Brox).
³⁷ Bezug genommen ist hier nur auf das Referat des ptolemäischen Mythos aus Irenaeus, Adv. haer. I 1,1–8,5 (128–187 Brox); ergänzt werden könnte dies durch zahlreiche weitere Belege, etwa Irenaeus, Adv. haer. III 16,1.6 (184–186 Brox = Irenäus von Lyon, Adversus haereses. Gegen die Häresien III, ed. N. Brox [FC 8/3], Freiburg u. a. 1995), aber auch durch verwandte Textpassagen aus Melito, der Epistula apostolorum, dem Evangelium veritatis usw.; detailliert nachgewiesen bei HÜBNER, Reinhard M., Der antivalentinianische Charakter der Theologie des Noët von Smyrna, in: H. CHR. BRENNECKE / E. L. GRASMÜCK / CHR. MARKSCHIES (Hgg.), Logos. FS für Luise ABRAMOWSKI zum 8. Juli 1993 (BZNW 67), Berlin 1993, 57–86, hier 62–70, jetzt abgedruckt in: HÜBNER, Reinhard M., Der paradox Eine. Antignostischer Monarchianismus im zweiten Jahrhundert, Leiden – Boston – Köln 1999, 95–129, hier 101–111. Unzutreffend ist – trotz des Rekurses auf W. A. Löhr – die Darstellung des valentinianischen Systems bei HAFNER, Johann Ev., Selbstdefinition des Christentums. Ein systemtheoretischer Zugang zur frühchristlichen Ausgrenzung der Gnosis, Freiburg – Basel – Wien 2003, 279, da hier offensichtlich Jesus und Christus in eins gesetzt werden. Eine Auseinandersetzung mit dem systemtheoretischen Ansatz von J. Ev. Hafner wird in einem eigenen Beitrag erfolgen, der sich mit Strukturprinzipien und Konzeptionen von Irenaeus, Adv. Haer. beschäftigt.
³⁸ Vgl. HÜBNER, Reinhard M., Der paradox Eine. Antignostischer Monarchianismus im zweiten Jahrhundert, Leiden – Boston – Köln 1999, 1–206.
³⁹ Übers. R. M. HÜBNER, Der paradox Eine (Anm. 38), 96 f.
⁴⁰ Vgl. dazu R. M. HÜBNER, Der paradox Eine (Anm. 38), 126–128.
⁴¹ Vgl. R. M. HÜBNER, Der paradox Eine (Anm. 38), 60–62.
⁴² Vgl. R. M. HÜBNER, Der paradox Eine (Anm. 38), 1–37. 131–206.
⁴³ Vgl. den Hinweis zu Leos Epistula ad Flavianum bei HÜBNER, Reinhard M., Überlegungen zur ursprünglichen Bedeutung des Ausdrucks ‚Katholische Kirche' (καθολικὴ ἐκκλησία) bei den frühen Kirchenvätern, in: J. ARNOLD u. a. (Hgg.), Väter der Kirche. Ekklesiales Denken von den Anfängen bis in die Neuzeit. Festgabe für H. J. SIEBEN S.J. zum 70. Geburtstag, Paderborn u. a. 2004, 31–79, hier 37 Anm. 19. Versuche, diese noëtianischen Antithesen bei Leo umfassend herzuleiten, liegen bisher nicht vor, zumal Leo d. Gr. nachweislich nicht Griechisch konnte und keinen Zugang zu diesen Tex-

ten hatte, die bei Hippolyt überliefert sind. Dies muss einer eigenen Studie vorbehalten bleiben.

⁴⁴ Zur Spätdatierung vgl. besonders HÜBNER, Reinhard M., Thesen zur Echtheit und Datierung der sieben Briefe des Ignatius von Antiochien, in: ZAC 1 (1997), 44–72 mit zahlreichen Verweisen zur Lit., vor allem R. Joly; ferner LECHNER, Thomas, Ignatius adversus Valentinianos? Chronologische und theologiegeschichtliche Studien zu den Briefen des Ignatius von Antiochien, Leiden – Boston – Köln 1999, bes. 3–117; gegen die Spätdatierung z. B. LINDEMANN, Andreas, Antwort auf die „Thesen zur Echtheit und Datierung der sieben Briefe des Ignatius von Antiochien", in: ZAC 1 (1997) 185–194; SCHÖLLGEN, Georg, Die Ignatianen als pseudepigraphisches Briefcorpus. Anmerkungen zu den Thesen von Reinhard M. Hübner, in: ZAC 2 (1998) 16–25; EDWARDS, Marc J., Ignatius and the Second Century: An Answer to R. Hübner, in: ZAC 2 (1998) 214–226; Vogt, Hermann Josef, Bemerkungen zur Echtheit der Ignatiusbriefe, in: ZAC 3 (1999) 50–63; BRENT, Alan, Ignatius of Antioch and the Second Sophistic, Tübingen 2006, bes. 18–40; vgl. dazu und zu den Entwicklungslinien seit der Jerusalemer Urgemeinde auch BÖHM, Thomas, Der eine Bischof als Garant der einen katholischen Kirche?, in: T. HAINTHALER / F. MALI / G. EMMENEGGER (Hgg.), Einheit und Katholizität der Kirche. Forscher aus dem Osten und Westen Europas an den Quellen des gemeinsamen Glaubens, Innsbruck – Wien 2009 [im Druck].

⁴⁵ Vgl. Irenaeus, Adv. haer. III 3,2–3 (30–34 Brox).

⁴⁶ Das Sukzessionsschema ist in vereinfachter Form bereits im ersten Clemensbrief grundgelegt, dort allerdings nicht mit Ordination, Monepiskopat und dieser (monarchianischen) Form der regula fidei verbunden; vgl. 1 Clem 42,1–5 (76–78 Fischer = Die apostolischen Väter, ed. J. A. FISCHER, Darmstadt ¹⁰1993); dazu der Kommentar von LONA, Horacio E., Der erste Clemensbrief, Göttingen 1998 (KAV 2), 443–448.

⁴⁷ Vgl. die entsprechenden Fragmente bei ZAHN, Theodor, Forschungen zur Geschichte des neutestamentlichen Kanons und der altkirchlichen Literatur VI, Leipzig 1900, 229–250.

⁴⁸ Für Hegesipp geht es um Kontinuität und das Verbleiben in der Schrift, zurückgeführt auf die Apostel hat dies Hegesipp jedoch nicht; dies ist der Schritt, den Irenäus vollzieht; eindrücklich nachgewiesen bei ABRAMOWSKI, Luise, διαδοχή und ὀρθὸς λόγος bei Hegesipp, in: ZKG 87 (1976) 321–327; vgl. auch KEMLER, Herbert, Hegesipps römische Bischofsliste, in: VigChr 25 (1971) 182–196.

⁴⁹ Vgl. dazu mit den entsprechenden Nachweisen HÜBNER, Reinhard M., Die Anfänge von Diakonat, Presbyterat und Episkopat in der frühen Kirche, in: A. RAUCH / P. IMHOF (Hgg.), Das Priestertum in der einen Kirche. Diakonat, Presbyterat und Episkopat (Koinonia IV), Aschaffenburg 1987, 45–89, hier 69–74.

⁵⁰ Zur Frage der einen und katholischen Kirche vgl. den Überblick bei Th. BÖHM, Der eine Bischof (Anm. 44).

⁵¹ Vgl. Cunctos populos vom 28.2.380 (Cod. Theod. 16,1,2) und das Häretikergesetz vom 25.7.383 (Cod. Theod. 16,5,11).
⁵² Dies ist klar ersichtlich aus dem Edikt Conctos populos; vgl. die vorherige Anm.
⁵³ Urk. 1 (1–3 Opitz = Urkunden zur Geschichte des arianischen Streits, ed. H.-G. Opitz, Berlin – Leipzig 1934/1935); Dok. 15 (90 f. Brennecke = Athanasius, Werke III 1. Dokumente zur Geschichte des arianischen Streites, edd. H. Chr. Brennecke u.a., Berlin – New York 2007). H. Chr. Brennecke konnte überzeugend nachweisen, dass dieses Schreiben des Arius nicht, wie noch H.-G. Opitz angenommen hatte, in die Zeit um 318 gehört, sondern in eine spätere Phase des arianischen Streites – nach Brennecke in die dritte Phase, die Zeit des Synodenverbots –, vermutlich nach dem Tomus des Alexander von Alexandrien; vgl. BRENNECKE, Hanns Chr., Bemerkungen zur Chronologie des arianischen Streits bis zum Tod des Arius, in: Athanasius, Werke III 1. Dokumente zur Geschichte des arianischen Streites, edd. H. Chr. BRENNECKE u.a., Berlin – New York 2007, XIX–XXXVIII, hier XXIX–XXX und XXXIII; vgl. dazu auch die Ansätze von STEAD, George Chr., Reflections on the Arian Crisis, in: CH. KANNENGIESSER (Hg.), Holy Scripture and Hellenistic Hermeneutics in Alexandrian Christology. The Arian Crisis, Berkeley 1982, 73–76, hier 73 sowie LÖHR, Winrich, Arius Reconsidered (Part 1), in: ZAC 9 (2006) 524–560, hier 553 f.
Ältere Überlegungen zur Chronologie sind damit überholt: OPITZ, Hans-Georg, Die Zeitfolge des arianischen Streites von den Anfängen bis zum Jahre 328, in: ZNW 33 (1934) 131–159; SCHNEEMELCHER, Wilhelm, Zur Chronologie des arianischen Streites, in: ThLZ 79 (1954) 393–400; WILLIAMS, Rowan, Arius. Heresy and Tradition, London 1987, 29–81; Th. BÖHM, Die Christologie des Arius (Anm. 1), 43–52; LOOSE, Uta, Zur Chronologie des arianischen Streites, in: ZKG 101 (1990) 88–92; BÖHM, Thomas, Einige Aspekte zur jüngeren Arius-Forschung, in: MThZ 44 (1993) 109–118, hier 114 f. sowie BIENERT, Wolfgang A., Dogmengeschichte, Stuttgart – Berlin – Köln 1997, 159 f.
⁵⁴ Urk. 6 (12–13 Opitz); Dok. 1 (77 Brennecke).
Zu den Verfassern vgl. die Namensliste in der Unterschrift Urk 6,5 (13 Opitz) = Dok. 1,5 (77 Brennecke).
Die von H.-G. Opitz angesetzte Abfassungszeit im Jahr 320 dürfte nicht zutreffen (vgl. H.-G. OPITZ, Urkunden [Anm. 53], 12). Vermutlich im Zusammenhang mit zwei theologischen Versammlungen oder Disputen in Alexandrien (vgl. Sozomenos, h.e. I 15,4–6 [33 Hansen = Sozomenus, Kirchengeschichte, ed. G. Chr. Hansen, Berlin ²1995, GCS.NF 4]) verfassten Arius und weitere Kleriker diese theologische Abhandlung (vgl. H. Chr. BRENNECKE, Bemerkungen zur Chronologie [Anm. 53], XXVIII–XXXII); dies bedeutet, dass dieses Bekenntnis in die Anfangsphase des arianischen Streites gehört. Dies hat jedoch zur Folge, dass es sich hier nicht um ein Vermittlungsschreiben der frühen Arianer handelt, sondern gerade die ursprüngliche An-

sicht des Arius darstellt. Zum Datierungsproblem vgl. auch W. LÖHR, Arius Reconsidered I (Anm. 53), 554–556.

⁵⁵ Urk. 30 (64 Opitz); Dok. 34 (121 Brennecke). Opitz zufolge stammt dieser Text aus der Zeit Ende 327 (vgl. H.-G. OPITZ, Urkunden [Anm. 53], 64). Dieses Bekenntnis dürfte so einzuordnen sein, dass kurz nach dem Konzil von Nicaea (325) von Kaiser Konstantin ein Edikt gegen Arius veröffentlicht wurde (Urk. 33 [66 f. Opitz]; Dok. 28 [115 Brennecke]), dass Arius jedoch relativ bald (327?) durch den Kaiser rehabilitiert wurde (Urk. 29 [63 Opitz]; Dok. 34 [120 f. Brennecke]) und in diesem Zusammenhang ein Glaubensbekenntnis zusammen mit Euzoius vorlegte (Urk. 30 = Dok. 34). Noch vor der Umsetzung der Rehabilitierung dürfte Arius verstorben sein.

⁵⁶ Vgl. Athanasius, De synodis 15 (242,9–243,23 Opitz = Athanasius, Werke II.1, hg. v. H.-G. OPITZ, Berlin 1940/1941, 231–278); C. Arianos I 5–6 (113–115 Tetz = Athanasius, Werke I 1, hg. v. M. TETZ, Berlin – New York 1996); dazu METZLER, Karin, Ein Beitrag zur Rekonstruktion der „Thalia" des Arius (mit einer Neuedition wichtiger Bezeugungen bei Athanasius), in: Ariana et Athanasiana. Studien zur Überlieferung und zu philologischen Problemen der Werke des Athanasius von Alexandrien von K. Metzler und F. Simon, Oplanden 1991, 11–45; zur Problematik der Thalia vgl. Th. BÖHM, Die Christologie des Arius (Anm. 1), 67–81; BÖHM, Thomas, Die Thalia des Arius: Ein Beitrag zur frühchristlichen Hymnologie, in: VigChr 46 (1992) 334–355 (auch zu Problemen der Metrik); zur Thalia vgl. neuerdings auch LÖHR, Winrich, Arius Reconsidered (Part 2), in: ZAC 10 (2006), 121–157, hier 132–150. Eine Auseinandersetzung mit den unterschiedlichen Interpretationen wird an anderer Stelle erfolgen.

⁵⁷ Vgl. PIETRI, Charles / MARKSCHIES, Christoph, Theologische Diskussionen zur Zeit Konstantins: Arius, der „arianische Streit" und das Konzil von Nizäa, die nachnizänischen Auseinandersetzungen bis 337, in: Th. BÖHM, Das Entstehen der einen Christenheit (250–430) = Die Geschichte des Christentums Bd. 2, ed. N. BROX u. a., Freiburg – Basel – Wien 1996, 271–344, hier 289–302.

⁵⁸ Urk. 6 (12–13 Opitz).

⁵⁹ Die Darstellung folgt der neuen Übersetzung von H. Chr. BRENNECKE, Athanasius, Werke III 1 (Anm. 53), 77; vgl. zur folgenden Zusammenstellung auch BÖHM, Thomas, The Exegesis of Arius: Biblical Attitude and Systematic Formation, in: CH. KANNENGIESSER, Handbook of Patristic Exegesis, Vol. I, Leiden 2004 687–705.

⁶⁰ Es handelt sich um eine *conclusio ex negativo:* das Prinzip von allem (Gen 1, 1) ist vor dem Sohn; vgl. Röm 1, 23; 1 Tim 1, 17; 6, 16.

⁶¹ Gemeint ist: vor aller Zeit.

⁶² Hebr 1, 3; Hypostase als Realität für den Vater; Übertragung auf Sohn und Geist durch Mt 28, 19? Vermutlich handelt es sich hier um eine Glosse; dazu H. Chr. BRENNECKE, Athanasius, Werke III 1 (Anm. 53), 77 Anm. 1.

⁶³ Es gibt keine zwei ungezeugten Prinzipien.

[64] Die Angaben zu den jeweiligen Bibelversen folgt BÖHM, Thomas, Die Theologie des Arius: Zwischen Tradition und Innovation, in: M. KNAPP / TH. KOBUSCH (Hgg.), Querdenker. Visionäre und Außenseiter in Philosophie und Theologie, Darmstadt 2005, 61–71, hier 62 f.
[65] Ausführlich dazu Th. BÖHM, The Exegesis of Arius (Anm. 59), 687–702.
[66] Vgl. die Lit. in Anm. 22–24.
[67] Vgl. z. B. Origenes, De princ. I 1,6 (110 Görgemanns / Karpp = Origenes, Vier Bücher von den Prinzipien, hgg. v. H. GÖRGEMANNS / H. KARPP, Darmstadt ³1992); für den Zusammenhang zu Arius vgl. TH. BÖHM, Die Theologie des Arius (Anm. 64), 66–68. Zur Bedeutung des Asterius von Kappadokien als „Vordenker" in der Frühphase des arianischen Streites vgl. VINZENT, Markus, Asterius von Kappadokien. Die theologischen Fragmente, Leiden 1993; darauf kann an dieser Stelle jedoch nicht näher eingegangen werden.
[68] Zu beachten ist hier, dass Arius den Begriff „monogen" aus dem Johannesprolog auf den Bereich des innergöttlichen Hervorgangs überträgt, was jedoch in der Theologiegeschichte keinerlei Neuerung ist und auch auf dem Konzil von Nicaea (325) in dieser Weise eingesetzt ist (DH 125 = Urk. 24 [51 Opitz] = Dok. 24 [109 Brennecke]).
[69] Vgl. Athanasius, De syn. 15 (243,13 Opitz); dazu Th. BÖHM, Die Thalia des Arius (Anm. 56), 336.
[70] Vgl. BROX, Norbert, „Gott" mit und ohne Artikel. Origenes über Joh 1,1, in: BN 66 (1993) 32–39; Th. BÖHM, The Exegesis of Arius (Anm. 59), 698 f. mit den entsprechenden Hinweisen zu Origenes und Apollonios Dyskolos.
[71] Urk. 4b,7 (7 Opitz) = Dok. 2,2 (79 Brennecke).
Dieses Dokument des Alexander von Alexandrien dürfte tatsächlich einer der ersten Reaktionen auf die theologische Erklärung des Arius darstellen (vgl. H. Chr. BRENNECKE, Bemerkungen zur Chronologie [Anm. 53], XXVI–XXVIII gegen R. Williams, jedoch mit Bezug auf die Datierungen von Th. Böhm, U. Loose [U. Heil], Ch. Piétri / Chr. Markschies, R. Lorenz und W. Löhr; vgl. die dortigen Nachweise).
Ob dieses Rundschreiben an alle Bischöfe jedoch von dem jungen Athanasius verfasst ist und nicht von Alexander von Alexandrien (so STEAD, George Chr., Athanasius' earliest written Work, in: JTHS 39 (1988), 76–91; vgl. auch Th. BÖHM, Einige Aspekte [Anm. 53], 114 f.), ist m. E. eher unwahrscheinlich und bedarf noch einmal einer genauen Untersuchung. Für vorliegende Fragestellung ist dies jedoch nicht entscheidend.
[72] Die letzte Passage ist leicht verändert übernommen aus Th. BÖHM, Die Theologie des Arius (Anm. 64), 65.
[73] Urk. 4b,7 (7 Opitz) = Dok. 2,2,7 (79 Brennecke).
[74] Vgl. z. B. Athanasius, De syn. 17,4 (244 f. Opitz).
[75] Vgl. H. Chr. BRENNECKE, Athanasius, Werke III 1 (Anm. 53), 87.
[76] Urk. 11 (18 Opitz) = Dok 11 (87 Brennecke); dazu HANSON, Richard P. C., The Search for the Christian Doctrine of God, Edinburgh 1988, 41–43; BÖHM, Thomas, Athanasius von Anazarba, in: LACL (³2002) 76; vgl. auch eine Homilie, die unter dem Namen des Athanasius von Alexandrien über-

liefert ist: TETZ, Martin, Eine arianische Homilie, in: ZKG 64 (1952) 299–307.

77 Eustathius (Pseudo-Gregor von Nyssa), Contra Ariomanitas et de anima, in: Eustathius Antiochenus, Opera quae supersunt omnia, ed. J. H. Declerck, Turnhout – Leuven 2002 (CCSG 51), 63–135.

78 Vgl. UTHEMANN, Karl-Heinz, Eustathios von Antiochien wider den seelenlosen Christus der Arianer. Zu neu entdeckten Fragmenten eines Traktats des Eustathios, in: ZAC 10 (2007) 472–521, hier 473.

79 Vgl. K.-H. UTHEMANN, Eustathios (Anm. 78), 473.

80 Vgl. ausführlich K.-H. UTHEMANN, Eustathios (Anm. 78), 475–520 inklusive der Behandlung der antiochenischen Synode aus dem Jahr 324/325; dazu auch H. Chr. BRENNECKE, Bemerkungen zur Chronologie (Anm. 53), XXXIV–XXXVI gegen STRUTWOLF, Holger, Die Trinitätstheologie und Christologie des Euseb von Caesarea. Eine dogmengeschichtliche Untersuchung seiner Platonismusrezeption und Wirkungsgeschichte, Göttingen 1999 (FKDG 72), 31–44.

81 Dazu ausführlicher BÖHM, Thomas, Athanasius und Arius: „Zwei Gegner sind es, die sich boxen"?, in: M. DELGADO / V. LEPPIN (Hgg.), Das Gewissen in der Zeit. Gewissenskonflikte in der Christentumsgeschichte, Freiburg i. Ue. – Stuttgart 2009 (Studien zur christlichen Religions- und Kulturgeschichte) [im Druck].

82 Urk. 33 (66–68 Opitz) = Dok. 28 (115 Brennecke) in unterschiedlichen Überlieferungen (griechisch, lateinisch, syrisch).

83 Urk. 29 (63 Opitz) = Dok. 33 (120 f. Brennecke).

84 Vgl. H. Chr. BRENNECKE, Bemerkungen zur Chronologie (Anm. 53), XXXVII sowie R. WILLIAMS, Arius (Anm. 53), 74–81 und Th. BÖHM, Die Christologie des Arius (Anm. 1), 49 f.

85 Dazu ausführlich Th. BÖHM, Athanasius und Arius (Anm. 81).

86 Dazu werde ich eine eigene, umfassende Studie vorlegen; erste Ansätze in Th. BÖHM, Die Theologie des Arius (Anm. 64), 69 f.

87 Da eine ausführliche Darstellung der Verhandlungen auf dem Konzil von Ephesus (431) und den Vorgängen vor und nach dem Konzil geplant ist, beschränken sich die Hinweise auf das Nötigste; GRILLMEIER, Alois, Jesus der Christus im Glauben der Kirche Bd. 1. Von der apostolischen Zeit bis zum Konzil von Chalkedon (451), Freiburg – Basel – Wien ³1990, 687–691; eine Auseinandersetzung mit der ausführlichen Darstellung von SCIPIONI, Luigi I., Nestorio e il concilio di Efeso, Milano 1974 wird deshalb an dieser Stelle unterbleiben.

88 Zu dieser Frage vgl. WICKHAM, Lionel R., Pelagianism in the East, in: R. WILLIAMS (Hg.), The Making of Orthodoxy, Cambridge 1989, 200–213; SPEIGL, Jakob, Der Pelagianismus auf dem Konzil von Ephesus, in: AHC 1 (1969) 1–15, hier 6 f.

89 Vgl. Nestorius, ep. 1 ad Caelestinum (165–168 Loofs = LOOFS, Friedrich, Nestoriana. Die Fragmente des Nestorius, Halle 1905); zu diesen Diskussionen in Konstantinopel vgl. FRAISSE-COUÉ, Christine, Die theologische Dis-

kussion zur Zeit Theodosius' II.: Nestorius, in: Th. BÖHM u. a., Die Geschichte des Christentums Bd. 2. Das Entstehen der einen Christenheit (250–430), Freiburg – Basel – Wien 1996, 570–626.

[90] Vgl. Nestorius, ep. 2 ad Caelestinum (170 Loofs).

[91] Nestorius, ep. 2 ad Caelestinum (171,6–8 Loofs).

[92] Vgl. Tertullian, Adv. Praxean 27,11 (238 Sieben = Tertullian, Adversus Praxean. Gegen Praxeas, hg. v. H.-J. SIEBEN [FC 34], Freiburg u. a. 2001); dazu CANTALAMESSA, Raniero, La cristologia di Tertulliano, Freiburg 1962, 168–176 sowie MOINGT, Joseph, Théologie trinitaire de Tertullien, Bd. 2, Paris 1966, 639–642.
Zu Recht betont H.-J. SIEBEN, a. a. O., 238 Anm. 214, dass dies bei Tertullian – anders als dies A. v. Harnack interpretiert hatte – nicht in einen christologischen, sondern trinitarischen Kontext gehöre. Davon unberührt ist jedoch die Fragestellung, wie diese Konzeption im Westen rezipiert wurde.

[93] Vgl. Coelestin, ACO I 2, § 3 p. 8.

[94] Vgl. Coelestin, ACO I 2, § 18 p. 12.

[95] Vgl. Cyrill, ep. 1 ad Nestorium, ACO I 1,1, p. 23–25).

[96] Die Auseinandersetzungen zwischen Cyrill und Nestorius in der Zeit vom Februar bis Juni 430 bestanden vor allem darin, dass dem jeweiligen Gegner die Schwachpunkte der Argumentation verdeutlicht wurden. Während Cyrill in den Augen des Nestorius die beiden Naturen nicht genau trenne, könne Nestorius das Einheitsmoment nicht aufzeigen (vgl. dazu A. GRILLMEIER, Jesus der Christus (Anm. 87), 638 f.). De facto sind die Positionen von Cyrill und Nestorius m. E. nicht gravierend verschieden. So schreibt etwa Nestorius: „Ich trenne die Naturen, eine aber die Anbetung. (…) Weil vielmehr in dem Angenommenen Gott ist, trägt der Angenommene, da mit dem Annehmenden geeint (!), von dem Annehmenden her mit ihm zusammen die Bezeichnung ‚Gott'." (sermo 9 [262 Loofs]; Übers. RITTER, Adolf Martin, Alte Kirche, Neukirchen-Vluyn [7]2002, 217); vgl. auch Nestorius, ep. 2 ad Cyrillum (ACO I 1,1, p. 29–32) sowie sermo 12 (280 Loofs). Dem gegenüber betont Cyrill: „Der Logos hat auf unaussprechliche und unergründliche Weise mit einer Vernunftseele beseeltes Fleisch mit sich hypostatisch geeint. (…) beide zu einer wirklichen Einheit zusammengeschlossenen Naturen (!) sind wohl verschieden, und doch ist aus beiden *ein* Christus und Sohn geworden." (ep. 2 ad Nestorium [ACO I 1,1, p. 25]; Übers. A. M. RITTER, a. a. O., 217). Zugespitzt ist dies jedoch dann im dritten Anathematismus Cyrills vom November 430 (vgl. die Übers. von A. M. RITTER, a. a. O., 219), wo von einer physischen Einung die Rede ist (grundsätzlich zur Problematik der physischen Erlösungslehre HÜBNER, Reinhard M., Die Einheit des Leibes Christi bei Gregor von Nyssa. Untersuchungen zum Ursprung der ‚physischen' Erlösungslehre, Leiden 1974; für Cyrill nicht ausgeführt bei STUDER, Basil, Gott und unsere Erlösung im Glauben der Alten Kirche, Düsseldorf 1985, 243–247; so auch STUDER, Basil, Soteriologie. In der Schrift und Patristik, Freiburg – Basel – Wien 1978, 191–200, aber doch deutlicher 195). Weder Nes-

torius noch Cyrill klären hier systematisch ab, *wie* die Einung zustande kommt. Es bleibt bei theologischen Setzungen und gegenseitigen Vorwürfen. Der Unterschied zwischen den beiden Theologen besteht vor allem darin, dass Nestorius bei den beiden Naturen ansetzt und auf die Einheit schließt, während Cyrill zunächst von der (übrigens von Apolinarius stammenden) Formel der einen fleischgewordenen Natur des Gott-Logos ausgeht und dann zu beiden Naturen übergeht (vgl. auch Apolinarius, ep. ad Iovianum 1 [251 Lietzmann = LIETZMANN, Hans, Apollinaris von Laodicea und seine Schule. Texte und Untersuchungen, Tübingen 1904, ND Hildesheim – New York 1970]). Cyrill übernahm dieses Konzept in der Frühphase seiner Theologie im Glauben, es handle sich um einen genuinen Gedanken des Athanasius (vgl. auch die Überschrift zur ep. ad Iovianum [250 Lietzmann]), musste dann aber, um die apolinaristischen Konsequenzen auszuschließen, hinzufügen (zumindest ab 430), dass ein *mit Vernunft beseeltes* Fleisch angenommen worden sei. Dies ist zumindest seit der Auseinandersetzung des Gregor von Nazianz mit Apolinarius erforderlich (vgl. Gregor von Nazianz, ep. ad Cledonium I, ep. 101, 19 [44 Gallay = Grégoire de Nazianze, Lettres théologiques, ed. P. Gallay, Paris 1974, SC 208]); vgl. ep. ad Cledonium II, ep. 102, 28 [82 Gallay]; dazu A. GRILLMEIER, Jesus der Christus (Anm. 87), 538). Zur Problematik des Verhältnisses von Apolinarius und Cyrill vgl. GALTIER, Paul, S. Cyrille et Apollinaire, in: Gr. 37 (1956) 584–609; YOUNG, Francis M., From Nicaea to Chalcedon, London 1983, 259; bei MCGUCKIN, John A., St. Cyril of Alexandria: The Christological Controversy. Its History, Theology, and Texts (SVigChr 23), Leiden – New York – Köln 1994, 178–183 wird m. E. die Bedeutung der apolinaristischen Formel bei Cyrill allzu sehr heruntergespielt; vgl. jedoch A. GRILLMEIER, Jesus der Christus (Anm. 87), 673–679.

[97] ACO I 1, 5, p. 12, 3.

[98] Vgl. Johannes Cassian, De incarnatione Domini (CSEL 17,235–391).

[99] Wenn Chr. FRAISSE-COUÉ, Die theologische Diskussion (Anm. 89), 587 im Anschluss an E. L. Fortin in diesem Zusammenhang jedoch behauptet, Johannes Cassian sei über die christologische Diskussion des Ostens nicht in Kenntnis gewesen, trifft dies in dieser Form so nicht zu. Denn Johannes Cassian wurden von Leo die Homilien übermittelt, die Nestorius selbst an Coelestin geschickt hatte. Johannes Cassian übergeht und verzeichnet schlicht, was er in Händen hatte; vgl. A. GRILLMEIER, Jesus der Christus (Anm. 87), 666–672.

[100] Nestorius, sermo 9 (262 Loofs); Übers. A. M. RITTER, Alte Kirche (Anm. 96), 217. Nestorius verwendet hier sogar den Begriff der Einung, der sonst von Cyrill favorisiert worden ist.

[101] Cyrill (ACO I 1,5, p. 12); vgl. auch das Memorandum Cyrills, das dem Poseidonius übergeben worden war (ACO I 1,7, p. 171 f.).

[102] Vgl. Colestin, ep. ad Nestorium (ACO I 2, p. 7–12) sowie Arnobius, Conflictus cum Serapione (PL 53, 289–290).

[103] Vgl. Coelestin, ep. ad Cyrillum (ACO I 2, p. 5–6).

104 Vgl. A. M. RITTER, Alte Kirche (Anm. 96), 218f. mit Auszügen aus den Anathematismen; ferner J. A. MCGUCKIN, St. Cyril (Anm. 96), 44f.
105 Vgl. Nestorius, sermo 18 (297–313 Loofs) und sermo 19 (313–321 Loofs), die Texte sind zum Teil korrupt; vgl. F. LOOFS, Nestoriana (Anm. 89), 297. 313; vgl. ACO I 5, p. 39–45 und ACO I 5, p. 45–46 bzw. ACO I 4, p. 6–7.
106 Vgl. Theodosius, sacra vom 19. Nov. 430 (ACO I 1,1, p. 114–116).
107 ACO I 5, p. 25, 2–14.
108 Vgl. Chr. FRAISSE-COUÉ, Die theologische Diskussion (Anm. 89), 597f.
109 Barhadbesabba Arbaia 22 (PO 9, 542).
110 Vgl. Johannes von Antiochien, ep. ad Cyrillum (ACO I 1,1, p. 119).
111 Cyrillische Akten vom 22. Juni (ACO I 1,2, p. 9); zur ersten Phase des Konzils von Ephesus vgl. vor allem DE HALLEUX, André, La première session du concile d'Éphèse (22 Juin 431), in: EThL 69 (1993) 48–87.
112 Vgl. Candidian, Contestatio vom 22. Juni (ACO I 4, p. 31–32).
113 Vgl. Chr. FRAISSE-COUÉ, Die theologische Diskussion (Anm. 89), 603f.; zur Problematik der Vorladung des Nestorius durch Cyrill vgl. STEINWENTER, Artur, Der antike kirchliche Rechtsgang und seine Quellen, in: ZSRG.K 23 (1934) 1–116, hier 65–75, besonders 66 zum Versäumnisverfahren. Es handelte sich im Fall des Nestorius um eine Kontumazialladung, nicht um ein Strafverfahren im strikten Sinne; rechtlich gesehen, war es eine kirchliche ‚Gesamtstreitigkeit'. Wird eine *festgestellte* Glaubensregel (hier die Cyrillische Theologie) nicht akzeptiert, kann der Fall gegen eine Einzelpartei geführt werden, woran sich ein abgekürztes Strafverfahren (in der Regel Absetzung oder Ausschluss) anschließt (vgl. A. STEINWENTER, a.a.O., 10). In diesem Sinne konnte sich Cyrill im Recht wähnen, d.h. dass er ein korrektes Rechtsverfahren durchgeführt habe. Allerdings widerspricht dies der kaiserlichen Intention und somit der übergeordneten Instanz für die konziliaren Bestimmungen, wonach Cyrill als Angeklagter erscheinen sollte. Dies entspricht juristisch der sachlichen Zuständigkeitsnorm (vgl. dazu A. STEINWENTER, a.a.O., 30–35; in diesem Zusammenhang sind die Verhandlungen von Ephesus nicht erwähnt).
114 Hinzu kommt, dass es überhaupt nicht klar ist, wer das Absetzungsurteil gegen Nestorius unterzeichnet hat, da in den entsprechenden Quellen auch Namen von Personen angeführt sind, die eindeutig auf Seiten des Nestorius standen; vgl. GERLAND, Ernst / LAURENT, Vitalien, Corpus notitiarum episcopatuum ecclesiae orientalis graecae, in: Le Patriarcat byzantin II, Chalcédoine, Paris 1936, 5–105, hier 33–37; vgl. auch CRABBE, Anna, The Invitation List to the Council of Ephesus and Metropolitan Hierarchy in the Fifth Century, in: JThS 32 (1981) 369–400.
115 Griechische Akten ACO I 1, 5, p. 119–124; lateinische Akten ACO I 4, p. 33–36.
116 ACO I 1, 3, p. 53–63 und ACO I 1, 3, p. 21–26.
117 ACO I 1,3, p. 9–10.

[118] Die Einzelheiten brauchen hier nicht dargestellt zu werden; vgl. dazu Chr. FRAISSE-COUÉ, Die theologische Diskussion (Anm. 89), 610–616.

[119] ACO I 1, 3, p. 31 f.; ACO I 1, 7, p. 67 f.

[120] Nach obigen Überlegungen ist es problematisch, davon zu sprechen, die Briefe Cyrills an Nestorius als die allein zulässige Interpretation des nicaenischen Symbols seien das „Dogma" von Ephesus, so BEYSCHLAG, Karlmann, Grundriß der Dogmengeschichte, Bd. 2.1: Das christologische Dogma, Darmstadt 1991, 82; ähnlich auch LIÉBAERT, Jacques, Ephesus, ökumenisches Konzil (431), in: TRE 9 (1982), 753 f.; vorsichtiger VOGT, Hermann Josef, Das gespaltene Konzil von Ephesus und der Glaube an den einen Christus, in: TThZ 90 (1981) 89–105, hier 105.

[121] ACO I 1, 4, p. 30, 23–27.

[122] RICHARD, Marcel, Le Pape Saint Léon le Grand et les *Scholia de incarnatione unigeniti* de saint Cyrille d'Alexandrie, in: M. RICHARD, Opera minora II, Turnhout – Leuven 1977, Nr. 53, 112–128, hier 127, überliefert in einem Florileg des Leontius von Jerusalem und in einem syrischen, diophysitischen Florileg des Ps.Maron.

[123] Scholia de incarnatione unigeniti: griechische Fassung ACO I 5, 219–231, lateinische Fassung ACO I 5, 184–215; vgl. zu dieser Schrift auch die Übersetzung von J. A. MCGUCKIN, St. Cyril (Anm. 96), 294–335.

[124] ACO I 5, p. 187.

[125] Vgl. M. RICHARD, Le Pape Saint Léon (Anm. 122), 121.

[126] ACO I 1, 7, 143–145.

[127] ACO I 4, p. 223–224; dazu vor allem BATTIFOL, Peter, Les présents de saint Cyrille a la cour de Constantinople, in: BALCL 1 (1911) 247–264.

[128] Vgl. R. WILLIAMS, Does it make sense to speak of pre-Nicene orthodoxy? (Anm. 16), 1–23.

[129] LEHMANN, Karl, Grußwort (MS 2633/2004), 1.

[130] Vgl. BÖHM, Thomas, Das Verständnis der Religion in der alten Kirche, in: Th. JÜRGASCH / A. M. KARIMI / K. RUHSTORFER / G. KORIDZE (Hgg.), Gegenwart der Einheit – Zum Begriff der Religion. FS zu Ehren Bernhard UHDES, Freiburg – Berlin – Wien 2008, 105–121.

[131] Von hier aus könnte auch eine Auseinandersetzung etwa mit der Systemtheorie Luhmanns erfolgen (vgl. LUHMANN, Niklas, Die Religion der Gesellschaft, Frankfurt 2000; LUHMANN, Niklas, Funktion der Religion, Frankfurt ⁵1999) oder mit der soziologischen Interpretation bei LUCKMANN, Thomas, Die unsichtbare Religion, Frankfurt ⁴2000.

Islamischer Glaube versus christliche Kultur
Zur Kritik an der These vom Aufklärungsbedarf des Islam

Bernhard Uhde

> „Dieses wunderbare Land [Türkei] hat auch eine bemerkenswerte Blüte der islamischen Kultur in den verschiedensten Bereichen erlebt, einschließlich ihrer Literatur und Kunst, sowie ihrer Institutionen."[1]

I.

„Kultur" ist die Einrichtung des Menschen in seiner Welt, näherhin verstanden als „die Hervorbringung der Tauglichkeit eines vernünftigen Wesens zu beliebigen Zwecken überhaupt (folglich in seiner Freiheit)"[2], schließlich bestimmt dadurch, „den Willen, in der Bestimmung und Wahl seiner Zwecke, zu befördern, welche doch zum ganzen Umfange einer Tauglichkeit zu Zwecken wesentlich gehört".[3] „Glaube" aber ist jener spezifische Verstandesakt, der durch die Herrschaft des Willens auf Eines[4] hin bestimmt ist[5], auf jene Einheit, die unterschieden ist von der Vielheit der erscheinenden Welt. Die Verhältnisbestimmung zwischen „Kultur" und dem Religion prägenden „Glauben" gewährt vielerlei Aspekte[6], wobei die jeweilige kulturelle Prägung auch manche Inhalte von Religion, die jeweilige Religion auch manche Inhalte der Kultur hervorbringen mag und die Religion wiederum auch manche Inhalte von Kultur aufnehmen kann, wie für das katholische Christentum im Apostolischen Schreiben „Evangelii Nuntiandi" formuliert: „Dennoch wird das Reich, das das Evangelium verkündet, von Menschen gelebt, die zutiefst an eine Kultur gebunden sind, und kann die Errichtung des Gottesreiches nicht darauf verzichten, sich gewisser Elemente der menschlichen Kultur und Kulturen zu bedienen."[7]

Bernhard Uhde

Zu den Elementen der abendländischen Kultur ist die Philosophie- und Geistesgeschichte zu rechnen, ja das Element der Geschichte, begriffen als eine Entwicklung des Geistes.[8] Die Versöhnung dieser mit der griechischen Antike beginnenden Geistesgeschichte führe zu einer christlichen Kultur wie der Kultur des Christentums unter dem Begriff der Vernunft, einer Vernunft, die im Islam nicht genügend geschätzt werde.[9] Wenn auch der Glaube der Muslime aus katholischer Sicht „mit Hochachtung"[10] betrachtet wird, so wird doch nicht selten dem Islam ein Mangel an Aufklärung vorgeworfen[11], insbesondere im Zusammenhang mit dem islamischen Rechtssystem[12], und hier wieder besonders hinsichtlich der Stellung der Frauen unter der Scharia.[13] Die christliche Kultur sei dem islamischen Glauben schon durch den Gebrauch des abendländischen Rechtssystems überlegen, letztlich durch eine durch die Aufklärung gegangene abendländische Vernunft.[14]

„Was ist Aufklärung? Diese Frage, die beinahe so wichtig ist, als: was ist Wahrheit, sollte doch wohl beantwortet werden, ehe man aufzuklären anfinge! Und doch habe ich sie nirgends beantwortet gefunden!" So fragt der Berliner Pfarrer Johann Friedrich Zöllner in einem Aufsatz, der in der „Berlinischen Monatsschrift" in der Ausgabe vom 5. Dezember 1783 veröffentlicht wurde. Mit Datum vom 30. September 1784 antwortet Kant mit seinem berühmten Aufsatz „Beantwortung der Frage: Was ist Aufklärung?", veröffentlicht in eben dieser „Berlinischen Monatsschrift" im Dezember-Heft des Jahres 1784[15]: *„Aufklärung ist der Ausgang des Menschen aus seiner selbst verschuldeten Unmündigkeit. Unmündigkeit* ist das Unvermögen, sich seines Verstandes ohne Leitung eines anderen zu bedienen. Selbstverschuldet ist diese Unmündigkeit, wenn die Ursache derselben nicht am Mangel des Verstandes, sondern der Entschließung und des Muthes liegt, sich seiner ohne Leitung eines anderen zu bedienen. Sapere aude! Habe Muth dich deines *eigenen* Verstandes zu bedienen! ist also der Wahlspruch der Aufklärung."[16] Und gegen Ende dieses Aufsatzes heißt es nochmals deutlich, was Ursache der genannten Unmündigkeit ist, aus der sich der Verstand befreien solle: „Ich habe den Hauptpunkt der Aufklärung, d. i. des Ausgangs der Menschen aus ihrer selbst verschuldeten Unmündigkeit, vorzüglich *in Religionssachen* gesetzt ..."[17].

So ist „Aufklärung" zu verstehen: die Religion ist nicht länger nach Art „mittelalterlichen" Denkens Voraussetzung, sondern Objekt des menschlichen Verstandes, der sich selbst frei setzen und als frei begreifen muss. Folglich werden auch die Inhalte der Religion an den Prinzipien des Verstandes zu messen sein, eben jenes urteilenden Verstandes, der in seiner Freiheit durch eine „Glauben" fordernde Religion in die „Unmündigkeit" gesetzt ist. Nun aber wird der dieser Unmündigkeit zustimmende Wille jenem „Glauben" entzogen – zunächst, um den Akt des Glaubens als Folge menschlicher Urteilsfähigkeit, etwa als Postulat, zu setzen. Diesen Akt, der ein bedeutender Fortschritt der christlich geprägten abendländischen Geistesgeschichte, mithin der christlichen Kultur sei, habe der Glaube des Islam nie vollzogen.

Der von Kant geforderte „eigene Verstand" bedient sich einiger Grundsätze, vorzüglich aber des „Satzes vom zu vermeidenden Widerspruch", wie er von Aristoteles als sicherstes aller Prinzipien des Denkens und Voraussetzung allen Denkens formuliert wurde: „daß nämlich dasselbe demselben gemäß desselben gleichzeitig zukommen und nicht zukommen kann, ist unmöglich."[18] Kant „übersetzt" dieses Prinzip: „Keinem Dinge kommt ein Prädikat zu, welches ihm widerspricht."[19] Folglich ist dem menschlichen Erkenntnisvermögen nur zugänglich, was keinen Selbstwiderspruch aufweist. Dies ist auch Grundsatz des „natürlichen Verstandes" jedes denkenden Menschen. Unabhängig davon, ob diese Vorstellung des natürlichen Verstandes als Erkenntnisprinzip nach der Kritik Hegels[20] gehalten werden soll, bleibt das Prinzip dieses natürlichen Verstandes Kriterium des Aufklärungswissens. Gerade aber dieses Prinzip und damit dieses Wissen ist die dem Menschen verfügbare Grundlage auch in der Religion des Islam: der Islam versteht sich als Religion des Verstandes, mithin als eine Religion, die aufklärend gegenüber Judentum und Christentum wirkt.

II.

Der Islam versteht sich als eine Wahrheit, die alle Lebensbereiche des Menschen umgreift, mithin auch den menschlichen Verstand.[21] Er ist „Rechtleitung" auf einem „geraden Weg"[22], und er spricht den menschlichen Verstand an mit der Unterscheidung von „Wahrheit" und „Unwahrheit, Trug"[23]. Diese Unterscheidung beruht für menschliches Wissen bereits auf der von Parmenides getroffenen Unterscheidung von „wahr" und „unwahr", die selbst die erste Wahrheit ist, die Unterscheidung „wie es ist" und „wie es nicht ist"[24], eine Unterscheidung, die von Platon aufgenommen wird[25] und Aristoteles' „Satz vom zu vermeidenden Widerspruch" vorbereitet. Wohl ist Gott selbst erhaben über den menschlichen Verstand[26] und auch die von ihm gesandte wörtliche Offenbarung[27], doch eben diese Offenbarung kommt dem menschlichen Verstand entgegen, indem sie das „Widerspruchsprinzip" zu ihrer eigenen Grundlage nimmt: „Gott hat ja die Propheten beauftragt, zu den Menschen ihrem Verstand entsprechend zu reden."[28] Daher: „Wir haben ihnen keine Schriften gegeben, die sie hätten studieren können, und vor dir keine Warner zu ihnen gesandt ... Sag: ,Ich ermahne euch nur zu einem: daß ihr euch zu zweit und einzeln vor Gott stellt und dann nachdenkt.'"[29] Und dieses Nachdenken richtet sich vor allem auf den Selbstwiderspruch, den das Christentum mit der Christologie vorträgt.

Der Gedanke der Christologie und in Folge der Gedanke der Trinität verstoßen gegen die absolute einzige Einheit Gottes, wie zahlreiche Koranstellen mahnen: „Ihr Leute der Schrift, geht in eurer Religion nicht zu weit und sagt über Gott nur die Wahrheit! Christus Jesus, der Sohn Marias, ist nur Gottes Gesandter, sein Wort, das er Maria entbot, und Geist von ihm. So glaubt an Gott und seine Gesandten! Sagt nicht ,drei'! Hört auf! Das ist besser für euch. Gott ist ein einziger Gott. Gepriesen sei er! Dass er ein Kind hätte! Ihm gehört, was in den Himmeln und auf der Erde ist. Gott genügt als Sachwalter. Christus wird es nicht abweisen, Diener Gottes zu sein ..."[30] Dieser Gedankenführung sind zwei Elemente zu entnehmen. Christus trägt nicht vor, Gott zu sein, sondern er versteht sich als „Diener", so dass er – „Satz vom zu vermeidenden Widerspruch"! – nicht zugleich Herr sein kann, wie er im Koran selbst sagt: „Ich habe ihnen [sc. den Menschen] nur gesagt, was du mir geboten hast: ,Dient Gott, meinem und eurem Herrn!'"[31], und „Ich bin Gottes Diener. Er hat mir die Schrift gegeben und mich zum Propheten gemacht."[32] Sodann ist ein zweiter Gott auch vollkommen überflüssig in Anbetracht der Universalität und Absolut-

Islamischer Glaube versus christliche Kultur

heit des Einen, dessen Wirkungen allenthalben zu erkennen sind.[33] So wird durch den Islam der Selbstwiderspruch im Christentum getilgt.

Nur der Islam also trägt widerspruchsfreie Wahrheit vor, eine Wahrheit, die jedem mit Verstand Beschenktem einsehbar ist.[34] So versteht sich der Islam als eine Religion, die für den natürlichen Verstand aller Menschen geoffenbart wurde[35] und damit aber auch als Religion, die den Kriterien der Aufklärung entspricht, indem sie die Grundsätze des Verstandeswissens, zumal den wichtigen Grundsatz der Widerspruchsfreiheit, zum Kriterium der Wahrheit erhebt.

Dieses bereits in der Offenbarung des Koran angelegte Verstandesprinzip der Vermeidung des Selbstwiderspruchs wird innerhalb der islamischen Theologie vorzüglich angewendet. Die Schrift des großen Theologen Muḥammad al-Ġazzālī „Wider die Gottheit Jesu"[36] zeigt dies deutlich, wenn Ġazzālī die beiden Prinzipien nennt, die er bei der Betrachtung der Schrift des Christentums, dem Evangelium des Johannes, anwenden will:

„1. Die vorhandenen Texte sind im Wortsinn zu nehmen, wenn sie verständlich sind. Wenn sie aber zum menschlichen Denken in Widerspruch stehen, müssen sie interpretiert werden. Wenn man zur Überzeugung gelangt, daß ihr eigentlicher Sinn nicht gemeint ist, muß man ihren metaphorischen Sinn[37] zu erreichen suchen.
2. Wenn die Beweise sich widersprechen und einer für und ein anderer gegen ein Urteil spricht, dann dürfen wir diesen Widerspruch nicht stehen lassen, bevor wir nicht selbst davon überzeugt sind, daß es unmöglich ist, sie auf einen Nenner zu bringen und sie miteinander in Einklang zu bringen."[38]

Die Vermeidung des Selbstwiderspruchs ist Prinzip der koranischen Offenbarung, Prinzip der islamischen Theologie. So weist der Theologe auf die Unstimmigkeiten hin, die sich aus der Annahme einer Gottheit Jesu ergeben.[39] Daher sind auch Worte der Schrift wie „Ich und der Vater sind eins"[40] nicht wörtlich, sondern metaphorisch zu verstehen: „Dieser Text spricht zu unseren Gunsten in unserer Behandlung des Problems der Vereinigung [sc. von Christus und Gott]. Der Beweis dafür ist folgender Sachverhalt: Die Juden sprechen ihm das Wort ‚Ich und der Vater sind eins!' ab – und damit ist das eigentliche Problem der Einigung gemeint –, und sie waren der Meinung, daß er mit diesem Wort den Wortsinn meinte, und er demnach wirklich Gott wäre. Er aber, über ihn sei Friede, widerspricht der Aussage der Juden und erklärt, daß der Satz metaphorisch gemeint ist."[41]

Während der Koran die für den menschlichen Verstand nicht fassbare Selbstwidersprüchlichkeit der Rede von der Gottheit Jesu als logische Unmöglichkeit vorstellt, fügt er den biblischen Befund hinzu: auch aus der Schrift der Christen selbst kann die Gottheit Jesu für Ġazzālī nicht ohne Selbstwiderspruch gewonnen werden. Und nochmals greift er den logischen Widerspruch gemäß des „Satzes vom zu vermeidenden Widerspruch" auf, mit aller Deutlichkeit:

„Wenn Gott sich mit der menschlichen Natur vereinigte, dann gehörte diese Vereinigung als Attribut zu seinem Wesen. Gott ist über so etwas erhaben.

Nimmt man also die Existenz dieses Wesens [sc. des Gottmenschen] an, dann sagt man damit, daß es sich als drittes Wesen sowohl von der Gottheit als auch von der Menschheit unterscheidet. Trotzdem soll es aber mit allen Wesenseigenschaften und allen daraus folgenden Eigenschaften dieser beiden Wesen beschrieben werden, also mit Eigenschaften des Menschen, die ihn zum Menschen machen, und mit den Eigenschaften Gottes, die ihn zu Gott machen. Das ist aber Unsinn, den niemand beweisen will.

Unser Beweis (dafür) lautet: Man kann einem Ding nur eine solche Eigenschaft zuschreiben, die tatsächlich an diesem Ding möglich ist. Wenn man sich das vor Augen hält, ist es unmöglich, daß in diesem Wesen die Wesenseigenschaften der göttlichen und der menschlichen Natur zusammenpassen. Denn alle Wesenseigenschaften, durch die Gott Gott ist, und die ihn von allen anderen Wesen unterscheiden, würden, wann man sie auch dem dritten Wesen zuspricht, bewirken, daß diese Substanz gleich Gott wird. Entsprechendes lässt sich (ebenfalls) für die menschliche Natur durchführen, denn das dritte Wesen hat ja alle Wesenseigenschaften dieser beiden Naturen. Demnach wäre durch die erwähnte Zusammenstellung das dritte Wesen zugleich Gott und Mensch. Denn, wenn der Unterschied [zwischen Gott und Mensch] feststeht, und der Fall so liegt, ergibt sich daraus die Behauptung, daß einem Wesen mit allen Wesenseigenschaften des Menschen dennoch ein vom

Wesen des Menschen verschiedenes Wesen zugesprochen wird. Und das ist offensichtlich unzulässig ... Wenn wir dies überlegen, bleibt (das dritte Wesen) in sich widersprüchlich."[42]

Ġazzālī will herausarbeiten, daß Jesus diesem „dritten Wesen" gleichen müsste, wäre er denn Gott und Mensch; es ergäbe sich nicht nur im biblischen Befund, dass Jesus sich nicht für Gott ausgab, was dem koranischen Befund entspricht[43], sondern auch aus der Verstandeslogik. Und schließlich bleibt noch der islamische Gedanke, dass es selbstwidersprüchlich sei, wenn der ohnehin universale und anwesende Gott, der keineswegs nur „transzendent"[44] verstanden wird[45], sich in einen menschlichen Körper begeben würde. Die Fülle der Selbstwidersprüche, nimmt man den „Satz vom zu vermeidenden Widerspruch" als oberstes Verstandesprinzip, macht deutlich, dass die Christologie nicht diesem Verstandeswissen des natürlichen Menschenverstandes entspricht. Sie entspricht also auch nicht dem Wissen der europäischen Aufklärung selbst und scheidet die Neuzeit von mittelalterlichem Denken. Schärfer noch: die Christologie erscheint als Anachronismus in Gestalt eben dieses mittelalterlichen Denkens, so dass das Christentum einer Aufklärung bedürfte, nicht aber der Islam.

III.

Nun kann sich aber der christliche Glaube, mit der christlichen Kultur und damit der christlichen Geistesgeschichte versöhnt, nicht auf einen anachronistischen Standpunkt zurückziehen. Daher muss der islamischen Position die Denkmöglichkeit der Christologie demonstriert werden können. Diese Denkmöglichkeit nimmt Elemente der abendländischen Geistesgeschichte auf, zumal Elemente des Neuplatonismus. Plotin zeigt, dass auf den Begriff einer vollkommenen Einheit der „Satz vom zu vermeidenden Widerspruch" nicht anwendbar ist[46], weil dieser Satz den Begriff einer Einheit bereits voraussetzt. Und doch bleibt das Hauptproblem: die Christologie. Wie kann in Anbetracht des Prinzips allen Verstandeswissens, des „Satzes vom zu vermeidenden Widerspruch"[47], ein Subjekt gleichzeitig und in gleicher Hinsicht einen Selbstwiderspruch verkörpern, Mensch und Gott sein? Dies Problem zu lösen setzt die

Philosophie des Plotin voraus. Plotin erkennt: aller erscheinenden Vielheit muss der Begriff von Einheit vorausgehen, ein Begriff, der nicht an sich selbst, sondern nur in der Notwendigkeit seiner Voraussetzung erkannt werden kann.[48] Als Voraussetzung des Widerspruchsprinzips ist es diesem enthoben, weil es keine selbstwidersprechenden Prädikate zulässt. So entspricht der Begriff der Einheit dem Begriff der Unendlichkeit – und diese hat kein Gegenteil. Wenn also Christus als absolute Einheit, als absolut einheitlich Handelnder begriffen werden kann, so ist die Anstößigkeit des Selbstwiderspruchs in der Christologie als unzutreffend erwiesen: Christus kann als Mensch und Gott gedacht werden.

Gleichwohl: wenn Gott absolute Einheit ist und in der Welt der erscheinenden Vielheit selbst erschiene, wie erkennen ihn dann Menschen in Anbetracht des Umstandes, dass Menschen nur Endliches erkennen können, was auch Kontradiktion zulässt? Und so muss eine zweite Einheit in dieser Welt der erscheinenden Vielheit erscheinen, die einen Unterschied ohne Gegensatz setzt, was wiederum nur Gott möglich ist. Daher ist Christus als Mensch und Gott nur durch die Sendung des Geistes erkennbar, christlich ausgedrückt: durch Pfingsten wird Ostern, durch den Geist der Sohn und dadurch die Wirkweise des Vaters erkannt. Wenn Gott der Eine selbst erscheint, dann ist er trinitarisch zu denken.

Diese Denkmöglichkeit setzt sich in der Tradition des Christentums im Gedanken der Selbstvergegenwärtigung Christi im Sakrament fort. So vergegenwärtigt sich Gott in Christus gegenwärtig, erkennbar durch den Heiligen Geist. Diese „Logica christiana" gibt die Möglichkeit, die zentralen Inhalte des Christentums zu denken, indem das Verstandesprinzip hinsichtlich einer einzigen Einheit gleichsam „unterlaufen" wird. Dies verdankt das Christentum der neuplatonischen Philosophie, die mit dem Begreifen des Begriffs von Einheit die Christologie als Denkmöglichkeit begründet. Dies schmälert nicht das Bekenntnis, das zuvor und außerhalb dieses Begreifens zum Heile führen mag. Und doch erweist sich die Einsicht in diese Denkmöglichkeit der erscheinenden Selbstreflexion Gottes in seiner Selbstvergegenwärtigung als das Unterscheidende des Christentums, als Möglichkeit zur einer denkmöglichen Imitatio Christi.

So wird deutlich, dass nur für das Verstandeswissen „Unendlich" und „Endlich" widersprechende Prädikate sind, während doch „Unendlich" als Prädikat nicht gegen „Endlich" begrenzt sein kann, ohne in den Selbstwiderspruch zu geraten. So denkt Aristoteles die Prädikate, die nicht kontradiktorisch einem Subjekt gleichzeitig und in gleicher Hinsicht zugeordnet werden dürfen, jeweils als endlich, da sie sonst nicht kontradiktorisch sein könnten, weil nicht gegeneinander begrenzt. Ist aber eines der Prädikate („Göttlich") unbegrenzt, kann es keine Begrenztheit gegenüber dem Begrenzten („Menschlich") haben. Insofern ist der „Satz vom zu vermeidenden Widerspruch" nicht anwendbar, wenn er sich auf die Christologie beziehen soll – wenn Christus als absolute Einheit gedacht und begriffen wird. Eben dies ist aber die Kernaussage der Christologie: Christus ist „ganz Gott, ganz Mensch". So ergibt sich die Denkmöglichkeit der Christologie im Rahmen der menschlichen Vernunft jenseits der Verstandeslogik.[49]

Was nun den biblischen Befund anlangt, so könnte der islamischen Einrede Gewicht zukommen, endeten die Evangelien mit dem Kreuzestod Christi. Nun ist aber der Gedanke der Auferstehung und dessen Erfahrung die Grundlegung des Christentums. Dieser Gedanke wie dessen Erfahrung setzt das Denken des Judentums voraus.

Das Judentum hat in seiner Entstehungsgeschichte eine eigentümliche Einsicht gewonnen: die frühen Gelehrten des Volkes haben zu einem unbekannten Zeitpunkt nicht mehr jene Wirkungen, deren Ursachen (noch) unzugänglich erscheinen, divinisiert, wie sie es zuvor wohl getan wurde,[50] sondern sie beschränkten diese Divinisierung auf jene Wirkungen, die kontradiktorisch-phänomenologisch hervortraten, also selbstwidersprüchlich-erscheinend. Wenn Mose vor dem brennenden Dornbusch in der Wüste bemerkt, dass dieser brennt, jedoch nicht verbrennt, so kann er auf eine übernatürliche Wirkweise schließen[51]; wenn das Volk durch das Rote Meer trockenen Fußes zieht und die „Wasser waren ihnen eine Mauer zur Rechten wie zur Linken"[52], so ist dies das Wirken Gottes. Diese erscheinende Selbstwidersprüchlichkeit macht nicht nur die Unbegreiflichkeit Gottes deutlich, der „im tiefen Dunkel wohnt"[53], sondern auch die unbegreifliche Einzigkeit seiner Wirkungen, die unvergleichlich anderem Bewirkten sind: „... und nichts gleicht deinen Werken."[54] Und diese Selbstwidersprüchlichkeit ist in Demut hinzunehmen, wie das selbstwidersprüchliche Wirken Gottes an Hiob lehrt: dem Gerechten widerfährt größtes Unrecht, und anstatt dies gerade als Wirken Gottes zu erkennen, klagt Hiob gegen Gott, bis seine Demut erwirkt ist.

Die erscheinende Selbstwidersprüchlichkeit als Wirkweise Gottes begreifen, der dadurch seine Allmacht zeigt, ist eine Denkmöglichkeit. Die Möglichkeit als eine solche erkannt zu haben, ist die Leistung der christlichen Vätertheologie, die auch dem Gedanken, die Inkarnation sei gleichsam „überflüssig", mit dem Gedanken begegnet, dass die universale Wirkweise Gottes ja erst durch die Christologie und die damit verbundene Lehre vom „Logos spermatikos", der allen Menschen innewohnt, den Menschen bekannt ist.[55]

*

„Islamischer Glaube versus christliche Kultur": die Kontroverse könnte, dem Selbstverständnis beider Religionen entsprechend, auch „Islamische Kultur versus christlicher Glaube" heißen. Beide Religionen nutzen die Geistesgeschichte, die Teil von Kultur ist, beide nehmen für sich „Aufklärung" in Anspruch, jedoch beide nicht jene Aufklärung, die als Phase der neueren Epoche der abendländischen Geistesgeschichte die Neuzeit entscheidend geprägt hat. So mag beiden Religionen eine neuerliche der Neuzeit entsprechende „Aufklärung" erst bevorstehen. Dies aber verbindet diese beiden Religionen, und was als trennend erschien, mag unvermittelt als Zukunft beider die beiden einander näher bringen und ihre Traditionen gegenseitig besser verstehen lassen, über deren Widersprüchlichkeit ein Anderer richten wird, denn „Gott ist unser Herr und eurer. Wir haben unsere Taten, ihr eure. Es gibt kein Argument zwischen uns und euch. Gott versammelt uns. Zu ihm führt das Ende."[56]

Anmerkungen

[1] Papst BENEDIKT XVI. in einer Ansprache während der Begegnung mit dem Präsidenten für religiöse Angelegenheiten der Türkei, Ali Bardakoglu, am 28. November 2006.

Islamischer Glaube versus christliche Kultur

[2] Vgl. dazu Immanuel KANT, Kritik der Urteilskraft §83.
[3] KANT a. a. O.
[4] Zur Bedeutung der „Einheit" im Zusammenhang mit Religion vgl. Bernhard UHDE, Gegenwart und Einheit. Unveröff. Habil.schrift Freiburg 1982, 33 ff.
[5] Vgl. THOMAS AQUINAS, Summa Theologiae II-II, 4,1 („Actus autem fidei est credere ..., qui actus est intellectus determinati ad unum ex imperio voluntatis"). Dazu Michael STÄDTLER, Die dritte Negation, in: Hegel-Jahrbuch 2004. Glaube und Wissen. Zweiter Teil, Berlin 2004, 142 ff.
[6] Vgl. dazu beispielsweise Jörg BERGMANN / Alois HAHN / Thomas LUCKMANN (Hgg.), Religion und Kultur. Sonderheft 33 (1993) der Kölner Zeitschrift für Soziologie und Sozialpsychologie, Opladen 1993.
[7] Papst PAUL VI., Apostolisches Schreiben „Evangelii Nuntiandi" vom 8. 12. 1975, Ab 20.
[8] Vgl. G. W. F. HEGEL, Vorlesungen über die Philosophie der Geschichte, Einleitung.
[9] So Papst BENEDIKT XVI. in seiner Ansprache „Glaube, Vernunft und Universität. Erinnerungen und Reflexionen." an der Universität Regensburg am 12. September 2006. Dazu Thomas JÜRGASCH und Ahmad Milad KARIMI, „Nicht vernunftgemäß zu handeln, ist dem Wesen Gottes zuwider". Überlegungen zum Begriff einer vernünftigen Religion, in: Thomas JÜRGASCH / Ahmad Milad KARIMI / Georg KORIDZE / Karlheinz RUHSTORFER (Hgg.), Gegenwart der Einheit. Zum Begriff der Religion. Festschrift zu Ehren von Bernhard UHDE. Freiburg 2008, 167 ff.
[10] Vgl. das Dokument des Vaticanum II „Nostra Aetate", Ab 3.
[11] Vgl. dazu Susanne HEINE, Aufklärung und Islam. Versuch einer Differenzierung gegen die Herrschaft der Schlagworte, in: Furche 64 (2008), Heft 18.
[12] Vgl. dazu Maurus REINKOWSKI, „Verstehen Sie Islam?" Zur Islam-Debatte in Deutschland seit dem 11. September, in: Gegenwart der Einheit (Anm. 9), 147 ff., bes. 149.
[13] Vgl. Christine SCHIRRMACHER / Ursula SPULER-STEGEMANN, Frauen und die Scharia. Die Menschenrechte im Islam, Kreuzlingen – München 2004.
[14] Vgl. dazu Bernhard UHDE, Christentum und Neuzeit – Neuzeit und Islam? oder Bedarf der Islam einer Aufklärung? Bemerkungen zu einem Missverständnis, in: Wilhelm METZ / Karlheinz RUHSTORFER (Hgg.), Christlichkeit der Neuzeit – Neuzeitlichkeit des Christentum. Zum Verhältnis von freiheitlichem Denken und christlichem Glauben. Paderborn u. a. 2008, 179 ff.
[15] Immanuel KANT, „Beantwortung der Frage: Was ist Aufklärung?", in: Berlinische Monatsschrift, Dezember-Heft 1784, 481–494.
[16] KANT (Anm. 15), 481.
[17] KANT (Anm. 15), 492.
[18] ARISTOTELES, Metaphysik 1005 b 19 f.
[19] Immanuel KANT, Kritik der reinen Vernunft, B 190. Dazu JÜRGASCH / KARIMI (Anm. 9), 171 f.
[20] Vgl. JÜRGASCH / KARIMI (Anm. 9), 173 f.

[21] „Islam" als Hingabe des menschlichen Willens an Gott ist Prinzip aller Prinzipien menschlichen Handelns auf allen Gebieten, mithin *auch* Religion, nicht *nur* Religion: „insgesamt aber ein Habitus, der keinen Bereich auslässt" (Bernhard UHDE, „Kein Zwang in der Religion" (Koran 2,256). Zum Problem von Gewaltpotential und Gewalt in den „monotheistischen" Weltreligionen, in: Jahrbuch für Religionsphilosophie 2 (2003) 85f.

[22] Vgl. Koran 1,6 u. ö.

[23] Vgl. Koran 22,62 u. ö. Dazu Bernhard UHDE, „Denn Gott ist die Wahrheit" (Koran 22,62). Notizen zum Verständnis von „Wahrheit" in der religiösen Welt des Islam, in: Jahrbuch für Religionsphilosophie 4 (2005) 83ff.

[24] PARMENIDES B 2; B 7; B 8. Dazu Heribert BOEDER, Grund und Gegenwart als Frageziel der früh-griechischen Philosophie, Den Haag 1982, 135ff.

[25] Vgl. PLATON, Sophistes 230 b 4f. Dazu PLATON, Politeia 436 b 8f.

[26] Vgl. Koran 2,255 u. ö.

[27] Vgl. Koran 3,7.

[28] Muḥammad AL-ĠAZZĀLĪ, in: Muḥammad al-Ġazzālīs Lehre von den Stufen zur Gottesliebe. Die Bücher 31–36 seines Hauptwerkes eingeleitet, übersetzt und kommentiert von Richard GRAMLICH, Wiesbaden 1984, 537.

[29] Koran 34,44f.

[30] Koran 4,171f. Dazu Hans ZIRKER, Islam. Theologische und gesellschaftliche Herausforderungen. Düsseldorf 1993, 186f. („Sagt nicht: Drei!" (Sure 4,171) – Zur Faszination der Einzigkeit Gottes im Islam).

[31] Koran 5,117.

[32] Koran 19,30. Dazu Martin BAUSCHKE, Jesus als Beispiel der Gott-Mensch-Beziehung im Koran, in: Hansjörg SCHMID u. a. (Hgg.), Heil im Christentum und Islam. Erlösung oder Rechtleitung? Stuttgart 2004, 101ff.

[33] Vgl. die Ausführungen bei Muḥammad al-Ġazzālī (Anm. 28), 679.

[34] Dazu Bernhard UHDE, „Denn Gott ist die Wahrheit" (Koran 22,62). Notizen zum Verständnis von „Wahrheit" in der religiösen Welt des Islam, in: Jahrbuch für Religionsphilosophie 4 (2005) 83ff.

[35] Vgl. UHDE (Anm. 21).

[36] Franz-Elmar WILMS, Al-Ġhazālīs Schrift wider die Gottheit Jesu, Leiden 1966.

[37] Ġazzālī verwendet hier ein Wort der islamischen Exegese („bāṭin" – der „verborgene", „innere" Sinn).

[38] WILMS (Anm. 36), 59f.

[39] Vgl. WILMS, (Anm. 36), 60f.

[40] Joh 10,30.

[41] WILMS, (Anm. 36), 61f.

[42] WILMS, (Anm. 36), 83.

[43] Vgl. Koran 5,116ff.

[44] Vgl. Papst BENEDIKT XVI (Anm. 9).

[45] Vgl. die diesbezüglichen Bemerkungen der 38 islamischen Gelehrten in ihrem „Offenen Brief an Seine Heiligkeit Papst Benedikt XVI", veröffentlicht am 12. Oktober 2006.

⁴⁶ Vgl. vor allem PLOTIN, Enneade III, 8, 8.
⁴⁷ Vgl. ARISTOTELES, Metaphysik 1005 b 19 f.
⁴⁸ PLOTIN, Enneade VI, 8, 9, 37 ff.
⁴⁹ Vgl. JÜRGASCH / KARIMI (Anm. 9), 182 ff.
⁵⁰ So könnte auch der heilige Gottesname JHWH von der Wurzel *hwh* („fallen", „wehen") abgeleitet sein, so dass sich Deutungen wie „der Wehende", oder „der Blitzeschleuderer" ergäben.
⁵¹ Vgl. Ex 3,2.
⁵² Vgl. Ex 14,22.
⁵³ Vgl. 1 Kön 8,12; Psalm 18,11: „Finsternis macht er zu seinem Bergungsort, zu seinem Zelte rings um sich her, Finsternis der Wasser, dichtes Gewölk" u. a.
⁵⁴ Psalm 86,8 u. a.
⁵⁵ Vgl. vor allem JUSTINUS, II. Apologie 10, 1 f.
⁵⁶ Koran 42,15 (Übersetzung Hans ZIRKER, Der Koran, Darmstadt 2003).

Widerstreit und Annäherung

Zum prekären Verhältnis zwischen postmodernem und christlichem Denken

Markus Enders

0. Einführung in das Thema und den Aufbau des Beitrags

Der Titel der im Folgenden zu entfaltenden Überlegungen führt bereits in deren Mitte hinein: Denn die sprachliche Charakterisierung des Verhältnisses zwischen postmodernem und chrislichem Denken mit „Widerstreit und Annäherung" beinhaltet im Ausdruck „Widerstreit" selbst eine genuin postmoderne Beschreibungskategorie, die uns in einem ersten Schritt (1.) ein Grundverständnis zumindest der programmatischen Grundlegung des sogenannten postmodernen Denkens durch dessen Namensgeber und führenden Theoretiker Jean-François Lyotard (1924–1998) erschließen soll. In einem zweiten Schritt (2.) dieses ersten einer Charakteristik des postmodernen Denkens gewidmeten Teils soll dieses Grundverständnis erweitert und vertieft werden durch einen Blick auf die Konzeption postmodernen Denkens bei Wolfgang Welsch, dem wohl führenden deutschsprachigen Theoretiker der Postmoderne. Schließlich soll in einem ausführlicheren dritten Schritt am Beispiel Michel Foucaults (1926–1984) die postmoderne Annahme der Unbestimmbarkeit alles weltlich Erscheinenden einschließlich des Menschen aus der Nietzsche-Rezeption der Postmoderne abgeleitet werden.

Zu Beginn des zweiten Teils dieses Beitrages werden zunächst die einander widerstreitenden Differenzpunkte zwischen postmodernem und christlichem Denken kurz zusammengefasst (2.1), bevor wir in einem zweiten Schritt wenigstens exemplarisch einige Anknüpfungspunkte für christliches Denken an postmodernen Positionen bei Foucault und vor allem bei Derrida darzustellen versuchen (2.2). Eine kurze Überlegung zum prekären Charakter des Verhältnisses zwischen postmodernem und christlichem Denken beschließt diesen Versuch (2.3). Es sei hier nur kurz darauf hingewiesen, dass Gianni Vattimos aus christlicher Sicht zwar interessanter, sachlich aber doch höchst zweifelhafter und problematischer Versuch, Nietzsches und Heideggers Denken christlich zu taufen und das Christentum auf sein Konzept einer schwachen Vernunft zu reduzieren und in dieser Gestalt zu rehabilitieren, eine postmoderne Position sui generis darstellt, die im Rahmen unserer Überlegungen nicht mehr behandelt werden kann.[1]

I. Erster Teil: Grundzüge postmodernen Denkens

1. Der „Widerstreit": Zur programmatischen Grundlegung des postmodernen Denkens bei Jean-François Lyotard (1924–1998)

Es dürfte kaum ein Zweifel daran bestehen, dass die Annahme des unableitbaren, nicht mehr auf etwas Allgemeines und Einheitliches zurückführbaren, daher auch prinzipiell grenzenlos und folglich unübersehbar gewordenen Differenz-, Alteritäts- und Pluralitätscharakters der Wirklichkeit eine – wenn nicht *die* Grundüberzeugung der sogenannten Postmoderne darstellt. Dass diese Überzeugung bereits in rationalitätskritischen Tendenzen innerhalb der nachmetaphysischen Moderne – um mit Habermas zu sprechen – selbst anfänglich wirksam geworden ist wie etwa in der Vernunft-, Aufklärungs- und Totalitätskritik der Kritischen Theorie einschließlich ihres Plädoyers – etwa bei Theodor W. Adorno – für die Inkommensurabilität des Nicht-Identischen kann hier nur am Rande erwähnt werden, verdiente eigentlich aber eine ausführlichere Untersuchung.

Jean-François Lyotard konstatiert in seinen Grundlegungs- und Programmschriften zur Postmoderne das Ende der großen „Metaerzählungen" der Moderne: Unter diesen versteht er etwa die aufklärerische und idealistische Idee eines universalen sittlichen Fortschritts und Vervollkommnungsprozesses der Menschheit, ferner die ebenfalls aufklärerische Idee einer „progessive(n) Emanzipation von Vernunft und Freiheit"[2], deren geistigen Totalitätscharakter Lyotard für ihre Selbstzerstörung im Zeitalter des politischen Totalitarismus verantwortlich macht. Mit anderen Worten: Diese „großen Legitimitätserzählungen"[3] der Moderne,

Widerstreit und Annäherung

zu denen Lyotard auch das Christentum, das universale Vernunftkonzept Kants, ferner das einheitliche Weltbild der klassischen Mechanik Newtons und nicht zuletzt Hegels Annahme des philosophischen als eines absoluten und totalisierenden Herrschaftswissens sowie dessen spekulative Geschichtsphilosophie mit ihrem grenzenlosen Fortschrittsoptimismus rechnet, sind nach Lyotard letztlich auch für die politischen Totalitarismen des 20. Jh.s bis hin zum stalinistischen Gulag und zu Auschwitz verantwortlich und hätten daher ihre Glaubwürdigkeit gänzlich eingebüßt. Lyotard unterzieht gemeinsam mit einer ganzen Generation insbesondere französischer Sprach- und Religionsphilosophen im Gefolge vor allem von Heideggers Metaphysikkritik alle einen begrifflichen Anspruch auf Allgemeingültigkeit erhebenden, wirklichkeitsumgreifenden Begründungs- und Erklärungsmodelle dem ideologisierenden Generalverdacht des Totalitarismus-Vorwurfs. Daher erklärt er in seiner kurzformelhaften Verdichtung und imperativischen Parole des genuin postmodernen Anliegens allen Totalitätsansprüchen, die er als unvermeidliche Vorboten und Wegbereiter des Terrors versteht, wortwörtlich den Krieg: „Krieg dem Ganzen, zeugen wir für das Nicht-Darstellbare, aktivieren wir die Differenzen, retten wir die Differenzen, retten wir die Ehre des Namens".[4]

So kehrt unter den umgekehrten Vorzeichen des postmodernen Gewandes das uralte Anliegen des abendländischen Platonismus wieder, die Phänomene zu retten. Glaubte allerdings der Platonismus und der ihm nicht nur darin geistesverwandte Idealismus die Phänomene überhaupt nur durch ihre Einbergung und – im dreifachen hegelschen Sinne des Wortes – Aufhebung in das Allgemeine erhalten zu können, so stellt diese negierende Aufhebung ihrer phänomenalen Besonderheit aus postmoderner Perspektive verständlicherweise bereits die gänzliche Annihilation der Phänomene dar, weil nämlich die Seite ihres Einheits- und Ganzheitscharakters als Manifestation einer gleichwohl individuellen geistigen Form postmodern unbeachtet bleibt. Infolgedessen muss die Annahme einer Zugehörigkeit des Einzelnen zu einem Ganzen bereits als Zerstörung seiner Besonderheit und damit seines Seins im Ganzen aufgefasst und inkriminiert werden. Diese radikale Form des postmodernen Denkens folgt also einer Differenzlogik, die von der meist unausgesprochen und stets unausgewiesen bleibenden metaphysischen Prämisse lebt, dass das phänomenal Einzelne in seiner Singularität der alleinige Baustein der Wirklichkeit sei.[5]

Kehren wir nun wieder zu Lyotards mit großem emanzipatorischem Pathos formulierten Anliegen zurück, die Ehre des Namens – das aber heißt für ihn wie etwa auch für Levinas und nicht zuletzt für Derrida: die Identität des alleine sprachlich noch wirklichen Einzelnen bzw. einzelnen Anderen, seine Einzigkeit und Besonderheit – zu retten. Lyotard glaubt diese Aufgabe sprachspieltheoretisch durch das Ernstnehmen der Einsicht lösen zu können, dass jeder sprachliche Satz eine unübersehbare Vielfalt von Anknüpfungsmöglichkeiten bietet und damit im Kontext einer je spezifischen Diskursart steht, die sich auf ihre je eigene Weise mehrere Regelsysteme wie Argumentieren, Erkennen, Beschreiben, Fragen, Zeigen, Befehlen usw. zur Hervorbringung ihrer Sätze bedient, ohne ein grundlegendes und maßgebendes Regelsystem anzunehmen und vorauszusetzen.[6] Die Heterogenität dieser Diskurse und das Fehlen einer sie normierenden übergeordneten Instanz, einer, wie Lyotard sagt, universalen Diskursart mit Schiedsrichterfunktion führt zu unentscheidbaren Konflikten zwischen Sätzen bzw. Satzkomplexen verschiedener Diskursarten oder zwischen den Diskursarten selbst, von denen die Sätze bzw. Satzkomplexe „ins Spiel gebracht werden"[7]. Einen solchen Konfliktfall aber definiert Lyotard als einen Widerstreit: „Im Unterschied zu einem Rechtsstreit [*litige*] wäre ein Widerstreit [*différend*] ein Konfliktfall zwischen (wenigstens) zwei Parteien, der nicht angemessen entschieden werden kann, da eine auf beide Argumentationen anwendbare Urteilsregel fehlt. Die Legitimität der einen Argumentation schlösse nicht auch ein, daß die andere nicht legitim ist. Wendet man dennoch dieselbe Urteilsregel auf beide zugleich an, um ihren Widerstreit gleichsam als Rechtsstreit zu schlichten, so fügt man einer von ihnen Unrecht zu (einer von ihnen zumindest, und allen beiden, wenn keine diese Regel gelten läßt)."[8]

Solche rein sprachlichen Konfliktverhältnisse bzw. „Widerstreite" sind demnach für postmodernes Denken überhaupt charakteristisch, und zwar weil dieses das Kontradiktionsprinzip bzw. den Satz vom zu vermeidenden Widerspruch als das Axiom allen Verstandesdenkens gerade nicht anerkennt und zugrundelegt, wie man am leichtesten vielleicht an Derridas und an Foucaults para-

Widerstreit und Annäherung

doxienreicher Sprache feststellen kann.[9] Ein verstandesmäßiges Denken überhaupt und allgemein normierendes Prinzip kann nämlich dort nicht anerkannt werden, wo überhaupt nur individuelle Sprachspiele bzw. nach Lyotard genauer Spracheinsätze zur Beschreibung rein singulärer Entitäten zugelassen werden. Hier aber tritt eine Schwachstelle von Lyotards „agonistischem Sprach- bzw. Wirklichkeitskonzept"[10] deutlich zutage: Denn einen Widerstreit zwischen Sätzen zu behaupten, setzt bereits voraus, dass diese Sätze einen ausschließenden Geltungsanspruch erheben, weil ohne diese Voraussetzung ein Widerstreit zwischen ihnen gar nicht entstehen könnte. Das von den postmodernen Theoretikern in seiner Gültigkeit verneinte Kontradiktionsprinzip wird von ihnen de facto also doch vorausgesetzt und in Anspruch genommen, wie man dies etwa auch in Bezug auf Foucaults Annahme einer gänzlichen Unbestimmbarkeit von Mensch und Welt zeigen kann.[11] Mit diesem Nachweis eines performativen Widerspruchs zwischen der Behauptung eines Widerstreits zwischen Sätzen und Diskursarten untereinander und der Leugnung überindividuell gültiger Denkgesetze ist die Annahme der prinzipiellen Unentscheidbarkeit solcher sprachlichen Konfliktfälle allerdings noch keineswegs widerlegt.

2. Wolfgang Welschs Plädoyer für eine „transversale Vernunft"

Gegen Lyotards sprachtheoretisches Konzept des Widerstreits hat Wolfgang Welsch in einem wichtigen Punkt einen hermeneutischen Einwand geäußert: Welsch hat erkannt, dass Lyotards Annahme der Möglichkeit einer Anknüpfung von verschiedenen Diskursen untereinander sowie des Vergleichs zwischen den Diskursen und des Übergangs von einem Diskurs zum anderen ohne ein verbindendes und urteilendes Erkenntnisvermögen als einer überindividuellen Instanz gar nicht möglich wäre. Diese sieht er in dem Denktyp einer transversalen Vernunft gegeben, welche die Übergänge in den Diskursarten selbst ansetzt, weil etwa kognitiver, moralisch-praktischer und ästhetischer Diskurs nie trennscharf voneinander abgegrenzt werden können. Dabei gibt diese transversale Vernunft gerade keine inhaltlichen Maßstäbe vor, sondern stellt ein formales „Vermögen der Verbindung und des Übergangs zwischen den Rationalitätsformen"[12] dar: „Sie geht von einer Rationalitätskonfiguration zu einer anderen über, artikuliert Unterscheidungen, knüpft Verbindungen und betreibt Auseinandersetzungen und Veränderungen"[13]. Dabei soll diese transversale Vernunft die „immanente Korrelation und Verflechtung von Rationalitätstypen"[14] wie etwa des ökonomischen, ethischen und ästhetischen Rationalitätstyps aufzeigen. Welsch spricht diesem Vernunfttyp zu, auf drei Ebenen wirksam zu sein: „in Reflexionen über die Verfaßtheit der Rationalitätsformen und die Möglichkeit von Übergängen; in der Praxis solcher Übergänge; als Medium der Konfliktaustragung zwischen heterogenen Ansprüchen."[15] Dabei sieht er durchaus, dass sein Konzept einer transversalen Vernunft eine unübersehbare Nähe zu Kants reflektierender Urteilskraft besitzt. „Denn transversale Vernunft sucht überall das Gemeinsame (und sei es die Gemeinsamkeit einer Abgrenzung voneinander), und gerade solche Suche kennzeichnet kantisch die Urteilskraft in ihrer reflektierenden Funktion."[16] Den gravierendsten Unterschied zwischen seiner Konzeption einer transversalen Vernunft und dem Ansatz Lyotards sieht Welsch in seiner „Verabschiedung des Theorems absoluter Heterogenität"[17] und damit von Lyotards radikaler Konzeption des Widerstreits. Das Phänomen des Widerstreits kann nach Welsch überhaupt nur durch transversale Vernunft erfahren werden, welche Identität und Differenz, Heterogenität und Übergang zwischen Diskursarten bzw. Rationalitätstypen überhaupt erst erkennbar werden lasse.[18] Daher mache sein Konzept einer transversalen Vernunft Lyotards Intentionen überhaupt erst einlösbar. Dieses von Welsch exemplarisch artikulierte primäre Erkenntnisinteresse für die Übergänge zwischen den meist hochgradig differenzierten Rationalitätsdiskursen und die Ränder, an denen sie sich berühren, dürfte allen Differenztheoretikern der Postmoderne zu eigen sein, insbesondere Jacques Derrida. Dieser führt bekanntlich im Ausgang von Heideggers Theorem einer „ontologischen Differenz" zwischen Sein und Seiendem den Neologismus einer quasi-prinzipiellen „différance" ein, mit dem er „die Unaufhebbarkeit des gleichsam ursprünglichen Unterschieds von Sein und Seiendem, von Zeichen und Sache, von Ja und Nein, von allen möglichen verschiedenen Singularitäten"[19] bezeichnet. Die dadurch erreichte Aufschiebung der Bestimmung einer Sache ins Unendliche und die damit verbundene Verabschiedung einer Synthese zwischen beiden Seiten des Unterschiedenen hat Karlheinz Ruhstorfer mit der kantischen Urteilskategorie der unendlichen Limitation bzw. dem unendlichen Urteil assoziiert und als die Logik des postmodernen Differenzdenkens identifiziert.[20] Der bleibende, nicht vermittelbare Widerstreit zwischen den Diskursarten bei Lyotard ist daher nur ein, wenn auch besonders charakteristisches Beispiel für dieses differenzhermeneutische, dieses syntheselose Denken der Postmoderne, das zu keinem abschließenden, endgültig bestimmenden Urteil über eine Sache und daher zu keinen bleibenden Einsichten und Bestimmungen führt. Dies gilt nicht weniger für Michel Foucault, dessen Rede vom Tod des Menschen das Fehlen jeder bestimmenden Maßgabe für den Menschen, nicht aber dessen biologisches Verschwinden von der Erde bezeichnen soll.[21] Foucault hat immer wieder die Unentscheidbarkeit als die Signatur des postmodernen Denkens charakterisiert.[22] In oberflächlichen, simplifizierenden Umschreibungen postmodernen Denkens wird die Bestimmungslosigkeit und Unentscheidbarkeit gerne mit absoluter Gleich-gültigkeit und Beliebigkeit gleichgesetzt. Was einer Sache zu- oder abgesprochen wird, ist jedoch auch postmodern betrachtet weder subjektiv noch im jeweiligen Diskurskontext beliebig. Darüber hinaus gibt es allerdings aus postmoderner Sicht in der Tat kein gültiges, kein objektives Wahrheitskriterium, das eine eindeutige Zu- oder Abschreibung von Bestimmungen zu einem Sachverhalt rechtfertigen würde. Für diese postmoderne Überzeugung einer Bestimmungslosigkeit alles Erscheinenden ist Friedrich Nietzsche der entscheidende Inspirator gewesen, wie im Folgenden an Michel Foucaults Nietzsche-Rezeption im Rahmen seiner Wahrheits- und Erkenntnislehre erläutert werden soll.

3. Michel Foucaults nietzscheanische Wahrheits- und Erkenntnislehre

3.1. Zu Foucaults Wahrheitsverständnis

Michel Foucault (1926–1984) greift zwar das traditionelle, korrespondenztheoretische Verständnis von Wahrheit als Übereinstimmung zwischen dem Erkennen und den erkannten Gegenständen[23] bzw. zwischen den bezeichnenden Worten und Sätzen und den von ihnen bezeichneten Gegenständen bzw. Sachverhalten auf, interpretiert dieses jedoch in einer ganz untraditionellen Weise. Denn gemäß seiner grundlegenden Annahme einer universellen Nicht-Identität kann es keine gleichbleibenden Sachen oder Sachverhalte geben, auf die sich das Erkennen aufnehmend bzw. abbildend beziehen könnte; vielmehr ist für ihn der sprachliche Hinweis auf einen Sachverhalt gerade ein Anzeichen dafür, daß dieser selbst abwesend ist. Wenn sich aber der Sachverhalt in einer gleichsam unendlichen Spur stets entzieht, dann kann Wahrheit als Übereinstimmung des Gesagten mit dem jeweiligen Sachverhalt als seinem Worüber nie wirklich und daher streng genommen – dies sei gegen Foucault gesagt – auch nicht möglich sein.[24] Wahrheit als Annäherung des Denkens an die jeweilige Sache bzw. als Entsprechung von beiden soll zwar möglich sein, kann jedoch niemals wirklich werden und ist deshalb streng genommen unmöglich. Denn beide, Sprache und Sache, tauschen gleichsam beständig ihren Ort, sind also nie darauf festgelegt, Ursache oder Wirkung zu sein. Wahrheit ist für Foucault ohnehin keine (vor-)gegebene, sondern nur eine getane, sie ist im Gefolge Nietzsches „eine gewaltsame Tat, getan aus dem unpersönlichen Willen zum Wissen und aus dem Willen zur Macht"[25].

Weil sich also nach Foucault das zudem rein sprachlich verfaßte Denken der stets oszillierenden Realität nicht annähern kann, kann es für ihn auch keine objektive, überhistorische Wahrheit, sondern nur historisch bedingte Formen von Wahrheit geben, die sich als menschliche Konstrukte und Fiktionen erweisen. Im Ganzen gesehen schließt der Wahrheitsskeptizismus Foucaults daher die Wirklichkeit und mit ihr implizit auch die Möglichkeit einer objektiven Wahrheit und damit auch nur eines einzigen objektiv wahren Urteils grundsätzlich und kategorisch aus.[26] Auch wenn Foucault selbst beteuert, daß für ihn Wahrheit existiere,[27] so existiert sie für ihn de facto nur in Gestalt von geschichtlich-kontingenten Regeln bzw. Praktiken des Wissenserwerbs innerhalb geschichtlicher Epochen oder Konstellationen. So vielfältig diese diskursiven oder auch nicht-diskursiven Praktiken sind, so vielgestaltig ist demnach die Wahrheit, die daher nach Foucault eine

Geschichte hat bzw. richtiger: selbst Geschichte, selbst ein ständiges Werden und Vergehen ist. Foucault anerkennt also nur eine prinzipiell unabschließbare Vielfalt von geschichtlich-kontingenten Kriterien einer Wahrheit, die für ihn stets unwirklich bleibt und welche teilweise die Funktion einer regulativen Idee für das wissenschaftliche Forschen zu erfüllen, teilweise auch nur eine Fiktion zu sein scheint. Charakteristisch für sein skeptisches Verständnis von Wahrheit ist der Begriff der innergeschichtlich unabschließbaren, mithin endlosen Wahrheitsspiele, mit dem er die Wahrheitssuche der wissenschaftlichen Forschung insgesamt kennzeichnet.[28] Denn selbstzwecklich und prinzipienlos muß die wissenschaftliche Suche nach Wahrheit genau dann werden, wenn sie als unerfüllbar und folglich endlos angenommen wird.

3.2. Foucaults Rekurs auf Nietzsches Deutung der menschlichen Erkenntnis – seine Verabschiedung des traditionellen Gottes-, Wahrheits- und Subjektsbegriffs – eine kurze Replik

Indem Foucault Wissen und Wahrheit radikal und prinzipiell historisiert, nimmt er ihnen auch ihren Objektivitäts- und Universalitätsanspruch.[29] Seine Idee einer rein geschichtlichen Wahrheit bzw. einer Geschichte der Wahrheit hat Foucault in drei Vorträgen genauer entfaltet, die er im Jahre 1973 an der Katholischen Universität in Rio de Janeiro gehalten hat.

Bevor er in der ersten dieser Vorlesungen den geschichtlichen Ursprung der ‚Untersuchung' (enquête) als einer für unsere Gesellschaft typischen Form von Wahrheit zu bestimmen sucht,[30] geht er ausführlich auf ein von ihm für seinen Versuch als das größte Vorbild bezeichnetes Modell einer historischen Analyse der Entstehung des Subjekts ohne die Voraussetzung einer vorgängigen Existenz eines Erkenntnissubjekts bei Friedrich Nietzsche ein.[31] Zu diesem Zweck rekurriert er auf folgenden Passus in Nietzsches zwar schon 1873 entstandenem, aber erst posthum erschienenem Opusculum ‚Über Wahrheit und Lüge im außermoralischen Sinn':
„In irgend einem abgelegenen Winkel des in zahllosen Sonnensystemen flimmernd ausgegossenen Weltalls gab es einmal ein Ge-

stirn, auf dem kluge Thiere das Erkennen erfanden. Es war die hochmüthigste und verlogenste Minute der ‚Weltgeschichte'"[32].

Foucault konzentriert sich in seiner Auslegung dieses Textes auf die von ihm behauptete ‚Erfindung des Erkennens' durch den Menschen. Hierzu führt er zwei Interpretationsmöglichkeiten aus. Nach der ersten sei die menschliche Erkenntnis ebenso wie die Religion und die Poesie sowie das Ideal zu einem bestimmten geschichtlichen Zeitpunkt durch dunkle Machtbeziehungen erfunden, d.h. von einem Menschen fabriziert worden. Die Erkenntnis habe also keinen Ursprung in der menschlichen Natur, zu der sie nicht gehöre, sondern sie sei „das Ergebnis der Konfrontation und der Verbindung des Kampfes und des Kompromisses zwischen den Trieben."[33] Als ein zufälliger Effekt des Widerstreits der Triebe sei die Erkenntnis nicht selbst ein Trieb, sondern sie sei als etwas Widernatürliches gegen die Triebe gerichtet.[34] Nach einer zweiten möglichen Deutung der Erfindung des menschlichen Erkennens besitze dieses nach Nietzsche keine Verwandtschaft mit der zu erkennenden Wirklichkeit bzw. Welt. Daher könne es auch keine Übereinstimmung zwischen der Erkenntnis und den zu erkennenden Dingen geben.[35] Auf diesen großen Bruch zwischen den Bedingungen der Erfahrung und den Bedingungen des Erfahrungsgegenstandes habe Nietzsche an vielen Stellen seines Werkes hingewiesen. Zwischen der Welt, der menschlichen Natur und der menschlichen Erkenntnis bestehe „keine Affinität, keine Ähnlichkeit und nicht einmal ein natürlicher Zusammenhang."[36] Foucault schließt sich uneingeschränkt Nietzsches Diktum an, daß die Welt ohne Ordnung, Form, Schönheit und Weisheit sei; deshalb sei es ebenso unnatürlich für sie, erkannt zu werden wie es unnatürlich sei, zu erkennen.[37] Foucault charakterisiert im Anhalt an Nietzsche das Verhältnis zwischen Trieb und Erkenntnis als „ein Verhältnis des Kampfes, der Herrschaft, der Knechtschaft und des Ausgleichs"[38]; entsprechend sieht er das Verhältnis zwischen der Erkenntnis und den zu erkennenden Dingen ebenfalls durch Macht und Herrschaft bestimmt: Die Erkenntnis tue den Erkenntnisgegenständen Gewalt an, statt sie einfach so wahrzunehmen, wie sie sind.[39] An diesem in der Wirkungsgeschichte der sog. ‚Kopernikanischen Wende' Kants stehenden und von Nietzsche ins Extrem geführten „Bruch zwischen der Erkenntnis und den Dingen"[40] will Foucault unbedingt festhalten.⁴¹ Mit der Annahme eines solchen Fremdheitsverhältnisses zwischen dem menschlichen Erkennen und der Wirklichkeit aber wird zugleich auch das traditionelle korrespondenztheoretische Verständnis von Wahrheit als Übereinstimmung zwischen den Erkenntnisinhalten und dem Erkannten ad absurdum geführt. Mit der Verabschiedung von beidem hält Foucault im Gefolge Nietzsches auch die Existenz Gottes und die des menschlichen Subjekts für überflüssig; denn Gott habe in der westlichen Philosophie die Funktion erfüllt, eine Harmonie und mit ihr die Möglichkeit der Übereinstimmung zwischen der Erkenntnis und den Erkenntnisgegenständen zu gewährleisten.⁴² Doch auch die Annahme der Existenz des menschlichen Subjekts wird mit dem nietzscheanischen und foucaultschen Verständnis von Erkenntnis obsolet. Denn wenn zwischen der Erkenntnis und den Trieben als der – wie Nietzsche und Foucault es sehen – Natur des menschlichen Tieres „ein Bruch besteht und dort nur Herrschafts-, Knechtschafts- und Machtverhältnisse anzutreffen sind, dann verschwindet nicht nur Gott, sondern auch das Subjekt in seiner Einheit und Souveränität."⁴³ Dies deshalb, weil „die Einheit des menschlichen Subjekts auf der Kontinuität zwischen Begehren und Erkenntnis, Trieb und Wissen, Leib und Wahrheit beruhte. All das gewährleistete die Existenz des Subjekts. Wenn es aber tatsächlich auf der einen Seite die Mechanismen des Triebs, das Wechselspiel der Begierden und das Gegeneinander der körperlichen Mechanismen und des Willens gibt und auf der anderen Seite – auf einer vollkommen anderen Ebene der Natur – die Erkenntnis, dann wird die Einheit des menschlichen Subjekts nicht mehr benötigt."⁴⁴

Doch wohin führt die Aufgabe dieser Vorstellung eines einheitlichen menschlichen Subjekts? Der Mensch wird zum Ensemble einander widerstrebender Triebmechanismen, und zwar konkret, wie Foucault ebenfalls mit Nietzsche annimmt, zum Schauplatz des Kampfes dreier Grundtriebe, der des Verlachen-, des Beklagen- und des Verwünschenwollens. Aus diesen drei Trieben im Menschen, die darauf abzielen, sich von den Gegenständen zu entfernen und diese letztlich sogar zu zerstören,⁴⁵ gehe die Erkenntnis hervor: „Hinter der Erkenntnis steckt der zweifellos dunkle Wille, das Objekt nicht an sich heranzuholen, sich nicht damit zu identifizieren, sondern sich von ihm zu entfernen und es zu zerstören."⁴⁶ Diesen

Zerstörungswillen der Erkenntnis in Bezug auf ihre intentionalen Gegenstände nennt Foucault ‚die radikale Bosheit der Erkenntnis'. Da die genannten Triebe aber in den Bereich der negativen Beziehungen gehören, stehen an der Wurzel unserer Erkenntnis Triebe, „die von unserer Angst, Verachtung oder unserem Haß gegenüber den bedrohlichen oder anmaßenden Dingen zeugen."[47] Dabei stelle die Erkenntnis nur eine kurze Phase der Stabilisierung des Kriegszustandes zwischen den genannten drei Grundtrieben des menschlichen Tieres dar. Die Erkenntnis sei daher keine Assimilationsbeziehung, keine Relation einer liebenden Vereinigung bzw. Angleichung eines zur Aufnahme bereiten Rezeptionsvermögens an das Objekt, „sondern ein Verhältnis der Distanz und der Beherrschung; nicht Glück oder Liebe, sondern Haß und Feindschaft; keine Vereinigung, sondern ein prekäres Machtsystem."[48] Daher zeigt uns, so Foucault, nicht die asketische und die selbstvergessen an den Gegenstand gleichsam hingegebene Lebensweise des Philosophen, sondern die macht- und herrschaftsbesessene Vorgehensweise des Politikers, was Erkenntnis ist.[49]

Ein weiteres Merkmal der Erkenntnis nach Nietzsche, auf das sich Foucault beruft, ist ihre Perspektivik. Weil die Erkenntnis kein Vermögen und keine universelle Struktur, sondern ein Ereignis, nämlich das Ergebnis eines Kampfes sei, stelle sie eine strategische und parteiische, mithin eine perspektivische Beziehung dar.[50] Schließlich hebt Foucault mit dem angeblich widersprüchlichen Charakter ein letztes Merkmal des menschlichen Erkennens hervor: Dieses sei zugleich „im höchsten Maße verallgemeinernd und im höchsten Maße singulär"[51]; es verallgemeinere, indem es schematisiere, Unterschiede ignoriere, „ohne all das auf Wahrheit zu gründen. Darum heißt erkennen immer auch verkennen."[52] Sein vereinzelnder Zug liegt für Foucault in seiner Bösartigkeit begründet, d. h. darin, dass es „Menschen, Dinge und Situationen stets böswillig, heimtückisch oder aggressiv ins Visier"[53] nehme.

Es dürfte sich gezeigt haben, dass – plakativ formuliert – Foucaults Auflösung von Wahrheit in Geschichte sowie seine Verabschiedung des Gottes- und des Subjektsgedankens sich wesentlich auf seine affirmative Rezeption von Nietzsches radikal antitraditioneller Deutung der menschlichen Erkenntnis zurückführen lassen. Dafür, dass diese Deutung dem Phänomen des menschlichen Erkennens auch nur annähernd gerecht wird, kann Foucault auf Grund seiner eigenen erkenntnistheoretischen Voraussetzung einer Nicht-Entsprechung zwischen Erkennen und Erkanntem jedoch kein einziges wahrheitsfähiges Argument entwickeln. Seine Übernahme der nietzscheanischen Konstruktion des menschlichen Erkennens sowie seine Historisierung der Wahrheit und nicht zuletzt seine Verabschiedung des Gottes- und des Subjektsgedankens müssen vielmehr selbstreferentiell seinem eigenen Verdikt gegen jede Form menschlicher Erkenntnis anheimfallen: Demnach sind sie selbst das Ergebnis eines perspektivischen und strategischen, eines wirkungs- und machtorientierten, ja eines mutwilligen und aggressiven Zugriffs auf ihre Gegenstände.

Diese im Kern nietzscheanische wahrheits- und erkenntnistheoretische Position Foucaults steht zweifelsohne im Widerstreit zum theonomen, genauer zum christologischen und pneumatologischen Wahrheitsverständnis des Neuen Testamentes, insbesondere des Johannes-Evangeliums, das (nach Joh 14,6) in Jesus Christus die Wahrheit, d.h. die unverborgene Offenbarkeit des göttlichen Vaters für die Menschen, und im Heiligen Geist der Wahrheit jene göttliche Instanz sieht, die das inkarnatorische Offenbarungsgeschehen Gottes in Jesus Christus den Menschen erst im Glauben verständlich und zugänglich macht.

Nietzsches und in seinem Gefolge Foucaults Zurückführung des menschlichen Erkennens auf die erläuterten Triebkräfte und -mechanismen des menschlichen Tieres ist Ausdruck ihrer prinzipiellen Reduktion des Menschen auf seine körperlichen Triebe und Bedürfnisse, so dass die Lüste und Schmerzen des Leibes zur einzigen, zur einheits- und identitätslosen, weil ständig wechselnden Bestimmung des Menschen im Sinne von „ich begehre, also bin ich" werden. Dabei ist die im Denken Nietzsches schon weitgehend vorbereitete und bei Foucault vollzogene Auflösung der geistigen Wesensnatur des Menschen vielleicht die signifikanteste und dramatischste Spätfolge des von Nietzsche proklamierten Todes Gottes für den Menschen. Diese Auflösung führt folgerichtig zur Gleichsetzung des Menschen mit seinem bloßen, d.h. nicht mehr geistig gesteuerten, sondern gleichsam seelenlos gewordenen Leib. In dieser Auffassung des Menschen, die dem christlichen Menschenbild diametral entgegensteht, bricht dessen genuin personale

Seinsdimension daher völlig weg. Die bewegende Kraft hin zur Auflösung der personalen Identität des Menschen aber ist dessen Wille zur ‚Ent-subjektivierung', d. h. zur Aufhebung nicht nur jeder Fremdbestimmung, sondern mehr noch jeder Form von Identität und Kontinuität und damit der Wille zum ständigen eigenen Anderssein, der durchaus als eine in die Endlichkeit der eigenen Existenz fehlgeleitete, weil sich selbst missverstehende religiöse Suche nach dem ganz Anderen begriffen werden kann. So degeneriert die dem Menschen seinsmäßig bzw. wesensnotwendig aufgegebene Selbstsorge zu einem qualitäts- und endlosen, weil von keiner zu erfüllenden Wesensbestimmung des Menschen finalursächlich geleiteten Prozess der Selbstfindung; diese für postmoderne Lebenswelten charakteristische ‚autosubjektive' Selbstkultur kann folglich nur den Charakter einer von dem Novitätseffekt zehrenden permanenten Selbstinszenierung annehmen, die die Wahrheit des Menschen zur end- und somit auch ziel- und sinnlosen Reihe seiner immer neuen Selbstentwürfe verkommen lässt. So führt die Auflösung personaler Identitätsstrukturen reflexiver, volitiver und nicht zuletzt gedächtnismäßiger Natur zu einer weitgehenden Trivialisierung und Banalisierung der menschlichen Existenz in den endlosen Transformationen der dann noch verbleibenden primär triebhaften Wünsche und Bedürfnisse ihrer leiblichen Verfaßtheit.

Dass die Sprache und ihr – um mit Foucault zu sprechen, unaufhörliches Geriesel[54] – das einzige sein soll, welches nach der Selbstauflösung des menschlichen Subjekts noch übrig bleibt, eine Sprache allerdings, die keine menschliche, keine uns zurechenbare Sprache mehr sein kann, in der personales Menschsein sich ausdrückt, diese These Foucaults besitzt angesichts des Umstands, dass unsere beruflichen Alltags- und auch unsere privaten Lebenswelten immer stärker von künstlichen Sprachsystemen beherrscht werden, eine fast schon beklemmende Aktualität. Denn wer ist nach dem Untergang des personalen Menschen der Sprecher dieser Sprache? Ist es nicht die automatenhaft, die virtuell verselbständigte Sprache der ursprünglich vom Menschen produzierten, sich dann aber selbständig fortschreibenden Sprachsysteme, die ihren Schöpfer überleben? Oder verweist dieses inzwischen keineswegs mehr utopische Phänomen auch zurück in den unvordenklichen Anfang von Sprache, der dann nur noch alleine wirklich spricht, weil er die Sprache des nach dem Untergang des geistigen Menschen einzig noch personal Sprechenden ist? Denn Gott kann zwar für uns, nicht jedoch, wenn es ihn gibt, an sich selbst sterben.

II. Widerstreit und Annäherung zwischen postmodernem und christlichem Denken

1. Widerstreitende Differenzpunkte zwischen postmodernem und christlichem Denken

Fassen wir kurz diejenigen Überzeugungen des radikal postmodernen Denkens Lyotards und Foucaults, teilweise auch Derridas zusammen, die einer christlichen Weltanschauung diametral entgegenstehen:

Zunächst ist die unausgewiesen und teilweise auch implizit bleibende metaphysische Annahme zu nennen, dass es überhaupt keine eindeutig bestimmten Entitäten gebe, die eine radikale Verschärfung der nominalistischen Überzeugung etwa Ockhams darstellt, dass es nur individuelle Entitäten gebe. Aus dieser radikalen postmodernen Annahme einer Unbestimmbarkeit von Welt und Mensch und der daraus folgenden Unentscheidbarkeit von allem, genauer aller sprachlichen Formen, die nach der epochalen Verabschiedung der Vernunfttotalitäten von Welt und Geschichte alleine noch als gegeben angenommen werden, folgt nicht der Tod Gottes für den Menschen – dieser ist vielmehr bereits eine Voraussetzung für diese Annahme einer universellen Unbestimmbarkeit; diese Unbestimmbarkeit wird daher auch selbstreferentiell auf den Menschen bezogen, der nach der Vorbereitung durch die Psychoanalyse Lacans, der Ethnologie von Lévi-Strauss und der Linguistik von de Saussure in Foucaults Archäologie des Wissens auch als Subjekt und Objekt des Wissens verabschiedet wird. Der vielzitierte Tod des Menschen – gemeint ist die Auflösung der traditionellen Wesensbestimmung des Menschen als eines personal Seienden – lässt sich in der Tat unschwer als eine genuin postmoderne Auffassung identifizieren.

Doch was bleibt nach dieser diskursiven Auflösung der geistigen oder geistseelischen Wesensbestimmung des Menschen, seines personalen Seins, an dem das christliche Theorem der wesenhaften Gottebenbildlichkeit des Menschen festhalten muss, von der menschlichen Existenz überhaupt noch übrig? Diese degeneriert, wie wir gesehen haben, im einzelnen wie im ganzen zu einem unterschiedslosen, einem monoton-bloßen Funktionieren, das sich von keiner über die Befriedigung triebhafter Bedürfnisse einschließlich des Macht- und Herrschaftstriebes hinausgehenden Zielvorstellung mehr leiten lässt. Der entpersonalisierte Mensch wird zu seiner eigenen Karikatur und Parodie, wie man dies etwa an vielen Gestalten im absurden Theater Eugène Ionescos studieren kann. Doch die protestierende Erfahrung des Absurden bei Ionesco und vor allem bei Albert Camus lebt noch von der Antizipation eines Sinnes, welche dem radikal postmodern existierenden Menschen gar nicht mehr zur Verfügung steht, nachdem von ihm, wie bei Foucault, nur noch eine Spur vom Verlöschen seiner Spur übrig geblieben ist.

Zu einem solchen Welt- und Menschenbild sowie dem mit ihm verbundenen Verständnis von Wahrheit und Erkenntnis kann es christlicherseits unter Wahrung des eigenen Selbstverständnisses keine Zustimmung geben. Denn die Welt ist nach christlichem Verständnis als Schöpfung Gottes und der Mensch als das von Gott geschaffene Abbild des dreifaltigen Gottes bleibend bestimmt, und zwar durch personale Eigenschaften wie seine Geistnatur, seine wesenhafte Hinordnung auf Gott und sein Reich als dem Ort seines vollkommenen und endgültigen Glücks, seine Freiheit (und damit Verantwortungs- und Schuldfähigkeit) seine Liebesfähigkeit und –bedürftigkeit, seine individuelle Einzigartigkeit und Sozialität, seine Leiblichkeit, Geschlechtlichkeit, seine Geschichtlichkeit, seine Sprachfähigkeit (und Wahrheitsfähigkeit) und seinen Weltbezug etc., die ihm ebenso unveräußerlich zu eigen sind wie die Unantastbarkeit seiner personalen Würde im ganzen. Auch die postmoderne Erkenntnis- und Wahrheitskritik ist mit der christlichen Annahme der prinzipiellen Erkennbarkeit Gottes in und aus seinen Wirkungen, d. h. seiner Schöpfung, nicht vereinbar. Genuin christliches Denken muss daher, will es sich selbst nicht aufgeben, zu den grundlegenden Positionen des postmodernen Welt- und Menschenbildes im Verhältnis eines Widerstreits stehen, auch wenn dieser nicht beweisfähig entscheidbar ist. Doch es gibt durchaus auch

Anknüpfungspunkte für christliches Denken an postmoderne Positionen, wie im Folgenden wenigstens exemplarisch gezeigt werden soll.

2. Anknüpfungspunkte für christliches Denken an das postmoderne Denken von Foucault und Derrida

Sogar im Denken Michel Foucaults können einige wenige Momente christlicher Weisheit gefunden werden, wie sie Karlheinz Ruhstorfer gleichsam herauspräpariert hat[55]: Etwa im psychoanalytischen Zwang, über sich die Wahrheit zu sagen, oder im Zwang zum Wohlwollen des Wohlfahrtsstaates als einem Zwang zum guten Willen oder im emanzipatorischen Streben nach Befreiung der menschlichen Sexualität von externen Unterwerfungs- und Herrschaftszwängen als der Erwartung eines Neuen Menschen finden sich nach Ruhstorfer zumindest Spuren von Glaube, Liebe und Hoffnung. Entsprechendes gilt für Foucaults Engagement für die Schwachen, die Verrückten, die Kriminellen, kurz: die Marginalisierten der Gesellschaft. Doch Foucaults Engagement ist nicht durch die christliche Nächstenliebe, sondern durch die Absicht motiviert, die Grenze zwischen gesund und krank, zwischen vernünftig und verrückt etc. als willkürlich zu desavouieren und aufzuheben, und zwar weil es keine bleibende und prinzipielle Bestimmung des Menschen geben könne.

Eine *particula veri* läßt sich auch in Foucaults Entwurf der vollendet gedacht menschenunwürdig gewordenen postmodernen Selbstkultur einer im schlechten Sinne des Wortes unendlichen Selbstbestimmung und -differenzierung des Menschen finden: Diese dürfte darin liegen, dass in dieser Welt das Selbst des Menschen in der Tat mit sich nicht wirklich und schon gar nicht restlos zur Deckung kommen kann, weil der Ort seiner Erfüllung jenseits von Raum und Zeit liegt. Es bedarf daher, um schon in dieser innerweltlichen Existenzweise Halt, Geborgenheit und eine das ganze Leben umspannende, weil über es hinausführende, kraft- und sinnspendende Zielausrichtung zu finden, einer, um mit Foucault zu sprechen ‚Trans-subjektivierung' des Menschen, d.h. einer ihm aus

Gnade geschenkten Transformation, die er selbst nicht mehr leisten, der er sich aber öffnen kann.

Foucault, Derrida, der sich selbst als Schüler Foucaults gesehen hat, und Levinas betrachten im Gefolge der Metaphysik-Kritik Heideggers die menschenverachtenden politischen Totalitarismen des 20. Jh.s, deren symbolträchtigste Orte das stalinistische Gulag-System und das nationalsozialistische Massenvernichtungslager Auschwitz sind, als geschichtliche Konsequenzen der binären Logik des von ihnen deshalb perhorreszierten abendländisch-metaphysischen Denkens. Denn die ursprüngliche Erfahrung insbesondere von Emmanuel Levinas ist zweifellos die Vernichtung des Anderen im Holocaust. „Diese wird nicht nur mit der Aufhebung Hegels gleichgesetzt, sondern letztlich auf die parmenideische Scheidung von Sein und Nichtsein und damit auf den griechischen Anfang des metaphysischen Denkens zurückgeführt. Die Identität des Seienden mit sich selbst und der Ausschluss des Anderen wird hier als der Ausgangspunkt des abendländischen Denkens schlechthin angesehen, das in letzter Konsequenz zum Holocaust, zur Vernichtung des Anderen, des zum Abendländisch-Griechisch-Christlichen Fremden, führe."[56]

Doch es dürfte sich inzwischen gezeigt haben, dass weder der Archipel Gulag noch der Holocaust an den Juden dem Herrschaftswissen der metaphysischen Tradition und ihrer christlichen Prägung im Abendland entspringt. Vielmehr entstehen dort, wo man eschatologische Hoffnungen wie die einer klassenlosen Gesellschaft (Marx) oder eines Über- und Herrenmenschentums (Nietzsche) oder auch, in jüngster Zeit, einer Befreiung der Menschheit von ihren selbstdefinierten Ungläubigen bei islamistischen Fundamentalisten mit Zwang in weltliche Wirklichkeit überführen will, gewalttätig gegen Andersdenkende vorgehende, menschenverachtende Herrschaftssysteme und terroristische Praktiken.

Es kann meines Erachtens kein Zweifel daran bestehen, dass eine, wenn nicht die große Errungenschaft des postmodernen Denkens in der Entdeckung der inkommensurablen, der nicht synchronisier- und verallgemeinerbaren, der prinzipiellen Individualität und Alterität des menschlich Einzelnen liegt. Man muss allerdings gerechterweise hinzufügen, dass diese Entdeckung nur in dieser Radikalität, nicht jedoch überhaupt ein Novum in der abendlän-

Widerstreit und Annäherung

dischen Geistesgeschichte darstellt, zumal gerade vom Christentum die grundsätzliche Andersheit und Einzigartigkeit jedes menschlichen Individuums als kreatürliche Verwirklichung einer individuellen Schöpfungsidee Gottes besonders deutlich gesehen und hervorgehoben wurde. Wenn jedoch wie bei Foucault diese postmoderne Neuentdeckung der menschlichen Alterität auf Kosten der Subjekthaftigkeit und der Persönlichkeitsstruktur des Menschen geht, wird für sie ein viel zu hoher Preis gezahlt.[57] Darüber hinaus ist Andersheit nach der christlichen und bereits neuplatonischen Tradition eine Grundbestimmung alles Geschaffenen, mithin alles raum-zeitlich Erscheinenden, die nach christlicher Auffassung in der trinitarischen Unterschiedenheit zwischen Vater und Sohn ihre gottimmanente Ermöglichungsbedingung und Grundlegung findet. Das Christentum trägt also der Singularität und Andersheit alles phänomenal Einzelnen Rechnung, ohne jedoch deshalb wie das radikal postmoderne Denken die Differenz bzw. die unbestimmte Vielheit zum Quasi-Prinzip von allem zu erheben. Und dies mit gutem Grund: Denn etwas selbst Unbestimmtes kann gar nicht die bestimmende Funktion eines Prinzips ausführen, ist mithin prinzip-untauglich. Ohne die ordnende und erhaltende Wirkweise eines Prinzips löst sich aber auch das phänomenale Sein schließlich auf. Es ist meines Erachtens letztlich die Angst vor dem eigenen Nichts, der Selbstauflösung des eigenen Seins, die viele Zeitgenossen vor dieser äußersten Konsequenz des im Grunde nihilistischen Zeitalters der Postmoderne bereits hat zurückschrecken lassen. So wie sich die radikal postmoderne Annahme einer universellen Unbestimmbarkeit bereits im Urteil selbst aufhebt, indem sie sich selbstreferentiell ihre eigene Position als ebenso gleich-gültig wie die aller anderen eingestehen und ihren eigenen Wahrheitsanspruch entsprechend relativieren muss, so ist die prinzipienlose Zeit des „anything goes" der Postmoderne inzwischen meines Erachtens bereits einer neuen Epoche gewichen, die mit der Einsicht in die Notwendigkeit von Ordnungsstrukturen für den Bestand und die Entwicklung individuellen wie gemeinschaftlichen Menschseins wieder Ernst zu machen bereit ist.

Zu Jacques Derrida gibt es christlicherseits bekanntermaßen bereits eine zwar an Jahren nicht lange, aber umso intensivere Rezeptionsgeschichte, auf die hier nur pauschal verwiesen sei.[58]

Insbesondere Derridas Dekonstruktion der negativen Theologie und seine Transformation der mystischen Theologie im abendländischen Denken eignen sich für eine christliche Rezeption, die allerdings kritisch verfahren sollte, wie im Folgenden exemplarisch gezeigt werden soll. In seinem ursprünglich englischsprachigen Vortrag „Comment ne pas parler. Dénégations" (also: Wie nicht sprechen. Verneinungen) grenzt sich Derrida nur in Bezug auf die von ihm gewählte Sprach- und Denkform, nicht jedoch in Bezug auf den eigentlichen Bezugsgegenstand, auf das göttliche *Intentum*, von der „onto-theologischen Logik und der onto-theologischen Grammatik"[59] ab, die auch noch die apophatische Theologie bestimme. Die von ihm hier getroffene Voraussetzung einer Gemeinsamkeit des göttlichen Bezugsgegenstandes seiner eigenen „negativen Theologie" mit dem der negativen Theologie im abendländischen Denken ist aus christlicher Sicht durchaus bemerkenswert. Unzutreffend allerdings gemäß christlichem Verständnis ist seine Behauptung, dass die christliche Überzeugung von der Möglichkeit einer mystischen Vereinigung des Menschen mit Gott falsch und irreführend sei,[60] weil sie dem eindeutig dokumentierten Selbstverständnis aller echten christlichen Mystiker widerspricht, eine solche Vereinigung erfahren zu haben.

Konform mit der christlichen Tradition geht Derrida in diesem Text mit seiner Überzeugung vom absoluten Geheimnischarakter und der A-topik, der raum-zeitlichen Ortlosigkeit Gottes sowie dem paradoxalen Charakter jeder sprachlichen Annäherung an das absolute Geheimnis, das wir Gott nennen.[61] Entsprechendes gilt für Derridas Überzeugung vom responsorischen Charakter allen menschlichen Sprechens über Gott sowie der sittlichen Verpflichtung des Menschen. Beides ist nach ihm bereits eine Antwort auf ein unvordenklich bleibendes Geheiß Gottes, mit dem dieser den Menschen zu einer sittlichen, einer verantworteten, auf diesen göttlichen Ruf antwortenden Lebensweise aufruft und von dem im Grunde des menschlichen Bewußtseins noch eine Spur, d. h. ein unsicheres Wissen des Gewesenseins eines solchen Ereignisses übrigbleibt. Derrida hält an diesem Merkzeichen der theonomen Bestimmung des Menschen dezidiert fest, nach ihm ermöglicht das von dieser Spur bezeichnete Geheiß Gottes erst die autonome Verantwortung des Menschen. Dass an eine solche, von Levinas bekanntlich geteilte Überzeugung christliches Denken unschwer anknüpfen kann und bereits vielfach angeknüpft, erübrigt sich fast zu sagen.

In seinem Essay „Passionen. Die indirekte Opfergabe" innerhalb seines Sammelbandes „Über den Namen" geht Derrida dieser Spur des göttlichen Geheimnisses im sittlichen Verantwortungsbewußtsein des Menschen weiter nach. Hier spricht er von der begeisternden Macht des absoluten Geheimnisses, welches uns in Atem halte und in uns die Leidenschaft des sittlichen Einsatzes für den Anderen entfessele.

In seinem Post-Scriptum „Außer dem Namen" legt Derrida das Paradox der mystischen Selbsttranszendenz des Menschen aus, allerdings in einer höchst unzureichenden und dem Selbstverständnis der mystischen Theologie weitgehend unangemessenen Weise. Denn während die paradoxe Überschreitung der eigenen Grenzen in der Mystik etwa eines Angelus Silesius, aus dessen Cherubinischem Wandersmann Derrida hier einige Sentenzen exemplarisch zitiert und interpretiert, nicht der menschlichen Leistung des Mystikers, sondern der vereinigenden Kraft Gottes entspringt, der das für menschliches Vermögen Unmögliche möglich machen kann, wenn er will, glaubt Derrida in dem apophatischen Paradox der Möglichkeit des Unmöglichen sein eigenes dekonstruierendes Anliegen wiederfinden zu können, die (so wörtlich) unmögliche Möglichkeit des Unmöglichen zu erfahren. Mit diesem Paradoxon möchte Derrida den jede eindeutige Position aufhebenden Charakter seines Differenz-Denkens kennzeichnen, zu dem die hyperbolischen Paradoxe der apophatischen Theologie in der abendländischen Mystik, welche den Bereich des natürlichen Verstandesdenkens in kontradiktorischen Gegensatzverhältnissen überschreiten, zumindest eine formale Analogie besitzen. Denn beide Aussagetypen haben genau genommen dieselbe Form eines unendlichen Urteils, da nämlich auch die Aussagen der negativen Theologie dem absoluten Geheimnis Gottes als ihrem Aussagegegenstand nur jeweils eine von unendlich vielen möglichen Bestimmungen wie Veränderlichkeit etc. absprechen und deshalb ihr Subjekt genauso unbestimmt lassen wie die unendlichen Urteile der Derrida'schen Differenzlogik. Lässt sich darüber hinaus aber auch eine von Derrida selbst vermutete inhaltliche Nähe zwischen beiden Formen des Denkens feststellen?

Gott wird von Derrida zunächst nur als ein Name verstanden, und zwar als ein Name für den Zusammenbruch der Sprache vor dem absoluten Geheimnis. Dieses ist für Derrida ein Gott schlechthinniger Alterität, der sich begrifflich gerade nicht als Grund, Wesen, höchstes Sein oder Identität etc. nach Art der philosophischen Theologie der abendländischen Metaphysik und ihren begrifflichen Beschreibungsformen bestimmen lasse und daher einen Nicht-Gott (a-dieu) darstellt, insofern er den angeblich ontotheologisch gedachten seitherigen Gott der abendländischen Philosophie und christlichen Theologie verabschiede (a-dieu). Doch der Preis dieser Verabschiedung ist hoch: Denn an dessen Stelle tritt bei Derrida der sprachlich und gedanklich widersprüchlich bleibende Hinweis auf ein schlechthin anderes Geheimnis, auf einen Nicht-Gott (a-dieu), der mit dem vollkommenen Sein auch der Möglichkeit beraubt wird, sich jemals dem Menschen zeigen, mithin offenbaren zu können. So besitzt das unvordenkliche Ereignis des göttlichen Sprechens im sittlichen und dann auch im mystischen Imperativ, über uns selbst hinauszugehen und die Erfahrung einer unmittelbaren Anwesenheit bei ihm zu suchen, nach Derrida nur den Charakter eines Siegels, welches seinen Absender und dessen Signatur für uns unentzifferbar und unlesbar macht und nur die Spur dieses Imperativs in uns hinterläßt. Die absolute Alterität Gottes als des ganz Anderen, der nichts anderes sei als der ganz Andere bleibt bei Derrida zweideutig, da Gott der Name für den ganz Anderen und zugleich für jeden menschlich Anderen sein soll, in dem der ganz Andere vielleicht doch in Erscheinung tritt und uns in eine prinzipiell unendliche Verantwortung für ihn ruft, wie Derrida in seiner späten Schrift „Den Tod geben" ausführt. Hier macht sich Derrida in seiner Auslegung der Opferung Isaaks durch Abraham, und der Weisungen der neutestamentlichen Bergpredigt die Dissymmetrie der Ökonomie des Himmels zu eigen. Denn die Bergpredigt ruft bekanntlich dazu auf, die Symmetrie und Reziprozität weltlich-irdischer Tauschgerechtigkeit aufzugeben und an ihrer Stelle die dissymmetrische, himmlische Ökonomie des freiwilligen Verzichts auf einen kalkulierbaren Lohn zu befolgen. Unsere Schuldigkeit besteht demnach in der bedingungslos schenkenden, der selbstlosen Gabe, bei der die linke Hand nicht wissen darf, was die rechte Hand tut. Denn die reine Gabe geschieht ohne jede selbstbezogene Absicht, ohne jedes Kalkül. Die Logik der göttlichen Ökonomie aber verheiße demjenigen, der so, nämlich rein, zu geben bereit ist, einen ungleich größeren, weil unermesslichen Lohn dafür, dass er sich über den irdischen Nutzen erhebt.[62] Dass diese Ausführungen Derridas nicht nur die Existenz Gottes im allgemeinen, sondern eines Gottes im besonderen voraussetzen, dessen andere als die weltliche Gerechtigkeit sich für jeden Menschen mit dessen Eintritt in eine jenseitige Welt als dem Herrschaftsbereich dieses Gottes durchsetzen wird, liegt auf der Hand. Doch worin liegt der normative Charakter dieser himmlischen Ökonomie für das sittliche Tun des Menschen eigentlich begründet? Während die Bergpredigt, der Derrida seine Beschreibung der „Ökonomie des Himmels" weitgehend entlehnt, mit dem vorbildlichen Handeln Gottes das Gebot der selbstlosen Gabe bzw. der Feindesliebe – „ihr sollt also vollkommen sein, wie es auch euer himmlischer Vater ist" (Matthäus 5,48) – begründet, macht sich Derrida diese Begründung zumindest *expressis verbis* nicht zu eigen. Warum der Mensch anderen bedingungs- und absichtslos schenken soll, bleibt in Derridas Darstellung daher offen und fragwürdig. Auch wenn Derrida eine explizite Begründung hierfür schuldig bleibt, so macht doch das von ihm selbst gewählte Exempel der Opferung Isaaks durch seinen Vater Abraham die Annahme höchst wahrscheinlich, dass Derrida genau dies schon voraussetzt: Es gibt ein göttliches Geheiß, einen unvordenklichen Anspruch Gottes an den Menschen, sich, wie Abraham, selbstlos und ohne jede Berechnung, unter Verzicht auf jedes weltliche Kalkül, dem Willen Gottes anheim zu stellen und sich für den Anderen und die anderen gleichsam zu verschwenden. Damit dürfte Derrida seinem eigenen religiösen Glauben an eine zukünftige Welt als dem uneingeschränkten Herrschaftsbereich Gottes zumindest indirekt Ausdruck verliehen haben. Denn dass auch für ihn das Handeln Gottes und dessen andere Gerechtigkeit einen Vorbildcharakter besitzt, dies anzunehmen, legen seine Ausführungen zu der dissymmetrischen Ökonomie des Himmels und ihren biblischen Bezugsstellen zweifellos nahe.

3. Zum prekären Verhältnis zwischen postmodernem und christlichem Denken

Zusammenfassend betrachtet, scheint mir das Verhältnis zwischen postmodernem und genuin christlichem Denken mit dem Attribut „prekär" treffend charakterisiert zu sein, da man sich hier auf einem unsicheren, heiklen und schwierigen Terrain bewegt. Dies vor allem deshalb, weil die eine, die postmoderne Seite dieses Verhältnisses sowohl sich als auch alles andere und damit auch ihr Verhältnis zu anderem wie etwa dem christlichen Denken für unbestimmbar hält und den Versuch einer Bestimmung radikal von sich weist. Doch genau diese postmoderne Position kann und muss gegen ihre eigene Absicht in die Form eines Urteils aufgenommen und damit bestimmt werden. Denn erst durch ihre Bestimmung im Urteil wird sie begrenzt und kann die große, nicht nur theoretische, sondern auch lebenspraktische Gefahr ihrer chimärenhaften Wirksamkeit einer Einebnung aller prinzipiellen Unterschiede auch und gerade für das Christentum gebannt werden. Denn erst dann kann man erkennen, wo die fundamentalen, einander kontradiktorisch widerstreitenden Differenzpunkte zwischen postmodernem und christlichem Denken liegen, die christlicherseits nicht überschritten werden dürfen, ohne das Eigene aufzugeben. Es gibt aber auch, wie gesehen, Anknüpfungspunkte, die eine Beschäftigung mit postmodernem Denken über das berechtigte Anliegen, den jeweiligen Zeitgeist aus dessen philosophischen Primärquellen kennenzulernen, hinaus lohnenswert machen. Diese Beschäftigung sollte aber nicht der Versuchung des postmodernen Denkens zum Überschreiten bestehender Grenzen erliegen, sondern ganz entgegengesetzt die Grenze des postmodernen Denkens überhaupt erst erkennen lassen. Denn die postmoderne Vergleichgültigung von allem und so auch des christlichen Wahrheitsanspruchs ist jene Grenze, die christliches Denken niemals überschreiten sollte, wenn es das ihm Eigene nicht verlieren will.

Im Übrigen kann das christliche Denken der, wie angedeutet, gleichsam systemimmanent vorprogammierten und bereits im Gang befindlichen Selbstauflösung des postmodernen Denkens ruhig und gelassen zusehen. Wo sich dieses Denken gegen seine Auflösung zur Wehr setzt und sich etwa, wie bei Peter Sloterdijk, in den

Widerstreit und Annäherung

nietzscheanischen Gegenentwurf eines nach rassenhygienischen Gesichtspunkten zu schaffenden Menschenparks flüchtet,[63] sollte die christliche Weisheit als Anwalt des unverfügbaren personalen Menschseins für dessen Lebens- und Freiheitsrecht eintreten und dessen Verankerung in der unverfügbaren Maßgabe einer göttlichen Stiftung sichtbar machen.

Dann kann in Kenntnis des weltlichen Denkens ihrer geschichtlichen Gegenwart ihr Blick wieder frei werden für die unübertreffliche und daher für menschliches Vermögen unausdenkbare Fülle jener göttlichen Weisheit, die anzuerkennen und stets ein wenig mehr offenbar werden zu lassen die ihr eigene Aufgabe ist.

Anmerkungen

[1] Zu Vattimos Rekonstruktion der abendländischen Philosophie-Geschichte als eines Geschicks der Schwächung und seiner nietzscheanisch inspirierten Interpretation des christlichen als eines schwachen und ohnmächtigen Gottes sowie des Christentums als einer Religion der Schwachen und Ohnmächtigen, die er aber im Gegensatz zu Nietzsche positiv bewertet, und einer konstruktiven Auseinandersetzung mit dieser Position vgl. THURNER, Martin, Selbsterniedrigung Gottes und schwache Vernunft. Zu Gianni Vattimos postmoderner Interpretation des Christentums, in: Theologie und Philosophie 79 (2004) 174–187.
[2] LYOTARD, Jean-François, Randbemerkungen zu den Erzählungen, in: Ders., Postmoderne für Kinder. Briefe aus den Jahren 1982–1985, hg. v. P. ENGELMANN. Wien 1996, 34.
[3] Ebd.
[4] LYOTARD, Jean-François, Beantwortung der Frage: Was ist Postmodern? In: Ders., Postmoderne für Kinder (Anm. 2), 11–31, hier 31.
[5] Zum unendlichen Urteil und der endlosen Limitation als der logischen Form insbesondere des Derrida'schen Differenz-Denkens vgl. ausführlich RUHSTORFER, Karlheinz, Adieu. Derridas Gott und der Anfang des Denkens, in: Freiburger Zeitschrift für Philosophie und Theologie 51 (2004) 123–158, bes. 137–146; vgl. hierzu zusammenfassend ENDERS, Markus: Zur Dekonstruktion negativer und zur Transformation mystischer Theologie bei Jacques Derrida, in: GOEBEL, Bernd / MÜLLER, Fernando Suárez (Hgg.), Kritik der postmodernen Vernunft. Über Derrida, Foucault und andere zeitgenössische Denker. Darmstadt 2007, 119–145, hier 134–136.
[6] Vgl. LYOTARD, Jean-François: Der Widerstreit. Übersetzt von Joseph VOGEL. Mit einer Bibliographie zum Gesamtwerk Lyotards von Reinhold CLAUSJÜRGENS (Supplemente 6). München ²1989, 11: „Ein Satz, selbst der

gewöhnlichste, wird nach einer Gruppe von Regeln gebildet (seinem Regelsystem [régime]). Es gibt mehrere Regelsysteme von Sätzen. Argumentieren, Erkennen, Beschreiben, Erzählen, Fragen, Zeigen, Befehlen usw. Zwei Sätze ungleichartiger, heterogener Regelsysteme lassen sich nicht ineinander übersetzen."

[7] Vgl. Lyotard, Der Widerstreit (Anm. 6), 10 f.: „Mit ihrer Regel liefert eine Diskursart einen Komplex möglicher Sätze, und jeder von ihnen gehört einem Satz-Regelsystem an. Eine andere Diskursart aber liefert einen Komplex anderer möglicher Sätze. Aufgrund ihrer Ungleichartigkeit besteht ein Widerstreit zwischen diesen Komplexen (oder zwischen den Diskursarten, von denen sie ins Spiel gebracht werden). ... In Anbetracht 1.) der Unmöglichkeit der Vermeidung von Konflikten (der Unmöglichkeit von Indifferenz) und 2.) des Fehlens einer universalen Diskursart zu deren Schlichtung oder, wenn man das vorzieht, der zwangsläufigen Parteilichkeit des Richters ..."

[8] Lyotard, Der Widerstreit (Anm. 6), 9.

[9] Zur Aufhebung der Verstandesprinzipien des Satzes vom zu vermeidenden Widerspruch, des Satzes vom ausgeschlossenen Dritten und des Verbots des infiniten Regresses und folglich zur de-limitierenden, entgrenzenden, jede definitive Bestimmung unmöglich machenden Verfahrensweise des genuin postmodernen Denkens vgl. Ruhstorfer, Karlheinz: Konversionen. Eine Archäologie der Bestimmung des Menschen bei Foucault, Nietzsche, Augustinus und Paulus. Paderborn 2004, 44–47; ders., Eine Spur christlicher Weisheit? Michel Foucault und die Grenzen der Postmoderne, in: Bauer, Christian / Hölzl, Michael (Hgg.), Gottes und des Menschen Tod? Die Theologie vor der Herausforderung Michel Foucaults. Mainz 2003, 69–72; ders., Adieu (Anm. 5), 137–146.

[10] Hoff, Gregor Maria, Die prekäre Identität des Christlichen. Die Herausforderung postmodernen Differenzdenkens für eine theologische Hermeneutik. Paderborn u. a. 2001, 30.

[11] Vgl. Enders, Markus, Zur radikalen Krise der Subjektivität im postmodernen Denken Michel Foucaults – Rekonstruktion und Replik, in: Dalferth, Ingolf U. / Stoellger, Philipp (Hgg.), Krisen der Subjektivität. Problemfelder eines strittigen Paradigmas (Religion in Philosophy and Theology 18), Tübingen 2005, 455–474, hier 462 f., 473 f.; Enders, Markus, Subjektivität und Wahrheit bei Michel Foucault, in: Schmidinger, Heinrich / Zichy, Michael (Hgg.), Tod des Subjekts? Poststrukturalismus und christliches Denken (Salzburger Theologische Studien 24), Innsbruck – Wien 2005, 67–92, hier 74 f.

[12] Welsch, Wolfgang: Unsere postmoderne Moderne. Weinheim ³1991, 295.

[13] Welsch, Unsere postmoderne Moderne (Anm. 12), 296.

[14] Welsch, Unsere postmoderne Moderne (Anm. 12), 297.

[15] Welsch, Unsere postmoderne Moderne (Anm. 12), 304.

[16] Welsch, Unsere postmoderne Moderne (Anm. 12), 308.

[17] Welsch, Unsere postmoderne Moderne (Anm. 12), 310.

[18] Vgl. Welsch, Unsere postmoderne Moderne (Anm. 12), 312.

¹⁹ RUHSTORFER, Eine Spur christlicher Weisheit? (Anm. 9), 70.
²⁰ Vgl. RUHSTORFER, Konversionen (Anm. 9), 39–47; ders., Eine Spur christlicher Weisheit? (Anm. 9), 69–72; ders., Adieu (Anm. 5), 137–146.
²¹ Zum Tod der Bestimmung des Menschen bei Foucault vgl. Qui êtes-vous, professeur Foucault?, in: FOUCAULT, Michel, Dits et écrits par Michel Foucault 1954–1988, 4 Vols. ed. par Daniel DÉFERT et François EWALD, Paris 1994, vol. 1, 618: „Il est évident qu'en disant que l'homme a cessé d'exister je n'ai absolument pas voulu dire qu' l'homme, comme espèce vivante ou espèce sociale a disparu de la planète." Hierzu vgl. RUHSTORFER, Eine Spur christlicher Weisheit? (Anm. 9), 66: „Der ‚Tod des Menschen' besagt nicht das Verschwinden von Personen und menschlichen Lebewesen, sondern das Ende des definierten und damit begrenzten, weil bestimmten Wesens des Menschen. Der ‚Tod des Menschen' folgt notwendigerweise aus dem ‚Tod Gottes'. Es kann und darf keine Maßgabe für den Menschen geben." Zum „Tod des Menschen" als Konsequenz des „Todes Gottes" vgl. ENDERS, Zur radikalen Krise der Subjektivität (Anm. 11), 469–471.
²² Vgl. Michel FOUCAULT, La pensée du dehors, in: Ders., Dits et écrits I, 518, 537, 539.
²³ Vgl. die klassische Definition der Wahrheit als „adaequatio intellectus et rei" bei Thomas von Aquin, De veritate q. 1, a. 1; vgl. dazu SENNER, Walter, Wahrheit bei Albertus Magnus und Thomas von Aquin, in: ENDERS, Markus / SZAIF, Jan (Hgg.), Die Geschichte des philosophischen Begriffs der Wahrheit. Berlin – New York 2006, 103–148, bes. 124–131. – Zur nachthomanischen Geschichte dieser korrespondenztheoretischen Wahrheits-Definition vgl. KOBUSCH, Theo, Adaequatio rei et intellectus. Die Erläuterung der Korrespondenztheorie der Wahrheit in der Zeit nach Thomas von Aquin, in: ENDERS, Markus / SZAIF, Jan (Hgg.), Die Geschichte des philosophischen Begriffs der Wahrheit. Berlin – New York 2006, 149–166.
²⁴ Vgl. RUHSTORFER, Konversionen (Anm. 9), 84: „Wenn nun aber die Wahrheit die Entsprechung von Wort und Sache ist, dann bleibt die Wahrheit stets eine nur mögliche, eine stete Möglichkeit, der keine Wirklichkeit ... vorausgeht. Die Möglichkeit ist primär und die Wirklichkeit sekundär."
²⁵ RUHSTORFER, Konversionen (Anm. 9), 112.
²⁶ Vgl. hierzu MÜLLER, Fernando Suárez, Skepsis und Geschichte. Das Werk Michel Foucaults im Lichte des absoluten Idealismus (Epistemata, Reihe Philosophie 371), Würzburg 2004, 74 ff.
²⁷ Vgl. Michel FOUCAULT oder die Sorge um die Wahrheit, übers. v. W. Seitter, in: EWALD, Francois (Hg.), Pariser Gespräche. Berlin 1989, 16: „Alle die sagen, daß für mich die Wahrheit nicht existiert, sind einfältige Geister."
²⁸ Zu Foucaults Verständnis dieser Wahrheitsspiele vgl. ENDERS, Markus: Subjektivität und Wahrheit bei Michel Foucault (Anm. 11), 81 ff.
²⁹ MÜLLER, Skepsis und Geschichte (Anm. 26), 74, sieht in dieser Historisierung der Wahrheit eine Konsequenz aus Foucaults grundsätzlicher Auffassung von Wahrheit als eines Produkts der Sprache: „Wenn es keine objektive oder universelle Wahrheit gibt, sondern nur eine Wahrheit, die [...] das Pro-

dukt der Sprache ist; und wenn die Sprache nichts anderes als eine vermutlich durch Machtkämpfe ständig sich verändernde Instanz ist, dann ist klar, daß Foucault die Wahrheit nicht anders denken kann als eine historisch-bedingte Form, deren Objektivitäts- oder Universalitätsanspruch bloße Fiktion ist. Foucaults gesamtes kulturhistorisches Unternehmen zielt deshalb darauf ab, das Wissen und die Wahrheit radikal zu historisieren." Müllers grundsätzliche Kritik am Wahrheitsverständnis Foucaults, dieses klammere die Geltungsdimension von Wahrheit zugunsten einer äußeren Genesis der Wahrheit aus, scheint mir vollauf berechtigt zu sein.

[30] Vgl. FOUCAULT, Michel, Die Wahrheit und die juristischen Formen. Aus dem Französischen von Michael BISCHOFF. Mit einem Nachwort von Martin SAAR. Frankfurt a. M. 2004, 13: „Ich möchte zu zeigen versuchen, wie sich bestimmte Formen von Wahrheit auf der Grundlage der strafrechtlichen Praxis definieren lassen. Denn die so genannte Untersuchung [‚enquête'] – wie sie die Philosophen des 15. bis 18. Jahrhunderts durchführten, aber auch Wissenschaftler wie Geographen, Botaniker, Zoologen und Ökonomen – ist eine für unsere Gesellschaft recht typische Form von Wahrheit."

[31] Vgl. FOUCAULT, Die Wahrheit und die juristischen Formen (Anm. 30), 15: „Unter den Vorbildern, an denen man sich bei der hier vorgeschlagenen Forschung orientieren kann, scheint mir Nietzsches Werk das beste, effizienteste und aktuellste zu sein. Bei Nietzsche findet man tatsächlich einen Diskurs, der eine historische Analyse der Entstehung des Subjekts und einer bestimmten Art von Wissen unternimmt, ohne dabei die vorgängige Existenz eines Erkenntnissubjektes vorauszusetzen."

[32] NIETZSCHE, Friedrich, Ueber Wahrheit und Lüge im aussermoralischen Sinne, in: Ders., Sämtliche Werke. Kritische Studienausgabe in 15 Bänden (abgk.: KSA), hg. v. G. COLLI / M. MONTINARI, Bd. 1, München ²1999, 875.

[33] FOUCAULT, Die Wahrheit und die juristischen Formen (Anm. 30), 18; vgl. auch ebd.: „Weil die Triebe aufeinanderstoßen, miteinander kämpfen und schließlich zu einem Kompromiss gelangen, entsteht etwas. Und dieses Etwas ist die Erkenntnis."

[34] Vgl. FOUCAULT, Die Wahrheit und die juristischen Formen (Anm. 30), 18: „Die Erkenntnis ist letztlich kein Bestandteil der menschlichen Natur. Sie geht aus Kampf und Streit, aus dem Ergebnis des Streits, also aus riskanten Zufällen hervor. Sie ist kein Trieb, sondern richtet sich gegen die Triebe; sie ist nicht natürlich, sondern gleichsam widernatürlich."

[35] Vgl. FOUCAULT, Die Wahrheit und die juristischen Formen (Anm. 30), 18 f.: „[D]anach besitzt die Erkenntnis, die in keinem Zusammenhang mit der Natur steht und sich nicht daraus ableiten läßt, auch keine aus einem Ursprung herzuleitende Verwandtschaft mit der zu erkennenden Welt. Nach Nietzsche gibt es keine vorgängige Übereinstimmung oder Affinität zwischen der Erkenntnis und den zu erkennenden Dingen. Streng kantisch müsste man sagen, die Bedingungen der Erfahrung und die Bedingungen des Erfahrungsgegenstandes sind vollkommen verschieden." Zu Nietzsches Sprach- und Erkenntnistheorie sowie seiner Kritik der traditionellen Korrespondenztheorie

der Wahrheit in ‚Ueber Wahrheit und Lüge im aussermoralischen Sinne' vgl. ENDERS, Markus, Das Verständnis von Wahrheit bei Sören Kierkegaard, Ludwig Feuerbach und Friedrich Nietzsche, in: Ders. / SZAIF, Jan (Hgg.), Die Geschichte des philosophischen Begriffs der Wahrheit. Berlin – New York 2006, 301–335, hier 317–323.

[36] FOUCAULT, Die Wahrheit und die juristischen Formen (Anm. 30), 19.

[37] Vgl. FOUCAULT, Die Wahrheit und die juristischen Formen (Anm. 30), 19: „Die Welt versucht keineswegs, den Menschen nachzuahmen; sie kennt keinerlei Gesetz. Hüten wir uns vor der Vorstellung, es gäbe in der Natur Gesetze. Die Erkenntnis hat mit einer Welt ohne Ordnung, Gliederung, Form, Schönheit und Weisheit zu kämpfen. Darauf bezieht sich Erkenntnis. Nichts in der Erkenntnis gibt ihr ein Recht darauf, diese Welt zu erkennen. Für die Natur ist es keineswegs natürlich, erkannt zu werden." Foucault verweist hier auf folgende Stelle bei Friedrich NIETZSCHE, Die fröhliche Wissenschaft. Drittes Buch, Aphorismus 109, in: KSA, Bd. 3, 468: „Der Gesamt-Charakter der Welt ist dagegen in alle Ewigkeit Chaos, nicht im Sinne der fehlenden Notwendigkeit, sondern der fehlenden Ordnung, Gliederung, Form, Schönheit, Weisheit, und wie alle unsere ästhetischen Menschlichkeiten heissen."

[38] FOUCAULT, Die Wahrheit und die juristischen Formen (Anm. 30), 20.

[39] Vgl. FOUCAULT, Die Wahrheit und die juristischen Formen (Anm. 30), 20: „[U]nd ebenso wenig kann es zwischen der Erkenntnis und den zu erkennenden Dingen ein Verhältnis natürlicher Kontinuität geben, sondern nur ein Verhältnis, das durch Gewalt, Herrschaft und Macht gekennzeichnet ist. Erkenntnis kann den zu erkennenden Dingen nur Gewalt antun; sie kann sie nicht wahrnehmen, akzeptieren, sich mit ihnen oder sie mit sich identifizieren." Foucault dürfte sich dabei primär auf Nietzsches Erkenntniskritik in ‚Ueber Wahrheit und Lüge im aussermoralischen Sinne' als auch auf Nietzsches Aphorismen am Anfang des dritten Buches von ‚Die fröhliche Wissenschaft' beziehen, vgl. NIETZSCHE, Friedrich, Ueber Wahrheit und Lüge im aussermoralischen Sinne, in: KSA, Bd. 1, 875–890, hier besonders 875–880; Die fröhliche Wissenschaft, Drittes Buch, Aphorismen 110 und 111, in: KSA, Bd. 3, 469–472.

[40] FOUCAULT, Die Wahrheit und die juristischen Formen (Anm. 30), 20.

[41] Vgl. FOUCAULT, Die Wahrheit und die juristischen Formen (Anm. 30), 20: „Mir scheint, Nietzsches Analyse stellt einen äußerst bedeutsamen Bruch mit der Tradition der abendländischen Philosophie dar, an dessen Lehre wir festhalten sollten."

[42] Vgl. FOUCAULT, Die Wahrheit und die juristischen Formen (Anm. 30), 20: „Woher nahm denn die westliche Philosophie die Gewißheit, daß zwischen den zu erkennenden Dingen und der Erkenntnis ein Kontinuitätsverhältnis besteht? Woher nahm sie die Gewißheit, daß die Erkenntnis tatsächlich die Dinge der Welt zu erkennen vermag und nicht auf ewig zu Irrtum, Illusion und Willkür verurteilt ist? Was garantierte all das in der westlichen Philosophie, wenn nicht Gott? Seit Descartes – um nicht noch weiter zurückzugehen – und selbst noch bei Kant ist Gott jenes Prinzip, das eine Harmonie zwischen

der Erkenntnis und den zu erkennenden Dingen gewährleistet. Um zu beweisen, daß die Erkenntnis tatsächlich in den Dingen der Welt gründet, mußte Descartes die Existenz Gottes behaupten."

[43] FOUCAULT, Die Wahrheit und die juristischen Formen (Anm. 30), 21.
[44] FOUCAULT, Die Wahrheit und die juristischen Formen (Anm. 30), 21.
[45] Vgl. FOUCAULT, Die Wahrheit und die juristischen Formen (Anm. 30), 22: „Zunächst müssen wir uns klarmachen, daß diese drei Leidenschaften oder Triebe – Verlachen, Beklagen, Verwünschen – eines gemeinsam haben; sie zielen nicht darauf ab, sich dem Gegenstand zu nähern, sich mit ihm zu identifizieren, sondern auf Distanz zu ihm zu gehen, sich von ihm zu unterscheiden oder einen Bruch mit ihm herbeizuführen, sich durch Lachen vor ihm zu schützen, ihn durch Beklagen zu entwerten, ihn durch Verwünschung von sich zu weisen und letztlich zu zerstören." Foucault bezieht sich hier auf einen Text Nietzsches, in dem dieser das Erkennen als ein Resultat aus den „verschiedenen und sich widerstrebenden Trieben des Verlachen-, Beklagen- und Verwünschen-wollens" bzw. als ein „gewisses Verhalten der Triebe zueinander" kennzeichnet, vgl. NIETZSCHE, Friedrich, Die fröhliche Wissenschaft, Viertes Buch, Aphorismus 333, in: KSA, Bd. 3, 558 f.
[46] FOUCAULT, Die Wahrheit und die juristischen Formen (Anm. 30), 22.
[47] FOUCAULT, Die Wahrheit und die juristischen Formen (Anm. 30), 23.
[48] FOUCAULT, Die Wahrheit und die juristischen Formen (Anm. 30), 23.
[49] Vgl. FOUCAULT, Die Wahrheit und die juristischen Formen (Anm. 30), 24: „Wenn wir Erkenntnis wirklich begreifen wollen, müssen wir uns vielmehr an den Politiker halten und uns klarmachen, daß es sich um Verhältnisse des Kampfes und der Macht handelt. Nur wenn wir diese Kampfbeziehungen und Machtverhältnisse verstehen, wenn wir uns ansehen, wie Dinge und Menschen einander hassen und bekämpfen, wie sie versuchen, die Herrschaft zu erlangen und Macht über die anderen auszuüben, können wir begreifen, was Erkenntnis ist."
[50] Vgl. ebd., 25 f.: „Die Erkenntnis ist ein Ereignis, das stattfindet. Sie ist weder ein Vermögen noch eine universelle Struktur. Selbst wenn sie eine Reihe von Elementen benutzt, die als universell gelten können, ist sie selbst doch ein Ergebnis, ein Ereignis, eine Wirkung." Vgl. ebd.: „Wenn Nietzsche vom perspektivischen Charakter der Erkenntnis spricht, will er damit auf die Tatsache hinweisen, daß es Erkenntnis stets nur in Gestalt diverser unterschiedlicher Handlungen gibt, in denen der Mensch sich gewaltsam Dinge aneignet, auf Situationen reagiert und sie in Kräfteverhältnisse zwingt. Das heißt, Erkenntnis ist stets eine strategische Beziehung, in der sich der Mensch befindet. Diese strategische Beziehung definiert die als Wirkung zu verstehende Erkenntnis, und deshalb wäre es vollkommen widersinnig, wenn man sich eine Erkenntnis vorzustellen versuchte, die nicht zutiefst parteiisch und perspektivisch wäre. Der perspektivische Charakter der Erkenntnis resultiert nicht aus der menschlichen Natur, sondern aus dem polemischen und strategischen Charakter der Erkenntnis. Man kann von einem perspektivischen Charakter

der Erkenntnis sprechen, weil hier ein Kampf stattfindet und weil Erkenntnis das Ergebnis dieses Kampfes ist."

⁵¹ FOUCAULT, Die Wahrheit und die juristischen Formen (Anm. 30), 26.
⁵² FOUCAULT, Die Wahrheit und die juristischen Formen (Anm. 30), 26.
⁵³ FOUCAULT, Die Wahrheit und die juristischen Formen (Anm. 30), 26 f.; vgl. auch ebd.: „Erkenntnis gibt es nur insofern, als es zwischen dem Menschen und dem Erkenntnisobjekt gleichsam zu einem ganz besonderen Kampf, einer Konfrontation, einem Duell kommt. Erkenntnis hat immer etwas von einem Duell, das ihr etwas Besonderes verleiht."
⁵⁴ Vgl. Michel FOUCAULT, La pensée du dehors, in: Ders., Dits et écrits (Anm. 21), Bd. I, 537.
⁵⁵ Vgl. hierzu insbesondere RUHSTORFER, Eine Spur christlicher Weisheit? (Anm. 9), 65–77, insbes. 73–76.
⁵⁶ RUHSTORFER, Adieu (Anm. 5), 126.
⁵⁷ Dies sollte man allen christlichen Theologen, die vor allem das Foucaultsche Verständnis des Menschen unkritisch rezipieren, ins Stammbuch schreiben.
⁵⁸ Vgl. u. a. VALENTIN, Joachim, Atheismus in der Spur Gottes. Theologie nach Jacques Derrida, Mainz 1997; BAUER, Christian / HÖLZL, Michael (Hgg.), Gottes und der Menschen Tod. Die Theologie vor der Herausforderung Michel Foucaults, Mainz 2003; HOFF, Die prekäre Identität des Christlichen (Anm. 10); RUHSTORFER, Konversionen (Anm. 9).
⁵⁹ Vgl. DERRIDA, Jacques, Wie nicht sprechen. Verneinungen, hg. v. P. ENGELMANN, deutsche Übersetzung von H.-D. Gondek, Wien 1989, 19.
⁶⁰ Vgl. DERRIDA, Wie nicht sprechen (Anm. 59), 20.
⁶¹ Eine genauere Darstellung der folgenden Ausführungen zu Derrida mit Angabe der Belegstellen auch in dem jeweiligen französischsprachigen Original findet sich in: ENDERS, Markus, Zur Dekonstruktion negativer Theologie und zur Transformation mystischer Theologie bei Jacques Derrida, in: GOEBEL, Bernd / MÜLLER, Fernando Suárez (Hgg.), Kritik der postmodernen Vernunft. Über Derrida, Foucault und andere zeitgenössische Denker, Darmstadt 2007, 119–145.
⁶² Vgl. DERRIDA, Jacques, Den Tod geben, in: HAVERKAMP, Anselm (Hg.), Gewalt und Gerechtigkeit. Derrida – Benjamin, Frankfurt a. M. 1994, 433: „Doch ein unendliches Kalkül übernimmt die Ablösung des endlichen Kalküls, auf das verzichtet wird: Gott der Vater, der ins Verborgene sieht, wird ihn dir zurückgeben, vergelten, diesen Lohn, und unendlich größer."
⁶³ Vgl. SLOTERDIJK, Peter, Regeln für den Menschenpark. Ein Antwortschreiben zu Heideggers Brief über den Humanismus, Frankfurt a. M. 1999; hierzu vgl. STRIET, Magnus, Der neue Mensch? Unzeitgemäße Betrachtungen zu Sloterdijk und Nietzsche, Frankfurt a. M. 2000.

Mehr als Brot und Wein
Zur Phänomenologie der Gabe

Helmut Hoping

I. Wo Menschen miteinander verkehren und Götter verehren, wo wir es also mit Kultus und Kultur zu tun haben, werden Geschenke ausgetauscht und Gaben dargebracht. Nicht jede Gabe ist ein Opfer. Bei den Göttern dargebrachten Gaben aber handelt es sich um *Opfer*gaben. Die Religionsgeschichte kennt Wein-, Getreide- und Tieropfer, aber auch das Menschenopfer. Wir leben nicht mehr in der Welt der Götter und der für sie bestimmten Opfer. Das Selbstopfer Jesu hat alle bisherigen Kultopfer überholt. Dies bedeutet aber nicht das Ende des Opfers überhaupt. Auch die säkulare Welt kennt ihre Opfer. Zwei Formen sind zu unterscheiden: Zum einen das Opfer von Gewalt *(victima, victim)*, zum anderen das Opfer als Verzicht, Hingabe oder auch als Preisgabe des Lebens *(sacrificium, sacrifice)*, bei dem Opfer und Gabe oszillieren. Es ist das Verdienst des französischen Ethnologen Marcel Mauss, des Neffen und Schülers Émile Durkheims, auf die soziale Funktion der Gabe aufmerksam gemacht zu haben.[1] Mit seinem „Essai sur le don" von 1925, in dem der Gabentausch in archaischen Gesellschaften beschrieben wird, hat Mauss einen bis heute anhaltenden Gabendiskurs angestoßen, dessen disziplinäre Verzweigungen kaum noch überschaubar sind.[2] Von besonderem Interesse für die Theologie ist der Gabendiskurs der französischen Phänomenologie, mit dem ich mich in den folgenden Reflexionen etwas näher beschäftigen möchte.

Die von Edmund Husserl begründete Phänomenologie hat zu ihrem Gegenstand das, was erscheint, was gegeben ist. Seit Martin Heidegger hat die Phänomenologie zahlreiche Weiterentwicklungen erfahren. Wichtige Anregungen für die Phänomenologie der Gabe gingen von dem jüdischen Philosophen Jacques Derrida aus, der sein Denken als Dekonstruktion bezeichnet.[3] Derrida spricht von der Aporie der Gabe, die für ihn darin besteht, dass die Gabe, etwa ein Geschenk oder eine Einladung, mit zeitlichem Aufschub die Gegengabe hervorruft, so dass zu fragen sei, ob es jenseits dieser „Ökonomie der Gabe" eine reine, nichtökonomische Gabe geben kann. Derridas Beiträge zur Gabe, vor allem „Zeit geben" von 1991 und „Den Tod geben" von 1992, sind zu Referenztexten des Gabendiskurses geworden. Mit ihnen setzt sich auch Jean-Luc Marion, der bekannteste Phänomenologe unserer Tage, auseinander.[4] „Gabe" ist ein Urwort der Theologie.[5] In Röm 6,23 spricht Paulus von der „Gabe Gottes", die „ewiges Leben" ist in Jesus Christus. Ähnlich erklärt Joh 3,16, Gottes Liebe sei dadurch offenbar geworden, dass er „seinen einzigen Sohn gab", damit wir das „ewige Leben" haben. Besonders geeignet für die Entfaltung einer Theologie der Gabe ist die Eucharistie, verdankt sie sich doch der Gabe des Leibes Jesu, der den Jüngern beim letzten Abendmahl „gegeben wird" (Lk 22,19). Der phänomenologische Gabendiskurs ist aber nicht nur eucharistietheologisch von Bedeutung.[6] Bei meinen Ausführungen zur Phänomenologie der Gabe setze ich daher mit der Frage nach der Offenbarung Gottes und der Gabe seiner Vergebung ein, um dann die Gabe der Eucharistie zu bedenken.

II. Wie von Gott reden angesichts seiner Unbegreiflichkeit? Soll negative Theologie nicht im Atheismus enden[7], muss sie nach Derrida anerkennen, dass von Gott zu sprechen schon „eine Gabe und Wirkung Gottes"[8] ist. „Die Sprache", so Derrida, „hat begonnen ohne uns, in uns vor uns."[9] Anlässlich einer Konferenz über Religion und Postmoderne an der Universität in Villanova kam es vor zehn Jahren zu einem Gespräch zwischen Derrida und Marion über die Gabe *(don, gift)*. Einig waren sich beide in der Kritik der Ökonomie des Gabentausches. Differenzen zeigten sich bei der Beurteilung der negativen Theologie und der Möglichkeit der reinen Gabe.[10] Derrida betont in seiner Lektüre von Ps.-Dionysius Areopagita das affirmative Moment negativer Theologie. Ihr Kern sei die Affirmation der Überwesentlichkeit Gottes. Davon sei das Programm der Dekonstruktion zu unterscheiden.[11] Die Dekonstruktion zielt nicht wie die *via eminentiae* der negativen Theologie auf Gott und seine Hyperessentialität, sondern in das, was Derrida mit einem Kunstwort *différance* nennt – geschrieben auf der dritten Silbe nicht mit „e", sondern mit „a". *Différance* bedeutet soviel wie ständiger Aufschub und meint die Unmöglichkeit von Identität und realer Gegenwart. Ein anderer Begriff, den Derrida für sein ursprungsloses, an-archisches Denken verwendet, ist der aus Platons Dialog Timaios[12] entlehnte Begriff der *chôra*. In der platonischen Kosmologie ist *chôra* der Raum oder die Leerstelle. Derrida versteht unter *chôra* etwas Drittes zwischen dem Sinnlichen und Intelligiblen, die Wüste des unstillbaren Begehrens *(désir)*, das er auch das immer unerfüllt bleibende „Messianische" nennt – im Unterschied zum gefüllten Messianismus. Die *chôra* ist „nicht das Sein, nicht das Gute, nicht Gott, nicht Mensch, nicht die Geschichte"[13]. Von daher kann Derrida sein dekonstruktivistisches Denken auch als „Religion ohne Religion" bezeichnen.[14]

Gegenüber der Dekonstruktion, die keinen Ursprung kennt, setzt die negative Theologie für Derrida eine unvordenkliche Offenbarung voraus.[15] Dies erinnert an die rabbinische Vorstellung von der vorzeitigen Ur-gabe der Thora.[16] Die negative Theologie kann sich vor der Leere der Negation nur „für den Moment des Gebets und des Lobgesangs"[17] hüten. Nicht ohne Grund steht für Derrida deshalb am Anfang der mystischen Theologie der Überwesentlichkeit Gottes das Gebet und damit die Anrufung des Namens Gottes. Angesichts dieser *Acclamatio Nominis* fragt Derrida: „Einen Namen geben, ist das noch Geben? Ist das noch etwas *(quelque chose)* geben?"[18] Der Name ist jedenfalls nicht die „Sache" oder das „Nennbare": „Wenn der Name auch niemals ursprünglich und absolut dem zugehört, der ihn empfängt, so gehört er aber vom ersten Moment an auch dem bereits nicht mehr, der ihn gibt. Mehr als je zuvor ... gibt die Gabe des Namens, was sie nicht hat, das, worin vielleicht vor allem das Wesen, das heißt, jenseits des Seins, die Wesenlosigkeit *(inessence)* der Gabe besteht"[19].

Wenn die Gabe vom Geber und Empfänger *identifiziert* wird, dann – so zeigt sich Derrida überzeugt – ist die Gabe schon von der Ökonomie der Gabe absorbiert, insofern auf sie die Gegengabe folgen wird.[20] Das heißt nun freilich nicht, dass für Derrida die reine, nichtökonomische Gabe unmöglich sei. In der Ökonomie der Gabe kündigt sie sich als unmögliche Möglichkeit, als Paradox, an.[21] Derrida geht es nicht darum, das Phänomen der Gabe durch Dekonstruktion vollständig aufzulösen. Vielmehr will er die reine Gabe retten, die im Sinne Kants zwar nicht *erkannt*, wohl aber *bedacht* werden kann. Für den späten Derrida, der sich unter dem

Einfluss von Emmanuel Levinas von seiner frühen, auf die Textebene bezogenen Dekonstruktion schließlich dem Pragmatischen und Ethischen zugewendet hat, gibt es durchaus Undekonstruierbares, etwa die „Gerechtigkeit jenseits des Rechts"[22], zu der wir nicht verpflichtet sind. Derridas Idee der reinen Gabe orientiert sich neben dem Lobpreis Gottes am Almosengeben, bei dem „die linke Hand nicht weiß, was die rechte tut" (Mt 6,3). Sie orientiert sich an der Feindesliebe, die Liebe schenkt, ohne jede Erwartung auf Gegenliebe, auch wenn sie diese hervorrufen kann. Sie orientiert sich daran, zu vergeben, ohne dass der Täter um Vergebung gebeten hätte. Schließlich orientiert sich die Idee der reinen Gabe daran, das Leben zu geben, oder wie Derrida sagt, „den Tod geben" *(donner la mort)*.

An mehreren Stellen verweist Derrida auf den etymologischen Zusammenhang von Vergebung und Gabe, etwa im Deutschen *(vergeben)*, im Englischen *(forgive)* oder im Französischen *(pardon)*. Derridas Anliegen ist hier, wie bei der Gabe, die Möglichkeit des Unmöglichen. So könne und dürfe es für die Vergebung „keine Begrenzung" geben, „keine Mäßigung, kein *bis dahin*"[23]. Die Vergebung kündigt sich als Unmögliches an, wo das Unverzeihbare verziehen und dem Täter vergeben wird, ohne dass er das Opfer um Vergebung gebeten hätte. Derrida nennt dies im Unterschied zum staatlichen Gnadenakt die unbedingte Vergebung ohne Souveränität. Die unbedingte Vergebung, dem Schuldigen als Schuldigem zu vergeben, ohne dass dieser bereut und um Verzeihung bittet, ist das „unökonomische", das „gnadenvolle" Verzeihen"[24]. Dazu schreibt Derrida: „Man muss, so scheint mir, von der Tatsache ausgehen, dass es, nun ja, Unverzeihbares gibt. Ist es nicht eigentlich das einzige, was es zu verzeihen gibt? Das einzige, was nach Verzeihung *ruft*? Wenn man nur bereit wäre zu verzeihen, was verzeihbar ist, was die Kirche ‚lässliche Sünde' nennt, dann würde sich die Idee der Vergebung verflüchtigen. Wenn es etwas zu verzeihen gibt, dann wäre es das, was in der religiösen Sprache ‚Todsünde' heißt, das Schlimmste, das unverzeihbare Verbrechen oder Unrecht. ... Das Vergeben verzeiht nur das Unverzeihbare. Man kann oder sollte nur dort vergeben, es gibt nur Vergebung – wenn es sie denn gibt –, wo es Unverzeihbares vergibt. Was soviel bedeutet wie, dass das Vergeben sich gerade als Unmögliches ankündigen muss. Es kann nur möglich werden, indem es Un-mögliches tut."[25] Eine Vergebung also, die ihren Namen verdient, müsste „das Unverzeihbare" verzeihen können, „ohne Bedingung"[26].

Werfen wir noch einen kurzen Blick auf den Gabendiskurs des christlichen Neoplatonisten Jean-Luc Marion. Für Marion ist die negative Theologie nicht auf ein überwesentliches Sein bezogen, sondern stellt einen „dritten Weg" dar, der auf eine reine Gegebenheit jenseits intentionaler Präsenz zielt.[27] Reine Gegebenheit wird für Marion in Phänomenen erfahren, die er saturierte, gesättigte Phänomene nennt. Beispiele sind etwa die Wirkung eines Bildes, die reine Selbstaffektion des Leibes oder die Erfahrung des Anderen in der Begegnung mit dem Antlitz.[28] Im saturierten Phänomen geht es nicht um das Sehen von Dingen, die wir sinnlich wahrnehmen, sondern um Intuitionen, die unsere Begriffe übersteigen, um Unsichtbares, das uns überwältigt.[29] Die reine Gegebenheit *par excellence* („id quo nihil manifestius donari potest"[30]) wäre für Marion das mögliche Ereignis einer göttlichen Offenbarung.[31] Da sich Gott im Ereignis seiner Offenbarung für Marion jenseits des Seins gibt, ist Gott für Marion eigentlich kein Gegenstand der Prädikation, sondern ein Vokativ.[32] Negative Theologie ziele auf eine mystische Theologie jenseits von Affirmation und Negation.[33] Schon in seiner 1982 vorgelegten theologischen Phänomenologie „Dieu sans l'être" („Gott ohne Sein")[34] hatte Marion den Versuch unternommen, Gott in radikaler Alterität als Gabe der Liebe *(agape)* zu denken. „Dieu sans l'être" ist der Versuch, unser Verhältnis zu Gott anders als in Kategorien des Seins zu fassen.[35] Auch in seiner späteren „Phänomenologie der Gebung" (Thomas Alferi) in „Etant donée" von 1997 spricht Marion davon, dass die Gabe ohne Gegenwart gegeben wird *(présent sans présence)*.[36]

III. Jacques Derrida und Paul Ricœur haben bestritten, dass die von Marion ins Spiel gebrachte reine Gegebenheit mit dem identisch sei, was wir Gabe nennen, etwa im Sinne von Heideggers Seinsgeschick des „Es gibt" oder der Gabe im religiösen Sinne. Die reine Gegebenheit sei die Passivität der Intuition: Etwas ist *gegeben*.[37] Ob Marions Phänomenologie der Gabe so interpretiert werden darf, dass alles Gegebene als Sich-Geben Gabe ist, nach dem Motto „Soviel Reduktion, soviel Gabe"[38], das soll hier offen bleiben. Entscheidend ist, dass Derrida und Marion auf Dimensionen der Wirklichkeit aufmerksam machen, die über die Ordnung der sichtbaren Phänomene hinausgehen: Es gibt mehr, als was sichtbar erscheint. Marion spricht von saturierten Phänomenen, die uns überwältigen, Derrida von dem, was sich in der Ökonomie der Gabe als das Unmögliche ankündigt. „I never concluded that there is no gift."[39] Das übersieht Dalferth, wenn er meint, bei der Phänomenologie der Gabe gehe es im Kern um die phänomenologische Methode und nicht um die Gabe selbst, die – so Dalferth – bei Derrida annihiliert und bei Marion zur universalen Gegebenheit im Phänomen des Gegebenen werde.[40]

Die Theologie kann Derridas und Marions Ausführungen zur Gabe nicht ohne kritische Aneignung aufnehmen. Dies gilt vor allem für die Dekonstruktion von Identität und Präsenz sowie die behauptete Nichtpräsenz der Gabe. Hier wird man wohl mit Martin Heidegger von einer ursprünglichen Zeitigung der Zeit der Gabe sprechen, in die ihr Empfänger einbezogen ist. Der Gabendiskurs bei Derrida und Marion kann aber helfen, Gott, Schöpfung und Erlösung als Gabe zu denken. Dies ist freilich nicht ohne die Annahme einer Gegenwärtigkeit des göttlichen Ursprungs möglich.[41] Die maßlose, reine Gabe wird unter dem Namen unendlicher Güte in der Regel dem christlichen Gott zugeschrieben. Die fundamentale göttliche Gabe ist die *creatio ex nihilo*, die Schöpfung aus dem Nichts. Ihre uns zugewandte Seite ist die *creatio continua*, die fortdauernde Schöpfung, die in einer werdenden Welt von der *creatio ex nihilo* der Sache nach nicht zu trennen ist. Obschon die Gabe der Schöpfung von Gott nicht jemandem gegeben wird, der schon existierte, ist alles Gegebene doch auf Gott bezogen. Wo aber die Gabe der Schöpfung den Geber erkennen lässt, evoziert sie die Antwort, sei es in der Form des Dankes oder der Verweigerung.[42] Gottes endgültige Offenbarung ereignet sich dort, wo der Geber aller Gaben sich selbst zur Gabe gibt in der Selbsthingabe seines Sohnes Jesus Christus. Er ist das „Ebenbild", die „Ikone" des unsichtbaren Gottes (Kol 1,15), Sichtbarkeit des Unsichtbaren.

Aufgrund der Sünde, die zwischen Gott und die Menschen getreten ist, gehören in der Offenbarung Gottes Gabe und Vergebung aufs Engste zusammen. Der Gott Jesu Christi ist der Gott unbedingter Vergebung. Nicht die Umkehr des Sünders ist die Voraussetzung für die Vergebung, die Jesus im Namen Gottes schenkt, sondern die Vergebung ermöglicht die Umkehr. Hätte Jesus die Vergebung an die *teshuvâ*, also an Umkehr und Buße, gebunden, hätte er damit kaum Anstoß erregt. Doch Jesus vergab den Sündern, noch bevor diese umkehrten, also unbedingt. Seine unbedingte Sündenvergebung verdichtete sich in seinem Sterben für unsere Sünden. Die Lebenshingabe Jesu am Kreuz ist keine dingliche Gabe, sondern die hyperbolische, alles überbietende Gabe unbedingter Vergebung. Diese Gabe, die uns im Sterben Jesu geschenkt wird, besteht nicht darin, dass Jesus zum Opfer *(vicitima, victim)* gemacht wurde, sondern in der äußersten Gabe, die Gott uns in seinem Sohn schenkt, dem Opfer *(sacrificium, sacrifice)* des Lebens jenseits der Gewalt.[43] Über diese äußerste Gabe hinaus kann Größeres nicht gedacht werden. Denn darin hat Gott den Menschen, die sich von ihm abgekehrt haben, alle Liebe gegeben, die er geben konnte, sich selbst in bedingungsloser Vergebung geschenkt. Die von Gott gegebene Gabe, sei es in der Schöpfung, in der Lebenshingabe Jesu oder in der Rechtfertigung des Sünders, durchbricht die Tauschökonomie des „do ut des", des „ich gebe dir", „du gibst mir". Gott gibt sich ganz und gar, wir empfangen ohne jedes Verdienst, in der Schöpfung wie in der Rechtfertigung. Zur Deutung des Todes Jesu reicht es nicht aus, nur von seiner Hingabe zu sprechen. Jesu Sterben ist nicht nur Hingabe, sondern auch Preisgabe des Lebens.[44] Sie ist das radikal gewendete Opfer,[45] die Gabe, die Gott selbst gibt und die der Mensch empfängt.[46] In der Eucharistie wird uns diese Gabe im sakramentalen Zeichen geschenkt. Im Sakrament der Eucharistie, der „Quelle und dem Höhepunkt des ganzen christlichen Lebens"[47], empfangen wir jenes einzigartige Leben, das Jesus, der Gottes Sohn war, am Kreuz dahingegeben hat und das durch seine Auferweckung von den Toten für immer bei Gott vollendet wurde.

IV. Der Begriff des Sakraments verbindet Sichtbares und Unsichtbares als zwei voneinander untrennbare Seiten eines Phänomens. Im Dekret über die Eucharistie des Trienter Konzils heißt es: „Der heiligsten Eucharistie ist es mit den übrigen Sakramenten gemeinsam, dass sie ‚ein Zeichen für eine heilige Sache [Wirklichkeit] und die sichtbare Gestalt der unsichtbaren Gnade ist'" („Commune hoc

... est sanctissimae Eucharistiae cum ceteris saramentis, ‚symbolum esse rei sacrae et invisibilis gratiae formam visibilem'").[48] Welcher Phänomenalität gehört das Sakrament der Eucharistie an? Diese Frage wird von Jean-Luc Marion explizit gestellt.[49] Weder Metaphysik noch Phänomenologie können das Mysterium der Eucharistie für Marion vollständig einsichtig machen. Die Phänomenologie der Gabe erlaubt es aber für Marion, die Gabe der Eucharistie besser zu erfassen. Denn das Gabenmotiv bestimmt die ganze eucharistische Liturgie von Beginn an.

Beim Offertorium erscheinen Brot und Wein zunächst als Gaben der Natur, als Frucht der Erde, aber auch als menschliche Kulturgüter, als Frucht der Arbeit. Was der Priester beim Offertorium darbringt, müssen wir uns immer neu schenken lassen, denn wie Brot und Wein ist auch die gute Ernte nicht selbstverständlich gegeben. Die *Oratio super oblata*, das „Gebet über die Opfergaben", macht deutlich, dass Brot und Wein Gaben sind, die Gott dargebracht werden. In der Feier der Eucharistie werden aus ihnen, in einem Augenblick, der uns entzogen ist, Leib und Blut Christi. Das Offertorium ist also Bereitung der Opfergaben und nicht nur das Bereitstellen der Gaben auf dem Altar.[50] An das Offertorium schließt sich das Eucharistische Hochgebet an, das eine anamnetisch-epikletische Struktur hat. Es beginnt mit der Präfation und dem Sanctus. Danach folgen Wandlungsepiklese und der Einsetzungsbericht, der den Ursprung der Eucharistie, ihre Stiftung durch Christus vergewissert.

Der Einsetzungsbericht ist kein gewöhnlicher Bericht, durch den ein vergangenes Ereignis in Erinnerung gerufen wird. Die im Einsetzungsbericht hervorgehobenen Worte Christi, die *Verba Testamenti*, sind mehr als ein Zitat. Sie weisen nicht nur zurück in die Situation des letzten Abendmahls. In der Pragmatik des Eucharistischen Hochgebets identifizieren sie die auf dem Altar liegenden Gaben von Brot und Wein als Leib und Blut Christi: „Hoc est enim corpus meum, quod pro vobis tradetur". „Hic est enim calix Sanguinis mei ... qui pro vobis et pro multis effundetur." Dass die *Verba Testamenti* im eucharistischen Hochgebet die entscheidenden Konsekrationsworte sind, ist nicht eine mittelalterliche Lesart, wie verschiedentlich behauptet wird,[51] sondern geht zurück auf Ambrosius von Mailand, der hier für die katholische Kirche traditionsbildend wurde. Wie das Offertorium und die eucharistische Kernhandlung, von der Gabenepiklese bis zum Mysterium fidei, so ist auch das postkonsekratorische Darbringungsgebet durch das Gabenmotiv bestimmt.

Wie kann nun Christus im Sakrament der Eucharistie gegenwärtig sein, ohne auf die sinnliche Präsenz der eucharistischen Elemente reduziert zu werden? Wie können wir also Christus als Gabe empfangen? Für Marion gibt sich Christus in der Eucharistie als Gabe der Liebe „jenseits des Seins"[52] und damit jenseits von Präsenz. Doch kann Christus, ohne gegenwärtig zu werden, von uns als Gabe empfangen werden? Schon Marions Begriff der Offenbarung, wonach sich in der Offenbarung „eine die Erfahrung transzendierende Instanz gleichwohl erfahrbar manifestiert"[53], scheint mir eine zeitliche Gegenwärtigkeit Gottes zu fordern. Für den anglikanischen Theologen John Milbank wirft Marions Phänomenologie die Frage auf: „Can a Gift be Given?"[54] Kann eine Gabe gegeben werden und wie kann sie gegeben werden? Wie können wir also Christi Leib und Blut, sein für uns dahingegebenes und österlich verwandeltes Leben, empfangen? Weiter helfen kann hier nach meinem Dafürhalten die transzendentale Phänomenologie des christlichen Philosophen Michel Henry.

V. Wie kein anderer unter den französischen Phänomenologen hat Henry das Urphänomen des Lebens bedacht und dieses in Beziehung gesetzt zum göttlichen Leben. Über eine radikale phänomenologische Reduktion gelangt Henry zu dem, was er das „transzendentale Sich" nennt. Dabei handelt es sich um so etwas wie ein ursprüngliches Vertrautsein mit sich, das „früher" ist als unser bewusstes Leben. Das „transzendentale Sich" ist für Henry die unvordenkliche Gabe des menschlichen Lebens. Henry spricht in diesem Zusammenhang auch von der Passibilität des Fleisches, die dem Subjekt, auf das alle Phänomene bezogen sind, zugrundeliegt. Alles „Ich" hat seinen Ursprung im vorgegebenen transzendentalen Leben.[55] Es ist die schlechthin ursprüngliche Gabe *(présent)*, die aus dem Ur-Leben Gottes kommt.[56]

Der Begriff des Lebens vertritt bei Henry die Stelle des Seinsbegriffs, der sich für Gott, der Liebe ist, wie für sein Ebenbild, die menschliche Person, zwar als unverzichtbar erweist, handelt es sich hierbei doch um Wirklichkeiten, der aber gleichwohl unzureichend ist. Für Henry sind im Leben Geist, Liebe und Sein identisch. Das Leben Gottes wie das des Menschen ist nicht Sein im statischen Sinne, sondern ein dynamisches Geschehen ursprünglicher Selbstgegebenheit. Nur durch eine „letzte Gebung" *(donne)*, wie sie für uns in der Gabe des transzendentalen Lebens ursprünglich gegeben ist, können wir in den eucharistischen Elementen mehr erkennen als körperliche Entitäten. Nur in der radikalen Passibilität unseres aus dem Leben Gottes hervorgehenden Fleisches können wir im Brot und im Wein den Leib und das Blut Christi empfangen. Hier zeigt sich, dass die Beziehung des Lebens zum Lebenden das Grundthema des Christentums ist.

Die Eucharistie, die Christus der Kirche geschenkt hat, ist nicht irgendeine Gabe, sondern die Gabe schlechthin. Sie ist die Gabe Christi in seinem dahingegebenen Leben. Brot und Wein *bedeuten* nicht nur, sondern *sind* wahrhaftig Leib und Blut Christi. Doch ohne dass der auferweckte Gekreuzigte im Horizont des Seins gegenwärtig wird, können wir ihn nicht empfangen, denn wir existieren zeitlich. Die Gabe der Eucharistie kann nicht gegeben werden, wenn sie nicht dem, der sie empfängt, gegenwärtig wird. Ein ausschließlich an Dia-chronie, Unter-brechung und Ek-statik orientiertes Zeitverständnis wird dieser gabenhaften Präsenz nicht gerecht. Natürlich ist die Präsenz der eucharistischen Gabe eine andere Gegenwart als die Anwesenheit der uns umgebenden Dinge und Elemente. Sie ist eine ereignishafte und zugleich gabenhafte Präsenz. Diese gabenhafte Präsenz kann aber keine substanzlose sein. Der Begriff der „Substantiation" scheint mir wie kein anderer geeignet zu sein, die reale Gegenwart Christi in den Zeichen *(species)* von Brot und Wein festzuhalten, mag auch die Transsubstantiationslehre hinsichtlich des verwendeten Substanzbegriffes erklärungsbedürftig sein. Die Dialektik von Nähe und Ferne, von Anwesenheit und Abwesenheit, die für unsere Gemeinschaft mit dem auferstandenen Herrn bestimmend ist, wird durch seine gabenhafte, substantiierte Präsenz in der Eucharistie nicht aufgehoben.

VI. Die Feier der Eucharistie durchbricht die Ökonomie der Gabe. Wer den Leib und das Blut Christi empfängt, tritt aus der Ökonomie des Tausches heraus, weil er ohne die Möglichkeit der Gegengabe empfängt.[57] Denn in der Feier der Eucharistie kommt es zum Augenblick, in dem geschieht, was wir nicht bewirken können, nämlich zu der durch die Lehre von der Transsubstantiation bezeugten „Reduktion des empirisch Gegebenen auf das Wunder des sich in aller Freiheit Gebenden"[58] – so der Bonner Dogmatiker Josef Wohlmuth in einer zugleich präzisen und schönen Formulierung. Die Eucharistie, so Wohlmuth weiter, ist die reine Gabe Gottes, die dem *Tetragramm*, dem Mose geoffenbarten Gottesnamen, die eucharistische Bestimmung „*Mich für euch*" gibt.[59]

Die Eucharistie ist die Gabe Gottes für das Leben der Welt.[60] Doch ist an die Stelle der Eucharistie, so könnte man fragen, nicht längst das funktionale Symbol des Geldes getreten?[61] Im Zeitalter globaler ökonomischer Transaktionen ist dies keine bloß akademische Frage. Sicherlich besteht das Symbolzentrum moderner Gesellschaften nicht mehr in Brot und Wein, sondern im Geld. Die Börsen sind die Tempel unserer säkularen Welt. Als Durchbrechung der Ökonomie der Gabe könnte die Eucharistie eine Kultur der Gabe stimulieren, in welcher die omnipräsente Ökonomie des Tausches zwar nicht sistiert, aber doch immer wieder durchbrochen wird. Dass die Bedeutung der Eucharistie für das Verständnis von Sinn und Sprache nicht erschöpft ist, dies zeigt auf seine Weise der phänomenologische Gabendiskurs. Dies zeigen aber auch Kritiker radikaler Dekonstruktion und neuplatonischer Ek-statik, wie der Literaturwissenschaftler George Steiner oder der Schriftsteller Botho Strauß, die sich für ihre Rehabilitierung realer Gegenwart nicht nur auf die ästhetische Erfahrung in der Rezeption bildender Kunst und klassischer Musik berufen, sondern zugleich auf die eucharistische Transsubstantiation als realer Gegenwart *par excellence* verweisen.[62]

Die Eucharistie ist nicht nur ein Sakrament des Lebens, sondern des Sterbens, denn sie hat einen Tod gekostet. Die Wirklichkeit der Eucharistie würde verfehlt, wollte man sie als „Gabentauschritual" konzipieren und sei es im Sinne einer Zirkulation des Lebens, an dem alle teilhaben sollen.[63] In der Eucharistie empfangen wir den für uns *in den Tod gegebenen* Leib Christi (Lk 22,19), an dem wir dann zutiefst teilnehmen, wenn wir selbst zur Gabe werden in unserem Tod.[64] In der Feier der Eucharistie wird diese

Teilnahme durch die Darbringung der Gläubigen als geistige Opfergabe antizipiert. Die vom Priester *in persona Christi* gesprochenen *Verba Testamenti* sind nicht nur *Deuteworte,* sondern zugleich *Gebeworte.*[65] Bei den *Verba Testamenti* handelt es sich um einen doppelten Sprechakt: einen identifizierenden Sprechakt (Das *ist* mein Leib ...) und einen performativen Sprechakt, nämlich das Geben der Gabe (für euch *gegeben* ...) bis in den Tod *(donner la mort).* Die *Verba Testamenti* stellen für die christliche Gemeinde, vor allem aber für die priesterliche Spiritualität, einen ungeheuren Anspruch dar. Der Priester, der den zentralen Sprechakt von der Gabenepiklese bis zu den *Verba Testamenti* vollzieht, vertritt nicht den abwesenden Herrn, sondern macht als recht verstandene „Ikone" Christi deutlich, dass die göttliche Gabe der Eucharistie auf radikale Weise alle menschliche Gabe und Vollmacht übersteigt.[66] Allein aus sich heraus könnte der Priester die heilige Handlung, zu der er ordiniert ist, nicht vollziehen. Deshalb ruft er auch den Heiligen Geist auf die Gaben von Brot und Wein herab.

Die Eucharistie ist die reine Gabe, für die es keine kommensurable Gegengabe gibt, sondern nur die Teilhabe an dem in den Tod gegebenen und verwandelten Leben Christi. Wie die Rechtfertigung des Gottlosen, so kann auch die Gabe der Eucharistie allein in hinnehmender Passivität empfangen werden. Und wie die rechtfertigende Gnade sprengt auch die Gabe der Eucharistie die Ökonomie des Gabentausches. Sie steht zugleich in einem kritischen Verhältnis zur Gewinnung sozialer Energie durch Opfer und Transaktion wie zum Geldgötzendienst der Gesellschaft insgesamt.[67] Denn der Empfang der Eucharistie kann nicht mit einer Gegengabe beantwortet werden. Hier gibt es keinen Tausch, keine Transaktion mehr, sondern nur die Verwandlung dessen, der die Gabe der Eucharistie gläubig empfängt. Die einzig mögliche Antwort ist die Haltung des Dankes, die Selbstgabe der Gläubigen und das zustimmende Amen. Daher kann die Eucharistie auch nur in der Pragmatik der Eucharistie selbst, der Danksagung, angemessen gefeiert werden.

Anmerkungen

[1] Vgl. MAUSS, Marcel, Essai sur le don. Forme et raison de l'échange dans les sociétés archaïques, Paris 1925 (dt. Die Gabe. Form und Funktion des Austausches in archaischen Gesellschaften, Frankfurt a. M. ³1996).
[2] Vgl. GODOLDIER, Maurice, L'enigma du don, Paris 1996 (dt. Das Rätsel der Gabe. Geld, Geschenke, heilige Objekte, München 1999; ROSENBERGER, Michael (Hg.), Geschenkt – umsonst gegeben? Gabe und Tausch in Ethik, Gesellschaft und Religion (Linzer Philosophisch-Theologische Beiträge 14), Frankfurt a. M. u. a. 2006; WALDENFELS, Bernhard, Antwortregister, Frankfurt a. M. 1994, 586–626; WOLF, Kurt, Philosophie der Gabe. Meditationen über die Liebe in der französischen Gegenwartsphilosophie, Stuttgart 2006.
[3] Vgl. DERRIDA, Jacques, Falschgeld. Zeit geben I (1991). Aus dem Französischen von A. Knop und M. Wetzel, München 1993; DERRIDA, Jacques, Den Tod geben (1992), in: Gewalt und Gerechtigkeit. Derrida-Benjamin, hg. von A. HAVERKAMP, Frankfurt a. M. 1994, 331–445.
[4] Vgl. MARION, Jean-Luc, Esquisse d'un concept phénoménologique du don, in: Filosophia della revelatione, ed. M. Olivetti, Padua 1994, 75–94; MARION, Jean-Luc, Etant donné. Essai d'une phénoménologie de la donation, Paris 1997 (engl. Being Given. Toward a Phenomenology of Givennes, Stanford (California) 2002).
[5] So BAYER, Oswald, Gabe II., in: RGG⁴ 3 (2000) 445 f.
[6] Vgl. dazu ZABOROWSKI, Holger, Enthüllung und Verbergung. Phänomenologische Zugänge zur Eucharistie, in: Herder Korrespondenz 57 (2003) 580–584.
[7] Vgl. DERRIDA, Jacques, Außer dem Namen (Post-Scriptum), in: DERRIDA, Jacques, Über den Namen. Drei Essays, hg. von P. ENGELMANN, Wien 2000, 63–121: 65.
[8] DERRIDA, Jacques, Wie nicht sprechen? Verneinungen, hg. von P. ENGELMANN, Wien 1989, 53.
[9] DERRIDA, Jacques, Wie nicht sprechen? (Anm. 8), 55.
[10] Vgl. CAPUTO, John D. / SCANLON, Michael J. (ed.), God, the Gift and Postmodernism (The Indiana series in the philosophy of religion), Bloomington – Indianapolis 1999.
[11] Vgl. DERRIDA, Wie nicht sprechen? (Anm. 8).
[12] Vgl. PLATON, Timaios 52d.
[13] DERRIDA, Jacques, Glaube und Wissen. Die beiden Quellen der „Religion" an den Grenzen der bloßen Vernunft, in: NAGL, Ludwig (Hg.), Essays zu Jacques Derrida and Gianni Vattimo, Religion, Frankfurt a. M. 2001, 9–106, hier 37.
[14] Vgl. dazu RUHSTORFER, Karlheinz, Adieu. Derridas Gott und der Anfang des Denkens, in: Philosophie und Theologie 51 (2004) 123–158.
[15] Vgl. DERRIDA, Wie nicht sprechen? (Anm. 8).
[16] Vgl. GONDEK, Hans-Dieter, Zeit und Gabe, in: GONDEK, Hans-Dieter / WALDENFELS, Bernhard (Hgg.), Einsätze des Denkens. Zur Philosophie von

Jacques Derrida (Suhrkamp-Taschenbuch Wissenschaft 1336), Frankfurt a. M. 1997, 183–225: 184 f.
[17] DERRIDA, Außer dem Namen (Anm. 7), 81.
[18] Außer dem Namen (Anm. 7), 114.
[19] Außer dem Namen (Anm. 7), 115.
[20] Vgl. DERRIDA, Jacques, Falschgeld. Zeit geben I. Aus dem Französischen von A. Knop und M. Wetzel, München 1993.
[21] Vgl. DERRIDA, On the Gift. A Discussion between Jacques Derrida and Jean-Luc Marion, in: God, the Gift and Postmodernism (Anm. 10), 59 f.
[22] Vgl. LETZKUS, Alwin, Dekonstruktion und ethische Passion. Denken des Anderen nach Jacques Derrida und Emmanuel Levinas, München 2002.
[23] DERRIDA, Jacques, Jahrhundert der Vergebung. Verzeihen ohne Macht – unbedingt und jenseits der Souveränität, in: Lettre International, Frühjahr 2000, 10–18: 17.
[24] Vgl. DERRIDA, Jahrhundert der Vergebung (Anm. 23).
[25] DERRIDA, Jahrhundert der Vergebung (Anm. 23), 11.
[26] Vgl. DERRIDA, Jahrhundert der Vergebung (Anm. 23), 12.
[27] Vgl. MARION, Jean-Luc, In the Name. How to Avoid Speaking for „Negative Theology", in: God, the Gift and Postmodernism (Anm. 10), 20–42; MARION, Being Given (Anm. 4), 79–81.
[28] Zum saturierten Phänomen vgl. MARION, Jean-Luc, De surcroît. Études sur le phémomès saturés, Paris 2001; MARION, Jean-Luc, Le Phénomè érotique, Paris 2003.
[29] Vgl. MARION, Being Given (Anm. 4), 199–233.
[30] MARION, Being Given (Anm. 4), 244.
[31] Vgl. MARION, Being Given (Anm. 4), 242 f.246; MARION, De surcroît (Anm. 28), 190–195.
[32] Vgl. MARION, In the Name (Anm. 27), 41 f.
[33] Vgl. MARION, In the Name (Anm. 27), 37 f.
[34] Vgl. MARION, Jean-Luc, Dieu san l'être, Paris 1982 (engl. God without Being. Translated by A. Carlson. With a Foreword by David Tracy, Chicago – London 1991). Zitiert wird nach der englischen Ausgabe.
[35] HOUTEPEN, Anton W. J., Gott als offene Frage. Gott denken in einer Zeit der Gottvergessenheit, Gütersloh 1999, 293, spricht von Gott als „Passagenbegriff".
[36] MARION, Being Given (Anm. 4), 80.
[37] Vgl. DERRIDA, On the Gift (Anm. 21), 58.66.
[38] Vgl. auch WALDENFELS, Antwortregister (Anm. 2), 581.
[39] DERRIDA, On the Gift (Anm. 21), 59.
[40] Vgl. DALFERTH, Ingolf U. Alles umsonst. Zur Kunst des Schenkens und den Grenzen der Gabe, in: GABEL, Michael / JOAS, Hans (Hgg.), Von der Ursprünglichkeit der Gabe. Jean-Luc Marions Phänomenologie in der Diskussion (Scientia & Religio 4), Freiburg – München 2007, 159–191: 162–164.
[41] Vgl. HOPING, Helmut / TÜCK, Jan-Heiner, Thesen zur inhaltlichen Bestimmtheit des Glaubens und zur Aufgabe der Dogmatik, in: Salzburger

Theologische Zeitschrift 7 (2003) 26–32: 28: „Philosophische Ansätze, die einen ersten Anfang (archē) sprachspieltheoretisch oder dekonstruktivistisch unterlaufen, suspendieren die Grundlagen, auf die Theologie konstitutiv bezogen ist."

[42] Vgl. MILBANK, John, Can a Gift be Given? Prolegomena to a future trinitarian metaphysics, in: Modern Theologie 11:1 January 1995,119–161: 135f.

[43] Vgl. WOHLMUTH, Josef, Opfer – Verdrängung und Wiederkehr eines schwierigen Begriffs, in: GERHARDS, Albert / RICHTER, Klemens, Das Opfer. Biblischer Anspruch und liturgische Gestalt (Quaestiones disputatae 186), Freiburg – Basel – Wien 2000, 125.

[44] WELKER, Michael, Was geschieht beim Abendmahl?, Stuttgart 1999, 124.

[45] Vgl. GESTRICH, Christof, Opfer in systematisch-theologischer Perspektive. Gesichtspunkte einer evangelischen Lehre vom Opfer, in: JANOWSKI, Bernd / WELKER, Michael (Hgg.), Opfer. Theologische und kulturelle Kontexte, Frankfurt a. M. 2000, 283.293.

[46] Zum Opfer als Gottes „Gabe" im Unterschied zur Viktimisierung vgl. BRANDT, Sigrid, Opfer als Gedächtnis. Auf dem Weg zu einer befreienden theologischen Rede von Opfer, Münster 2001.

[47] LG 11.

[48] DH 1639. Trient zitiert GRATIAN, Decretum, p. III, dist. 2, c.32 und AUGUSTINUS, Quaestiones in Heptateuchum III 84 (zu Lev. 21).

[49] Vgl. MARION, Die Phänomenalität des Sakraments. Wesen und Gegebenheit, in: Von der Ursprünglichkeit der Gabe (Anm. 40), 78–95.

[50] Vgl. STOCK, Alex, Gabenbereitung. Zur Logik des Opfers, in: Liturgisches Jahrbuch 53 (2003) 33–51.

[51] So HAUNERLAND, Winfried, Das eine Herrenmahl und die vielen Eucharistiegebete, in: Ders. (Hg.), Mehr als Brot und Wein. Theologische Kontexte der Eucharistie, Würzburg 2005, 119–144: 125.

[52] Vgl. MARION, God without Being (Anm. 34), 161–197.

[53] MARION, Jean-Luc, Aspekte der Religionsphänomenologie: Grund, Horizont und Offenbarung, in: Von der Ursprünglichkeit der Gabe (Anm. 40), 15–36: 16.

[54] MILBANK, John, Can a Gift be Given? (Anm 42); MILBANK, John, The Word Made Strange. Theology, Language, Culture, Oxford 1997, 36–52 (Only Theology Overcomes Metaphysics); MILBANK, John, Being Reconciled. Ontology and pardon, London – New York 2003.

[55] Vgl. HENRY, Michel, Radikale Lebensphänomenologie. Ausgewählte Studien zur Phänomenologie, Freiburg – München 1992, 247.

[56] Vgl. HENRY, Michel, Inkarnation. Eine Philosophie des Fleisches, Freiburg – München 2002, 278.

[57] Vgl. WOHLMUTH, Josef, Vom Tausch zur Gabe. Die theologische Bedeutung des neueren Gabendiskurses, in: Ders., An der Schwelle zum Heiligtum. Christliche Theologie im Gespräch mit jüdischem Denken, Paderborn u. a. 2007, 194–224: 221f.

⁵⁸ WOHLMUTH, Vom Tausch zur Gabe (Anm. 57), 221.
⁵⁹ WOHLMUTH, Vom Tausch zur Gabe (Anm. 57), 221.
⁶⁰ Vgl. Die Eucharistie. Gabe Gottes für das Leben der Welt. Theologisches Grundlagendokument für den 49. Internationalen Eucharistischen Kongress in Quebec in Übereinstimmung mit dem Statut des Päpstlichen Komitees für die Internationalen Eucharistischen Kongresse. Übersetzung aus dem Französischen von V. Neumann, Regensburg 2007.
⁶¹ Vgl. HÖRISCH, Jochen, Brot und Wein. Die Poesie des Abendmahls, Frankfurt a. M. 1992. Siehe auch RUSTER, Thomas, Wandlung. Traktat über Eucharistie und Ökonomie, Mainz 2006.
⁶² Vgl. STEINER, George, Real Presences. Is there the anything in what we say, London 1989 (dt. Von realer Gegenwart. Hat unser Sprechen Inhalt? Mit einem Nachwort von Botho Strauß, München u. a. 1990).
⁶³ Vgl. BIELER, Andrea / SCHOTTROFF, Luise, Das Abendmahl. Essen, um zu leben, Gütersloh 2007, 134–139.
⁶⁴ Vgl. WOHLMUTH, Josef, Impulse für eine künftige Theologie der Gabe bei Jean-Luc Marion, in: Von der Ursprünglichkeit der Gabe (Anm. 40), 252–272: 270.
⁶⁵ WOHLMUTH, Vom Tausch zur Gabe (Anm. 57), 222.
⁶⁶ Vgl. HAUNERLAND, Das eine Herrenmahl (Anm. 51), 129.
⁶⁷ Vgl. STOCK, Zur Logik des Opfers (Anm. 50), 51.

Kirchliche Rechtskultur
Vom Umgang mit dem Recht in der Kirche[1]
Georg Bier

Samstag, 29. Juni 2002, Hochfest der heiligen Apostel Petrus und Paulus. In Passau legt gegen 9.30 Uhr ein Donauschiff ab. An Bord sind rund 200 ausgewählte Personen. Unter ihnen ein in die römisch-katholische Kirche getaufter Mann, nach eigenen Angaben „römisch-katholischer Bischof". Während der Schifffahrt legt er sieben römisch-katholischen Frauen die Hand auf. Nach dem Verständnis der Beteiligten handelt es sich bei diesem Vorgang um eine „Priesterinnenweihe".[2]

Die Reaktion des Apostolischen Stuhls lässt nicht lange auf sich warten. Mit Dekret vom 5. August 2002 stellt die Kongregation für die Glaubenslehre fest: Es handelt sich nicht um eine gültige Weihehandlung.[3] Die beteiligten Frauen haben sich die Exkommunikation zugezogen. In einem weiteren Dekret vom 21. Dezember 2002 präzisiert die Kongregation diese Feststellung in einigen Details und bekräftigt sie der Sache nach.[4]

Die Bewertungen fallen unterschiedlich aus. Die einen betrachten die kirchenamtliche Sanktion als unvermeidliche Konsequenz eines nicht hinnehmbaren „Sektenspektakels"[5], andere sprechen von einer „absurden Reaktion" auf eine „absurde Aktion"[6]. Die betroffenen Frauen beanstanden, die Lehre der Kirche über die Unmöglichkeit der Frauenordination widerspreche „nachweislich der vollen Personwürde der Frau sowie ihrer vollen Gleichrangigkeit mit dem Mann"[7]. Sie sehen sich als Opfer eines frauendiskriminierenden Gesetzes.[8]

Ist die kirchenamtliche Maßregelung der Frauen Ausdruck eines Mangels an Rechtskultur? Oder zeigt sich daran gerade die Eigenart kirchlicher Rechtskultur? Was meint überhaupt der Begriff „kirchliche Rechtskultur"? Nach welchen Maßstäben lässt sie sich bewerten?

1. Rechtskultur

Von „kirchlicher Rechtskultur" ist derzeit häufiger die Rede, nicht nur im Kontext so genannter „Priesterinnenweihen". Der Trierer Kanonist Peter Krämer warb anlässlich des „Falles Grabmeier" um „Sensibilität für die Rechtskultur"[9], der Münchener Kirchenrechtler Heribert Schmitz hat im Jahr 2005 „Studien zur kirchlichen Rechtskultur"[10] vorgelegt. Eines der letzten Projekte der 2007 verstorbenen Mainzer Kirchenrechtlerin Ilona Riedel-Spangenberger war eine Publikation mit dem Titel „Rechtskultur in der Diözese"[11].

Was dabei jeweils unter „Rechtskultur" verstanden wird, bleibt undeutlich. Im Hintergrund steht meist die Vorstellung einer gesetzesgemäßen Rechtsanwendung. Nach Riedel-Spangenberger gehören zur Rechtskultur „vor allem" der Rechtsschutz im Sinne der Anerkennung der Rechte des Einzelnen sowie die Verpflichtung zu rechtskonformem Handeln.[12] Rechtskultur in der Diözese sei verwirklicht, wenn die Hirten der Kirche die Gläubigen als Träger von Rechten und Pflichten anerkennen und fördern.[13] Auch für Peter Krämer sind der Rechtsschutz und die Einhaltung der gesetzlich vorgeschriebenen Verfahrensweisen zentrale Charakteristika der Rechtskultur.[14]

Die Beachtung des geltenden Rechts ist *ein* Aspekt von Rechtskultur. Der Begriff ist jedoch vielschichtiger und facettenreicher.
- Im weitesten Sinne bezeichnet „Kultur" die Gesamtheit des vom Menschen Hervorgebrachten im Unterschied zu dem von Natur aus Gegebenen.[15] Im Rahmen dieses allgemeinen Kulturbegriffs lassen sich verschiedene kulturelle Hervorbringungen unterscheiden, zum Beispiel Sprache und Schrift, Kunst, Wissenschaft – und eben auch das Recht. Demgemäß begegnet der Kulturbegriff in zahlreichen Verbindungen. Wir sprechen von „politischer Kultur" und „Alltagskultur", von „Kommunikationskultur" und „Gesprächskultur", von „Wis-

senschaftskultur" und „Geschlechterkultur". Im Horizont solcher Differenzierungen zeigt der Begriff „*Rechts*kultur" an: Es geht um den Bereich von Recht und Gesetz.[16] Von daher kann jede von Menschen geschaffene Rechtsordnung als Ausdruck von „Rechtskultur" verstanden werden.

- Es gibt nicht nur eine mögliche Rechtsordnung, nicht nur eine Rechtskultur, sondern eine Vielzahl von Rechtssystemen. Sie können gekennzeichnet sein durch unterschiedliche normative Grundlagen und unterschiedliche Formen von Konfliktlösungen. In diachroner Perspektive lässt sich der historische Wandel einer Rechtsordnung als Ausdruck gewandelter Rechtskultur verstehen, in synchroner Perspektive existieren aufgrund kultureller Unterschiede zur gleichen Zeit mehrere Rechtskulturen nebeneinander[17].
Die katholische Kirche besitzt eine eigene Rechtsordnung. Deren Grundlage ist das – vom Papst als dem höchsten kirchlichen Gesetzgeber positivierte, d.h. in menschliche Sprache übersetzte – göttliche Recht. Es legitimiert, limitiert und normiert das rein kirchliche Recht.[18] Zentrale Rechtsquellen sind das Gesetzbuch der lateinischen katholischen Kirche, der *Codex Iuris Canonici* (CIC)[19], und das Gesetzbuch der katholischen Ostkirchen, der *Codex Canonum Ecclesiarum Orientalium* (CCEO)[20]. Darin sind alle für das kirchliche Leben wesentlichen Fragen grundsätzlich geregelt. Ergänzend dazu erlässt der Papst von Fall zu Fall Gesetze zur Regelung von Einzelfragen,[21] auf der Ebene der Diözesen gibt es zudem das vom jeweiligen Diözesanbischof erlassene Partikularrecht. Es kann also mit Fug und Recht von einer eigenständigen *kirchlichen* Rechtskultur gesprochen werden. Sie ist geprägt durch *spezifisch kirchliche* normative Grundlagen.
- In einem dritten Sinn ist *Rechtskultur* ein Index für das Maß, in dem innerhalb einer Rechtsgemeinschaft ein kultivierter Umgang mit dem eigenen Recht gepflegt wird.[22] An dieses Verständnis des Begriffs wird zumeist gedacht, wenn die kirchliche Rechtskultur beschworen wird. Als Ausdruck von Rechtskultur gilt, wenn die normativen Grundlagen der jeweiligen Rechtsordnung im Leben der Rechtsgemeinschaft stets oder zumindest in aller Regel beachtet werden. Werden sie öfter

oder gar beständig missachtet, gilt dies als Zeichen mangelnder Rechtskultur. In dieser Perspektive ist die Frage nach kirchlicher Rechtskultur die Frage nach der Umsetzung und Beachtung der kirchlichen Rechtsprinzipien in der Gesetzgebung, bei der Wahrnehmung ausführender Gewalt und in der Rechtsprechung.

Eine Skizze der kirchlichen Rechtskultur – mehr als eine Skizze ist im zur Verfügung stehenden Rahmen nicht möglich – darf sich nicht darauf beschränken, nur den zuletzt genannten Aspekt in den Blick zu nehmen. Bevor beurteilt werden kann, ob die normativen Grundlagen des kirchlichen Rechts in der Rechtsanwendung beachtet werden, sind diese Grundlagen zu klären. Das ist scheinbar eine Binsenweisheit. Sie bleibt jedoch in öffentlichen Debatten um kirchenrechtliche Fragen allzu oft unbeachtet. Wenn etwa im Fall der „Priesterinnenweihe" vorgetragen wird, die kirchenamtlichen Sanktionen widersprächen der Gleichrangigkeit von Mann und Frau, wird stillschweigend vorausgesetzt, der Gleichheitssatz des Grundgesetzes gelte ohne Einschränkung auch in der katholischen Kirche. Das steht aber keineswegs fest.

2. Grundlagen *kirchlicher* Rechtskultur

2.1 Wahre Gleichheit

Die katholische Kirche ist rechtlich verfasst als *communio hierarchica*, das heißt als hierarchische Gemeinschaft. Der Begriff „Gemeinschaft" – ein zentraler Terminus in der nachkonziliaren Rezeption des Zweiten Vatikanums[23] – kann den Gedanken einer Gemeinschaft von Gleichen heraufbeschwören. Um diesem Missverständnis zu begegnen, haben bereits die Konzilsväter den communio-Begriff an einigen Schlüsselstellen um das Attribut „hierarchisch" ergänzt und die spezifische Verfasstheit der kirchlichen Gemeinschaft unterstrichen.[24] Auch das Gesetzbuch der lateinischen Kirche akzentuiert die *hierarchische* Struktur der katholischen Kirche.[25]

Exemplarisch schlägt sich diese rechtliche Verfasstheit nieder

Kirchliche Rechtskultur

in der Unterscheidung von Klerikern und Laien. Sie ist nach kirchlichem Verständnis nicht Ergebnis einer zufälligen Entwicklung, sondern Ausdruck des göttlichen Willens.[26] Weil sie nach dem Glauben der Kirche auf die Anordnung Gottes zurückgeht, ist sie jeglichem menschlichen Zugriff entzogen. Der Gesetzgeber kann von ihr weder absehen, noch kann er sie verändern oder gar aufgeben. Sie ist *konstitutives* Wesensmerkmal der katholischen Kirche.

Die Unterschiede zwischen Klerikern und Laien sind ablesbar an den Aufgabengebieten, die bereits das Zweite Vatikanische Konzil den beiden Ständen zugeordnet hat. Den Laien werden jene Bereiche zugewiesen, in denen die Kleriker „aufgrund ihrer besonderen Erwählung" in der Regel nicht tätig werden können. Das vorrangige Betätigungsfeld der Laien ist „die Welt".[27] Für innerkirchliche Aufgaben und zur Wahrnehmung kirchlicher Ämter *können* sie herangezogen werden,[28] und zwar – wie neuere Verlautbarungen des Apostolischen Stuhls herausstellen – stets nur ausnahmsweise.[29] Der Unterschied zwischen Klerikern und Laien darf nicht verwischt werden. Er ist aufgrund des Weihesakraments ontologischer Art.

Ein ontologischer Unterschied besteht auch zwischen Männern und Frauen. „Mann und Frau" so heißt es in einem Schreiben der Kongregation für die Glaubenslehre aus dem Jahr 2004,[30] „sind von Beginn [...] an unterschieden und bleiben es in alle Ewigkeit"[31]. Der Hinweis auf die „Haltungen des Hörens, des Aufnehmens, der Demut, der Treue, des Lobpreises und der Erwartung verleiht der Kirche in keiner Weise eine Identität, die in einem zufälligen Modell der Weiblichkeit gründet [...]. [...] [es] zeichnet sich die Frau dadurch aus, dass sie diese Haltungen mit besonderer Intensität und Natürlichkeit lebt."[32]

Die Konsequenzen dieses Verständnisses finden sich in den kirchlichen Gesetzbüchern wieder. Anders als beispielsweise Art. 3 des Grundgesetzes der Bundesrepublik Deutschland postuliert das kirchliche Recht nicht die Gleichheit aller vor und in dem Gesetz, sondern entwirft ein spezifisches Konzept von *„wahrer Gleichheit"*. Diese „wahre Gleichheit" besteht hinsichtlich der Würde und der Tätigkeit der Gläubigen. Alle Katholiken haben die gleiche Würde, und der Beitrag, den jeder von ihnen zur Sendung der Kirche leistet, wird ungeachtet der spezifischen Tätigkeit als gleichermaßen wertvoll angesehen[33].

Wahre Gleichheit aller Gläubigen bedeutet nicht: Jeder kann oder darf nach Belieben jede Aufgabe übernehmen. Vielmehr ist die konkrete Teilhabe an der kirchlichen Sendung abhängig von den persönlichen Lebensverhältnissen oder rechtserheblichen Umständen der einzelnen Gläubigen. Dazu gehören auch die Standeszugehörigkeit und das Geschlecht.[34] Beide Aspekte haben Einfluss auf die konkrete Rechtsstellung der Gläubigen und können Anlass sein für eine Ungleichbehandlung der Gläubigen. Der wahren Gleichheit aller tut dies nach kirchlichem Recht und Selbstverständnis keinen Abbruch. *Wahre* Gleichheit ist vereinbar mit Standesunterschieden zwischen Klerikern und Laien aufgrund der Weihe. *Wahre Gleichheit* lässt Raum für eine Ungleichbehandlung von Männern und Frauen in und vor dem Gesetz.[35]

Es entspricht diesem Konzept von wahrer Gleichheit,
- wenn Laien in der katholischen Kirche nur ausnahmsweise Leitungsgewalt in der Kirche wahrnehmen können;[36]
- wenn Laien nur im Rahmen eines Regel-Ausnahme-Verhältnisses zu Professoren an theologischen Fakultäten ernannt werden können;[37]
- wenn nach kirchlichem Recht für den Ministrantendienst nach wie vor Knaben zu bevorzugen sind;[38]
- oder wenn Frauen unfähig sind zum Empfang der Priesterweihe – eine Unfähigkeit, die nach kirchlicher Verständnis zwar (noch)[39] nicht zu den von Gott geoffenbarten Wahrheiten gehört, gleichwohl aber *definitiv* feststeht und deshalb von allen Gläubigen unwiderruflich festzuhalten und zu bewahren ist.[40]

Solche Ungleichbehandlungen tangieren nicht die wahre Gleichheit aller Katholiken. Sie sind nicht Zeichen mangelnder, sondern spezifischer Rechtskultur.

2.2 Päpstlicher Jurisdiktionsprimat

Ein weiterer Grundpfeiler der rechtlichen Verfasstheit der katholischen Kirche ist die Rechtsstellung ihres Oberhauptes, des Papstes. Als Leiter der Gesamtkirche verfügt er über menschlich unein-

Kirchliche Rechtskultur

geschränkte kirchliche Höchstgewalt.[41] Dass er über diese Gewalt verfügt, ist nach kirchlichem Verständnis eine von Gott geoffenbarte unveränderliche Glaubenswahrheit.[42]

Aus dem Dogma von der päpstlichen Höchstgewalt folgt:

- Eine Gewaltenteilung gibt es in der katholischen Kirche nicht. Es kann sie nicht geben, denn sie stände im Widerspruch zur unbeschränkten Höchstgewalt des Papstes. Gäbe es Sachbereiche, die der päpstlichen Gewalt entzogen wären, wäre seine Gewalt nicht unbeschränkt. Gäbe es eine Instanz, die Entscheidungen des Papstes überprüfen oder korrigieren könnte, wäre die päpstliche Gewalt nicht *Höchst*gewalt. Dementsprechend ist der Papst oberster Gesetzgeber, oberste ausführende Autorität und oberster Gerichtsherr in einer Person. Gegen seine Entscheidungen gibt es keine Rechtsmittel, keine Beschwerden, keine Berufungsmöglichkeit.[43]
- Die Höchstgewalt des Papstes wird auch durch seine eigene Gesetzgebung nicht eingeschränkt. Als *dominus canonum* ist er den kodikarischen Auslegungsregeln gegenüber souverän. Er kann kirchliches Recht jederzeit ändern, außer Kraft setzen, neu deuten oder fallweise unbeachtet lassen. So hat beispielsweise Papst Benedikt XVI. im Motu Proprio *Summorum Pontificum* festgestellt, die Editio typica des Römischen Messbuchs von 1962 sei niemals abgeschafft worden[44] – obwohl Papst Paul VI. bei der Einführung des Missale Romanum von 1969 ausdrücklich verfügt hatte, alle einschlägigen Konstitutionen und Verordnungen seiner Vorgänger seien aufgehoben.[45] Was Papst Benedikt XVI. hier im Blick auf einen konkreten Einzelfall praktiziert hat,[46] kann jeder Papst grundsätzlich in Bezug auf sämtliche Rechtsmaterien verwirklichen.
- Die Höchstgewalt eröffnet dem Papst auch die Möglichkeit, jederzeit in die Leitung einer Diözese einzugreifen. Papst Johannes Paul II. hat davon vor einigen Jahren Gebrauch gemacht, als der damalige Bischof von Limburg sich weigerte, den vom Papst angeordneten Ausstieg aus der Schwangerenkonfliktberatung für seine Diözese zu vollziehen. Der Papst entzog dem Diözesanbischof die Zuständigkeit für das umstrittene Sachgebiet und beauftragte einen anderen Bischof mit der Umsetzung der päpstlichen Anordnungen.[47]

Dass der Papst seine Gewalt jederzeit frei ausüben kann, bedeutet nicht, er dürfe willkürlich handeln. Er ist dem Wohl der Kirche, der Offenbarung und dem inneren Anspruch seines Amtes verpflichtet.[48] Er kann seine Gewalt *nur* so weit ausüben, „wie es von seinem Amt her gefordert ist"[49]. Allerdings entscheidet allein der Papst, was von seinem Amt her gefordert ist.[50]

2.3 Diözesanbischöfliche Leitungsgewalt

Was für den Papst dargelegt wurde, gilt *en miniature* auch für die Diözesanbischöfe als Leiter der ihnen anvertrauten Diözesen. Für den Bereich ihrer Diözese sind sie oberste Gesetzgeber, oberste Richter und oberste ausführende Instanzen. Eine Gewaltenteilung gibt es auch auf der Ebene der Diözese nicht.[51]

Ebenso wie der Papst können Diözesanbischöfe für ihren Bereich nach unten eigenständig und ohne Einbeziehung von Mitwirkungs- oder Beratungsorganen Gesetze erlassen.[52] *Eigene* Gesetze oder die ihrer Vorgänger können sie jederzeit ändern oder außer Kraft setzen.[53] Dies hat vor wenigen Jahren der Bischof von Regensburg deutlich gemacht, als er die Laienräte in seiner Diözese umstrukturierte und ihnen eine neue rechtliche Ordnung gab.[54] Sein Vorgehen stieß auf Kritik und führte zu einer öffentlichen Debatte.[55] Die beim Apostolischen Stuhl erhobenen Einreden blieben erfolglos. Die angerufenen römischen Kurialbehörden attestierten dem Bischof, seine Maßnahmen entsprächen inhaltlich und formal geltendem universalen Kirchenrecht.[56]

2.4 Individuelles Seelenheil und kirchliches Gemeinwohl

Schließlich ist hinzuweisen auf die spezifische Zielsetzung des kirchlichen Rechts. Die Sorge des Gesetzgebers gilt in individueller Hinsicht dem Seelenheil des einzelnen Gläubigen,[57] in kollektiver Perspektive der Einheit der Gesamtkirche, dem Schutz der kirchlichen Lehre und der kirchlichen Ordnung sowie der Vermeidung von Missbrauch in der kirchlichen Ordnung.[58]

Kirchliche Rechtskultur

Im Einklang damit wird im kodikarischen *Katalog der Pflichten und Rechte der Gläubigen*[59] die Pflicht zur Wahrung der Gemeinschaft mit der Kirche programmatisch an erster Stelle genannt – vor den übrigen Pflichten und vor jedem Recht.[60] Der genannten Ausrichtung des kirchlichen Gesetzbuchs entspricht es auch, wenn die in dem Katalog garantierten Rechte zwar an staatlich gewährleistete Grundrechte erinnern können, sich bei näherer Betrachtung aber als demgegenüber erheblich modifizierte Rechte erweisen: So gibt es im kirchlichen Gesetzbuch nicht ein Recht auf freie Meinungsäußerung, sondern ein stark modifiziertes Recht auf *angemessene* Meinungsäußerung.[61] Es gibt nicht ein Recht auf Forschungsfreiheit, sondern ein Recht auf *gebührende* Freiheit der theologischen Forschung.[62] Es gibt nicht ein uneingeschränktes Recht auf Schutz des guten Rufes, sondern ein Verbot der *rechtswidrigen* Schädigung des guten Rufs.[63] Bei der Ausübung ihrer Rechte haben die Gläubigen Rücksicht zu nehmen auf das Gemeinwohl der Kirche.[64] Darüber hinaus steht es der kirchlichen Autorität zu, die Ausübung von Rechten im Hinblick auf das Gemeinwohl der Kirche zu *regeln* – was die Möglichkeit einschließt, Rechte einzuschränken oder gar auszusetzen.[65] Wann solche Maßnahmen gerechtfertigt sind, bleibt dem Ermessen der kirchlichen Autorität überlassen.

Dem Gesetzgeber ist vorrangig am Schutz des kirchlichen Gemeinwohls gelegen. Die kirchliche Ordnung soll gegen eine übermäßige Inanspruchnahme individueller Freiheiten geschützt werden. Die Wahrnehmung individueller Rechte hat im Konfliktfall hinter den Belangen der kirchlichen Gemeinschaft zurückzustehen. Die auf diese Weise gewährleistete kirchliche Einheit und die Verlässlichkeit der kirchlichen Ordnung eröffnen den einzelnen Gläubigen den bestmöglichen Schutzraum für das individuelle Seelenheil.

Die Idee eines Katalogs von Grundrechten, die das Individuum vor unrechtmäßigen Übergriffen der Obrigkeit schützen, ist dem kirchlichen Gesetzgeber fremd. Kirchliche Autorität und einzelner Gläubiger stehen einander nach kirchlichem Verständnis nicht gegenüber, sondern nehmen gemeinsam ihre Verantwortung für die kirchliche Sendung wahr.[66] Auch im Blick auf grundlegende Individualrechte der einzelnen Gläubigen zeigt sich das eigenständige

Rechtsverständnis der Kirche. Was in der öffentlichen Diskussion bisweilen als Hinweis auf mangelnde innerkirchliche Rechtskultur gewertet wird, erweist sich auch hier als Eigenart der spezifischen kirchlichen Rechtskultur.

3. Kirchliche Rechts*kultur*

Wird im Leben der Kirche ein kultivierter Umgang mit dem kirchlichen Recht gepflegt?

Nachfolgend können diesbezüglich nur Tendenzen aufgezeigt werden. Die Anwendung des kirchlichen Rechts entzieht sich weitgehend der öffentlichen Beobachtung, insbesondere wenn sie zur Zufriedenheit der Beteiligten geschieht. In den Blick gerät sie, wenn Unregelmäßigkeiten auftreten.

3.1 Kirchliche Rechtskultur und Gesetzgebung

Hinsichtlich der Gesetzgebung fällt auf, dass sich der Gesetzgeber in den letzten Jahren vermehrt literarischer Gattungen bedient, welche die rechtliche Verbindlichkeit des Mitgeteilten offen lassen.

Ein frühes Beispiel ist eine „Erklärung" des Päpstlichen Rates für die Gesetzestexte (PCLT) zum Kommunionempfang von wiederverheirateten Geschiedenen aus dem Jahr 2000.[67] Mit kaum zu überbietender Deutlichkeit erklärt der päpstliche Rat: Eine Zulassung wiederverheirateter Geschiedener zur Kommunion kommt außer in jenen Fällen, in denen die Betroffenen wie Bruder und Schwester zusammenleben, nicht in Betracht. Dies ergebe sich unmissverständlich aus der kirchlichen Lehre und ihrer Umsetzung in den einschlägigen Gesetzestexten.[68] Abweichende Gesetzesinterpretationen seien eindeutig abwegig.[69] Wie der päpstliche Rat in dieser Frage denkt, steht mithin zweifelsfrei fest. Gleichwohl wird seine Rechtsauffassung nicht von allen Kanonistinnen und Kanonisten geteilt.[70]

Der päpstliche Rat hat die Kompetenz zur authentischen Interpretation von Gesetzestexten. Eine authentische Interpretation hat die Kraft eines Gesetzes und ist allgemeinverbindlich. Mit einer

Kirchliche Rechtskultur

authentischen Interpretation hätte der päpstliche Rat die strittige Frage definitiv beilegen können. Der „Erklärung" des Päpstlichen Rates hingegen kommt solche Verbindlichkeit nicht zu.[71] Einem einheitlichen und insofern kultivierten Umgang mit dem geltenden Recht ist dies abträglich.

Noch nicht abgeschlossen ist die Debatte um eine neuere Stellungnahme des päpstlichen Rates vom März 2006.[72] Der päpstliche Rat äußert sich darin zum formalen Akt des Abfalls von der katholischen Kirche. Im deutschen Sprachraum hat die Stellungnahme auch deshalb für Aufsehen gesorgt, weil sich daraus Konsequenzen für die kirchenrechtliche Bewertung des so genannten „Kirchenaustritts" ergeben.[73] Wiederum hat der päpstliche Rat zur Klärung der Frage nicht den Weg einer authentischen Interpretation gewählt, sondern ein Rundschreiben an die Präsidenten der Bischofskonferenzen verfasst. Dessen Sprache ist zwar klar und deutlich, zudem beruft sich der Päpstliche Rat auf die Autorität der in die Entscheidungsfindung einbezogenen Kongregation für die Glaubenslehre, und schließlich wird vermerkt, Papst Benedikt habe das Schreiben approbiert und seine Versendung angeordnet – gleichwohl lässt sich die Verbindlichkeit des Schreibens unter Hinweis auf formale Gründe in Frage stellen.[74]

Die Absicht des Schreibens, in einer bestimmten Frage Rechtssicherheit herzustellen, ist damit verfehlt worden, wie die Reaktion der deutschen Bischöfe zeigt: Ungeachtet des vom Päpstlichen Rat als unbezweifelbar erläuterten Normgehalts vertreten sie die Position, das Schreiben des päpstlichen Rates bringe zwar eine Klarstellung, verändere aber nicht die deutsche Rechtslage.[75] Das ist – unabhängig von der Problematik des „Kirchenaustritts" – falsch,[76] kann aber zur Folge haben: Die nur standesamtlich geschlossene Ehe eines „ausgetretenen" Katholiken, die nach der Auffassung der deutschen Bischöfe gültig zustande gekommen ist, wird vom römischen Berufungsgericht für nichtig erklärt. Dies illustriert die misslichen Konsequenzen eines Mangels an Rechtskultur für jene, die von der Rechtsetzung unmittelbar betroffen sind.

Die rechtskulturelle Problematik dieser Angelegenheit wird verschärft durch den Hinweis des damaligen Vorsitzenden der Deutschen Bischofskonferenz, es liege ein ergänzendes Schreiben des päpstlichen Rates vor, welches die Erklärung der deutschen Bischöfe als sachgerecht erweise.[77] Publiziert ist dieses Schreiben nicht. Die Annahme, Kanonistinnen und Kanonisten dürften oder könnten sich für die Auslegung eines rechtlich relevanten Textes mit dem vagen Hinweis auf eine möglicherweise relevante Rechtsquelle begnügen, lässt Rechtsbewusstsein und Rechtskultur vermissen.

3.2 Kirchliche Rechtskultur und ausführende Gewalt

Die Pflege der Rechtskultur durch die Organe der ausführenden Gewalt wird als besonders wichtig angesehen, zumal die Ausübung der Exekutivgewalt die häufigste und alltäglichste Form der Rechtsanwendung darstellt.

Kein gelungener Beitrag zu dieser Pflege war die „Versetzung" des französischen Diözesanbischofs Jacques Gaillot im Jahr 1995: Wegen einiger von ihm vertretener Positionen erschien Gaillot als Diözesanbischof nicht länger tragbar.[78] Papst Johannes Paul II. versetzte Gaillot daraufhin in den Stand eines Titularbischofs, ohne ihm ein konkretes Amt zuzuweisen. Das ist insofern unbedenklich, als der Papst aufgrund seines Jurisdiktionsprimats in der Wahl seiner Mittel nicht eingeschränkt ist. Gleichwohl erscheint es als problematisch, dass die Absetzung des Bischofs – um eine solche handelte es sich faktisch – als „Versetzung" deklariert wurde, obwohl die Tatbestandsmerkmale einer Versetzung nicht erfüllt waren. Auch wenn der Papst tun kann, was er für richtig hält – eine kanonistische Begriffsverwirrung kann sich nachteilig auf die künftige Rechtsanwendung untergeordneter Autoritäten auswirken.

Anfragen an die kirchliche Rechtskultur ergeben sich auch aus den Vorgängen anlässlich der Wahl des Erzbischofs von Köln im Jahr 1989.[79] In mehreren Wahlgängen gelang es dem Domkapitel nicht, sich mit der erforderlichen Zwei-Drittel-Mehrheit auf einen der zur Wahl stehenden Kandidaten zu einigen. Schließlich wurde durch ein Schreiben des Apostolischen Nuntius das Statut des Kölner Domkapitels – während des laufenden Wahlverfahrens – in einem Punkt geändert. Eine Zwei-Drittel-Mehrheit war nun nicht mehr erforderlich; die Wahl eines neuen Erzbischofs wurde möglich.[80]

Kirchliche Rechtskultur

Ein weiteres Beispiel für den eigenwilligen Umgang mit kirchenrechtlichen Bestimmungen liefert der eingangs skizzierte Fall der „Priesterinnenweihe". In einem Dekret vom August 2002 erklärte die Kongregation für die Glaubenslehre zunächst, die Frauen hätten sich die Tatstrafe der Exkommunikation zugezogen.[81] Es war zumindest sehr zweifelhaft, ob sich die Frauen eines Delikts schuldig gemacht hatten, das mit einer Tatstrafe belegt ist.[82] Das sah womöglich auch die Kongregation für die Glaubenslehre so. Jedenfalls ist im Dekret vom Dezember 2002 von einer Tatstrafe nicht mehr die Rede – und auch nicht mehr davon, dass das erste Dekret davon ausgegangen war. Vielmehr wird der Eindruck erweckt, es sei von Anfang an um eine Spruchstrafe gegangen.[83] Rechtlich nicht haltbar ist auch die Begründung, mit der die Beschwerde der Frauen gegen das erste Dekret zurückgewiesen wird.[84] Mit Klaus Lüdicke ist festzuhalten: „Niemand wird es beanstanden, dass die Kirche sich gegen eine publikumswirksame Aktion wehrt, mit der eine Lehre in Frage gestellt wird, die [...] mit großem Nachdruck als definitiv zu bewahren vorgelegt wurde. Niemand wird es beanstanden, dass die Glaubenskongregation nach Maßnahmen sucht, den Wirkungen dieser Aktion zu wehren. Es ist aber zu beanstanden, dass die Kongregation das Instrumentarium, zu dem sie greift, das Kirchenrecht, offenkundig nicht beherrscht"[85].

Ein hinlänglich bekanntes Problemfeld in Sachen Rechtskultur betrifft die Verleihung des *Nihil obstat* an Theologieprofessorinnen und -professoren. Beklagt werden die mangelnde Transparenz der römischen Nihil-obstat-Verfahren bei der Besetzung theologischer Lehrstühle und der unzureichende Rechtsschutz für jene, denen das *Nihil obstat* nicht erteilt wird. In einem von Heribert Schmitz mitgeteilten Fall wurde das *Nihil obstat* versagt, ohne dass ein vom Recht vorgesehener Beanstandungsgrund vorgelegen hätte.[86] „Der aufmerksame Beobachter", so resümiert Schmitz, „kann sich öfters kaum des Eindrucks erwehren, als mangele es in der Kirche, bei kirchlichen Stellen und in gewissen kirchlichen Kreisen, (immer noch) an Sensibilität für Recht und Rechtskultur"[87].

Auf der Ebene der Rechtsanwendung wird die Rechtskultur indes nicht nur durch die unzulängliche Beachtung der gesetzlichen Vorschriften seitens kirchlicher Autoritäten gefährdet. Womöglich noch problematischer ist es, wenn nachrangige Autoritäten oder die Gesetzesadressaten das geltende Recht bewusst missachten und dies womöglich sogar für geboten halten oder – etwa aus so genannten „pastoralen" Gründen – als wünschenswert ansehen: zum Beispiel, wenn ein Pfarrer immer wieder evangelische Christen zum Kommunionempfang hinzutreten lässt, wenn Pastoralreferentinnen und -referenten regelmäßig die Homilie in der Eucharistiefeier halten oder wenn geschiedenen wiederverheirateten Religionslehrerinnen und -lehrern die kirchliche Unterrichtserlaubnis *nicht* entzogen wird. Zu denken ist auch an jene Fälle, in denen geschiedenen Mitarbeitern im kirchlichen Dienst signalisiert wird, der Dienstgeber werde eine neue Partnerbeziehung stillschweigend dulden, solange der Betreffende darauf verzichtet, diese Beziehung durch eine standesamtliche Eheschließung aktenkundig zu machen.

All dies verletzt geltendes kirchliches Recht. Bleiben solche Verletzungen ungeahndet, mag das den Betroffenen und vielen Betrachtern gut gefallen. Es hat aber ebenso negative Auswirkungen auf das Rechtsbewusstsein wie die Missachtung des Rechts durch übergeordnete kirchliche Autoritäten. Die Botschaft, die auf diese Weise vermittelt wird, lautet: Die Kirche nimmt das Recht nicht sehr ernst. Und wo das so ist, herrscht im besten Falle Gutdünken.

Das ist nicht das einzige Problem. Nicht alle potenziell Betroffenen werden es mit einem Verantwortlichen zu tun haben, der die geltenden rechtlichen Bestimmungen großzügig umgeht. Schnell steht der Vorwurf der Doppelmoral oder der Willkür im Raum. Und ist es nicht tatsächlich Willkür – wenn auch vermutlich eine gut gemeinte –, die hier Platz greift? Das Vertrauen in das Recht und damit auch in seine Ordnungs- und Schutzfunktionen geht verloren. Insoweit Christus das Heil durch seine untrennbar geistlich *und* rechtlich strukturierte Kirche wirken will, ist das keine Lappalie.

3.3 Kirchliche Rechtskultur in der Rechtsprechung

Als *essential* innerkirchlicher Rechtskultur wird die Gewährleistung eines ausreichenden Rechtsschutzes gegen Maßnahmen der kirchlichen Verwaltung genannt. Das setzt die Existenz leistungsfähiger Verwaltungsgerichte voraus. Das Gesetzbuch der katholischen Kirche sollte deren Arbeit näher regeln. Dies wäre ein wichtiger Beitrag zur kirchlichen Rechtskultur gewesen. Es ist nicht dazu gekommen. Kirchliche Verwaltungsgerichte wurden nicht eingerichtet. Denjenigen, die sich beschwert fühlen, bleibt nur der mühsame Weg des hierarchischen Rekurses. Wer sich über eine Entscheidung seines Bischofs beschweren möchte, muss dazu den Apostolischen Stuhl angehen – eine Hemmschwelle, diviele Betroffene dazu veranlassen kann, auf den Rechtsweg zu verzichten.

Als unzulänglich empfunden wird die Rechtskultur – zumindest im deutschen Sprachraum – bei der Besetzung der kirchlichen Gerichte. Nicht alle Mitarbeiter kirchlicher Gerichte verfügen über die vom Gesetzgeber geforderte Qualifikation. Mit Sondergenehmigungen des Apostolischen Stuhls werden die meist unterbesetzten Gerichte durch Personal ergänzt, dessen Eignung für das Richteramt nicht in jedem Fall ersichtlich ist.[88] Aber selbst gut qualifizierte nebenamtliche Richter sind oft nicht in der Lage, neben ihrer Haupttätigkeit den Aufgaben eines Richters in angemessener Zeit nachzukommen. Darunter leiden die Prozessdauer und die Qualität der Rechtsprechung, was bei vielen Hilfesuchenden zur Enttäuschung über die als unzulänglich erlebte kirchliche Gerichtsbarkeit führt. Abhilfe böte hier eine verbesserte personelle Ausstattung der Kirche – ein Wunsch, für den Diözesanbischöfe nicht immer genügend Verständnis aufbringen.[89]

4. Fazit

1. Die kirchliche Rechtsordnung ist durch eigenständige religiöse Vorgaben geprägt. Aufgrund dessen unterscheidet sich die *kirchliche* Rechtskultur maßgeblich von staatlichen Rechtskulturen. Eine sachgerechte Beurteilung ist nur möglich, wenn diese Voraussetzung berücksichtigt wird. Der Hinweis auf rechtsstaatliche Prinzipien, die in der Kirche nicht oder nicht ausreichend berücksichtigt werden, mag im Einzelfall zutreffend sein, verkennt aber – als Maßstab angewendet – das Wesen der kirchlichen Rechtsordnung und ihrer besonderen Prämissen. Die Kirche beansprucht nicht,

sämtliche rechtsphilosophischen Leitlinien des weltlichen Rechts einschränkungslos umzusetzen. Sie orientiert sich an den für sie unaufgebbaren Vorgaben des göttlichen Rechts. Weil diese das unveränderliche Gerüst des kirchlichen Rechts bilden, ist die kirchliche Rechtsordnung insgesamt eine stabile, nur geringen Veränderungen unterworfene Ordnung.

2. Hinsichtlich des Umgangs mit dem Recht in der Kirche stellen die referierten Beispiele eine Negativ-Auslese dar. Das kirchliche Rechtshandeln ist nicht per se von einer defizitären Rechtskultur geprägt. Gleichwohl zeichnen sich Problemzonen ab: rechtliche Vorgaben, deren Verbindlichkeit schwer zu bewerten ist; die ungenügende Beachtung und Befolgung rechtlicher Vorgaben im Bereich der kirchlichen Verwaltung; rechtliche Sub-„Kulturen" auf der Ebene der pfarrlichen Seelsorge, in denen das kirchliche Recht als weitgehend unverbindliche Vorgabe gilt, die nicht unbedingt beachtet werden müsse.

3. Abhilfe kann nur geschaffen werden, wenn das geltende Recht konsequent(er) beachtet wird. Der und die Einzelne können dazu beitragen, indem sie an kirchliche Gesetzgeber und die Träger der ausführenden kirchlichen Leitungsgewalt appellieren und die Beachtung kirchenrechtlicher Normen nachdrücklich einfordern. Gleichzeitig ist darauf zu drängen, dass die auf den untersten kirchlichen Ebenen verbreiteten widerrechtlichen Gewohnheiten aufgegeben werden. Dabei wird sich zeigen, in welchen Fällen die konsequente Beachtung kirchenrechtlicher Bestimmungen zu unerträglichen Härten führt. Diese sind dem Diözesanbischof mitzuteilen, damit er die Angelegenheit prüfen kann. Kommt er zu dem Ergebnis, die vermeintlichen Härten seien im Interesse des Heils der Seelen in Kauf zu nehmen, hat er, nicht nur im Interesse der Rechtskultur, die Pflicht, die Einhaltung der rechtlichen Bestimmungen mit Nachdruck einzufordern. Andernfalls forderte die Hirtenverantwortung für die ihm anvertrauten Gläubigen von ihm – soweit er selbst verantwortlich ist – seine eigene Gesetzgebung zu überarbeiten, oder – falls die Zuständigkeit beim universalkirchlichen Gesetzgeber liegt – beim Papst auf eine Anpassung des kirchlichen Rechts hinzuwirken, sinnvoller Weise gemeinsam

Kirchliche Rechtskultur

mit seinen Brüdern im Bischofsamt, die mit denselben Problemen konfrontiert sind.

Dieser Weg führt vermutlich nicht zu raschen und bequemen Lösungen. Er verheißt aber befriedigendere Ergebnisse als die verbreitete Übung, widerrechtliche Gewohnheiten achselzuckend hinzunehmen und darauf bezogene Ermahnungen des Apostolischen Stuhls zu ignorieren – eine Übung, die die kirchliche Rechtsordnung nachhaltig gefährdet, das Rechtsbewusstsein der kirchlichen Gemeinschaft schwächt und letztlich zu einer Kirchenrechtsverdrossenheit unter den Gläubigen führt und ihr Vertrauen in die kirchlichen Autoritäten schädigt.

Diesen Gefahren gegenüber gilt nach wie vor die Feststellung von Werner Böckenförde: „Kirchenrecht ist unentbehrlich, um einen geordneten Austrag von Konflikten zu ermöglichen. Wir brauchen nicht weniger rechtliche Normen, sondern andere, welche die Bezeichnung Recht verdienen."[90] Im Blick auf das gestellte Thema ist hinzuzufügen: Die katholische Kirche braucht nicht nur Normen, die die Bezeichnung Recht verdienen, es bedarf auch eines kultivierte(re)n Umgangs mit diesem Recht.

Anmerkungen

[1] Überarbeitete und um die Anmerkungen ergänzte Vortragsfassung. Der Vortragsstil wurde beibehalten.

[2] Vgl. aus der umfangreichen Berichterstattung zu diesem Vorgang z. B. Brigitte BÖTTNER, Querelles des Femmes, in: HerKorr 56 (2002) 379–381.

[3] Abgedruckt in: OssRom (d) vom 09.08.2002, 1.

[4] Abgedruckt in: OssRom (d) vom 31.01.2003, 11.

[5] Pressemitteilung des Erzbischöflichen Ordinariats München und Freising vom 12.06.2002; vgl. http://www.erzbistum-muenchen.de/EMF009/EMF 000828.asp?NewsID=5424 (eingesehen: 29.12.2008).

[6] Matthias DROBINSKI, Sieben gegen Rom, in: Süddeutsche Zeitung vom 06.08.2002, 4.

[7] Gisela FORSTER / Christine MAYR-LUMETZBERGER u.a., Schreiben an die Congr. DocFid vom 28.02.2003, zugänglich über: http://www.virtuelle-dioe zese.de/newsletter_2003-03.php (eingesehen: 29.12.2008).

[8] Vgl. ebd.

[9] Peter KRÄMER, Sensibilität für die Rechtskultur. Kirchenrechtliche Anmerkungen zum „Fall Grabmeier", in: HerKorr 57 (2003) 291–294, dort auch Näheres zum Gegenstand der Auseinandersetzung.

[10] Heribert SCHMITZ, Studien zur kirchlichen Rechtskultur (FzK 34), Würzburg 2005.
[11] Ilona RIEDEL-SPANGENBERGER, Rechtskultur in der Diözese (QD 219), Freiburg i. Br. 2006. – Ebenfalls im Kontext kirchenrechtlicher Einzelthemen ist die Thematik erörtert bei Walter GUT, Fragen zur Rechtskultur in der katholischen Kirche, Fribourg 2000. Grundlegendere rechtsphilosophische Perspektiven bietet Georg MOHR, Rechtskultur, in: S. GOSEPATH / W. HINSCH / B. Rössler (HG.), Handbuch der Politischen Philosophie und Sozialphilosophie, Bd. 2, Berlin u.a 2008, 1074–1078. Vgl. außerdem Ingo von MÜNCH, Rechtskultur, in: NJW 1993, 1673–1678.
[12] Vgl. I. RIEDEL-SPANGENBERGER, Vorwort, in: Dies., Rechtskultur (Anm. 11), 7–13, 10.
[13] I. RIEDEL-SPANGENBERGER, Ortskirche oder Teilkirche. Das vom Bischof geleitete Volk Gottes der Diözese in: Dies., Rechtskultur (Anm. 11), 14–49, 48.
[14] Vgl. P. KRÄMER, Sensibilität (Anm. 9), 294.
[15] Vgl. Hans Joachim TÜRK, Art. Kultur, in: LThK³, Bd. 6, 514–515, 514.
[16] Vgl. G. MOHR, Rechtskultur (Anm. 11), 1.1.
[17] Vgl. ebd. 1.2. Der so verstandene Rechtskulturbegriff ist wertneutral. Er besagt nicht, jede Rechtsordnung sei frei von Unrecht. Gemessen am Leitbild einer freiheitlich-demokratischen Grundordnung war die Rechtsordnung der NS-Zeit zweifellos Ausdruck einer Unkultur. Nicht immer ist es indes einfach, einen Konsens darüber zu erzielen, ob eine bestimmte Rechtsordnung als Ausdruck von Kultur oder Unkultur anzusehen ist. Die Antwort auf diese Frage hängt nicht zuletzt vom Standpunkt des Betrachters ab.
[18] Vgl. Alexander HOLLERBACH, Göttliches und Menschliches in der Ordnung der Kirche, in: Ders., Ausgewählte Schriften, hg. von G. ROBBERS, Berlin 2006, 177–195, 188.
[19] Papst JOHANNES PAUL II., Codex Iuris Canonici v. 25.1.1983, in: AAS 75 (1983) Pars II, 1–301 (ergänzt durch JOHANNES PAUL II., Motu Proprio „Ad tuendam fidem" vom 18.05.1998, in: AAS 90 [1998] 457–461); dt. Text: Codex Iuris Canonici – Codex des kanonischen Rechts. Lateinisch-deutsche Ausgabe, Kevelaer ⁵2001.
[20] Papst JOHANNES PAUL II., Codex Canonum Ecclesiarum Orientalium v. 18.10.1990, in: AAS 82 (1990) 1033–1363.
[21] Vgl. zuletzt Papst BENEDIKT XVI., Motu Proprio „Constitutione Apostolica" über einige Änderungen in der Papstwahlordnung vom 11.06.2007, in: AAS 99 (2007) 776–777; ders., Motu Proprio „Summorum Pontificum" über den außerordentlichen Gebrauch der alten Form des Römischen Ritus vom 07.07.2007, in: ebd. 777–781.
[22] Vgl. G. MOHR, Rechtskultur (Anm. 11), 2.4.
[23] Vgl. Georg BIER, Die Rechtsstellung des Diözesanbischofs nach dem Codex Iuris Canonici von 1983 (FzK 32), Würzburg 2001, 53–55, mit weiteren Nachweisen.
[24] Vgl. ebd. 55. Die Ergänzungen finden sich insbesondere im dritten Kapitel

der Dogmatischen Konstitution „Lumen Gentium" sowie in der zugehörigen „Nota Explicativa Praevia", in: AAS 57 (1965) 5–75.

[25] Vgl. die Überschrift vor c. 330 CIC: *De Ecclesiae constitutione hierarchica*.

[26] Vgl. cc. 207 § 1 CIC und 323 § 2 CCEO.

[27] Vgl. Vat. II, Lumen Gentium, Art. 31.

[28] Vgl. c. 228 § 1 CIC: „Laien, die als geeignet befunden werden, *sind befähigt*, von den geistlichen Hirten für [...] kirchlichen Ämter und Aufgaben herangezogen zu werden [...]" (Herv. GB), vgl. cc. 228 § 2 CIC, 408 CCEO.

[29] Vgl. Congr. Cler (u. a.), Instruktion „Ecclesia de mysterio" vom 15.08.1997, in: AAS 89 (1997) 852–877 (dt.: VApSt 129), n. 4. Die Beachtung der Unterscheidung zwischen Klerus und Laien prägt auch: Congr Cult / Congr. DocFid, Instruktion „Redemptionis Sacramentum" vom 25.03.2004, in: AAS (2004) 549–601 (dt.: VApSt 164).

[30] Congr. DocFid, Schreiben an die Bischöfe der katholischen Kirche über die Zusammenarbeit von Mann und Frau in der Kirche und der Welt vom 31.05.2004, in: AAS 96 (2004) 671–687; (dt.: VApSt 166). Für eine ausführliche kirchenrechtliche Würdigung vgl. Norbert LÜDECKE, Recta collaboratio veram aequalitatem, in: INTAMS Review 10 (2004) 232–240, sowie jetzt ders., Mehr Geschlecht als Recht, in: S. EDER / I. FISCHER (Hgg.), ... männlich und weiblich schuf er sie ... (Gen 1,27). Zur Brisanz der Geschlechterfrage in Religion und Gesellschaft (Theologie im kulturellen Dialog 16), Innsbruck u.a. 2009, 183–216.

[31] Congr. DocFid, Schreiben an die Bischöfe (Anm. 30), n. 12.

[32] Congr. DocFid, Schreiben an die Bischöfe (Anm. 30), n. 16.

[33] Vgl. c. 208 CIC: „Unter allen Gläubigen besteht [...] eine wahre Gleichheit in ihrer Würde und Tätigkeit, kraft der alle je nach ihrer eigenen Stellung und Aufgabe am Aufbau des Leibes Christi mitwirken." Nahezu wortgleich c. 11 CCEO.

[34] Obwohl in cc. 97–112 CIC nicht berücksichtigt, gehört das Geschlecht zu den rechtserheblichen Umständen, vgl. Norbert LÜDECKE, Kanonistische Bemerkungen zur rechtlichen Grundstellung der Frau im CIC/1983, in: Kirchliches Recht als Freiheitsordnung. GS Hubert MÜLLER (FzK 27), Würzburg 1997, 66–90, 81–83.

[35] Vgl. ebd. 68–80.

[36] Vgl. c. 274 § 1 in Verbindung mit cc. 129 § 2 und 1421 § 2 CIC bzw. – etwas weniger strikt – cc. 979 § 2 und 1087 § 2 CCEO.

[37] Nach Congr. InstCath, Ratio fundamentalis institutionis sacerdotalis vom 06.01.1970, in: AAS 62 (1970) 321–384, n. 33 müssen Professoren der *disciplinae sacrae* für gewöhnlich Priester sein. Zur Auslegung dieser Bestimmung sowie Möglichkeiten und Grenzen von Ausnahmeregelungen vgl. Rafael M. RIEGER, Communiter sint sacerdotes. Standesanforderungen für Dozenten an den staatlichen Katholisch-Theologischen Fakultäten in Deutschland nach Kirchen- und Staatskirchenrecht (BzMKCIC 41), Essen 2005.

[38] Gemäß authentischer Interpretation zu c. 230 § 2 CIC (in: AAS 86 [1994] 541–542) dürfen zum Ministrantendienst auch Mädchen zugelassen werden. Eine rechtliche Gleichstellung von Knaben und Mädchen ist damit nicht intendiert. Die zusammen mit der authentischen Interpretation publizierten Instruktionen stellen klar: Ministrantinnen können – müssen aber nicht – zugelassen werden, Ministranten dürfen nicht abgeschafft werden. Nach einer von der Congr. Cult als „normativ" bezeichneten Auffassung (in: Comm. 33 [2001] 167–169) darf ein Diözesanbischof die Heranziehung von Mädchen zum Altardienst nicht verbindlich vorschreiben.

[39] In einer von ihrem damaligen Präfekten Joseph Kardinal RATZINGER unterzeichneten *Nota doctrinalis* vom 29.06.1998 (in: AAS 90 [1998] 544–551, dt. in: VApSt 144, 17–25) hat die Congr. Doc in Bezug auf die Unmöglichkeit der Priesterweihe der Frau klargestellt, „dass das Bewusstsein der Kirche künftig dazu kommen kann, zu definieren, dass diese Lehre als von Gott geoffenbart zu glauben ist" (n. 11).

[40] Vgl. Papst JOHANNES PAUL II., Apostolisches Schreiben *Ordinatio Sacerdotalis* vom 22.5.1994, in: AAS 86 (1994) 545–548.

[41] Nach cc. 331 CIC und 43 CCEO verfügt der Papst über höchste, volle, unmittelbare und universale ordentliche Gewalt, die er immer frei ausüben kann.

[42] Das Dogma von der päpstlichen Höchstgewalt wurde 1870 vom Ersten Vatikanischen Konzil definiert, vgl. das dritte Kapitel der Dogmatischen Konstitution „Pastor Aeternus", in: ASS 6 (1870/71) 40–47 (DH 3050–3075), und vom Zweiten Vatikanischen Konzil abermals als fest zu glauben vorgelegt, vgl. Vat. II, Lumen Gentium, Art. 18 und 22.

[43] Vgl. den bekannten Grundsatz *prima sedes a nemine iudicatur* (c. 1404 CIC) sowie cc. 333 § 3, 1629 n. 1 CIC.

[44] Vgl. Papst BENEDIKT XVI., Motu Proprio „Summorum Pontificum" (Anm. 21), Art. 1.

[45] Vgl. Papst PAUL VI., Motu Proprio „Missale Romanum" vom 03.04.1969, in: AAS 61 (1969) 217–222, 222.

[46] Zu möglichen Deutungen und Hintergründen dieses päpstlichen Handelns vgl. Norbert LÜDECKE, Kanonistische Anmerkungen zum Motu Proprio Summorum Pontificum, in: Liturgisches Jahrbuch 58 (2008) 3–34, 8–14.

[47] Vgl. Papst JOHANNES PAUL II., Schreiben an Bischof Franz Kamphaus v. 7.3.2002, in: Abl. Limburg 144 (2002) 23–24. Zum gesamten Vorgang vgl. auch Ulrich Ruh, Limburg: Ausstiegsverfügung für Bischof Kamphaus, in: HerKorr 56 (2002) 169–171, mit Hinweisen zur Vorgeschichte der päpstlichen Entscheidung.

[48] So kommentiert schon Joseph RATZINGER, in: LThK²-Konzilskommentar Bd. I, 348–259, 356, die n. 4 der „Nota Explicativa Praevia" zu „Lumen Gentium" (Anm. 24), wonach der Papst seine Gewalt jederzeit nach Gutdünken (*omni tempore ad placitum*) ausüben kann.

[49] Nota Explicativa Praevia n. 4: „sicut ab ipso suo munere requiritur".

[50] Der Einwand, eine solche Rechtskultur sei in Wirklichkeit eine Unkultur,

Kirchliche Rechtskultur

weil sich auch die katholische Kirche an modernen rechtsstaatlichen Prinzipien messen lassen müsse, geht ins Leere. Die katholische Kirche ist nicht nach Art eines freiheitlich-demokratischen Rechtsstaates organisiert, sondern nach Art einer Wahlmonarchie. Ihre Regierungsform entspricht weitgehend der eines *aufgeklärten Absolutismus*, in dem der Herrscher aus eigener Machtvollkommenheit regiert, sich aber als erster Diener des Staates versteht. Auch der Papst bezeichnet sich als erster Diener (*servus servorum Dei*), regiert jedoch als Stellvertreter Jesu Christi nicht aus eigener, sondern aus der ihm von Gott her zukommenden Machtvollkommenheit. Die Kirche hat diese Organisationsform nach ihrem Selbstverständnis nicht gewählt, sondern vorgefunden. Sie ergibt sich aus der Wahrheit, die das in besonderer Weise geistbegabte kirchliche Lehramt als von Gott geoffenbart erkannt hat.

[51] Dazu ausführlich G. BIER, Rechtsstellung (Anm. 23), 119–278.

[52] Nach c. 391 § 2 CIC kann der Diözesanbischof die ihm zukommende Gesetzgebungsgewalt nur persönlich ausüben. Die grundsätzliche mögliche Delegation dieser Gewalt (c. 135 § 2) wird ihm durch das geltende Recht nicht zugestanden.

[53] Sie sind dabei nach c. 135 § 2 CIC zur Beachtung höherrangiger Gesetze verpflichtet.

[54] Vgl. Abl. Regensburg vom 15.11.2005, 151–154.

[55] Vgl. Stefan ORTH, Gemeinsam. Der Regensburger Bischof Gerhard Ludwig Müller beschneidet Rechte der Laienräte, in: HerKorr 59 (2005) 598–599.

[56] In einem Dekret vom 10.03.2006 (http://www.bistum-regensburg.de/download/borMedia0308705.pdf; eingesehen: 29.12.2008) bescheinigt die Congr. Cler dem Bischof, er sei insbesondere den Vorgaben der Instruktion „Ecclesiae de mysterio" (Anm. 29) gefolgt, wonach in Bezug auf Organe, die „in der Vergangenheit auf der Basis örtlicher Gewohnheiten oder besonderer Umstände entstanden sind", die nötigen Mittel anzuwenden sind, „um sie mit dem geltenden Recht der Kirche in Einklang zu bringen". Eine gegen das Dekret an die Apostolische Signatur gerichtete Beschwerde blieb erfolglos. Die Apostolische Signatur erklärte sie per Dekret vom 09.02.2007 (http://www.bistum-regensburg.de/download/borMedia0877305.pdf; eingesehen: 29.12.2008) für nicht zulässig, „da sie offensichtlich jeglicher Grundlage entbehrt". Eine neuerliche Beschwerde gegen diese Entscheidung wurde am 14.11.2007 durch ein Abschließendes Dekret zurückgewiesen, vgl. Abl. Regensburg vom 04.03.2008, 29–33. Darin konstatiert die Apostolische Signatur im Blick auf das zentrale Argument der Beschwerdeführenden, wonach der Bischof an vorgängige Gesetzgebung (hier: der Würzburger Synode) gebunden sei und sie nicht einseitig ändern könne: „Gesetze aber, auch die der Würzburger Synode, sind jedoch nicht auf ewig unabänderlich [...]. Nachdem bereits mehr als 30 Jahre seit Abschluss der Synode vergangen sind, können Verbesserungen den Hwst. Herren Bischöfen in den einzelnen Diözesen immer notwendig erscheinen".

⁵⁷ Nach c. 1752 CIC muss das Heil der Seelen immer das oberste Gesetz in der Kirche sein.
⁵⁸ Vgl. z.B. die Aufgabenumschreibung für Diözesanbischöfe gemäß cc. 392 CIC und 201 CCEO oder die Rechtspflicht aller Gläubigen zur umfassenden Beachtung der kirchlichen Lehre gemäß cc. 212 § 1, 750–754 CIC bzw. cc. 10, 15 § 1, 598–600 CCEO. Wie die kirchliche Autorität vorgeht, um die kirchliche Einheit zu schützen, zeigt exemplarisch die von der Congr. Cult publizierte Instruktion „Redemptionis Sacramentum" vom 25.03.2004, in: AAS 96 (2004) 549–601 (dt.: VApSt 164), die minutiös eine Vielzahl von liturgischen Missbräuchen auflistet und nachdrücklich auf deren Abstellung drängt.
⁵⁹ Cc. 209–223 CIC, vgl. cc. 12–26 CCEO. In der Literatur ist in diesem Zusammenhang häufig von „Grundrechten" bzw. von einem „Grundrechtskatalog" die Rede, vgl. z.B. die Hinweise zur Terminologie bei REINHARDT, in: MKCIC Einführung vor 208, 7, mit Einzelnachweisen. Wie Winfried AYMANS, Vom Grundstatut zum Gemeinstatut aller Gläubigen. Ein Beitrag zur kirchlichen Rechtssprache, in: Ders. / K. Th. GERINGER (Hgg.), Iuri canonico promovendo. FS Heribert SCHMITZ, Regensburg 1994, 3–22, dargelegt hat, kann der Grundrechtsbegriff in die Irre führen. Während Menschen- bzw. Grundrechte in staatlichen Verfassungen „dem Menschen gleichsam einen staatsfreien Raum zur Entfaltung seiner Persönlichkeit sichern wollen, so kann man nichts Analoges über die allen Gläubigen gemeinsamen Rechte sagen. Bei letzteren geht es nicht um die Schaffung eines kirchenfreien Raumes für das religiöse Subjekt. Der Christ kann nicht als isoliertes Individuum der religiösen Gemeinschaft verstanden werden" (21–22). Die Offenhaltung eines Freiraums religiöser Privatautonomie sei für den Christen im Hinblick auf die Kirche nicht denkbar (vgl. 22). Der von Aymans vorgeschlagene Begriff „Gemeinrechte" ist dem Grundrechtsbegriff vorzuziehen. Er signalisiert zudem, dass diese Rechte in erster Linie nicht dem Schutz des Individuums gegenüber der kirchlichen Autorität dienen, sondern dem Schutz des *bonum commune Ecclesiae.*
⁶⁰ Vgl. c. 209 § 1 CIC: „Die Gläubigen sind verpflichtet, auch in ihrem eigenen Verhalten, immer die Gemeinschaft mit der Kirche zu wahren"; vgl. ähnlich c. 12 § 1 CCEO.
⁶¹ Vgl. c. 212 § 3 CIC (bzw. c. 15 § 3 CCEO) sowie z.B. Helmuth PREE, Die Meinungsäußerungsfreiheit als Grundrecht des Christen, in: W. SCHULZ (Hg.), Recht als Heilsdienst. FS Matthäus KAISER, Paderborn 1989, 42–85; Helmut SCHNIZER, Überlegungen zum normativen Gehalt von c. 212 CIC/1983, in: AYMANS / GERINGER (Hgg.), Iuri canonico promovendo (Anm. 59), 75–95; Sabine DEMEL, Das innerkirchliche Recht auf freie Meinungsäußerung zwischen Konsens und Widerspruch, in: C. MIRABELLI u.a. (Hgg.), Winfried Schulz in memoriam. Schriften aus Kanonistik und Staatskirchenrecht (AIC 8), Frankfurt u.a. 1999, 190–207.
⁶² Vgl. cc. 218 CIC und 21 CCEO und dazu Georg BIER, Das Verhältnis zwischen dem kirchlichen Lehramt und den Theologen in kanonistischer Per-

spektive, in: R. AHLERS / B. LAUKEMPER ISERMANN (Hgg.), Kirchenrecht aktuell (BzMKCIC 40), Essen 2004, 1–44, 27–31.

[63] Vgl. c. 220 CIC: „Niemand darf den guten Ruf, den jemand hat, rechtswidrig schädigen (*illegitime laedere*) ..."; vgl. c. 23 CCEO.

[64] Vgl. c. 223 § 1 CIC: „Bei der Ausübung ihrer Rechte müssen die Gläubigen sowohl als einzelne wie auch in Vereinigungen auf das Gemeinwohl der Kirche, die Rechte anderer und ihre eigenen Pflichten gegenüber anderen Rücksicht nehmen"; vgl. c. 26 § 1 CCEO.

[65] Nach cc. 223 § 2 CIC und 26 § 2 CCEO steht es der kirchlichen Autorität zu, die Ausübung der in den cc. 209–222 genannten Rechte im Hinblick auf das Gemeinwohl zu regeln (*moderari*), was Raum für weitgehende Möglichkeiten zur Modifikation der Gläubigenrechte einschließt. Das kirchliche Gemeinwohl ist der Maßstab, an dem die Gemeinrechte zu messen sind. Zur Stimmigkeit dieser Terminologie im Rahmen des kodikarischen Rechtsverständnisses vgl. Norbert LÜDECKE, Das Verständnis des kanonischen Rechts nach dem Codex Iuris Canonici von 1983, in: Ders. / C. GRABENWARTER (Hgg.), Standpunkte im Kirchen- und Staatskirchenrecht. Ergebnisse eines interdisziplinären Seminars (FzK 33), Würzburg 2002, 177–215, 209–212. – Auch die verfassungsmäßig garantierten Grundrechte etwa des Grundgesetzes der Bundesrepublik Deutschland sind nicht schrankenlos, sondern werden durch die Grundrechte anderer und das Gemeinwohl begrenzt. Allerdings ist nicht schon der Wortlaut der staatlichen Grundrechtsnormen durch zahlreiche Modifikationen und Einschränkungen geprägt, und die Grundrechtsbeschränkungen ergeben sich im konkreten Einzelfall aus der (in der Regel gerichtlichen) Abwägung konkurrierender Grundrechte. Demgegenüber sind in einzelnen Normen der cc. 209–222 Bedingungen formuliert, bei deren Nichterfüllung das jeweilige Gemeinrecht von vornherein nicht greift – z. B. wenn durch c. 212 § 3 CIC das Recht zur Meinungsäußerung nur jenen zugebilligt wird, die über ein bestimmtes Wissen, eine besondere Zuständigkeit oder eine herausgehobene Stellung verfügen.

[66] Vgl. oben Anm. 59.

[67] PCLT, *Dichiarazione* vom 24.06.2000, in: Comm. 32 (2000) 159–162.

[68] Vgl. ebd. n. 1.

[69] Vgl. ebd. n. 2.

[70] Vgl. besonders die profilierte Position von Klaus Lüdicke, in: MKCIC 915, 5b.

[71] Vgl. ebd.

[72] PCLT, Rundschreiben vom 13.03.2006, in: Comm. 38 (2006) 170–184 (dt.: 175–177).

[73] Vgl. z. B. das der Thematik gewidmete Faszikel der ThPQ 156 (2008) 1–68, sowie grundlegend zur Fragestellung: René LÖFFLER, Ungestraft aus der Kirche austreten? Der staatliche Kirchenaustritt in kanonistischer Sicht (FzK 38), Würzburg 2007.

[74] Vgl. Georg BIER, Der Kirchenaustritt – ein Akt des Schismas, in: ThPQ 156 (2008) 40–41. Nach dem Selbstverständnis des PCLT wird auf authentische

Interpretationen verzichtet, wenn sich der Rat zu Fragen äußert, bei denen es nicht um wahren *dubium iuris* geht, sondern lediglich um die richtige Anwendung eines Gesetzes oder um bloß subjektive Zweifel, vgl. L'attività della Santa Sede nel 2007, Vatikan 2008, 955–956. Demnach ist die Rechtslage in den skizzierten Fällen nach Meinung des PCLT unstrittig, eine authentische Interpretation überflüssig. Ob dieser Hinweis die nach wie vor bestehenden Rechtszweifel einzelner Rechtsanwender auszuräumen vermag, kann bezweifelt werden. Warum hat sich der Päpstliche Rat nicht – der Rechtssicherheit zuliebe – unmissverständlicher geäußert? Auch in anderen Fällen hält sich die römische Kurie nicht immer mit wünschenswerter Akribie an rechtliche Vorgaben: Bei der Publikation von Dokumenten beispielsweise werden die verschiedenen Textgattungen und ihre rechtlichen Grenzen bisweilen nicht hinreichend beachtet. Beispielsweise erließ Papst JOHANNES PAUL II. mit dem Motu Proprio „Sacramentorum Sanctitatis Tutela", in: AAS 93 (2001) 737–739, Normen zum Umgang mit bestimmten Straftaten, ohne sie im Wortlaut bekannt zu geben; amtlich kundgegeben wurde der Inhalt der Normen stattdessen in einer „Epistula" der Congr. Doc, in: AAS 93 (2001) 785–788, die von Rechts wegen nicht ein Genre zur verbindlichen Vorlage von Rechtsnormen ist.

[75] Vgl. DBK, Erklärung vom 24.04.2006, z. B. in: Abl. Freiburg 2006, 349.

[76] Zur Beachtung der kirchlichen Eheschließungsform sind jene Katholiken nicht verpflichtet, die einen *actus formalis defectionis ab Ecclesia* gesetzt haben. Ein solcher Akt liegt nach n. 1 des PCLT-Rundschreibens (Anm. 72) nur vor, wenn eine *innere* Entscheidung, die katholische Kirche zu verlassen, nach außen gegenüber einer kirchlichen Autorität bekundet und von dieser angenommen wird. Beim sog. „Kirchenaustritts" deutscher Provenienz steht in der Regel weder die *innere* Abwendung von der Kirche fest, noch handelt es sich um eine gegenüber der kirchlichen Autorität abgegebene Erklärung. Gleichwohl soll es sich nach der DBK-Erklärung (Anm. 75) *stets* um einen *actus formalis* handeln. Vgl. dazu R. Löffler, Ungestraft (Anm. 73), 356–358.

[77] Vgl. KNA, „Ein Akt mit doppelter Wirkung". Interview mit Kardinal Karl LEHMANN, in: KNA, M200607088 v. 14.06.2006.

[78] Vgl. Klaus NIENTIEDT, Vatikan: Bischof Gaillot seines Amtes enthoben, in: HerKorr 49 (1995) 62–64.

[79] Die nachfolgend skizzierten Ereignisse sind ausführlich dargestellt und dokumentiert bei Gerhard HARTMANN, Der Bischof. Seine Wahl und Ernennung. Geschichte und Aktualität, Graz u. a. 1990, 129–160.

[80] Zur damaligen Bischofsbestellung vgl. jetzt Papst BENEDIKT XVI., Grußwort, in: T. MARSCHLER / C. Ohly (Hgg.), Spes nostra firma. FS Joachim Kardinal MEISNER, Münster 2008: „Dann kam der Ruf nach Köln. Papst Johannes Paul II. war mit seinem visionären Blick für das Kommende davon überzeugt, dass nun gerade ein Bischof aus dem Osten ins westliche Deutschland gehen müsse […]. Er war überzeugt, dass die Türen zwischen beiden Welten sich öffnen mussten und dass es der Glaube war, der allein sie wirklich öffnen konnte. Über die Vorgänge bei der Wahl und danach wollen wir hier

nicht sprechen". Demnach war die Bestellung Kardinal Meisners zum Erzbischof von Köln schon vor der Wahl eine beschlossene Sache. Dies deckt sich mit Ausführungen von Daniel DECKERS in seiner Biographie über Karl Kardinal Lehmann (Der Kardinal, München 2004), der – unter Berufung auf Gespräche mit Lehmann – schreibt: „Ihm [Lehmann] ist klar, daß der neue Erzbischof von Köln niemand anders sein könne als der Berliner Kardinal Meisner. Der Papst bittet ihn, ihm bei der Durchsetzung seiner Entscheidung zu helfen [...]. Damit alle Beteiligten ihr Gesicht wahren können, tritt Lehmann auf die Seite derer, die für eine einmalige Änderung [...] des Kapitelstatuts eintreten" (287–288). Vor einigen Jahren gab Bruno PRIMETSHOFER, Dezentralisierung wäre angebracht, in: HerKorr 50 (1996) 348–352, 349, zu bedenken, bei Bischofswahlen lasse sich der Wahlvorschlag „von seiten der Vorschlagsberechtigten so gestalten [...], daß dem wahlberechtigten Kathedralkapitel die Wahl äußerst schwer fällt, d. h. wo von vornherein die Präferenz zugunsten eines bestimmten, dem Kathedralkapitel jedoch nicht genehmen Kandidaten deutlich zutage tritt".

[81] Nach dem auf den Internetseiten des Apostolischen Stuhls verbreiteten italienischen Originaltext des Dekrets (http://212.77.1.245/news_services/bulletin/news/11707.php?; eingesehen: 06.01.2009) haben sich die Frauen die Strafe der Exkommunikation zugezogen (*sono incorse nella scomunica*). Vgl. ebenso die dort publizierten englischen und spanischen Übersetzungen. Die im OssRom (d) publizierte deutsche Übersetzung (Anm. 3) ist diesbezüglich fehlerhaft.

[82] Dazu ausführlich Klaus LÜDICKE, Schutz durch das Recht? Exkommunikation von Frauen aufgrund Empfangs der Priesterweihe, in: Orientierung 66 (2002) 178–181.

[83] Vgl. n. 1. des Dekrets (Anm. 4): „Klar festzuhalten ist, daß es sich [...] nicht um eine Tatstrafe handelt, sondern um eine Spruchstrafe [...]".

[84] Vgl. Klaus LÜDICKE, Der neue Entscheid der Glaubenskongregation, in: Orientierung 67 (2003) 47–48.

[85] Ebd. 48. – Künftig wird es dieses Problem nicht mehr geben. Die Congr. Doc hat, kraft einer vom Papst übertragenen besonderen Vollmacht, ein Gesetz erlassen, wonach sich jeder, der einer Frau die Weihe zu spenden versucht, und jede Frau, welche das Weihesakrament zu empfangen versucht, die dem Apostolischen Stuhl vorbehaltene Tatstrafe der Exkommunikation zuzieht. Das Dekret ist zum Zeitpunkt der Veröffentlichung im OssRom am 30.05.2008 wirksam geworden.

[86] Heribert SCHMITZ, Eignungsvoraussetzungen für die Berufung zum Professor der Katholischen Theologie, in: Ders., Neue Studien zum Kirchlichen Hochschulrecht (FzK 35), Würzburg 2005, 392–408.

[87] Ebd. 407.

[88] Nach cc. 1420 § 4, 1421 § 3 haben Richter Doktoren oder wenigstens Lizentiaten des kanonischen Rechts zu sein. Die von Klaus LÜDICKE, Zum Berufungssystem im kirchlichen Ehenichtigkeitsprozeß, in: Ders. / H. MUSSINGHOFF / H. SCHWENDENWEIN (Hg.), Iustus Iudex. FS Paul WESEMANN; Essen

[1994], 507–551, 544, vorgetragene Kritik an der Besetzung kirchlicher Gerichte ist noch nicht gegenstandslos geworden.

[89] Das ist umso bedauerlicher, als der „Vorstoß" der oberrheinischen Bischöfe in Sachen Kommunionzulassung wiederverheirateter Geschiedener (in: HerKorr 47 [1993] 460–467) von der Congr. Doc, Schreiben vom 14.09.1994 (in: AAS 86 [1994] 974–979; dt. in: HerKorr 48 [1994] 565–568), seinerzeit auch mit dem Hinweis zurückgewiesen wurde, die Betroffenen seien aufmerksam zu machen auf das kirchliche Ehenichtigkeitsverfahren und auf dessen „neue Wege, um die Ungültigkeit einer vorausgehenden Verbindung zu beweisen" (n. 9).

[90] Werner BÖCKENFÖRDE, Statement aus der Sicht eines Kirchenrechtlers, in: D. WIEDERKEHR (Hg.), Der Glaubenssinn des Gottesvolkes – Konkurrent oder Partner des Lehramts? (QD 151), Freiburg 1994, 207–213, 213.

Das Gefühl des Glaubens
Pastoraltheologische Anmerkungen zu kirchlichen Großereignissen

Hubert Windisch

I. Als Papst Johannes Paul II. am 8. April 2005 beerdigt wurde, hatten sich schätzungsweise an die drei Millionen Menschen auf den Weg gemacht, um an den Beisetzungsfeierlichkeiten auf dem Petersplatz in Rom teilzunehmen.

> „Vor der Kalksteinmasse des Petersdoms saß die versammelte Macht dieser Welt und war sehr klein. Orgelkadenzen wurden aus der Sixtinischen Kapelle übertragen, Gregorianische Gesänge waren zu hören. In den Reihen saßen König Juan Carlos, Präsident Jaques Chirac, Präsident George W. Bush, Premierminister Tony Blair. Der Westwind wirbelte die Mäntel der Kardinäle durcheinander, zu einer blutroten Böe, in die hinein der Kardinalsdekan Joseph Ratzinger mit pergamentener Stimme und im Tonfall Oberbayerns den Friedensgruß entbot: ‚Pax vobiscum'.
> Das Gold, die Weite, der Wind, die Totenglocke – und im Mittelpunkt von Urbis und Orbis ein schlichter Sarg aus Holz.
> Das war großes Welttheater. (…)
> Sein Sterben hatte weltweit den Alltag unterbrochen. Sein Tod räumte den Terminkalender der Mächtigen frei. In der Raserei und Kurzlebigkeit der irdischen Moderne war der Papst imstande, die Zeit anzuhalten. (…)

Schon lange nicht mehr hat sich das religiöse Gefühl in der Geschichte der katholischen Kirche so machtvoll und universell manifestiert wie in diesen Tagen. Die ganze Welt nahm Abschied von einem Pontifex mit wahrhaft weltumspannendem Anspruch. Rom war wieder Welthauptstadt geworden, vielleicht zum ersten Mal seit dem Fall des Imperium Romanum."[1]

„Ein Reich, nicht von dieser Welt" lautete die Überschrift der Titelgeschichte des Spiegel vom 11. April 2005, aus dem ich soeben zitiert habe.

Staunend und ergriffen stand die Welt vor einer Eruption an Andacht und Frömmigkeit im Angesicht des Todes. Eine „Globale

Wallfahrt nach Rom" (so der Untertitel auf der Titelseite des Spiegel), eine Wallfahrt zu einem Leichnam, die denkerisch nie hätte stattfinden dürfen! „Das Gefühl des Glaubens" (so die Schlagzeile auf der Titelseite des Spiegel) hatte gesiegt. Zu Fuß haben Menschen gezeigt, dass in ihrem Herzen, um mit Schleiermacher zu sprechen,[2] das Gefühl schlechthinniger Abhängigkeit glüht, festgemacht an der Verneigung vor einem Toten, der nie aufgehört hatte, auf den zu weisen, von dem alles abhängt: auf Gott.

Was hier auf dem Petersplatz in Rom in weltweiter Fernsehübertragung aufgeführt wurde, war ein großartiges liturgisches Spiel, ein Spiel mit dem Tod, das mit seinem festen Regelwerk, seiner archaischen Strenge Halt bot in der größten Herausforderung des Lebens, Stand gab im Angesicht des Todes, und so bei aller Trauer, die mit dem Anlaß gegeben war, Geborgenheit vermittelte und frohen Ernst. Vielen Kommentatoren war diese Ahnung präsent, wenngleich oftmals nur unbeholfen und suchend in Worte gefaßt.

Und was hier im Blick auf ein kirchliches Großereignis als eine *erste pastoraltheologische Anmerkung* festgehalten werden kann, ist der Zusammenhang von Spiel und Form, die in ihrer notwendigen Bezogenheit aufeinander wesentlich zum Gelingen einer Feier beitragen. Martin Mosebach betont diesen Zusammenhang in einer Laudatio auf den Spielvirtuosen Robert Gernhardt, wenn er sagt:

> „Jede Art von Unterwerfung des Gedankens oder eines wie immer beschaffenen Stoffes unter das Gesetz einer Form bringe notwendig Unernst hervor. Form sei Spiel, Spiel sei Distanz vom Stoff, Distanz vom Gefühl. Der von der Form bewältigte Stoff sei, so hoch und hehr es sich mit ihm auch verhalten möge, immer zugleich ein von der Form überwältigter Stoff, uneigentlich geworden, aus den Lebensnotwendigkeiten herausgerückt in die Sphäre einer Freude, die am Gelingen eines selbstgeschaffenen Regelwerks ein sternklares Genügen finde."[3]

Und er entdeckt in vielen Gedichten Robert Gernhardts über den Tod etwas von der Empörung der Kinder, die im Spiel unterbrochen werden, Empörung darüber, dass die vollendete Beherrschung der Spielregeln, die virtuose Seligkeit des Formenspiels, das auf Endlosigkeit hin angelegt ist und das mit Endlosigkeit belohnt werden

Das Gefühl des Glaubens

möchte, wenn dieses Spiel einen Sinn haben sollte, daß also ihr Spiel diesen Lohn nicht erhalten würde, sondern darum geprellt wäre, wenn es nicht Ewigkeit schenkte.[4]

Waren die vielen Millionen, die zur Beisetzung von Johannes Paul II. nach Rom gekommen waren, nicht wie Kinder, die um die Ewigkeit wissen, wie Kinder Gottes, die im Form-Spiel der Liturgie den Sieg des Ewigen über den Tod spürten und wie aus tiefsten Gründen des Glaubens heraus den Chor anstimmten: „Santo subito"?

Wo dieser Zusammenhang von Spiel und Form nicht gewahrt wird, entsteht in der Liturgie Formlosigkeit (und an dieser Stelle muß man Mosebach mit seinem Hinweis auf die „Häresie der Formlosigkeit"[5] recht geben, ohne alle seine Aussagen zu teilen), werden also Gags produziert, Kalauer, bisweilen (um Regelverletzungen bei Fußballspielen aufzugreifen) grobe Fouls.

Kirchliche Großereignisse zeigen ihre liturgische Kraft und vermitteln sie spürbar, selbst noch medial, wie die Beisetzungsfeierlichkeiten von Johannes Paul II. belegen, wenn sie die Form wahren. Sie zerfransen und verblassen (wie manchmal bei Kirchentagen), wo Formlosigkeit zum Stilelement erhoben wird. Ein Gag wirkt eben nicht, und mag er noch so provozieren.

II. Nur ein halbes Jahr später trafen sich aus anderem Anlaß an die 1½ Millionen junger Menschen vom 16.–21. August 2005 in Köln zum XX. Weltjugendtag, bereits mit Beteiligung des Nachfolgers von Papst Johannes Paul II., Papst Benedikt XVI. Wieder war es dieses Gefühl des Glaubens, anders gefärbt, anders gezeigt, über das die Welt, die Medien zumal, staunte.

Dieses herausgehobene kirchliche Großereignis dient nun in einem zweiten Schritt dazu, zu klären, was denn ein kirchliches Großereignis ausmacht:

Von der Alltagserfahrung her, in noch nicht wissenschaftlich reflektierter Wahrnehmung kann man ein kirchliches Großereignis als ein Geschehen bzw. als eine Veranstaltung bezeichnen, die auf bestimmte Zeit zu einem ganz bestimmten Anlaß eine größere Menge an Menschen anzuziehen bzw. zu versammeln vermag. Man kann nun auf Großereignisse auf der Mikroebene, einer Pfarrei z.B., verweisen. Dann wäre auch ein Pfarrfest schon ein Großereignis. Auf der Mesoebene wäre an diözesane oder nationale kirchliche Großereignisse, also z. B. an Diözesantage oder Kirchentage zu denken. Und auf der Makroebene tritt die Weltkirche mit Veranstaltungen auf den Plan, wie eben Weltjugendtage, Papstauftritte oder die beschriebene einzigartige Beisetzung von Johannes Paul II.

Versucht man über die Alltagserfahrung hinaus den Weltjugendtag an den objektivierten Kriterien der sozial- und betriebswirtschaftlichen Eventtheorie[6] zu messen, ergibt sich eine relativ klare wissenschaftliche Definition eines kirchlichen Großereignisses:

Als Großereignis (Event)

„wird dort die ‚spätmoderne' Variante eines Festes bezeichnet, die sich vor allem dadurch auszeichnet, dass sie von einer professionellen Organisationselite als monothematisch zentriertes, ‚einzigartiges Ereignis' zur Verwirklichung eines vordefinierten Zweckes geplant, vorbereitet und durchgeführt und von einer ebenfalls professionellen Reflektionselite [sic!] mit Sinn und Bedeutung versehen wird. Die ästhetische Gestaltung eines Events folgt den Prinzipien eines akzelerierenden kulturellen Synkretismus und soll den Teilnehmern durch die gemeinsam vollzogene Teilhabe an einem ‚totalen Erlebnis' ein exklusives Gemeinschafts- und Zusammengehörigkeitsgefühl vermitteln."[7]

Alle Kriterien treffen im Kern auf den Weltjugendtag zu:

Anders als traditionelle kirchliche Feste und Feiern wurde der Weltjugendtag artifiziell geschaffen. Der Weltjugendtag ist nicht im traditionellen katholischen Festkalender enthalten und verortetet, er ist in gewisser Weise traditionslos, was ihn z. B. von den klassischen Pilgerfahrten und Wallfahrten unterscheidet. Wenn überhaupt, dann läßt sich – angesichts der Tatsache, daß er mit der Veranstaltung in Köln nun schon zum zwanzigsten Mal stattfand – von einer „invention of tradition" sprechen. Dabei war der Weltjugendtag in Köln wie jeder Weltjugendtag auf situative Einzigartigkeit angelegt. Zwar enthielt er Veranstaltungselemente, die schon in den Vorgängerveranstaltungen eingesetzt worden waren, wie beispielsweise die Open-Air-Messe mit dem Papst. Das Gesamtprogramm aber sollte sich – auch in den Augen der Veranstalter – von allen früheren Weltjugendtagen unterscheiden und mehr

Das Gefühl des Glaubens

bieten, sei es nun die Ankunft des Papstes auf dem Wasser oder die spektakuläre Lichtinszenierung auf dem Marienfeld.

Der Weltjugendtag war von einer Organisationselite geplant, vorbereitet und durchgeführt und wurde von einer spezifischen Reflexionselite mit dem Sinn-Ziel der (katholischen) Reevangelisierung der Jugend versehen. Das auf Zeit eingerichtete Weltjugendtagsbüro war nicht nur für die praktische Organisation und Durchführung der Veranstaltung verantwortlich, sondern hatte auch Sorge dafür zu tragen, daß die vorgegebene Botschaft bei den Adressaten richtig ankam.

Der Weltjugendtag wurde von Beginn an auf öffentliche Wirksamkeit hin geplant. Er sollte, der Intention der Veranstalter zufolge, über den engeren Kreis der Teilnehmer hinaus vor allem durch die Medien Aufmerksamkeit für den katholischen Glauben erzeugen und die Katholische Kirche als relevanten „global player" im Bewußtsein weltweiter Öffentlichkeiten verankern. Der Weltjugendtag war damit auch ein Medienevent mit zumindest potenzieller globaler Resonanz.

Ähnlich wie andere Großereignisse bediente sich der Weltjugendtag, insbesondere bei der Inszenierung der großen Massenveranstaltungen, explizit der Gestaltungsmittel eines ästhetischen und kulturellen „Synkretismus", also der Indienstnahme vielfältiger nationaler, aber auch hoch- und populärkultureller Traditionen und ihrer symbolischen Ausdrucksmittel.

Damit zielte der Weltjugendtag auf die Ermöglichung eines umfassenden Erlebnisses, das nicht nur alle Sinne ansprechen, sondern jeden einzelnen Teilnehmer religiös gleichsam verdichten und mit individuell-katholischem Sinn ausstatten sollte; einen Sinn zudem, der – jedenfalls vom Anspruch der Veranstalter her – in den Alltag hineinwirkt und diesen dauerhaft stabilisiert.

So war der Weltjugendtag auch auf die Erzeugung eines einmaligen Individual- und Gemeinschaftsgefühls ausgerichtet, das es den jugendlichen Teilnehmern nahelegen sollte, sich als große katholische Familie zu erleben, und das ihnen den Eindruck vermitteln wollte, als Katholiken entweder in einer Diaspora-Situation nicht alleine zu stehen oder auch in einem weitgehend säkularisierten Umfeld keine marginalisierte Stellung einzunehmen, sondern überall auf der Welt gleichgesinnte „Freunde im Glauben" zu besitzen. Dem Weltjugendtag war wie den meisten kirchlichen Großereignissen, die beeindrucken und zumindest unmittelbar auf die Teilnehmer wirken, ein starker Gefühlsfaktor zu eigen, der die Gläubigen etwas Heiliges, etwas Außeralltägliches spüren läßt. Erfolgreich im quantitativen Sinn scheinen ohnedies nur Religionen zu sein, die diesen starken Gefühlsfaktor im Sinne eines „Gutfühlfaktors" aufweisen, wie Friedrich Wilhelm Graf in einer Besprechung des Werkes „The Sociology of Religion" von Grace Davie betont.[8] Nur Denken also, also auch nur Theologie, können diesen Gefühlsfaktor nicht bieten und nicht provozieren, vielleicht auch ein Grund dafür, daß bei kirchlichen Großereignissen gerne andere (alte oder moderne) Lieder gesungen werden als die oftmals theoretisch konstruierten Lieder des Gotteslobs.

Der Weltjugendtag wies also tatsächlich alle wesentlichen Kennzeichen eines Großereignisses bzw. Events im definierten Sinne auf: Er wurde nach allen Regeln eines modernen Event-Marketings ohne Zweifel als ein Event organisiert. Er wurde sowohl von den Organisatoren als auch von den beteiligten Fernsehanstalten mit den modernsten technischen Mitteln medial inszeniert. Und er wurde von den jugendlichen Teilnehmern als ihr eigenes Großereignis erlebt.

Doch sticht etwas Besonderes gegenüber üblichen Großereignissen (der Welt) hervor:

Denn der thematische Fokus des Weltjugendtages war kein kommerzieller, kein sportlicher und auch kein pop- oder (säkular-)hochkultureller, sondern eindeutig ein religiöser. Entscheidend war nämlich, „dass er a) von einer etablierten und traditionsgesättigten Großinstitution wie der Katholischen Kirche veranstaltet wurde, dass er b) die traditionellen Fest- und Feierformen dieser Großinstitution wie die Liturgie, die Andacht oder die Katechese in das Zentrum des Geschehens und vor allem in das Zentrum der Aufmerksamkeit stellte, und dass er c) stets auf eine nur institutionell – genauer wiederum: durch die Katholische Kirche – verwaltbare und dem einzelnen Menschen aufschließbare ‚transzendente Wirklichkeit' verwies. Vor allem diese Besonderheiten sind es, die es nicht nur erlauben, sondern nahelegen, den Weltjugendtag in Köln, wie auch die Weltjugendtage zuvor, als eine *spezifische* Form des Events zu bezeichnen: als Hybridevent."[9]

Das Gefühl des Glaubens

„Hybrid" ist hier nicht negativ, sondern seiner Wortbedeutung nach gemeint und heißt zunächst einmal nur „von zweierlei Herkunft". Genau dies umschreibt das eigentliche Charakteristikum des Weltjugendtags, der sich als geplante Kombination und als durch die jugendlichen Teilnehmer vollzogene Synthese von traditionellen Elementen kirchlicher Liturgie, von Glaubenslehre und Seelsorgepraxis einerseits und mehr oder weniger eklektischen Anleihen aus den Symbol- und Sinnwelten populärer Jugendszenen, der Unterhaltungsindustrie und sonstigen erlebniszentrierten Bestandteilen zeitgenössischer Eventkultur andererseits präsentierte. Aus dieser spezifischen Verbindung geht nun nicht nur eine mehr oder weniger zufällig entstandene Mischform hervor, sondern eben jene neuartige, eigenständige Form des festlichen Erlebens: das in der Spätmoderne erscheinende postmodernistische religiöse Hybridevent. „Als *religiöses* Hybridevent erscheint die veranstaltungsförmige Entsprechung einer erlebnisorientierten Religionsgemeinschaft beziehungsweise einer religionsaffinen Erlebnisgemeinschaft. Und als *postmodernistisches* religiöses Hybridevent erscheint die veranstaltungsförmige Entsprechung einer auf einem (Jahr-)Markt von Sinnstiftungen feilgebotenen Religionsgemeinschaft mit unübersehbar anachronistischen Zügen. Dass diese Sichtweise durchaus der Wahrnehmung der teilnehmenden katholischen Jugendlichen entspricht, zeigt sich unter anderem daran, dass diese zu Recht von *ihrem* eigenen, *für sie* ganz besonderen Event sprachen, bei dem ‚*das religiöse Ding*' nicht nur eine wichtige Rolle gespielt, sondern eben tatsächlich im ‚essentiellen' Zentrum gestanden hat."[10]

So hatte der Weltjugendtag einen erkennbaren thematischen Fokus, der sich von denen anderer weltlicher Großereignisse in charakteristischer Weise unterschied: Im Mittelpunkt des Weltjugendtags stand der katholische Glaube und sein institutioneller Rahmen. Dieser thematische Fokus sollte zwar in spektakulär inszenierten, außeralltäglichen Formen zeitlich und räumlich verdichtet dargeboten werden, aber letztlich nur, um die Konzentration auf das Wesentliche, auf den Glauben zu gewährleisten.

Eine zweite pastoraltheologische Anmerkung drängt sich an dieser Stelle auf: Organisation und Gestaltung von kirchlichen Großereignissen dürfen nicht hinter dem weltlichen Know-how zurückstehen (vgl. die Mahnung Jesu in Lk 16,8), ja sie müssen gegebenenfalls sogar dieses Know-how übernehmen und nutzen, kirchliche Großereignisse dürfen jedoch die ihnen eigene Botschaft nicht unterdrücken. Einfach gesagt – und es mag tautologisch klingen, ohne es zu sein: Ein kirchliches Großereignis ist ein kirchliches *Großereignis*, weil es ein *kirchliches* Großereignis ist. Es geht deshalb bei einem kirchlichen Großereignis, trotz unterschiedlichster Anlaß- und Adressatenorientierung, nicht nur um die gekonnte Inhaltsvermittlung bzw. Inhaltsinszenierung, sondern immer auch um die Inhalte selbst. Form allein kann nämlich nicht genügen, so wichtig die Form als solche bleibt. Es gibt auch formvollendete Kriminalität, ein perfektes, vielleicht sogar kunstvolles Verbrechen. Darauf macht Jonathan Littell, der noch relativ junge Autor des beeindruckenden und zugleich provozierenden Romans „Les Bienveillantes" über den SS-Offizier Max Aue, in einem Gespräch aufmerksam, wenn er sagt: „Wer glaubt, die Kultur helfe, ein feiner Kerl zu sein, ist naiv. (...) Kultur ist kein Schutz. Die Nazis sind der Beweis. Du kannst Beethoven oder Mozart lieben und Goethes ‚Faust' lesen und trotzdem ein Unmensch sein. Es gibt keinen direkten Zusammenhang zwischen hehrer Kultur und politischen Möglichkeiten." Auf den Zwischenruf „Oder ethischen ..." antwortet Littell: „Genau."[11]

III. Das führt nun zu einer *dritten pastoraltheologischen Anmerkung:* Um der Inhalte willen braucht es nämlich, noch einmal Mosebach aufgreifend, bei aller Bedeutung des Gefühls immer auch die „Distanz vom Gefühl"[12], damit nicht unbesehen und unbedarft zugleich Gefühl (sei es positiv oder negativ) mit Sinn verwechselt wird. Dazu aber muß bei kirchlichen Großereignissen, die berechtigterweise Gefühl produzieren, immer die Frage nach der Wahrheit des Glaubens mit ins Spiel kommen. „Wenn es beim Glauben nicht um wahr oder falsch geht, sondern um Sinn oder Tröstung, die er dem Dasein spenden kann, wie läßt sich dann die Spreu vom Weizen trennen, wie eine große Religion von erbärmlichem Aberglauben unterscheiden? Warum dann Christentum statt Astrologie wählen, da doch letztere den Massen mehr ‚Sinn' und ‚Glauben' spendet, gemessen zumindest an den sprunghaft steigenden Um-

Das Gefühl des Glaubens

satzzahlen dieses Sektors? Das Kriterium der Sinnfindung führt geradewegs zum radikalsten Subjektivismus, zum Glauben als bloßem Balsam für die Seele: Jedem sein religiöses Make-up, das nach Belieben verändert werden kann, Hauptsache, es hat im Moment eine wohltuende Wirkung auf die Haut des Daseins. Eine Religion der Sinnfindung (statt der Wahrheit) ist nicht mehr eine Religion von Menschen, sondern von Konsumenten (von Sinn)." So der Agnostiker Paolo Flores d'Arcais in seinem Beitrag „Eine Kirche ohne Wahrheit?", der in dem zusammen mit Joseph Ratzinger herausgegebenen Buch „Gibt es Gott?" neben einem Beitrag des Kardinals und einem Gespräch zwischen Ratzinger und d'Arcais aufgenommen ist.[13]

Und er führt weiter aus:

„Wenn das Kriterium für eine Religion nur ihr Sinn wäre, das heißt jedweder Sinn, der ohne Rücksicht auf die Wahrheit irgendwie funktioniert, dann hätte Freud recht mit seiner Aussage, die Religion sei eine Illusion, und sogar Marx, der erklärt hat, die Religion sei Opium fürs Volk – oder vielleicht für die Individuen. Der postmoderne ‚Respekt' würde sich als Würdigung einer Religion herausstellen, die sich ihrer selbst nicht bewußt ist (ins Dunkel des Unbewußten verbannt und deshalb zum Obskurantismus wird!). Je mehr man in Illusionen lebt, desto besser wäre es, denn nur so kann die Illusion wirklich funktionieren. Auf diese Weise könnte der radikalste Nihilismus, den die Kirche jeder Form von moralischem Relativismus vorwirft, um ihn als nicht lebbar zu brandmarken, wirklich ungehindert triumphieren. Eine derartige Religion kann nicht funktionieren. Wer würde eine Illusion akzeptieren, wohlwissend, daß es nichts anderes ist? Um eine Glaubensrichtung zu akzeptieren, muß man sie für wahr halten. Man muß verlangen, daß sie mit den Kategorien wahr/falsch bewertet werden kann, ja deren Kernstück bildet. Die Religion als bloßer ‚Sinn' bleibt immer vom Scheitern bedroht, denn sie hat weder Fundament noch Verwurzelung, weil sie, wie wir gesehen haben, ihrem Wesen nach substanzlos und wandelbar ist. Sie ist zur Religion erhobene Mode. Und wenn sie auch ebenso oder mehr noch als die Mode von sich reden machen kann, gelingt ihr dies nur in der Konkurrenz zu ihresgleichen."[14]

Die christliche Religion will also Wahrheit sein und kann auf diesen Anspruch nicht verzichten. Ansonsten geht auch ihr „Sinn" verloren, der darin besteht, das Leben nach oben (zu Gott) und nach vorne (in die Ewigkeit) offen zu halten. Sinnstiftung ohne Wahrheitsanspruch bleibt harmlos. Wahrheitsvermittlung als Sinnstiftung hingegen öffnet, oftmals durch einfache heilige Zeichen. D'Arcais betont zu recht: „Dies gilt um so mehr, als Sinn und Tröstung nur sinnvoll sind als Befreiung vom irdischen Schmerz im ewigen Leben und nur dann, wenn dies letztere un-zweifel-haft ist. Wenn es vernünftige Gründe gibt, daran zu zweifeln, wird jede irdische Ablenkung, jedes *divertissement*, leichtes Spiel mit dieser Unsicherheit haben. Man kann sich den Lockungen der Welt nur dann verweigern und sein Leben ändern, wenn nach dem irdischen Ende mit Gewißheit ein ewiges Leben folgt, nicht aber, wenn ein begründeter Verdacht besteht, auch die Religion sei ungewiß, sei – wenn auch ein erhabenes – *divertissement*, um sich von den Schrecken der Welt abzulenken. Andernfalls gewinnen die Lockungen der Welt immer die Oberhand, da diese Endlichkeit vorläufig die ‚Totalität' ist, die der Mensch erfährt."[15] Die Gefahr ist nicht zu leugnen, dass zumal bei Weltjugendtagen (zumindest hin und wieder) den Verlockungen nachgegeben wird, den Glauben als – wenn auch erhabenes – Divertissement zu zelebrieren und so die – jugendliche – Endlichkeit als – doch auch nur vorläufige –Totalität zu verstehen. Gefördert wird diese Gefahr durch den Großereignissen per definitionem inhärenten Zwang zur (spätmodernen) Akzeleration und zur damit nach Gerhard Schulze gegebenen Logik der Steigerung[16]: Ein Weltjugendtag soll größer und besser sein und mehr Menschen anziehen als der andere. Damit kommt aber die fatale Logik totaler Endlichkeit ins Spiel, die atemlos macht und hektisch und gierig. In der Konsequenz wäre das Kreuz Jesu wirklich Torheit und die Kreuzesnachfolge wider alle Vernunft. Erst vom Ewigen her, sub specie aeternitatis, wird der Glaube als Einstellung und als Verhalten weise gegenüber der Weisheit der Welt und kraftvoll gegenüber den Mächtigen der Zeit (vgl. 1 Kor 1,18–31). Der frohe Ernst, der bei den Beisetzungsfeierlichkeiten von Johannes Paul II. zu spüren war, sollte daher bei allen Weltjugendtagen bis in organisatorische Fragen hinein ein unterscheidendes Ferment und Korrektiv sein.

IV. Als – kleines – Resümee der bisherigen Überlegungen ist einerseits Nüchternheit in bezug auf die unmittelbare Wirkung von kirchlichen Großereignissen geboten. Sie läßt sich einer Aussage von Rüdiger Safranski in einem Interview zum Tod von Papst Johannes Paul II. entnehmen, wo er in den industrialisierten Zonen Europas zwar einen Willen zum Glauben, aber keine Steigerung des Glaubens selbst entdecken kann und bei unseren Zeitgenossen von einem konsumistischen Verhältnis zum Glauben – wohl auch bei kirchlichen Großereignissen – spricht.[17] Gleichwohl ist andererseits Potential vorhanden. In diesem Interview heißt es: „Der Papst ist tot." (Einige Monate später konnte man in Köln die Jugendlichen rufen hören: „Viva il Papa!") Auf die anschließende Frage „Was bleibt?" antwortet Safranski: „Die Erinnerung an die Kraft einer authentischen Religion." Und auf den Einwand „Was nützt sie?" fährt er fort: „Dass sie unser Verhältnis zum Leben geräumiger, geheimnisvoller macht. Sie weist uns darauf hin, dass wir das Ungeheure des Lebens nicht zureichend erfassen können. Pseudoreligionen versuchen, die Welt eng zu machen, Punkte zu erfinden, von denen aus man die Welt aus den Angeln heben kann. Aber man sollte sich öffnen und die Möglichkeit der Transzendenz nicht verraten. Und der Papst verkörpert für mich dieses Öffnen."[18]

Sollen kirchliche Großereignisse gleich welcher Art der pastoraltheologischen Reflexion genügen, müssen sie von diesem Öffnen, das sich spielgerechter Professionalität einerseits und inhaltstreuer Authentizität andererseits verpflichtet weiß, durchstimmt sein!

Anmerkungen

[1] *Der Spiegel*, Nr. 15 vom 11.4.2005, 94–96.
[2] Vgl. Friedrich Daniel Ernst SCHLEIERMACHER in seinem zuerst 1821/22 und in zweiter Auflage 1830/31 erschienenen Hauptwerk *Der christliche Glaube*, § 3 und § 4.
[3] MOSEBACH, Martin, Vom Vorteil zu vergessen, dass es so etwas wie Kunst gibt. Knallkomisch und kühl heiter: Eine Laudatio auf den Spielvirtuosen und Anti-Expressionisten Robert Gernhardt, in: Süddeutsche Zeitung Nr. 260 vom 12.11.2007, 14.
[4] Vgl. MOSEBACH, Vom Vorteil zu vergessen (Anm. 3), 14.
[5] Vgl. MOSEBACH, Martin, Häresie der Formlosigkeit. Die römische Liturgie und ihr Feind, Wien – Leipzig 2002.
[6] Vgl. GEBHARDT, Winfried u.a., Megaparty Glaubensfest. Weltjugendtag: Erlebnis – Medien – Organisation, Wiesbaden 2007.

[7] GEBHARDT, Megaparty Glaubensfest (Anm. 6), 207.
[8] Vgl. GRAF, Friedrich Wilhelm, Kirchen, die von ihren Mitgliedern viel fordern, haben Oberwasser. Miniaturen aus den Glaubenswelten der Gegenwart: Grace Davie, die große alte Dame der britischen Religionssoziologie, stellt die Gottesfrage, in: Frankfurter Allgemeine Zeitung Nr. 251 vom 29. 10. 2007, 37.
[9] GEBHARDT, Megaparty Glaubensfest (Anm. 6), 210.
[10] GEBHARDT, Megaparty Glaubensfest (Anm. 6), 210 f.
[11] Mein Versuch, die Henker zu verstehen. „Ich zeige, dass es Zeiten gab, in denen eine Allianz mit den Nazis eine ethische Option war". Ein Gespräch mit Jonatahn Littell [geführt von Jesús Ruiz Mantilla], in: Frankfurter Allgemeine Zeitung Nr. 256 vom 3. 11. 2007, 37.
[12] MOSEBACH, Vom Vorteil zu vergessen (Anm. 3), 14.
[13] FLORES D'ARCAIS, Paolo, Eine Kirche ohne Wahrheit?, in: Ders. / RATZINGER, Joseph, Gibt es Gott? Wahrheit, Glaube, Atheismus. Aus dem Italienischen von Friederike Hausmann, Berlin ²2006, 88 f.
[14] FLORES D'ARCAIS, Eine Kirche ohne Wahrheit? (Anm. 13), 89.
[15] FLORES D'ARCAIS, Eine Kirche ohne Wahrheit? (Anm. 13), 90.
[16] Vgl. SCHULZE, Gerhard, Die Beste aller Welten. Wohin bewegt sich die Gesellschaft im 21. Jahrhundert? Wien 2003, 15.
[17] Vgl. Der Spiegel, Nr. 15 vom 11. 4. 2005, 119.
[18] Der Spiegel, Nr. 15 vom 11. 4. 2005, 119.

Wenn Laien die Fachleute sind
Zur Verhältnisbestimmung von christlichem Glauben und menschlicher Gesellschaft[1]

Ursula Nothelle-Wildfeuer

Einführung: Laien oder Fachleute?

„Vielleicht hätten Sie jemand fragen sollen, der sich damit auskennt!" – Wahrscheinlich kennen Sie diese Werbung für die Gelben Seiten. Fachleute werden gebraucht, als Laie hat man heutzutage kaum eine Chance – ein bekanntes Phänomen.

Neben dieser allgemeinen Problematik impliziert der erste Teil des Titels meiner heutigen Vorlesung „Wenn Laien die Fachleute sind" aber bereits auch theologisch-systematischen Zündstoff: Wie lässt sich in der heutigen Diskussions- und Forschungslage überhaupt theologisch angemessen von den Laien sprechen? Wie und wo können bzw. sollen sie im Unterschied dazu Fachleute sein?

Etymologisch ist der Begriff *Laie* vom griechischen Wort λαός / *laós* abgeleitet und bedeutet „dem Volk zugehörig". Jürgen Werbick weist in seinem Artikel im neuen Lexikon für Theologie und Kirche (LThK) mit Recht darauf hin, dass „[i]m Umfeld der atl. [alttestamentlichen] u[nd] ntl. [neutestamentlichen] Volk-Gottes-Theol[ogie] [...] L[aie] die Auszeichnung als Glied des erwählten Gottesvolkes meinen [würde]"[2], dass aber de facto dieser Zusammenhang erst seit der Mitte des 20. Jh.s hergestellt worden sei. In der Antike sei der Begriff „eher den Begriffsfeldern Idiotes (Bürger ohne öffentliches Amt, Ungebildeter) und Plebs (einfaches Volk)"[3] zugeordnet worden. Vor diesem Hintergrund habe er sich „seit dem 3. Jh. als Bez[eichnung] der Nichtordinierten, später als ‚Restkategorie' im Gegenüber zu geweihten Amtsträgern u[nd] Ordensleuten"[4] durchgesetzt. Es war dann erst und vor allem das II. Vatikanum, das versucht hat, dieser Negativbestimmung des kirchlichen Laien eine positive Definition entgegenzusetzen. In der Nummer 31 der Kirchenkonstitution „Lumen gentium" heißt es folglich: „Unter der Bezeichnung Laien sind hier alle Christgläubigen verstanden mit Ausnahme der Glieder des Weihestandes und des in der Kirche anerkannten Ordensstandes, das heißt, die Christgläubigen, die, durch die Taufe Christus einverleibt, zum Volk Gottes gemacht und des priesterlichen, prophetischen und königlichen Amtes Christi auf ihre Weise teilhaftig, zu ihrem Teil die Sendung des ganzen christlichen Volkes in der Kirche und in der Welt ausüben." Der Text spezifiziert dann die Laien mit einer für unseren Kontext besonders bedeutsamen Formulierung: „Den Laien ist der Weltcharakter in besonderer Weise eigen."[5]

Genau an diesem Topos des „Weltcharakters" artikuliert sich nun aber in der Rezeptions- und Wirkungsgeschichte häufig Unbehagen und berechtigte theologische Kritik, was wiederum hinweist auf deutlichen Differenzierungs- und Klärungsbedarf.[6]

Drei Aspekte, die jedoch in den Konzilstexten selber z. T. bereits anklingen, sind hier zu nennen:

– Zum einen: Wird der Weltcharakter der Laien dogmatisch begründet in dem gemeinsamen Priestertum aller Gläubigen, das in der Taufe grundgelegt wird, so ist offenkundig, dass damit alle Gläubigen umfasst sind, auch die Amtsträger (Kleriker). Der Weltcharakter stellt insofern noch keine *differentia specifica* dar.[7]

– Zum anderen: Drei Wesenvollzüge sind konstitutiv für die Kirche: *martyria*, die Verkündigung, Bezeugung des Wortes Gottes, *liturgia*, die Feier des Wortes Gottes, der Sakramente und schließlich die *diakonia*, der Dienst der Liebe. Diese drei Grundfunktionen können nur in der Gemeinschaft von Gläubigen *(koinonia)*, d. h. in der Kirche stattfinden. Dabei bildet nicht die Summe der drei Grundfunktionen das Optimum, das man jedoch ggf. auch unterschreiten kann durch Weglassen der einen oder anderen Dimension, sondern vielmehr lebt die Kirche von der wesensmäßigen Verschränkung dieser Vollzüge ineinander und dem wechselseitigen Verweis aufeinander. Schließt man eine der drei aus, verliert die Kirche ihr Kirche-Sein. Von daher lässt sich die Mitgestaltung von Welt und Gesellschaft nicht beschränken auf den Bereich der *diakonia*; vielmehr leistet die Kirche durch alle drei Dimensionen – in je unterschiedlicher Weise – ihren Beitrag dazu![8]

– Schließlich: Die Laien haben als Getaufte und Gefirmte Anteil

am dreifachen Amt Jesu Christi. Von daher erstreckt sich ihre Mitverantwortung für das Zeugnis der Gemeinde ebenfalls auf alle drei Wesensvollzüge von Kirche: auf *martyria, liturgia* und *diakonia*. Laien sind – so Jürgen Werbick – „in *alle* kirchl[ichen] Aufgaben angemessen einzubeziehen, nicht nur in jene, die in der ‚Welt' wahrgenommen werden", man müsste ergänzen: die „unmittelbar" in der Welt wahrgenommen werden.[9]
Trotz dieser hier skizzierten Schwierigkeiten bei der Bestimmung des Laienbegriffs durch ihren Weltcharakter soll im Folgenden zunächst einmal doch daran angeknüpft werden, denn bei allen Unschärfen an den Rändern dieser Definition scheint doch genau dieser Aspekt des Weltcharakters bedenkenswert, denn durch eben diese spezifische Ausrichtung auf die Welt werden die Laien zu Fachleuten im Blick auf Welt und Gesellschaft – und zwar in doppelter Weise:
– Aus der Perspektive der Kirche sind sie die Fachleute in ihrem jeweiligen Bereich, in all den „zeitlichen Dinge(n), mit denen sie eng verbunden sind"[10], in denen sie leben (Familie und Gesellschaft) und in denen sie arbeiten und sich engagieren (Beruf, Politik).
– Aus der Perspektive der Welt und der Gesellschaft werden sie ggf. zu Fachleuten für den Glauben, für das Reich Gottes.
Beiden Perspektiven wird sich die Vorlesung zunächst in Teil 1 und 2 widmen, um dann in einem dritten Schritt vor diesem Hintergrund 1. Elemente einer Kultur der Gerechtigkeit aufzuzeigen 2. in Konsequenz daraus die Definition des Laien spezifizieren zu können.

1. Laien als Fachleute für die Welt – die Perspektive der Kirche

Aus der Perspektive der Kirche sind Laien die Fachleute in ihren jeweiligen „weltlichen" Gebieten. Sie sind diejenigen, die die Kompetenz haben in den Bereichen, deren „richtige Autonomie" *(iusta autonomia)* das Konzil betont, eben in den Bereichen der Familie, der Gesellschaft, der Wirtschaft, der Politik, der Wissenschaft, der Medien etc. Das II. Vatikanische Konzil setzt diesbezüglich ganz deutliche Akzente in der Pastoralkonstitution „Gaudium et spes" und fordert die Laien zur Qualifizierung in ihren jeweiligen Bereichen auf:

> „Die Laien sind eigentlich, wenn auch nicht ausschließlich, zuständig für die weltlichen Aufgaben und Tätigkeiten. Wenn sie also, sei es als Einzelne, sei es in Gruppen, als Bürger dieser Welt handeln, so sollen sie nicht nur die jedem einzelnen Bereich eigenen Gesetze beobachten, sondern sich zugleich um gutes fachliches Wissen und Können in den einzelnen Sachgebieten bemühen."[11]

1.1 *Iusta autonomia* der Kultursachbereiche – das erkenntnistheoretische Fundament

Diese Aufforderung ist eine logische Konsequenz der im gleichen Kontext zum Ausdruck gebrachten Erkenntnis, dass die verschiedenen Sachbereiche der Welt eigene Gesetzmäßigkeiten und auch eigene Wertigkeiten, kurz gefasst: eine eigene Logik und eine eigene Ethik haben, die – so wird eigens betont – geschätzt und ge- und beachtet werden.[12] Systematisch ist hier der viel zitierte Grundsatz der Eigenständigkeit der Kultursachbereiche, die „richtige Autonomie der irdischen Wirklichkeiten"[13] zu verorten. Wenn auch dieser Grundsatz in der Tradition der katholischen Soziallehre bereits verschiedene Vorläufer hat[14], so ist er hier erstmalig – eingebettet in ein umfassendes theologisches Konzept von Welt- und Gesellschaftsverständnis – formuliert.

In diesem Rahmen stellt diese Aussage eine der zentralen und, wie sich in der gegenwärtigen theologischen Diskussion immer wieder deutlich zeigt, auch am schwierigsten zu verstehenden und umzusetzenden Formeln des Zweiten Vatikanums dar. „Der Autonomie-Anspruch der Welt wurde von der Kirche seit langem bemerkt"[15], aber zumeist vehement als glaubensfeindlich abgewiesen[16]. Erst vom Zweiten Vatikanum wurde er in seiner eigenen Legitimität anerkannt. Wenn man auch sicherlich für die geschichtliche Entwicklung des Verhältnisses von Kirche und Welt nicht behaupten kann, „die Kirche ... [habe] die Welt zu sich freigegeben", sondern schon feststellen muss, dass „die Welt ... sich ‚emanzipiert'"[17] hat, so gilt doch andererseits, dass die „Kirche ... auf dem Konzil nicht resignierend von der Autonomie der Welt Kenntnis genommen [hat]", sondern „ein realistisches und ressentimentfreies Ja zu der neuen Situation gesprochen und ... ihr darüber hinaus eine theologische [hier wäre zu präzisieren: schöpfungstheologische und soteriologische. Anm. d. Verf.] Rechtfertigung gegeben [hat]."[18]

Was bedeutet nun diese *iusta autonomia*, dieser Terminus, der im deutschen Text übersetzt wird mit richtige oder – das ist aber eher eine missverständliche Formulierung – relative Autonomie der Kultursachbereiche? Missverständlich deswegen, weil *relativ* klingt, als würde es um ein „bisschen" Autonomie gehen, an der aber rechtzeitig und misstrauisch deutliche Abstriche gemacht würden. Gemeint ist aber eher relational, also eine Autonomie in Relation. Die notwendige und bleibende Anerkennung der Welt und insbesondere der Menschen in ihrer Eigenständigkeit kann nicht ohne eine solche Relation erfolgen; mit der hier im Zentrum der Überlegungen stehenden Autonomie kann nicht gemeint sein, „dass die geschaffen Dinge nicht von Gott abhängen und der Mensch sie ohne Bezug auf den Schöpfer gebrauchen könne"[19]. Diese Autonomie ist von daher nicht gleichbedeutend mit einer Absolutsetzung der Welt und deren Loslösung aus dem sie letztlich umfassenden Heilshorizont – hierbei würde es sich um Säkularismus handeln, der einhergeht mit einer Absolutsetzung der Welt und menschlicher Selbstvergottung. Vielmehr, so lässt sich festhalten, resultiert das Ernstnehmen der Welt eigentlich aus einer konsequenten und bis zu Ende gedachten Schöpfungstheologie: Gerade durch die unaufgebbare Verbindung der irdischen Wirklichkeiten mit dem Schöpfer, durch „ihr Geschaffensein selber nämlich haben alle Einzelwirklichkeiten ihren festen Eigenstand, ihre eigene Wahrheit, ihre eigene Gutheit sowie ihre Eigengesetzlichkeit sowie ihre eigenen Ordnungen"[20]. Im Hintergrund steht hier das, „was man seit Max Weber die ‚Entzauberung' der Welt nennt, der Verlust des magischen Eigenstands der Natur im Zeichen der christlichen Lehre vom göttlichen Schöpfer." Gerade, weil „die Erde [...] im Christentum keine Göttin mehr (ist), sondern ein Geschöpf"[21], ist ihre Gestaltung durch Menschen möglich und ihnen vom Schöpfer verpflichtend aufgetragen. Für die Menschen resultiert aus dieser Bindung an den Schöpfer eine ganz neue Freiheit im Umgang mit dieser Welt. Diese Spannung von Autonomie und Bindung macht geradezu das Wesen des christlichen Schöpfungsbegriffs aus.

Damit wurde, so das Urteil von Beobachtern, endgültig der Schritt in die Moderne und in die Modernität getan.

1.2. Ein neu bedachtes Verständnis von Welt – der theologische Hintergrund

Den theologischen Hintergrund hierfür bildet ein neues, geändertes, auch in seiner theologischen und ekklesiologischen Begründung neu bedachtes Verständnis von Welt (und dies impliziert natürlich auch die Gesellschaft mit ihren Entwicklungen): Welt wird dabei nicht länger nur in jener verengten Sicht gedeutet, die allein das Innerweltliche meint, sofern es dem Ewigen und Göttlichen entgegensteht, nicht mehr ausschließlich als im Widerspruch zum Glauben stehende Eigenmacht, mit der sich einzulassen der gläubige Christ sich hüten sollte, sondern vielmehr sogar als „Wegbereitung für das Evangelium"[22]. Die dominierende Ausrichtung christlicher Weltsicht besteht nicht weiterhin in der Verurteilung der modernen Welt mit all ihren Errungenschaften, sondern entwickelt sich vielmehr zu einer Öffnung auf die Welt hin, zu einem Ernstnehmen eben dieser Welt und zu einer Aufhebung der vorher konstruierten Polarisierung.

Neben dieser neu akzentuierten Wertschätzung der Welt mit ihren eigenen Strukturen und deren Ausdrucksformen kristallisiert sich noch ein weiterer, eng damit zusammenhängender Aspekt als bedeutsam heraus: Die Welt wird nicht nur als dem Menschen nicht entgegenstehend gewertet, sondern erhält darüber hinaus geradezu anthropologisch-ethische Bedeutung: Die Erkenntnis setzt sich durch, dass der Mensch und auch das Christliche „nie gänzlich weltlos" existieren können, dass er nicht nur *in* der Welt lebt und handelt, sondern dass er auch durch sie und mit ihr und sie umgestaltend existiert und handelt. Welt lässt sich also geradezu definieren „als das Gesamt jener Verhaltensweisen, in denen der Mensch auf die Gestaltung seiner irdischen Daseinsformen bezogen ist."[23] Wenn aber die Welt vom Menschen nicht zu trennen ist, dann ist sie auch von der Kirche und den Christen nicht eindeutig zu trennen;

vielmehr reichen Geschichte und Gesellschaft des Menschen in die Kirche hinein. Diese weiß sich folglich „mit der Menschheit und ihrer Geschichte wirklich engstens verbunden"[24]. Damit erweist sich die Welt auch als relevant für die Kirche – und dies eben nicht mehr allein im Sinne des zu überwindenden Widerparts, sondern einer jeweils positiv mitzubedenkenden Größe, die für die Erfüllung des kirchlichen Auftrags sowie auch für die Erkenntnis des Sittlichen konstitutiv ist.

Die hiermit endgültig und definitiv abgelehnte Haltung der modernen Welt gegenüber hatte ihren schärfsten Ausdruck in dem Syllabus Papst Pius' IX. 1864 gefunden, mit dem eine deutliche Abgrenzung gegenüber den bestimmenden Kräften des 19. Jh.s vorgenommen worden war. Vor diesem Hintergrund erweist es sich dann als äußerst interessant und treffend, wenn Joseph Ratzinger[25] die „Gesamtdiagnose für den Text [sc. GS. Anm. d. Verf.]" stellt und dabei von der Pastoralkonstitution (in Verbindung mit den Texten über die Religionsfreiheit und über die Weltreligionen) als „Gegensyllabus" spricht.[26]

Gerade auf der Basis des vom Zweiten Vatikanum neu bedachten und formulierten Offenbarungsverständnisses (vgl. DV 2) ist es auch theologisch höchst relevant, dass diese Welt eben die von Gott geschaffene ist und dass Gottes Selbstmitteilung an den Menschen *in dieser, nicht in einer exemten oder eigens dafür geschaffenen parallelen Welt* in Jesus Christus geschah, die Welt also dadurch nicht nur eine schöpfungstheologische, sondern auch eine konstitutive heilsgeschichtliche Bedeutung hat.

1.3 Das kritische Ja zur Welt von heute – Handlungstheoretische Konsequenzen

Bei aller positiven Sichtweise der Welt darf auch nicht völlig in Vergessenheit geraten, dass sich die Wirklichkeit zumindest als ambivalente präsentiert: In eben dieser Welt gibt es auch die Versuchung, theologisch gesprochen: die Sünde, das Böse und damit das aus einer entsprechend verzerrten Wertordnung resultierende Elend.[27] Wenn auch dem Konzil wiederholt eine zu optimistische Sicht der Welt und des Diesseits vor allen Dingen hinsichtlich der

Pastoralkonstitution vorgeworfen wird, so ist dieser Vorwurf in solcher Pauschalität nicht berechtigt; denn die sich aus dem Bösen ergebenden Gefährdungen sind vom Konzil durchaus erkannt und auch benannt.[28] So gibt es „durchaus genügend Sperren gegen eine Interpretation im Sinne eines optimistischen Fortschrittsglaubens"[29], aber zugleich lässt sich nicht verhehlen, dass eine große Fortschrittseuphorie, z. T. auch eine naiv scheinende Fortschrittsgläubigkeit durchklingt. „Dies war einerseits ein Zeichen der Hoffnung, die nicht heute desavouiert werden darf, aber es war irgendwie auch ein Tribut an den Geist der Zeit, wie man aus dem größeren Abstand von 40 Jahren deutlicher sehen kann."[30] Die immer auch gegebenen Schattenseiten eines jeden Fortschritts, die unaufhebbare Ambivalenz jeder Entwicklung sind – so muss man heute im kritischen Rückblick sagen – nicht deutlich genug in den Blick genommen worden.

Die Konsequenzen dieses Vergessens werden schon kurze Zeit später gerade von den Theologen beklagt, die „an hervorragender Stelle das Konzil mitgestaltet haben". Lehmann bezieht sich hier in seiner kritischen Würdigung auf Henri de Lubac, der bereits zwei Jahre nach dem Ende des Konzils sich beklagend fragt, ob nicht damals schon zu erleben wäre, „,dass […] aufgrund einer massiven Täuschung diese ‚Öffnung' [gemeint ist die Öffnung der Kirche zur Welt. Anm. d. Verf.] zum Vergessen des Heiles, zur Entfremdung vom Evangelium, zur Verwerfung des Kreuzes Christi führt, zu einem Weg in den Säkularismus, zu einem Sich-gehen-Lassen in Glaube und Sitten, kurz zu einer Auflösung ins Weltliche, einer Abdankung, ja einem Identitätsverlust, das heißt zum Verrat unserer Pflichten der Welt gegenüber?'"[31] Dass Henri de Lubac hier noch eher eine Befürchtung formuliert hat, die im Nachhinein als tatsächliche Kennzeichnung zumindest eines Teils der Entwicklung zu werten ist, müssen wir aus unserer heutigen Perspektive durchaus konzidieren.

Insgesamt ist heute und auch schon in der direkten ersten Kommentierung des Konzilstextes klar, was der damalige Konzilsberater und Theologe Joseph Ratzinger und heutige Papst Benedikt XVI. in einem Artikel zur Pastoralkonstitution des Konzils 1965 formuliert: „[D]as Ja des Christen zur ‚Welt von heute'

[muss] ein kritisches Ja sein."³² Das aber – und nur so bleibt man der Linie der neu gewonnenen Bewertung der Welt treu – darf auch wiederum nicht zu einem prinzipiellen Vorbehalt der modernen Welt gegenüber führen, das Gute in ihr wird dadurch letztlich nicht aufgehoben – denn „nur zu oft hat ja die Betonung der Sünde als Vorwand gedient, den irdischen Aktivitäten des Menschen misstrauisch oder gleichgültig gegenüberzustehen"³³. Vielmehr muss gerade eine differenzierende Sichtweise in besonderer Weise zum Ausdruck bringen, dass es weder um eine Verherrlichung und Idealisierung der Welt auf der einen noch um eine Geringschätzung auf der anderen Seite geht, sondern um ein realistisches und radikales Ernstnehmen der Welt in *all* ihren Erscheinungsweisen, in ihrer Eigenständigkeit und somit letztlich um eine entsprechende Würdigung der Freiheit des Menschen.

2. Laien als Fachleute für den Glauben – die Perspektive der Gesellschaft

Wurde bislang aufgezeigt, was es bedeutet, dass die Kirche in den Laien die Fachleute für die gesellschaftlichen und kulturellen Teilbereiche sieht, so gilt es nun die andere Perspektive, die der Gesellschaft einzunehmen, für die die Christen in den verschiedenen Kultursachbereichen die Fachleute für den Glauben sind, diejenigen, die in den „zeitlichen Dinge[n] das Reich Gottes suchen"³⁴. Das, was diese Laien als Fachleute des Glaubens in die Teilbereiche einzubringen haben, soll im Folgenden noch etwas genauer ausgeführt werden.

2.1 Die Sorge um den Menschen – Anthropologische Aspekte

Der Mensch ist „Urheber, Mittelpunkt und Ziel"³⁵ allen Geschehens: Immer deutlicher hat sich in der konziliaren/nachkonziliaren Soziallehre diese Mittelpunktstellung des Menschen in der Welt und die Sorge um den Menschen in seiner Würde als das entscheidende Argument herauskristallisiert zur Begründung kirchlicher Weltverantwortung. Seine Systematisierung findet dieser Ansatz schließlich in der gegenwärtigen Gestalt der Sozialverkündigung der Kirche, deren Spezifikum in der neuen Verortung der Anthropologie im Kern der Theologie liegt, d. h. in der Mittelpunktstellung der Person in ihrer philosophischen und theologischen Begründung.

Personalismus als Sorge um den ganzen Menschen kann für das Selbstverständnis christlicher Beschäftigung mit Welt und Gesellschaft nicht Integralismus bedeuten, sondern ausschließlich einen integralen Ansatz bei der menschlichen Person meinen. Wegen dieses Ansatzes hält die Kirche keine „technischen Lösungen" bereit, legt sie „keine wirtschaftlichen und politischen Systeme oder Programme vor, noch zieht sie die einen den anderen vor", wenn nur, und damit ist das entscheidende und Maßstab setzende Argument genannt, „die Würde des Menschen richtig geachtet und gefördert wird und ihr selbst der notwendige Raum gelassen wird, ihren Dienst in der Welt auszuüben"[36]. In „Centesimus annus" von 1991 formuliert Papst Johannes Paul II.: „Die Kirche hat in den letzten hundert Jahren wiederholt ihre Stellungnahme zum Ausdruck gebracht, indem sie die Entwicklung der sozialen Frage aus der Nähe verfolgte. Sie tat das gewiss nicht, um vergangene Privilegien zurück zu gewinnen oder ihre Auffassung anderen aufzuzwingen. Ihr einziges Ziel war die Sorge und die Verantwortung für den ihr von Christus anvertrauten Menschen"[37]. Die Kompetenz der Kirche besteht also in ihrer personzentrierten Hermeneutik, mit der sie an alle zu lösenden Sachfragen herangeht. Genau diese ihr eigene anthropologisch-ethische Perspektive bildet ihren genuinen und kompetenten Beitrag. Bei der Kirche findet sich ein spezifisches und umfassendes Wissen über den Menschen und seine Würde. Der gläubige Christ hat immer in besonderer Weise „den Menschen im Auge, insofern er in das komplizierte Beziehungsgeflecht der modernen Gesellschaft eingebunden ist."[38] In der Gesellschaft kann so auch und gerade heute vermittelt werden, dass der christliche Glaube sich im Blick auf Gottes Heilswillen für den Menschen ein Wissen über eine andere Wirklichkeit aufbewahrt, die in einer zunehmend ökonomisierten und säkularisierten Gesellschaft möglicherweise eine neue Relevanz bekommt.

Immer dort, wo „die Würde der menschlichen Person [auf dem Spiel steht], deren Verteidigung und Förderung uns vom

Schöpfer anvertraut ist"³⁹, ist der Bereich kirchlicher Kompetenz tangiert. Dabei ist höchst bedeutsam, dass Christen ihr Engagement in ihren jeweiligen Gebieten nicht funktionalisieren wollen, um über ihre gesellschaftlichen Leistungen andere Zwecke zu verfolgen, etwa zu missionieren. Papst Benedikt XVI. formuliert in seiner Enzyklika „Deus caritas est": „[…] praktizierte Nächstenliebe [darf] nicht Mittel für das sein, was man heute als Proselytismus bezeichnet. Die Liebe ist umsonst, sie wird nicht getan, um damit andere Ziele zu erreichen."⁴⁰ Es geht den Christen wirklich um das Wohl der Menschen und zwar aller Menschen. So bemühen sie sich, alle beteiligten Menschen für die ethische Seite solcher die Würde des Menschen tangierenden Fragestellung zu sensibilisieren und zu konkreten Handlungen zu motivieren. Das bedeutet natürlich in keiner Weise, dass dabei die christliche Botschaft und ihr Proprium außer Acht gelassen werden muss.

Die darin ersichtlich werdende Argumentation ganz vom Menschen her bedeutet zunächst, dass es nicht allein die Sorge um das Seelenheil des Menschen sein kann, sondern dass der Mensch in der ganzen Wirklichkeit seines Lebens gesehen werden muss. Wenn es stimmt, dass die Kirche „zugleich Zeichen und Schutz der Transzendenz der menschlichen Person"⁴¹ ist, wenn es ihr vor allem um Christi willen um das (ewige) Heil und um das (irdische) Wohl des einzelnen Menschen geht, dann kann und darf sie an seinem „Geschick", das unaufhebbar mit Christus verbunden ist, nicht vorbeigehen.⁴² Die Christen müssen sich folglich um den einzelnen ganzen Menschen in seinem individuellen und gemeinschaftsbezogenen Sein kümmern, sich jeweils neu die Möglichkeiten und Fähigkeiten des Menschen ins Bewusstsein rufen, zugleich aber auch die ihn bedrängenden zeitgeschichtlichen, politischen und gesellschaftlichen Fragen angehen und die ihn umgebenden Bedrohungen berücksichtigen, also alles, „was offenkundig dem Bemühen entgegensteht, das Leben der Menschen ‚immer humaner zu gestalten'"⁴³.

Ursula Nothelle-Wildfeuer

2.2 Der Einsatz für das Reich Gottes – eschatologische Aspekte

Ein weiterer Aspekt dessen, was Christen in die gesellschaftliche Wirklichkeit einzubringen haben, setzt an bei der Suche nach dem Reich Gottes: „Sache der Laien ist es, kraft der ihnen eigenen Berufung in der Verwaltung und gottgemäßen Regelung der zeitlichen Dinge das Reich Gottes zu suchen."[44] Ohne über Details der Umsetzung zu sprechen, formuliert das Konzil hier sehr grundsätzlich und allgemein, dass die Christen, vom Geist der Bergpredigt bzw. vom Geist der Seligpreisungen geleitet, ihre spezifische Aufgabe ausüben und somit zur Heiligung der Welt wie ein Sauerteig beitragen sollen.

Dieser Bezug auf das Reich Gottes impliziert allerdings noch einen weiteren, für das Weltengagement äußerst bedeutsamen Aspekt; er setzt an bei der eschatologischen Spannung zwischen dem „Schon-Jetzt" und „Noch-Nicht" als Signatur des Reiches Gottes in der Gegenwart. Zwar gilt selbstverständlich, dass das „Heil [...] in seiner Vollgestalt endzeitliches Geschenk des wiederkehrenden Herrn [ist]"[45], was impliziert, dass das Reich Gottes nicht durch Menschenhand und menschliches Bemühen geschaffen oder vollendet werden kann – und auch nicht unter dem Druck einer „Leistung für das Gottesreich" vollendet werden muss. Aber die Gestaltung dieser Welt und die Schaffung einer besseren Ordnung erweisen sich für das menschliche Wohl andererseits auch in keiner Weise als völlig gleichgültig und unbedeutend: „Obschon der irdische Fortschritt eindeutig vom Wachstum des Reiches Christi zu unterscheiden ist, so hat er doch große Bedeutung für das Reich Gottes, insofern er zu einer besseren Ordnung der menschlichen Gesellschaft beitragen kann"[46]. Der so „wachsende Leib der neuen Menschheitsfamilie [kann] eine umrisshafte Vorstellung von der künftigen Welt geben", der lateinische Text spricht hier von einer *adumbratio* (Schattenbild). Nicht nur der Liebe, sondern auch dem in Liebe vollbrachten Werk[47] kommt also eine reale Bedeutung zu für das Reich Gottes – nicht in dem Sinn, dass dadurch das Heil unmittelbar gestiftet oder vermittelt würde, wohl aber in dem Sinn, dass so jene Voraussetzungen, die das Wachstum und die Durchsetzung des in Christus erschienenen Heils mit ermöglichen und fördern, geschaffen werden.

3. Laien als Fachleute für eine Kultur der Gerechtigkeit

In der Kirchenkonstitution „Lumen gentium" heißt es, dass die „Laien, auch in Zusammenarbeit, die Einrichtungen und Verhältnisse der Welt, da wo Gewohnheiten zur Sünde aufreizen, so zu heilen suchen, dass dies alles nach der Norm der Gerechtigkeit umgestaltet wird [...]. Auf diese Weise erfüllen sie die Kultur und die menschlichen Leistungen mit sittlichem Wert"[48]. Damit ist der entscheidende Punkt angesprochen, der es möglich macht, beide bisher ausgeführten Perspektiven auf die Laien als Fachleute zusammenzuführen. Wenn die Laien Fachleute in ihren jeweiligen weltlich-gesellschaftlichen Bereichen sind und zugleich Fachleute für das christliche Bild vom Menschen und die Suche nach dem Reich Gottes, dann ergibt sich daraus für sie der Auftrag und die Chance, eben diese weltlich-gesellschaftlichen Kontexte mit ihren Institutionen, Strukturen und Einrichtungen, aber auch mit ihren Gewohnheiten und ihrem Ethos – kurz: mit ihrer Kultur – gemäß den Werten und Prinzipien, die sich aus dem christlichen Glauben ergeben, so zu gestalten, dass eine Kultur der Gerechtigkeit wachsen kann.

Unverzichtbare Elemente einer solchen Kultur der Gerechtigkeit sollen im Folgenden noch näher entfaltet werden. Dabei wird exemplarisch das aktuelle Bemühen um die Umstrukturierung des Sozialstaats in den Blick genommen.

3.1 Die Option für die Armen

Aus der oben bereits entfalteten Sorge um den Menschen in seiner Würde und Freiheit ergibt sich, noch einmal zugespitzt in der spezifisch christlich-sozialethischen Perspektive für eine Kultur der Gerechtigkeit die „Option für die Armen", für die Ausgeschlossenen, die Schwachen, Benachteiligten und an den Rand Gedrängten – so, wie wir es in der Perikope vom Jüngsten Gericht hören können. Seinen Ursprung hat die Formulierung dieses Prinzips der „Option für die Armen" in der Befreiungstheologie der siebziger und achtziger Jahre, es hat dann allerdings in dem Bemühen um einen spezifisch theologischen Zugang zu einer christlichen Sozialethik Eingang gefunden in die kirchliche Sozialverkündigung und ist damit ein zentrales Theologumenon christlicher Sozialethik geworden. Für die aktuelle Sozialreform- und Sozialstaatsdebatte bedeutet dies – und damit zitiere ich das Gemeinsame Wort der beiden Kirchen „Für eine Zukunft in Solidarität und Gerechtigkeit" von 1997 –, dass immer wieder darauf zu achten und zu prüfen ist, inwiefern das politische Handeln (dessen eigene Gesetze zu achten sind!) „die Armen betrifft, ihnen nützt und sie zu eigenverantwortlichem Handeln befähigt. Dabei zielt die biblische Option für die Armen darauf, Ausgrenzungen zu überwinden und alle am gesellschaftlichen Leben zu beteiligen. Sie hält an, die Perspektive der Menschen einzunehmen, die im Schatten des Wohlstands leben und weder sich selbst als gesellschaftliche Gruppe bemerkbar machen können noch eine Lobby haben."[49]

In dem Impulstext „Das Soziale neu denken", das die Bischöfe am 12.12.2003 veröffentlicht haben und in dem es auch um langfristige Sozialstaatsreformen geht, wird ebenfalls vorrangig die Frage danach formuliert, wie man den berechtigten Anliegen, Sorgen und Nöten derjenigen Gehör verschaffen und ihre Probleme einer gemeinwohlverträglichen Lösung zuführen kann, die sich in der aktuellen gesellschaftlichen Auseinandersetzung nicht organisieren können, deren Interessen nicht leicht verhandelbar sind und die keine Lobby haben.[50]

Die Option für diese unterschiedlichen Gruppen der Armen ist es auch, die in dem gerade erwähnten Impulstext dazu führt, von kirchlicher Seite angesichts der Notwendigkeit nachhaltiger und tief greifender Reformen des Sozialstaats etwas Neues vorzuschlagen und zu fordern: den Sozialstaats-TÜV. Diese Idee geht zurück auf einen Vorschlag des früheren Verfassungsrichters Hans F. Zacher. Es handelt sich dabei um ein in der gesellschaftlichen Debatte neuartiges Instrument, mit dem, etwa vergleichbar mit dem Jahresgutachten der fünf Wirtschaftsweisen, verlässlich, umfassend und regelmäßig aktualisiert über „Veränderungen der sozialen Lage in der Bundesrepublik und der Wirkungsweise sozialpolitischer Maßnahmen als auch im Blick auf die Folgen ihrer Veränderungen"[51] berichtet wird. Dabei soll wiederum ein ganz besonderes Augenmerk gerichtet werden auf die, die im Laufe der Entwicklung und auch der aktuellen Debatte und Reformen immer wieder zu den Verlierern gezählt haben. Die Wissenschaft ist dem Papier zufolge hier gefordert, die sozialstaatlich angesagten Veränderungen und Maßnahmen auf ihre Sozialverträglichkeit und auf ihr Angemessen-Sein im Blick auf die Sozialstaats-Intention zu prüfen, ihre Ergebnisse in politische Entscheidungsprozesse einzubringen und fruchtbar zu machen. Damit würde ein solcher Sozialbericht „nicht nur einen Beitrag zur Überwindung des Erkenntnis-, sondern auch des Durchsetzungsdefizits leisten und [...] wichtige Voraussetzungen für die notwendigen Reformen und deren Verstetigung schaffen"[52].

Ich würde hier sogar die Forderung ergänzen, alle anstehenden oder bereits durchgeführten Reformen zu prüfen auf ihre Kinderverträglichkeit!

Eine spezifische Aufgabe der Kirche soll es in diesem Zusammenhang dem Ansatz des Impulstextes zufolge sein, „zu dem Sozialbericht regelmäßig auf der Grundlage ihrer Sozialethik Stellung zu nehmen" und dabei – hier wird es erneut hervorgehoben – „anwaltschaftlich für diejenigen einzutreten, deren Stimme sonst kaum gehört wird."[53]

3.2 Das Subsidiaritätsprinzip zwischen Eigenverantwortung und solidarischer Unterstützung

Zu den zentralen Bausteinen einer Kultur der Gerechtigkeit zählen aus der Perspektive der christlichen Sozialethik die beiden Prinzipien der Subsidiarität und der Solidarität.

Das Subsidiaritätsprinzip, das übrigens erstmalig 1931 in der kirchlichen Sozialenzyklika „Quadragesimo anno" Nr. 79 formuliert wurde, impliziert drei entscheidende Sätze:

Erstens geht es um die personale Kompetenz respektive das Entzugsverbot: Das, was der einzelne respektive die kleinere Einheit aus eigener Kompetenz leisten kann, das muss der einzelne respektive die kleinere Einheit auch tun dürfen. Sie haben das primäre Recht und die primäre Pflicht, entsprechend ihrer Kompetenzen die Aufgaben auch wahrzunehmen. Insofern ist auch die größere Einheit in der Rechtfertigungspflicht, wenn sie Aufgaben übernehmen will, die eigentlich der kleineren Einheit zustehen.

Zweitens impliziert das Subsidiaritätsprinzip den Satz der subsidiären Assistenz: Wenn der einzelne respektive die personnähere Einheit nicht, nicht mehr oder noch nicht in der Lage ist, anstehende Aufgaben zu übernehmen, dann muss die nächst höhere Einheit im Sinne der Assistenz, der Hilfe zur Selbsthilfe einspringen und sich schließlich nach erfolgreicher Unterstützung – drittens – auch wieder zurückziehen, hier spricht man von der subsidiären Reduktion.[54] Die Sinnspitze des Subsidiaritätsprinzips ist mithin die Anerkennung der Person, ihrer Würde, ihrer Rechte und Pflichten. In der Tradition spricht man vom Kompetenzanerkennungsprinzip. Man könnte es auch sinnvollerweise das Prinzip der Freiheitsermöglichung in Solidarität nennen. Subsidiarität meint also, „nicht Abhängigkeit, sondern Selbstständigkeit zu fördern"[55]. Nur – und das scheint mir wesentlich im Blick auf eine wirkliche Kultur der Gerechtigkeit bezogen auf die Sozialstaatsdebatte, die wir in der Gegenwart durchaus unter dem Stichwort der Subsidiarität führen – nur die Zusammenschau der drei aufgezeigten Dimensionen verhindert verkürzende Missverständnisse dieses Prinzips sowie auch darauf basierender Sozialstaatskonzeptionen, die dann eine Fehlentwicklung darstellen.

Eine notwendige Reform des Sozialstaates kann also aus der Perspektive dieses Prinzips auf keinen Fall eine einseitige oder gar ausschließliche Betonung des ersten Aspektes des Subsidiaritätsprinzips, nämlich der Eigenverantwortung und Selbstbeteiligung bedeuten – was heute in manchen sog. neoliberalen Kreisen durchaus immer wieder als Position unter einseitiger Inanspruchnahme des Subsidiaritätsprinzips vorgetragen wird. In einer solchen Konzeption würde soziale Gerechtigkeit nur als „eine abgeleitete Form der Gerechtigkeit" definiert, vom Sozialstaat ist dann nur als von „eine[r] Überbrückungsveranstaltung" die Rede.[56] Der Staat hätte demnach nur einzugreifen im Sinne einer Erste-Hilfe-Notlinderung, ihm käme systematisch und geschichtlich höchstens eine Lückenbüßer-Funktion zu[57], angezielt wäre eigentlich reine Marktwirtschaft und ausschließliches Wettbewerbsprinzip, was aber mit der christlichen Option für die Armen nicht zu vereinbaren wäre.

Aus der Perspektive dieses Subsidiaritätsprinzips ist der Sozialstaat in seiner gegenwärtigen Gestalt aber durchaus auch zu kritisieren, insofern und da, wo er immer noch weitgehend ein Versorgungs- respektive Fürsorgestaat ist. So formuliert etwa der verstorbene Papst in seiner jüngsten Sozialenzyklika „Centesimus annus" 1991 den entscheidenden Punkt sehr deutlich: Die positive Entwicklung zum „Wohlfahrtsstaat" – so heißt es in der deutschen Übersetzung, gemeint ist aber das, was wir hier mit Sozialstaat bezeichnen – erfolgte in manchen Staaten dem Papst zufolge, „um auf geeignete Weise den zahlreichen Nöten und Bedürfnissen dadurch abzuhelfen, dass man menschenunwürdige Formen der Armut und Entbehrung beseitigte." Das gegenwärtige Problem des Sozialstaates aber beruht nach Johannes Paul II. auf „Auswüchsen und Missbräuchen", die besonders in jüngster Zeit den Wohlfahrtsstaat zu einem „Fürsorgestaat" werden ließen. Die Erklärung des Papstes für diese Fehlentwicklung, für diese „Funktionsstörungen und Mängel im Wohlfahrtsstaat" zielt auf ein „unzutreffende[s] Verständnis der Aufgaben des Staates" ab. Er rekurriert hier auf das Subsidiaritätsprinzip: „Eine übergeordnete Gesellschaft darf nicht in das innere Leben einer untergeordneten Gesellschaft dadurch eingreifen, dass sie diese ihrer Kompetenzen beraubt. Sie soll sie im Notfall unterstützen und ihr dazu helfen, ihr eigenes Handeln mit dem der anderen gesellschaftlichen Kräfte im Hinblick auf das Gemeinwohl abzustimmen."[58] Der Gedanke der Hilfeleistung und Unterstützung, des Rechts auf solidarische Hilfe ist eben genau abzuwägen mit dem Recht auf bzw. der Pflicht zu eigener Initiative und Beteiligung, mit jedem Recht (und jeder Pflicht) auf Entfaltung eigener Freiheit und Verantwortung.

Dem Subsidiaritätsprinzip zufolge ist es genau die falsche Blickrichtung, von der oberen Einheit aus, hier vom Staat, die kleineren Einheiten, hier Familie, Kommunen, Wohlfahrtsverbände, in den Dienst zu nehmen, weil die Staatskassen leer sind und der Staat es derzeit sonst finanziell nicht mehr schafft. Es geht bei diesem entscheidenden subsidiären Defizit des Sozialstaates vielmehr um ein systematisches und ethisches Problem: Der Staat ist es nicht, der in einer Art paternalistischer Geste die kleineren Einheiten in Dienst nimmt, sondern die Initiative muss vielmehr von unten ausgehen, die größeren Einheiten sind es, die ihr Eingreifen rechtfertigen müssen, die dann ggf. fälschlicherweise übernommene Aufgaben zurückgeben müssen. Die Tatsache, dass der Staat nach einer Rückgabe die ihm verbleibenden Aufgaben höchst wahrscheinlich weitaus besser und effizienter erledigen kann als vorher, ist dann ein erfreulicher Nebeneffekt, aber nicht das Hauptanliegen.

Ein Fürsorge- respektive Versorgungsstaat kann der Freiheit und Selbstverantwortlichkeit des Menschen in keiner Weise mehr gerecht werden und realisiert auf letztlich freiheitsberaubende Wirkung soziale Gerechtigkeit – diese freiheitsberaubende Wirkung wird überdeutlich, wenn man sich vor Augen hält, dass der einzelne Bürger „nur noch über ein gutes Drittel seiner Einnahmen verfügen kann, die Sozialbürokratie aber über die anderen zwei Drittel"[59]. Durch diese freiheitsberaubende Wirkung des Sozial- bzw. Wohlfahrtsstaates „entwürdigen wir den Menschen schließlich zur völlig domestizierten Kreatur, zum schweifwedelnden Haustier. Das Ideal der ‚komfortablen Stallfütterung' könnten wir es nennen und damit ungefähr das treffen, was die Alten mit dem Ruf ‚panem et circenses' umschrieben."[60]

3.3 Das Solidaritätsprinzip zwischen Hilfe zur Selbstständigkeit und Rundumversorgung

Damit wird dann auch zugleich ein Licht auf die Frage nach dem Verständnis von Solidarität geworfen:

Ein adäquater Umbau des Sozialstaates als Institutionalisierung gesellschaftlicher Solidarität muss Ermöglichung und Erhalt der Solidarität anzielen. Eine solche Kultur der Solidarität ist gerade aus der Perspektive der christlichen Sozialethik unverzichtbar und die Kehrseite der Rede von der Menschenwürde! Aber der Anspruch auf gesellschaftliche Solidarität ist unter den gegebenen komplexen Bedingungen der gegenwärtigen Gesellschaft nicht einfachhin mit Geld, allgemeiner gesagt: durch Verteilungspolitik einzulösen.[61] Das Solidaritätsprinzip kann erst im Zusammenspiel zweier Elemente angemessen verstanden werden: Zum einen geht es – und daran denken wir meistens und primär bei dem Stichwort der Solidarität – um das Entgegennehmen der Leistungen der Solidarität. Zum anderen gehört aber genauso auch die Seite des Erbringens der Leistungen der Solidarität dazu. Hier sind dann wiederum die Linien zum Subsidiaritätsprinzip auszuziehen: Wer solche solidarischen Leistungen erbringen kann, ist mit Blick auf das Gemeinwohl der Gesellschaft auch dazu verpflichtet. Wer dazu nicht, nicht mehr oder noch nicht in der Lage ist, ist berechtigt, die Leistungen der Solidarität der anderen für sich in Anspruch zu nehmen.

Die Forderung nach Eigenleistung ist mithin in keiner Weise per se ein Indiz für einen Sozialstaatsabbau, sondern erweist sich aus Gründen der Solidarität als notwendig. Der subsidiäre Sozialstaat intendiert Solidarität in sehr viel größerer Ziel- und Passgenauigkeit als der Sozialstaat in seiner derzeitigen Gestalt. Somit gilt: Wer in jeder subsidiär und solidarisch begründeten Maßnahme zur Verbesserung der Zielgenauigkeit sozialstaatlicher Maßnahmen Herzlosigkeit und Mitleidslosigkeit wittert, begeht einen „effektvollen Kategorienfehler"[62].

Zur Vermeidung von Missverständnissen scheint es allerdings sinnvoll und notwendig, zumindest auch mit einem Absatz an die aus der Solidarität resultierende Verantwortung all derer zu erinnern, die durch Steuerhinterziehung (jährlich ca. 65 Milliarden) dem Sozialstaat schweren Schaden zufügen und sich auf Gemeinwohl schädigende Weise ihrer Solidaritätsverpflichtung entziehen.

Schluss: Laien als Fachleute

„Wenn Laien die Fachleute sind" – dann sind genau diese Laien mit ihrem Weltcharakter es, die Sorge tragen können für die Entwicklung einer Kultur der Gerechtigkeit, die sich in den verschiedenen Bereichen der Gesellschaft etabliert und entwickelt vor dem Hintergrund christlich-sozialethischer Essentials. Dieses hier dargelegte Verständnis von den Laien als Fachleuten schließt nicht aus, dass Laien in anderen als diesen gesellschaftlichen Kontexten, also etwa hauptamtlich im binnenkirchlichen Bereich arbeiten und aktiv sind, rechnet aber doch damit, dass das Gros der kirchlichen Laien eher in unterschiedlichen Feldern von Welt und Gesellschaft tätig ist. Es ist auch nicht ausgeschlossen, dass kirchliche Amtsträger ebenfalls in diesen außerkirchlichen Feldern aktiv sind, rekurriert aber darauf, dass dies auch eher die Ausnahme sein wird. So scheint es dann in diesem Sinn in der Tat schon durchaus seine (wenn auch nicht exklusive) Berechtigung zu haben, vom spezifischen Weltcharakter der Laien zu sprechen, insofern die Laien es sind, die es bewerkstelligen, dass Welt und Gesellschaft einerseits und Kirche und Glaube andererseits zumindest ansatzweise zusammenwirken zum Entstehen und Erhalten einer wirklichen humanen Kultur.

Anmerkungen

[1] Bei der Überarbeitung dieses Vortrags wurde der ursprüngliche Redestil weitgehend beibehalten.
[2] WERBICK, Jürgen, Art. Laie. I. Begriff, in: LThK³ 6 (1997) 589 f., hier 590.
[3] WERBICK, Art. Laie (Anm. 2), 590.
[4] WERBICK, Art. Laie (Anm. 2), 590.
[5] Vatikanum II., Dogmatische Konstitution über die Kirche Lumen gentium vom 21.11.1964, in: K. RAHNER / H. VORGRIMLER (Hgg.), Kleines Konzilskompendium. Sämtliche Texte des Zweiten Vatikanums mit Einführungen und ausführlichem Sachregister, Freiburg ¹³1979, 123–197. LG 31.
[6] Vgl. dazu LEHMANN, Karl, Wer ist Kirche? Plädoyer für ein erneuertes Laientum, in: K. LEHMANN (Hg.), Glauben bezeugen, Gesellschaft gestalten. Reflexionen und Positionen, Freiburg 1993, 295–307.
[7] Vgl. dazu LG (Anm. 5), 31: „Die Glieder des geweihten Standes können zwar bisweilen mit weltlichen Dingen zu tun haben, sogar in Ausübung eines weltlichen Berufes. Aufgrund ihrer besonderen Erwählung aber sind sie vor allem und von Berufs wegen dem heiligen Dienstamt zugeordnet."
[8] Vgl. dazu NOTHELLE-WILDFEUER, Ursula, Gesellschaftlich-politische Diakonie der Kirche. Grundfunktion oder Zerrbild von kirchlicher Seelsorge? In: P. MÜLLER / H. WINDISCH (Hgg.), Seelsorge in der Kraft des Heiligen Geistes. Festschrift für Weihbischof Paul WEHRLE, Freiburg 2005, 141–160, hier 150–157.
[9] Vgl. LG (Anm. 5), 33,3: „[…] können die Laien darüber hinaus in verschiedener Weise zu unmittelbarerer Mitarbeit mit dem Apostolat der Hierarchie berufen werden […]. Außerdem haben sie die Befähigung dazu, von der Hierarchie zu gewissen kirchlichen Ämtern herangezogen zu werden, die geistlichen Zielen dienen." WERBICK, Jürgen, Art.: Laie. III. Systematisch-theologisch, in: LThK³ 6 (1997) 592–594, hier 593, verweist auf konkrete Mitarbeit bei Stellenbesetzungen, in synodalen Strukturen, in der theologischen Lehre, Katechese und Gemeindearbeit.
[10] LG (Anm. 5), 32,2.
[11] Vaticanum II., Pastoralkonstitution über die Kirche in der Welt von heute Gaudium et spes vom 7.12.1965, in: BUNDESVERBAND DER KATHOLISCHEN

ARBEITNEHMER-BEWEGUNG DEUTSCHLANDS (KAB) (Hg.), Texte zur katholischen Soziallehre, Kevelaer [7]1989. GS 43,2.

[12] Vgl. ebd. 41; 42.

[13] Ebd. 36, 1.

[14] Vgl. etwa PIUS IX., Enzyklika „Quadragesimo anno" vom 15. Mai 1931, deutscher Text nach: BUNDESVERBAND DER KATHOLISCHEN ARBEITNEHMER-BEWEGUNG DEUTSCHLANDS (KAB) (Hg.), Texte zur katholischen Soziallehre, Kevelaer [7]1989, 101–162. QA 41–43.

[15] HANSSLER, Bernhard, Glaube und Kultur, Köln 1968, 24. Der Beginn der Reflexion auf die Autonomie der Welt und des Menschen ist dort anzusetzen, wo explizit auf eine Neubestimmung des Verhältnisses von Glaube und Wissen – etwa bei Anselm von Canterbury, Albertus Magnus und Thomas von Aquin – reflektiert wird.

[16] Vgl. dazu etwa als extreme Form den Syllabus des Papstes PIUS IX. sowie die Enzyklika „Quanta cura". Vgl. ferner LOSINGER, Anton, „Iusta autonomia". Studien zu einem Schlüsselbegriff des II. Vatikanischen Konzils, Paderborn 1989, 69–72.

[17] SPLETT, Jörg, Kirche und Weltverständnis, in: Stimmen der Zeit 91 (1966) 345–356, hier 351.

[18] HANSSLER, Glaube und Kultur (Anm. 15), 25.

[19] GS (Anm. 11), 36,3.

[20] GS (Anm. 11), 36,2.

[21] MAIER, Hans, Welt ohne Christentum – was wäre anders?, Freiburg 1999, 92.

[22] GS (Anm. 11), 40,4.

[23] RATZINGER, Joseph, Angesichts der Welt von heute. Überlegungen zur Konfrontation mit der Kirche im Schema XIII, in: Wort und Wahrheit 20 (1965) 493–504, hier 497.

[24] GS (Anm. 11), 1.

[25] RATZINGER, Joseph, Theologische Prinzipienlehre. Bausteine zur Fundamentaltheologie, München 1982, 398.

[26] Vgl. dazu auch LOSINGER, „Iusta autonomia" (Anm. 16), 114.

[27] Vgl. GS (Anm. 11), 13; 37.

[28] Vgl. etwa GS (Anm. 11), 37,2.

[29] LEHMANN, Karl, Christliche Weltverantwortung zwischen Getto und Anpassung. 40 Jahre Pastoralkonstitution „Gaudium et spes", in: Theologisch-Praktische Quartalschrift 153 (2005) 297–310, hier 303.

[30] LEHMANN, Christliche Weltverantwortung, (Anm. 29), 303f.

[31] H. DE LUBAC, zit. nach LEHMANN, Christliche Weltverantwortung (Anm. 29), 306.

[32] RATZINGER, Angesichts der Welt von heute (Anm. 23), 503.

[33] SMULDERS, Pieter F., Das menschliche Schaffen in der Welt, in: G. BARAÚNA (Hg.), Die Kirche in der Welt von heute. Untersuchungen und Kommentare zur Pastoralkonstitution ‚Gaudium et spes' des II. Vatikanischen Konzils, Salzburg 1966, 201–225, hier 213.

[34] LG (Anm. 5), 31,2.
[35] GS (Anm. 11), 63,1.
[36] JOHANNES PAUL II., Enzyklika „Sollicitudo rei socialis" vom 30. 12. 1987, deutscher Text nach: Enzyklika „Sollicitudo rei socialis" von Papst Johannes Paul II. Zwanzig Jahre nach der Enzyklika „Populorum progressio", Bonn 1988. SRS 41,1.
[37] JOHANNES PAUL II., Enzyklika „Centesimus annus", deutscher Text nach: Vor neuen Herausforderungen der Menschheit. Sozialenzyklika „Centesimus annus" Papst Johannes Pauls II. Mit einem Kommentar von Walter Kerber, Freiburg 1991. CA 53,1.
[38] CA (Anm. 37), 54,1.
[39] SRS (Anm. 36), 47,4.
[40] DCE 31c.
[41] GS (Anm. 11), 76,2.
[42] Vgl. JOHANNES PAUL II., Enzyklika „Redemptor hominis" vom 4. 3. 1979, deutscher Text nach: Die Würde des Menschen in Christus. Die Antrittsenzyklika „Redemptor hominis" Papst Johannes Pauls II. Mit einem Kommentar von Bernhard Häring, Freiburg 1979. RH 14,1.
[43] Ebd. 14,4; vgl. hierzu ebd. 13,2; ebenso GS (Anm. 11), 38 und 91.
[44] LG (Anm. 5), 31,2.
[45] ROOS, Lothar, Art. Gaudium et spes, in: A. KLOSE / W. MANTL / V. ZSIFKOVITS (Hgg.), Katholisches Soziallexikon, Innsbruck – Graz 1980, 822–831, hier 823.
[46] GS (Anm. 11), 39,2.
[47] Vgl. GS (Anm. 11), 39,3.
[48] LG (Anm. 5), 36,3.
[49] EVANGELISCHE KIRCHE IN DEUTSCHLAND u. DEUTSCHE BISCHOFSKONFERENZ, Für eine Zukunft in Solidarität und Gerechtigkeit. Wort des Rates der Evangelischen Kirche in Deutschland und der Deutschen Bischofskonferenz zur wirtschaftlichen und sozialen Lage in Deutschland, Hannover – Bonn 1997, Nr. 107.
[50] Vgl. DIE DEUTSCHEN BISCHÖFE, Das Soziale neu denken. Für eine langfristig angelegte Reformpolitik, Bonn 2003.
[51] DIE DEUTSCHEN BISCHÖFE, Das Soziale neu denken, (Anm. 50), Kap. 5.2, 25.
[52] MARX, Reinhard, Statement von Bischof Dr. Reinhard Marx, Mitglied der Kommission für gesellschaftliche und soziale Fragen der Deutschen Bischofskonferenz, zur Vorstellung des Impulstextes „Das Soziale neu denken. Für eine langfristig angelegte Reformpolitik" in der Pressekonferenz am 12. Dezember 2003 in Berlin, Berlin 2003, 2.
[53] DIE DEUTSCHEN BISCHÖFE, Das Soziale neu denken (Anm. 50), Kap. 5.2, 27.
[54] Vgl. dazu insgesamt SCHNEIDER, Lothar, Subsidiäre Gesellschaft. Implikative und analoge Aspekte eines Sozialprinzips, Paderborn 1983.
[55] HOMEYER, Josef, Statement des Vorsitzenden der Kommission für gesell-

schaftliche und soziale Fragen der Deutschen Bischofskonferenz, Bischof Dr. Josef Homeyer, zur Vorstellung des Impulstextes „Das Soziale neu denken. Für eine langfristig angelegte Reformpolitik" in der Pressekonferenz am 12. Dezember 2003 in Berlin, Berlin 2003, 2.

[56] KERSTING, Wolfgang, Der Glaube an die Allmacht Geld. Unser Wohlfahrtsstaat ist von der Voraussetzung der Marktwirtschaft zu deren Albtraum geworden, in: Frankfurter Allgemeine Zeitung 189 (1998) 42, hier 42.

[57] Vgl. GENOSKO, Joachim, Zur Dezentralisierung der Tarifpolitik: Eine Analyse anhand des Subsidiaritätsprinzips, in: W. J. MÜCKL (Hg.), Subsidiarität. Gestaltungsprinzip für eine freiheitliche Ordnung in Staat, Wirtschaft und Gesellschaft, Paderborn 1999, 181–200, hier 184.

[58] CA (Anm. 37), 48,4.

[59] STARBATTY, Joachim, „Intelligente Schnorrer nicht belohnen". Ein Gespräch mit dem Volkswirtschaftler Joachim Starbatty, in: Herder Korrespondenz 56 (2002) 610–614, hier 613.

[60] RÖPKE, Wilhelm, Die Gesellschaftskrisis der Gegenwart, Bern – Stuttgart 1979, 149.

[61] Vgl. DIE DEUTSCHEN BISCHÖFE, Das Soziale neu denken (Anm. 50), Kap. 3.2, 13 f.

[62] KERSTING, Wolfgang, Politische Solidarität statt Verteilungsgerechtigkeit. Eine Kritik egalitaristischer Sozialstaatsbegründung, in: Ders. (Hg.), Politische Philosophie des Sozialstaats, Weilerswist 2000, 202–256, hier 249.

Hilfekultur als Kulturhilfe
Die organisierte Nächstenliebe *(caritas/diakonia)* der Kirche als Kulturfaktor[1]

Klaus Baumann

1. Eine These

Ein Assistenzarzt erlebte während der Zeit seines Studiums in der ersten Hälfte der 90er Jahre Folgendes, als er regelmäßig zur Finanzierung des Studiums als Sitzwache eines großen Uni-Klinikums arbeitete. In einer Nachtwache Ende 1992 setzte er sich an das Bett einer älteren Patientin, die in dieser Nacht wohl sterben würde. Sie nahm deutlich wahr, dass jemand bei ihr am Bett saß. Als die Ärztin kam, fragte sie ihn, was er hier mache, die Patientin liege doch im Sterben. Er antwortete, er wolle eben deshalb bei ihr bleiben, in ihrer Nähe, und, wenn sie wolle, auch beten. Darauf fuhr die Ärztin den Studenten an, er solle das bleiben lassen. Er solle die Frau im Sterben in Ruhe lassen, erst recht mit dem religiösen Zeug. Der Student war verwirrt, blieb aber zunächst weiter am Bett der Sterbenden sitzen. Als die Ärztin nach einer Stunde zurückkam, wies sie ihn dienstlich an, das Krankenzimmer zu verlassen und die Frau allein sterben zu lassen.

Im Juli 1991 fuhr der Chefarzt der Inneren Abteilung des Krankenhauses St. Michael in Völklingen mit einem Team aus Ärzte- und Pflegeschaft, Seelsorge und Sozialarbeit in ein katholisches Tagungshaus, um sich dort als neu gegründeter Palliativ-Gruppe an ihrem Krankenhaus intensiv auf die neuen Aufgaben vorzubereiten. Ziel der Palliativ-Medizin in Verbindung mit der Hospizbewegung ist eine sehr gute Schmerzbehandlung, insbesondere von Patienten im Sterbeprozess. Ihnen soll dort durch eine ganzheitliche Pflege so lange und so gut wie möglich ein Wohlbefinden verschafft werden, damit sie, wenn sie es wollen, frei werden, sich auch seelisch und geistig auf den Tod vorzubereiten.[2] Die sich neu bildende Völklinger Palliativ-Gruppe bat mich, weil ich vor Ort war, mit ihnen dort in der Mitte ihrer konzeptionellen Arbeit eine Hl. Messe zu feiern. Durch diese Gelegenheit kam ich erstmals mit der Palliativmedizin in Berührung, die damals in unserem Land gerade erst im Entstehen war.

Seit beiden Episoden sind mehr als 15 Jahre vergangen, in denen sich so viel verändert hat, dass die Ärztin gegenüber dem Medizinstudenten wohl nicht mehr auf diese Weise reagieren würde. Zwar ist die palliativmedizinische Versorgung in Deutschland noch immer nicht flächendeckend und befriedigend ausgebaut; dennoch ist inzwischen unter den meisten Ärztinnen und Ärzten, die mit Sterbenden zu tun haben, durch Hospizbewegung und Palliativmedizin ein neues Bewusstsein entstanden:

Sterbende wollen und sollen möglichst nicht alleingelassen werden, sondern leben können bis zuletzt; am besten wird dies gewährleistet, wenn sie nach ihren Bedürfnissen gepflegt, versorgt und begleitet werden – und sogar möglichst dort sterben können, wo sie daheim sind.[3]

Wie wichtig und zum Teil offen die damit verbundenen Fragen auch weiterhin sind, zeigte z. B. der Fachtag 2006 des Hospiz Stuttgart, der am 31.10.2006 in der Stuttgarter Filderhalle stattfand. Der Fachtag stand unter dem markanten Titel: „Gestorben wird sowieso – ethisches Handeln und medizinische Machbarkeit". Mit 1500 offiziell gemeldeten Fachleuten und Laien aus Hospizarbeit, Krankenhaus, Pflegeheim und ambulanten Diensten wurde er zur bundesweit bislang wohl größten Veranstaltung zum Thema Hospizarbeit und Palliative Care. Die Frage, die den roten Faden des Fachtages ausmachte, wurde zum Titel der Tagungspublikation: „Was braucht der Mensch am Lebensende?"[4] Überhaupt kann dies auch für das Folgende als kriteriologische Leitfrage des Helfens dienen: Was braucht der Mensch?[5]

Die beiden Episoden und die Entwicklung im Feld der Begleitung Sterbender können als exemplarische Illustration der folgenden These und zentralen Aussageabsicht dieses Beitrages dienen: Die jüdisch-christliche Kultur des Helfens, wie sie in Deutschland unter anderem in den kirchlichen freien Wohlfahrtsverbänden Deutscher Caritasverband und Diakonisches Werk der EKD organisiert ist (2.), stellte in der Vergangenheit und stellt auch gegenwärtig und künftig einen hilfreichen, wenn nicht unverzichtbaren

Beitrag für eine menschliche Kultur dar, die diesen Namen verdient. Dies gilt auch und zumal im Europa des 21. Jh.s.

Dazu werden anhand der ersten Episode einige ambivalente Aspekte des Helfens – auch des christlichen Helfens – deutlich gemacht (3.). Daran anknüpfend seien im Sinne historischer Vergewisserung exemplarische Beiträge des Christentums zur europäischen Kultur in puncto Solidarität und Menschenbild (4.) dargelegt – der Hilfekultur in der Sorge für Arme, Behinderte und Sterbende. Mit einer Bemerkung zu Diakonie und historischer Bildung schließt der Beitrag (5.).

2. Die organisierte Nächstenliebe der Kirchen in Deutschland im Rahmen der Freien Wohlfahrt – ihr Beitrag zu einer solidarischen Zivilgesellschaft

Dem Zusammenwirken der Freien und insbesondere der konfessionellen Träger der Wohlfahrtspflege war es in den frühen 20er Jahren des 20. Jh.s zu verdanken, dass im sozialstaatlichen Gefüge der Weimarer Republik und später in der Bundesrepublik Deutschland die freien Träger einen gewissen Vorrang vor öffentlichen Trägern eingeräumt wurde.[6] Für eine verantwortliche Zivilgesellschaft ist das damit implizierte Subsidiaritätsprinzip von größter Bedeutung. Besagt es doch[7], dass das, was der Einzelne, die Familie oder Gruppen und Körperschaften aus eigener Kraft tun können, weder von einer übergeordneten Instanz noch vom Staat an sich gezogen werden darf. Vielmehr haben die je größeren und übergeordneten Sozialgebilde im Dienst der kleineren und untergeordneten zu stehen (Hilfestellungsgebot; lateinisch: *subsidium*, Hilfe) und dürfen den einzelnen Personen nicht Zuständigkeiten entziehen, die diese selbst wahrnehmen können (Kompetenzanmaßungsverbot). Das Subsidiaritätsprinzip zielt somit auf die aktive, solidarische Verantwortungsübernahme in der Gesellschaft „von unten her".

Darüber hinaus lassen aktuelle statistische Zahlen erkennen, inwieweit die organisierte Nächstenliebe – *caritas* und *diakonia* – der katholischen und Evangelischen Kirche in Deutschland durch ihre sozialen Dienstleistungen aus zivilgesellschaftlicher Sicht ein bedeutender Kulturfaktor für einen menschenwürdigen Umgang mit Not- und Leidenssituationen sind. Die aktuellste verfügbare Gesamtstatistik der Freien Wohlfahrtspflege in Deutschland vom September 2006 weist mit Stichtag 1.1.2004 bundesweit 98.837 Einrichtungen und Dienste mit 3.619.799 Betten oder Plätzen aus. „Hierin sind nicht enthalten zusätzliche soziale Maßnahmen, Aktivitäten der Auslands- und Katastrophenhilfe, Betreuungskapazitäten der Beratungsstellen und der mobilen Dienste sowie die etwas mehr als 34.900 Selbsthilfe- und Helfergruppen."[8]

Insgesamt arbeiteten zu dem genannten Zeitpunkt 1.414.937 Menschen hauptamtlich für Freie Wohlfahrtsverbände, davon 663.687 Personen Teilzeit (47%). Dies sind knapp 4% aller Erwerbstätigen in Deutschland. Nicht erfasst sind die zahlreichen nebenamtlich bzw. auf Honorarbasis Tätigen. Im *freiwilligen sozialen Ehrenamt* engagieren sich für die Freie Wohlfahrtspflege samt ihren Initiativen, Hilfswerken und angeschlossenen Selbsthilfegruppen hierzulande ca. 2,5 bis 3 Millionen Menschen.[9]

Mit zusammen ca. 940.000 hauptberuflich Angestellten, über 57.000 Einrichtungen und Diensten und über 2 Millionen Betreuungsplätzen sowie etwa 1 Million ehrenamtlich dafür engagierten Menschen finden sich etwa zwei Drittel der Arbeitsplätze, zwei Drittel der Betreuungsplätze und über ein Drittel der Ehrenamtlichen der Freien Wohlfahrtspflege in Deutschland unter dem Dach von DCV und DW der EKD. Dazu betont der DCV, dass die „sozial-caritative Arbeit der katholischen Kirche in den mehr als 12.000 Pfarr- und Kirchengemeinden"[10] verankert ist, welche diese Arbeit aktiv mittragen. Das DW der EKD seinerseits stellt fest: „Mitgetragen wird die diakonische Arbeit von den rund 18.000 Gemeinden der Landes- und Freikirchen."[11]

Für beide kirchlichen Wohlfahrtsverbände gehört zu ihrem Selbstverständnis, dass ihre Soziale Arbeit Ausdruck und unverzichtbare Praxis des christlichen Glaubens ist – als eines Glaubens, der in der Liebe tätig wird (vgl. Gal 5,6), insbesondere im Helfen und Mitsein mit „den Armen und Bedrängten aller Art", wie das II. Vatikanische Konzil gleich zu Beginn in seiner Pastoralkonstitution *Gaudium et spes* formulierte.[12] Verbandliche Caritas und Diakonie gestalten in der ganz alltäglichen Sozialen Arbeit ihrer Dienste und Einrichtungen die Hilfekultur in Deutschland mit und treten im Feld von Sozialpolitik und Öffentlichkeitsarbeit (einschließlich

Massenmedien) für die Rechte, Anliegen und Nöte besonders derer ein, die in der deutschen Gesellschaft zu den Verlierern zählen oder es zu werden drohen.[13]

3. Ambivalente Aspekte des Helfens

Die Leitfrage für das Helfen in all dem ist und soll primär sein: „Was braucht der Mensch, der in Not – in welcher Not auch immer – ist?" Die Kultur des Helfens wird nicht nur davon abhängen, wie die Bedürfnisse der Menschen in Not eingeschätzt werden, sondern auch, welche Vorstellungen vom Menschsein in denen, die helfen (wollen), herrschen und auch davon, wie sie sich selbst im Helfen sehen und erleben. Das zielt nur vordergründig primär auf die individuellen Akteure; von ähnlicher, systemisch ebenso beachtlicher Relevanz sind die tatsächlich leitenden Selbstverständnisse und Vorstellungen (erklärte und faktische „Leitbilder") sowie die normativen Ausgestaltungen der institutionalisierten Größen, der Initiativen, Dienste, Einrichtungen und Verbände.

Das Helfen – auch das Helfen aus christlicher Motivation – kann mit erheblichen Ambivalenzen verbunden sein. Dies lässt sich an Aspekten der Episode der Sitzwache illustrieren.

Ein erster Aspekt ist der der *Professionalität*. Hilfe soll kompetent geleistet werden. Die Ärztin ist kompetent in Fragen medizinischer Heilbehandlungen. Das Sterben von Patienten erleben viele Ärzte wie ein Scheitern ihres Könnens, das ganz auf die Heilung und Wiederherstellung oder Besserung des Gesundheitszustandes ausgerichtet ist. In der Episode ist die Ärztin der Profi und die, die auch der Sitzwache bindende Weisungen geben kann.

Ein zweiter Aspekt tritt doppelt auf – der des *Paternalismus*. Paternalismus liegt darin, gewissermaßen altväterlich von oben herab zu wissen, was für jemand am besten ist und ihm oder ihr die Verantwortung abzunehmen. Er hat die Tendenz, Patienten zu infantilisieren. Die Ärztin in jener Episode weiß, wie sie meint, was die Sterbende braucht – sie soll allein und in Ruhe sterben können. Dies ist der ärztliche Paternalismus. Die zweite Form hat mit der Religion zu tun. Die Ärztin wehrt sich und verteidigt ihrer Ansicht nach v. a. die Sterbende gegen einen vermuteten religiösen Paternalismus der Sitzwache, gegen eine Fremdbestimmung der Sterbenden durch die religiöse Ideologie einer Hilfskraft.

Tatsächlich liegt hierin ein Vorwurf, der der Liebestätigkeit der Kirche(n) bzw. des Christentums in seiner Geschichte häufig vorgehalten wird: „zwar caritativ-paternale Hilfe, aber keine Rechtsverbesserung; Mitleid zwar für die Armen, aber keine Menschenrechte"[14], „keine systematischen Strategien zur Bearbeitung sozialer Notlagen ... Die Logik der Hilfe war vielmehr die der religiös geprägten Mildtätigkeit."[15]

Beide Formen von Paternalismus respektieren nicht die *Autonomie* des Kranken oder die *Selbstbestimmung* des Notleidenden. Sie sehen ihn als Objekt ihres Tuns viel mehr denn als ein eigenständiges Subjekt mit eigenen Ressourcen und Kompetenzen oder auch ganz individuellen Bedürfnissen. In unserem Fall gibt sich der Paternalismus der Ärztin sogar als Anwalt der nur vermuteten oder eben projizierten Autonomiewünsche der Sterbenden. Paternalismus und reklamierte Autonomie behindern hier den Dialog zwischen den Menschen besonders stark.[16] Dies scheint eine besonders große (wenn auch selten benannte) Schwachstelle sog. Patientenverfügungen zu sein.[17]

Gerade in dem unvermeidlichen Macht-Gefälle zwischen Hilfsbedürftigen und Hilfegebenden erscheint dem Soziologen Richard Sennett Respekt vor der Autonomie des anderen besonders entscheidend. In seinem autobiographisch geprägten Essay „Respekt im Zeitalter der Ungleichheit" liegt für ihn das zentrale Problem, „vor dem wir in der Gesellschaft und insbesondere im Sozialstaat stehen, ... in der Frage, wie der Starke jenen Menschen mit Respekt begegnen kann, die dazu verurteilt sind, schwach zu bleiben."[18] Er betont v. a. im Blick auf Fürsorge und Soziale Arbeit: „Statt auf eine Gleichheit des Verstehens zu drängen, bedeutet Autonomie, dass man an anderen Menschen akzeptiert, was man nicht versteht. Wenn ich das tue, behandle ich andere als ebenso autonome Wesen wie mich selbst. Wer Schwachen oder Außenseitern Autonomie zubilligt, der belässt ihnen ihre Würde. Und dadurch stärkt man zugleich den eigenen Charakter."[19] Dies lässt sich ohne weiteres auf die Situation am Sterbebett anwenden – wo es um Respekt vor den Bedürfnissen der Sterbenden und nicht um die Sichtweise von Gesunden geht.

Hier zeigt sich die Grenze von Respekt vor der Autonomie des Schwachen ganz akut. Er oder sie braucht vielleicht *mehr* als Respekt – nämlich *Zuwendung*, Solidarität, dass jemand bei ihm oder ihr ist, gerade, wo es nichts zu bestimmen und nur noch auszuhalten gilt; Zuwendung, die voller Respekt ist, aber auch voller Güte und Wärme, *Mitfühlen* mit dem Leid des anderen. Zuwendung kann ambivalent sein, wo sie dem professionell angezeigten und möglichen Handeln im Wege steht, weil sie weniger fragt, was der andere braucht, als paternalistisch schon zu wissen meint, was für den anderen jetzt gut ist. Sie wird zur Scheinzuwendung, die nicht für den anderen, sondern für sich und die eigenen Ideen da ist, die dazu noch dem anderen aufgedrängt werden.

In der gemeinten persongerechten Zuwendung und solchem Mitfühlen geht es um die Bedürfnisse des anderen. Das bedeutet noch nicht Selbstaufgabe und Selbstüberforderung, in denen eigene Bedürfnisse des Helfenden keine Rolle spielen und keine Berechtigung haben dürfen. Doch die Gefahr lauert – insbesondere wo ein Helfer sein Selbstwertgefühl über die Hilfe für den anderen bezieht und damit den anderen mehr, als er sich eingestehen kann, für eigene Bedürfnisse braucht.[20]

Professionalität, Autonomie und Zuwendung erweisen sich somit insbesondere in ihrer jeweiligen Vereinseitigung als sehr ambivalente Aspekte des Helfens. Es bedarf der Logik des balancierten Sowohl-als-auch, nicht des Entweder-oder, in dem ein wichtiger Aspekt gegen andere ausgespielt wird. Die Logik des Sowohl-als-auch hält Spannungen konstruktiv aus und schließt dann sogar die Möglichkeit eines „milden Paternalismus" mit ein[21], wenn er echter Kommunikation dient, in der die Bedürfnisse derer, die Hilfe brauchen, wirklich gehört und ganzheitlich respektiert werden.

Eine gängige Unterscheidung der Sozialpsychologie kann helfen, in den Ambivalenzen des Helfens fürs erste mehr Ordnung zu schaffen: Sie unterscheidet Hilfeverhalten ganz allgemein von prosozialem Verhalten, das nochmals weiter ist als altruistisches Verhalten:[22]

„Während *hilfreiches Verhalten* der umfassendste Begriff ist, ist die Definition *prosozialen Verhaltens* enger gefasst: Mit einer prosozialen Handlung ist beabsichtigt, die Situation des Hilfeempfängers zu verbessern, der Handelnde zieht seine Motivation nicht aus der Erfüllung beruflicher Verpflichtungen und der Empfänger ist eine Person und keine Organisation."[23]

Eine weitere Eingrenzung erst erlaubt, von *Altruismus* zu sprechen: „Die Motivation des Helfers ist dadurch gekennzeichnet, dass er die Perspektive des Hilfeempfängers einnimmt und empathisch ist."[24]

Prosoziales Verhalten kann darum beides sein, egoistisch und/oder altruistisch motiviert: „Im Allgemeinen kann prosoziales Verhalten aus dem übergeordneten Ziel resultieren, sich selbst zu nützen (egoistisch motiviertes Verhalten), oder sich aus dem übergeordneten Ziel ergeben, einer anderen Person zu nützen (altruistisch motiviertes Verhalten)."[25] Ein Beispiel für hilfreiches Verhalten gibt Bierhoff mit der professionell freundlichen Flugbegleiterin, die einem Passagier mit seinem Gepäck hilft. Ein Beispiel für prosoziales Verhalten wäre eine Person, die künftig Hilfe als Gegenleistung erwartet und deswegen ihrer Nachbarin beim Ausfüllen eines Versicherungsformulars hilft. Schließlich ist ein klassisches Beispiel für Altruismus das Gleichnis vom barmherzigen Samariter. Viele der Menschen, die während des nationalsozialistischen Terrors in Europa Juden gerettet haben, stellen weitere Beispiele für echte Altruisten dar.[26]

Der Anspruch an das Handeln von Professionellen in Einrichtungen und Diensten von Caritas und Diakonie scheint zu sein, dass sie selbstverständlich professionell auf der Höhe der Kunst arbeiten, dass sie dabei selbstverständlich *auch* egoistisch motiviert ihre Karriere voranbringen – etwa als Ärztin –, dass sie aber *gleichzeitig* die Situation des Hilfeempfängers verbessern wollen; beides ist ja für prosoziales Verhalten möglich; sie müssen jedoch wirklich – auch bei mehr oder minder bewusster Vermischung mit egoistischen Motiven[27] – dem Hilfeempfänger nützen wollen, dazu dessen Perspektive einnehmen und empathisch sein. Auf unterschiedliche Weise meinten wohl sowohl die Sitzwache als auch die diensthabende Ärztin dies für die Sterbende zu tun …

4. Exemplarische Beiträge des Christentums zur europäischen Kultur des Helfens

Was war und ist der Beitrag des christlichen Glaubens zu einer solchen Hilfekultur, die „wirklich" für die Schwächsten und Ärmsten sorgt? Die Erläuterung altruistischen Verhaltens im modernen sozialpsychologischen Lehrbuch rekurriert gerne auf das Gleichnis vom barmherzigen Samariter.[28] Tatsächlich wird auch in der Alltagssprache eine Tat zugunsten eines leidenden und hilfsbedürftigen Menschen als Werk „eines barmherzigen Samariters" bezeichnet. Wir können[29] sogar sagen, „das Gleichnis vom Samariter ist *ein wesentlicher Bestandteil sittlicher Kultur und menschlicher Zivilisation schlechthin* geworden." Der Arbeiter-Samariter-Bund spielt in seinem Namen ausdrücklich nicht nur darauf an, sondern auch, dass er sich nicht als kirchliche Organisation versteht, so wie der Samariter nicht zum Volk Israel zählte – von Jesus aber als Vorbild authentischer Erfüllung des entscheidenden Gebotes der Nächstenliebe gezeigt wurde.

Wie Sauerteig durchwirkte und durchwirkt das jüdisch-christliche Ethos *nach und nach* die Kulturen des Helfens in den Umwelten, in die das Evangelium getragen und dort neu gelebt wurde. Dies sei grundsätzlich an den Werken der Barmherzigkeit verdeutlicht, an der mit ihnen verbundenen Sorge für die Armen, sodann in der Sorge für Menschen mit Behinderung und schließlich in der Sorge für Sterbende. Die „Kulturhilfe" diakonischer Praxis betrifft besonders die gelebte Solidarität und das Menschenbild.

4.1 Sorge für die Armen

Das Volk Israel kannte, eingebettet in seine vorderorientalische Umwelt, eine Menge von Sozialgesetzen, die im Volk Israel Gerechtigkeit von Gott her gerade auch für die Witwen, Waisen, Alten, Armen und Einsamen herstellen und sichern sollten. Zur jüdischen Frömmigkeit zählten ganz wesentlich die Werke der Barmherzigkeit, die im Neuen Testament ausdrücklich genannt werden in der Endgerichtsrede Jesu. Der protestantische Kirchengeschichter Uhlhorn schreibt in seinem Standardwerk zur Geschichte der christlichen Liebestätigkeit reichlich apologetisch: „Die Welt vor Christo ist eine Welt ohne Liebe."[30] Das ist in ihrer historisch gemeinten Aussageabsicht eine in jeglicher Hinsicht unhaltbare Behauptung.

In der frühjüdischen Tradition von Avot 1,2[31] ruht die Welt gewissermaßen auf drei Säulen: auf der Torh, dem Kult und den „Liebeswerken". Nach der Zerstörung des Tempels im Jahr 70 n.Chr. und dem Wegfall des Kultes sind die „Liebeswerke" besonders wichtig geworden. Unter „Liebeswerken" verstand die rabbinische Tradition „gute Werke", welche über die von der Torah geforderten „Gebotserfüllungen" *(mizwoth)* hinausgingen. Almosen *(z^edaquah)* waren bloße Geldzahlungen, ein Liebeswerk *(g^emijlwuth ch^asadijm)* erforderte das Engagement der ganzen Person. Solche Liebeswerke waren: Gastfreundschaft, Bekleidung von Nackten, Erziehung von Waisenkindern, Gefängnisbesuche, Auslösung von Gefangenen; Krankenbesuche, Ausstattung von mittellosen Bräuten; Bestattung, Geleit von Toten und das Trösten von Trauernden. Vorbild für die Liebeswerke ist Gott selbst, wie der folgende Abschnitt aus dem Babylonischen Talmud (rabbinisch, wohl 3. Jh. nach Christus) verdeutlicht: „Die Tora enthält an ihrem Anfang und an ihrem Ende Liebeswerke. An ihrem Anfang, wie geschrieben steht: Jahwe-Elohim macht für Adam und sein Frau Röcke (Gen 3,21) und an ihrem Ende, wie geschrieben steht: Gott begrub Mose im Tal (Dtn 34,6)."[32]

In dieser Tradition und in der Perspektive des jüdischen Heiligkeitsgesetzes schreibt der zeitgenössische amerikanische Rabbi und Religionswissenschaftler Jakob Neusner: „Gott nachahmen heißt die Dinge tun, die Gott tut, so wie die Thora seine Taten schildert. ... Um heilig zu sein wie Gott, muß ich folglich die Nackten kleiden, die Kranken besuchen, die Trauernden trösten und die Toten begraben: ‚Meinen Nächsten lieben wie mich selbst'. Auch dies sind sehr menschliche, liebevolle Züge."[33] Mit Anspielung auf die Selbstoffenbarung Gottes in Exodus 34,6 („Jahwe ist ein barmherziger und gnädiger Gott, langmütig, reich an Huld und Treue") formuliert Jesus von Nazareth in der lukanischen Feldrede: „Seid barmherzig, wie auch euer Vater barmherzig ist." (Lk 6,36)

Wie ungewöhnlich und erstaunlich das Liebeshandeln der frühen Christengemeinden für griechisch-römisches Denken in jener Zeit war, zeigt ein Blick auf die Sozialeinrichtungen der Antike. Es gab „bescheidene Ansätze einer staatlichen, besser kaiserlichen Sozialpolitik, die *cura annonae*, die Versorgung Roms mit billigem Getreide *(frumentatio)*."[34] Das Wort „*Brot und Spiele*" charakterisierte eine Sozialpolitik, um die Bedürfnisse der großen Masse zu befriedigen und den Beifall dieser Menschen mit Bürgerrecht zu gewinnen. Hendrik Bolkestein legte schon 1939 eine noch immer maßgebliche Untersuchung über „Wohltätigkeit und Armenpflege im vorchristlichen Altertum"[35] vor, dessen Ergebnisse Angenendt referiert:

„Während der Orient ... eine ‚Sozialpolitik' übte, kannten Griechenland und Rom eine solche nicht. Denn die Götter galten weder in Griechenland noch in Rom als Beschützer der Armen, und die Tempel haben bei der Verteilung von Lebensmitteln keine Bedeutung gehabt. Zudem findet man in Griechenland ‚den Gedanken, daß Armenpflege in erster Reihe Aufgabe des Staates sei, ... nirgends ausgesprochen'. In Rom kannte man eine solche ebensowenig, weswegen zum Beispiel die Kornverteilungen an alle Bürger gingen, ob reich oder arm. Daß die Sozialpolitik in Griechenland und Rom ‚keine besonderen Maßnahmen zum Besten der Armen, sondern nur allgemeine zu Gunsten der ganzen Bürgerschaft kennt, ist auch den privaten Einrichtungen eigen, die sich eine soziale Tätigkeit zur Aufgabe gestellt haben; weder Stiftungen noch Vereine haben sich in der griechischen und der römischen Welt ... je mit Armenpflege beschäftigt.'"[36]

Angenendt verweist auf neuere Untersuchungen, die diesen Befund bestätigen: „Die ‚Solidargemeinschaft des Helfens ist nicht die Menschheit schlechthin, geht nicht auf die Armen und Mittellosen als solche, sondern erreicht sie eher mittelbar (...)'[37]. ... Nicht anders verhielt es sich mit den Kranken, ‚daß ein volles Gewahrwerden der sozialen Verknüpfung von Armut und Krankheit recht eigentlich erst Sache des Christentums war: Erst die Christengemeinde kümmerte sich dezidiert etwa um die durch Alter und/oder Krankheit dauerhaft arbeitsunfähigen Haussklaven oder um Kranke in den Elendsquartieren einer Stadt.'[38] Insgesamt konstatiert Albrecht Dihle für die antike Ethik eine ‚fehlende Würdigung der Hingabe zugunsten des Nächsten';[39] gewiß mangele es nicht an Beispielen spontaner Güte und Barmherzigkeit, auch nicht an praktischer Wohltätigkeit, aber kaum zufällig sei die Zahl karitativer

Einrichtungen sprunghaft gestiegen, als die christlichen Gemeinden zu Wohlstand und Ansehen gekommen seien."[40]

In seiner bedeutenden Studie „Brot und Spiele" schreibt der französische Historiker Paul Veyne zusammenfassend über die historischen Auswirkungen der christlichen Barmherzigkeit: „Der Triumph der christlichen Religion hat eine starke Minderheit in die Lage versetzt, eine ganze Gesellschaft für die Armut zu sensibilisieren. ... Ohne große Gewissensbisse hatte das Heidentum die Hungernden, die Alten oder die Kranken ihrem Schicksal überlassen. Altersheime, Waisenhäuser, Krankenhäuser usw. sind Institutionen, die erst zur Zeit des Christentums eingerichtet werden. Selbst ihre Namen sind im Griechischen und Lateinischen neu."[41] Keine einzige der römischen Bruderschaften setzte „ihre Mittel je zur Unterstützung notleidender oder kranker Mitglieder"[42] ein. Aufgrund dieser Wirkungsgeschichte kam auch der Freiburger Patrologe Karl Suso Frank zu dem Schluss: „Die humanisierende Kraft des Christentums konnte sich am besten auf dem Gebiet der sozialen Hilfe und der praktischen Caritas erweisen."[43]

4.2 Sorge für die Behinderten

Wie wurde im Altertum und in der griechisch-römischen Antike mit versehrtem Leben umgegangen, mit Menschen, insbesondere neugeborenen, mit Behinderung?[44] Aufgrund fehlender Überlieferungen lässt sich für die längste Zeit der Menschheitsgeschichte zum jeweiligen Umgang mit Behinderten nur wenig sagen. Lange hielt man sich an die selbstverständliche „Vermutung", dass behinderte oder mit dauerhaften Folgen verunglückte Menschen keine Unterstützung ihrer gesunden Mitmenschen erwarten konnten; man sah sie als eine für die Völker der Jäger und Sammler unertragbare Last an. Bestattungsfunde, die in den letzten Jahrzehnten entdeckt wurden, stellen diese Position in Frage. Sie legen eher nahe: „Menschen mit angeborenen bzw. durch Unfälle oder Kampfhandlungen erworbene Behinderungen in der Vorgeschichte der Menschheit hatten ganz offenbar (zumindest) eine Chance, in der sozialen Gruppe aufgenommen und gepflegt zu werden."[45]

Genauere Einsichten in den gesellschaftlichen Umgang mit Be-

Hilfekultur als Kulturhilfe

hinderten lassen erst die Überlieferungen antiker Zeit zu. Ein Überblick über die Kulturen der Alten Welt zeigt für die Behinderte im alten Ägypten kein klares Bild. Zum einen galten auch blinde, gehörlose oder lahme Menschen nach frühesten Zeugnissen aus dem 14. Jh. v. Chr. als von Gottes Willen so geschaffen. Überdies hatte nach ägyptischem Glauben ein Mensch seine Behinderung nur im Diesseits zu ertragen. Das Jenseits erreichte er unversehrt, so dass sich eine Diskriminierung, Benachteiligung oder Verhöhnung dieser Menschen verbot. Andererseits durften kränkliche, missgestaltete oder verkrüppelte Kinder von ihrer Mutter erstickt werden. Für das Zweistromland Mesopotamien fanden sich auf bis zu 3000 v. Chr. zurückgehende Hinweise auf ein Zusammenleben von Nichtbehinderten und Behinderten. Auch diese Hinweise sind ambivalent. Demnach wurden behinderte Menschen – Taube, Blinde, Lahme – von staatlichen Stellen und Tempeln in Arbeit und Brot genommen.[46] Andererseits billigt eine der ersten Gesetzessammlungen, der Codex Hammurabi (1700 v. Chr.) dem Vater sogar das Recht zu, das Neugeborene in einem Brunnen zu ertränken oder wilden Tieren zum Fraß vorzuwerfen. Zeugnisse aus dem altgriechischen Sparta seit etwa 900 v. Chr. zeigen, dass alle Neugeborenen der Versammlung der Ältesten am Fest der Amphidromien zur „Musterung" vorgeführt werden mussten.[47] Allein den gesunden und kräftigen Kindern wurde das Lebensrecht zugesprochen; die Missgebildeten und Schwachen wurden in die Schluchten des Berges Tygetos geworfen oder einfach in Wald und Feld ausgesetzt. Entsprechend heißt es in einer Studie zur Bedeutung körperbehinderter Menschen[48], dass „der Körperbehinderte nicht in das Menschenbild jener (griechisch-antiken) Epoche passte". Denn dieses Weltbild war in der griechischen Frühzeit auf das Erziehungsideal der „Wehrhaftmachung" ausgerichtet und lief in der Spätzeit auf die harmonische Ausbildung des idealen Menschen hinaus.[49]

Platon spielt im Dialog „Theaitetos" (160E) in Übertragung auf sokratisch „geborene" Gedanken auf diese Praxis von Sparta an[50]: „Wir müssen das Umtragen im Kreis vornehmen, um zu sehen, ob uns nicht entgeht, dass das Neugeborene der Aufzucht nicht wert ist, sondern windig und falsch. Oder meinst Du, auf jeden Fall müsse man das Deine aufziehen und nicht aussetzen? Oder wirst Du es aushalten zu sehen, dass es die Prüfung nicht besteht und nicht zu sehr zürnen, wie eine erstmalig Gebärende, wenn man es Dir wegnimmt?" Einer durchgängigen Praxis der Verwerfung körperbehinderter Kinder widerspricht implizit Platons Äußerung an anderer Stelle: „Die Kinder der Guten tragen sie in den (Kinder)Hort zu Pflegerinnen in einem besonderen Stadtteil, die Kinder der Schlechteren aber und, wenn von den anderen eines behindert (verstümmelt) geboren ist, verbergen sie, wie es sich ziemt, an einem unzugänglichen und unbekannten Ort" (Politeia 460C). Aristoteles hat in der Folge Platons ebenfalls Vorstellungen über den bestmöglichen Staat formuliert und dafür „wünschenswerte" Regelungen über Zeugung und Aufzucht von Kindern entworfen – jedoch deutlich fokussiert auf die Bessergestellten bzw. die Vollbürger: „Wegen des Aussetzens und Aufziehens von Neugeborenen soll ein Gesetz gelten, kein behindertes Kind aufzuziehen. Wegen der Zahl der Kinder aber, wenn die Norm der Sitten hindert, dass irgend eines der Neugeborenen ausgesetzt wird, dann muß die Menge der Kinderzeugungen begrenzt werden." (Politeia 7,16, p. 1335 b20–23)

Wie im alten Griechenland war die Lage *im alten Rom:* Das Zwölf-Tafel-Gesetz von 450 v. Chr. fordert: „Der Hausvater hat das mit auffallender Behinderung geborene Kind sofort zu töten." Später wurde dieses Verfügungsrecht des Hausvaters über Leben und Tod seiner Kinder leicht eingeschränkt: Behinderte Kinder durften erst dann ausgesetzt werden, wenn fünf Nachbarn dazu ihre Zustimmung gegeben hatten.

Der stoische Philosoph Seneca schreibt dazu: „Tolle Hunde bringen wir um. Einen wilden und unbändigen Ochsen hauen wir nieder, und an krankhaftes Vieh, damit es die Herde nicht anstecke, legen wir das Messer. Ungestaltete Geburten schaffen wir aus der Welt. Auch Kinder, die gebrechlich und missgestaltet zur Welt kommen, ersäufen wir. Es ist nicht Zorn, sondern Vernunft, das Unbrauchbare von dem Gesunden abzusondern."[51] Im antiken Rom konnte man sich offenbar schlichtweg nicht vorstellen, dass auch in einem versehrten Körper ein gesunder Geist lebte. Von daher sprach man dem – freilich verkürzt wiedergegebenen und wie folgt missverstandenen – Wort von Juvenal († nach 128 n.Chr.) alle Plausibilität zu: „Mens sana in corpore sano – Ein gesunder Geist (ist immer nur) in einem gesunden Körper" (Satyricon X, 356)

Zusammenfassend kann gesagt werden, dass es in der Antike zwar Zeugnisse dafür gibt, dass behinderte oder versehrte Menschen sorgende Aufsicht erfuhren. Jedoch wurde ebenso wie in Naturvölkern auch in der hochkulturellen Zivilisation der griechisch-römischen Antike die Vernichtung behindert geborener Kinder praktiziert. Schmidt fasst seine differenzierte Studie zusammen: „Die Untersuchung der relevanten Texte hat deutlich gemacht, daß es Tötung und Beseitigung behinderter Kinder in Griechenland und Italien in der Antike gegeben hat, von Staats wegen und privat, in einem uns nicht bekannten Ausmaß."[52] „Die Stigmatisierung und Selektion derjenigen, die nicht mehr zum Nutzen der Gesellschaft wiederherstellbar waren, hing neben der Bemessung des Wertes des Individuum am Nutzen für die Polis auch mit der ausschließlichen Verherrlichung von Schönheit und Jugendlichkeit in der griechischen Klassik zusammen. So ist es zu verstehen, dass es während der ganzen Antike eine öffentliche Fürsorge für behinderte und kranke Menschen nicht gegeben hat. Die Deklassierung und Ausstoßung unheilbarer und schwer behinderter Menschen war so tief verwurzelt und weit verbreitet, dass man noch im Mittelalter in zahlreichen Traktaten und Predigten dafür gekämpft hat, dass sie überhaupt als Menschen anerkannt wurden. Unter christlichem Einfluss hat sich erst allmählich ein Wandel vollzogen."[53]

Auf die dargelegte antike Selektionspraxis stützte sich im Nachkriegsdeutschland der Kinderarzt Werner Catel, ein Hauptvertreter der NS-Euthanasie. Er nahm im Verfahren gegen seine Person im Jahre 1949 Bezug auf Aussagen zur Aussonderung neugeborener Behinderter bei Platon, Aristoteles und Seneca und argumentierte noch umfassender mit der Hochkultur der Griechen als Kulturnation. Es gelang ihm, damit die Richter am Landgericht Hamburg zu überzeugen. Sie stellten das gegen ihn anhängige Strafverfahren wegen der Euthanasie an mindestens 56 schwer behinderten oder missgestalteten Kindern im Kinderkrankenhaus Rothenburgsort ein. In der Urteilsbegründung ist zu lesen: „Man kann über diese Frage äusserst verschiedener Meinung sein. Dem klassischen Altertum war die Beseitigung lebensunwerten Lebens eine völlige Selbstverständlichkeit. Man wird nicht behaupten können, dass die Ethik Platos oder Senecas, die u. a. diese Ansicht vertreten haben, sittlich tiefer stehen als diejenige des Christentums, das allerdings überwiegend den menschlichen Eingriff in den Willen des Schöpfers ablehnt. Aber auch in neuerer Zeit haben sich immer wieder Stimmen erhoben, welche die Abkürzung völlig sinnlosen Lebens forderten."[54] Eine Wiederaufnahme des Verfahrens wurde am 25. Mai 1961 abgelehnt.[55] Auf meine schriftliche Anfrage im Jahr 2004 hin antwortete Oberstaatsanwalt Kuhlmann mit Schreiben der Staatsanwaltschaft Hamburg (1001 AR 2/04) vom 9.6.2004: Der damalige Beschluss wurde (und blieb) rechtskräftig.[56]

Damit wird eine Facette dessen deutlich, welche Bedeutung es implizit haben kann, wenn das christliche Erbe Europas im EU-Reformvertrag nicht ausdrücklich genannt wird, der zum Januar 2009 in Kraft treten soll.[57] Mit Blick auf die Aussonderung und Tötung behinderter Menschen suchten in der europäischen Antike erst die Christen dieser Art von Rassenhygiene Einhalt zu gebieten. Zwar nimmt das NT nur an wenigen Stellen Bezug auf Behinderte speziell. Dennoch ist mit den Überlieferungen des Wirkens Jesu von Nazareth „zum ersten Mal in der Geschichte überhaupt für die Schwachen ... oder Ausgestoßenen die Möglichkeit der Identifizierung gegeben worden. Erstmalig versuchte eine Religion, diese in ihr Weltbild einzubeziehen, ja sogar in den Mittelpunkt zu stellen."[58]

Die theologische Begründung für die neue Einschätzung behinderter Menschen im Vergleich zu den übrigen antiken Weltanschauungen verdient höchste Beachtung. „Die christliche Einschätzung der Gleichheit aller Menschen vor Gott und das Gebot der Nächstenliebe ließen den behinderten Menschen in einem neuen Licht erscheinen und nicht mehr allein als nutzlose Ballastexistenz. Insofern im Christentum – hier ganz in der Spur des Judentums – alle Menschen als Kinder des göttlichen Vaters gelten, ist auch allen Menschen das Lebensrecht gleichermaßen zugesagt. Aus christlicher Perspektive hat kein Mensch das Recht, sich zum Herrn über Leben und Tod seines Mitmenschen zu erheben. Einerlei ob Mann oder Frau, jung oder alt, Jude oder Heide, gesund oder krank, behindert oder nicht behindert – das Leben wie den Lebensschutz darf jeder Mensch als unantastbares Geschenk für sich in Anspruch nehmen, um es im Sinn der Lebensform vollkommener Gotteskindschaft mit anderen Menschen zu teilen. ... Alle Men-

Hilfekultur als Kulturhilfe

schen – die Behinderten und die Nicht-Behinderten – sollen sich unter dem einen göttlichen Vater, der allein über Leben und Tod verfügt, in Nächstenliebe und Geschwisterlichkeit verhalten."[59]

Gerechterweise muss jedoch hinzugefügt werden: „Man kann nicht sagen, dass diese Impulse zur Sorge um die Schwächsten die Sozialgeschichte durchgehend geprägt haben. Mit der Philosophie hat sich auch die Theologie seit der Aufklärung fast ausschließlich an den höchsten geistigen Fähigkeiten des Menschen orientiert und daher auch keine Anthropologie des leidenden und versehrten Menschen ausgebildet."[60]

4.3 Sorge um die Sterbenden

Mitte des 19. Jh.s gründete Mary Aikenhead die Kongregation der Irischen Schwestern der Barmherzigkeit. Eine der besonderen Aufgaben dieser Kongregation war die Pflege und Sorge für sterbende Menschen. Sie entschied, dass für sie ein besonderes Pflegeheim erforderlich ist, ein Heim, das ruhiger und kleiner sein sollte als ein Krankenhaus für akut Kranke, das aber die gleichen Einrichtungen für eine Pflege am Krankenbett haben sollte. So gründete sie das erste moderne Hospiz in Dublin. Sie sahen den Tod als Beginn einer Reise an, als einen Durchgang und nicht als Endstation. Dies drückte auch dieser alte Name aus, den schon die Rastplätze auf dem Pilgerweg z. B. in das Heilige Land hatten. Zu Beginn des 20. Jh.s wurden ähnlich Hospize in London und New York gegründet.

1948 besprach ein polnischer Flüchtling aus dem Warschauer Getto, David Tasma, im Sterben seine Nöte mit der Sozialarbeiterin Cicely Saunders in einem Londoner Krankenhaus. Er gab ihr eine Spende von 500 Pfund Sterling, damit sie ein Haus entwickle, in dem es neben dem erforderlichen medizinisches Fachwissen vor allem Pflege in einer Atmosphäre liebevoller Zuwendung gibt. Diese Aufgabe wurde ihr Lebensauftrag. Cicely Saunders war bereits Krankenschwester gewesen, gab nun die Sozialarbeit auf, studierte Medizin und wurde am Londoner St. Josephs-Hospiz Amtsärztin. Allmählich entwickelte sie in der Überzeugung, dass Sterbende keine Schmerzen haben müssten, ein System für die Pflege unheilbar

Kranker. 1967 gründete sie in London das St. Christopher's Hospiz – bewusst unter Verwendung von Mary Aikenheads Begrifflichkeit. Darin wollte sie eine Verbindung von Spiritualität und moderner Medizin verwirklichen. Hieran knüpfte auch die Völklinger Palliativ-Gruppe im Jahr 1991 vom christlichen Glauben her an: Sie wollten das Gedächtnis von Tod und Auferstehung Jesu und die Gemeinschaft mit Ihm als Auferstandenem gerade auch in ihrem Team miteinander feiern, das sich fortan besonders um eine gute Schmerzbehandlung und zugewandte Pflege für sterbende Menschen mühen wollte, um sie in ihrem Sterben – wie der Medizinstudent als Sitzwache – nicht allein zu lassen.

5. Schlussbemerkung – Diakonie und (historische) Bildung

Das Christentum hat in die Antike mehr als „eine Neubewertung von Armut und Reichtum hineingetragen."[61] Mit seiner *Kultur* spontaner, systematischer und organisierter Hilfe in Treue zum biblischen und insbesondere neutestamentlichen Auftrag der universal ausgerichteten Nächstenliebe[62] leistete das Christentum schon in der antiken Welt und über die Jahrhunderte hinweg bis heute einen unverzichtbaren Beitrag zu einer Kultur des Helfens und der Solidarität überall dort, wo der Glaube der Christen an den Gott, der die Liebe ist, auch selbst in der Liebe wirksam wurde (vgl. Gal 5,6). Wie ein Sauerteig gingen durch die organisierte Praxis gelebter Nächstenliebe der christlichen Kirchen, Gemeinden und Verbände Werteinstellungen, Vorstellungen vom gottgeliebten Menschen und seiner Würde, von sozialer Gerechtigkeit und pädagogische Ziele in die abendländischen Kulturen ein, die sich auch im säkularen Gewand für die unverbrüchliche Würde jedes Menschen einsetzen. Exemplarisch wurde dies im Blick auf arme, behinderte und sterbende Menschen aufgezeigt. Diakonie und Caritas der christlichen Kirchen – wie auch die von neuem in Entwicklung befindliche orthodoxe Philanthropie – gehören zu jenen besonderen „zivilgesellschaftlichen Kräften", deren der säkulare Staat umso notwendiger bedarf, als er von Voraussetzungen lebt, die er selbst nicht schaffen kann.[63] Jede neue Generation bedarf deren pädagogisch erschlossene und durch glaubwürdige Bezugspersonen ver-

Hilfekultur als Kulturhilfe

mittelte Aneignung; jede Generation ist von Neuem „unterwegs zu einer Kultur des Helfens"[64].

Diese braucht eine lebendige Tradition und auch *historische Bildung*. Es bleibt selbstverständlich berechtigt und notwendig, auch die Schuldgeschichte des Christentums und die strukturellen Mängel der Liebestätigkeit der Kirche im Lauf ihrer Geschichte aufzuzeigen und darzustellen. Wo dies jedoch vorrangig und einseitig geschieht, lauert nicht selten die Gefahr der ahistorischen Perspektive von Nachgeborenen mit der ebenso indignierten wie selbstgerechten Attitüde, es je schon besser zu wissen und auch in früheren Zeiten gewiss besser gehandelt zu haben. Zu echter caritas-historischer Bildung wird auch gehören, die Wirkungsgeschichte und Errungenschaften jener Menschen und Strömungen herauszuarbeiten und gelten zu lassen, die von der Liebe Christi gedrängt (vgl. 2 Kor 5,14) Not sahen und handelten. Eine solche Geistes-, Kirchen- und Kulturgeschichte muss nach heutigen wissenschaftlichen Standards erst noch verfasst[65], v. a. aber auch im 21. Jh. in Tat und Wahrheit (1 Joh 3,18) praktisch[66] fortgeschrieben werden.

Anmerkungen

[1] Geringfügig überarbeitete Version des Vortrages am 23.05.07 im Rahmen der Ringvorlesung „Glaube und Kultur" der Theologischen Fakultät im Jahr des Freiburger Universitäts- und Fakultäts-Jubiläums 1457–2007.
[2] Vgl. LAMERTON, Richard, Sterbenden Freund sein. Helfen in der letzten Lebensphase, Freiburg 1991, 21.
[3] DÖRNER, Klaus, Leben und sterben, wo ich hingehöre. Dritter Sozialraum und neues Hilfesystem, Neumünster 2007.
[4] Vgl. NAPIWOTZKY, Annedore / STUDENT, Johann-Christoph (Hgg.), Was braucht der Mensch am Lebensende, Stuttgart 2007.
[5] Die Frage betrifft alle Involvierten: Was braucht der hilfsbedürftige/leidende Mensch? Was brauchen seine Angehörigen? Was braucht der helfende Mensch? Die Antworten stellen Anforderungen auf unterschiedlichen systemischen Ebenen (intrapsychisch, interpsychisch, soziale Strukturen vom Nahbereich bis zu internationalen Rechtsordnungen.
[6] Vgl. LANDWEHR, Rolf, Funktionswandel der Fürsorge vom Ersten Weltkrieg bis zum Ende der Weimarer Republik, in: LANDWEHR, Rolf / BARON, Rüdeger (Hgg.), Geschichte der Sozialarbeit. Hauptlinien ihrer Entwicklung im 19. und 20. Jahrhundert, Weinheim 1983, 73–138; sowie BUCK, Gerhard, Die Entwicklung der Freien Wohlfahrtspflege von den ersten Zusammenschlüssen der freien Verbände im 19. Jahrhundert bis zur Durchsetzung des

Subsidiaritätsprinzips in der Weimarer Fürsorgegesetzgebung, in: LANDWEHR Rolf / BARON, Rüdeger (Hgg.), Geschichte der Sozialarbeit. Hauptlinien ihrer Entwicklung im 19. und 20. Jahrhundert, Weinheim 1983, 139–172.
[7] Vgl. ANZENBACHER, Arno, Christliche Sozialethik. Einführung und Prinzipien, Paderborn u. a. 1998, 212 f.
[8] BUNDESARBEITSGEMEINSCHAFT DER FREIEN WOHLFAHRTSPFLEGE (Hg.), Gesamtstatistik 2004, Berlin 2006, 11. Die folgenden Zahlenangaben entstammen dieser Gesamtstatistik.
[9] Zur Freien Wohlfahrtspflege gehören sechs Spitzenverbände: Arbeiterwohlfahrt (AWO), Deutscher Caritasverband (DCV), Deutscher Paritätischer Wohlfahrtsverband (DPWV), Deutsches Rotes Kreuz (DRK), Diakonisches Werk der Evangelischen Kirche in Deutschland (DW der EKD), Zentralwohlfahrtsstelle der Juden in Deutschland (ZWST).
[10] BUNDESARBEITSGEMEINSCHAFT DER FREIEN WOHLFAHRTSPFLEGE (Hg.), Gesamtstatistik 2004, 66.
[11] BUNDESARBEITSGEMEINSCHAFT DER FREIEN WOHLFAHRTSPFLEGE (Hg.), Gesamtstatistik 2004, 68.
[12] Vgl. LThK² Ergänzungsbände I–III, hier III, 281 (GS 1).
[13] Hierzu gehört zum Beispiel die Befähigungsinitiative „Mach dich stark für starke Kinder", die der DCV als Jahreskampagne 2007 lancierte.
[14] ANGENENDT, Arnold, Toleranz und Gewalt. Das Christentum zwischen Bibel und Schwert, Münster: 2006, 129.
[15] ERLER, Michael, Soziale Arbeit, Weinheim – München, 5. Aufl. 2004, 56.
[16] Vgl. NAPIWOTZKY / STUDENT 2007 (Anm. 4), 8.
[17] Vgl. REST, Othmar, Umstrittene Grenzen der Selbstbestimmung, in: neue caritas 108 (2007), H. 10, 9–11; MAIER, Angelika, Caritasposition: Sterben bleibt letztlich unverfügbar, in: neue caritas 108 (2007), H. 10, 12–14; KLIE, Thomas / STUDENT, Christoph, Freiburger Appell: Cave Patientenverfügung, in: neue caritas 108 (2007), H. 10, 15.
[18] SENNETT, Richard, Respekt in Zeiten der Ungleichheit, Berlin 2002, 317 f.
[19] SENNETT 2002 (Anm. 18), 316 f.
[20] Vgl. FENGLER, Jörg, Helfen macht müde. Zur Analyse und Bewältigung von Burnout und beruflicher Deformation, München ⁵1998.
[21] Vgl. DÖRNER, Klaus, Der gute Arzt, Stuttgart 2001.
[22] BIERHOFF, Hans-Werner, Prosoziales Verhalten, in: STROEBE, Wolfgang / JONAS, Klaus / HEWSTONE, Miles (Hgg.), Sozialpsychologie. Eine Einführung, Berlin u. a. ⁴2002, 319–351.
[23] BIERHOFF 2002 (Anm. 22), 320, Hervorhebungen KB.
[24] BIERHOFF 2002 (Anm. 22), 320.
[25] BIERHOFF 2002 (Anm. 22), 320.
[26] Vgl. BIERHOFF 2002 (Anm. 22), 321.
[27] Vgl. BAUMANN, Klaus, Das Unbewusste in der Freiheit. Ethische Handlungstheorie im interdisziplinären Gespräch, Rom 1996.
[28] Vgl. BIERHOFF 2002 (Anm. 22). Ähnlich geschieht dies in Lehrbüchern der

Sozialen Arbeit. Vgl. ENGELKE, Ernst, Die Wissenschaft Soziale Arbeit. Werdegang und Grundlagen, Freiburg ²2004; ERLER 2004 (Anm. 15).

[29] Mit JOHANNES PAUL II., Salvifici Doloris (11.02.1984; Verlautbarungen des apostolischen Stuhls 53), Bonn, 29. Hervorhebung im Original.

[30] UHLHORN, Gerhard, Die christliche Liebesthätigkeit, Stuttgart ²1895 (Reprint Darmstadt 1959), 3.

[31] Vgl. STRACK, Hermann Leberecht / BILLERBECK, Paul, Kommentar zum Neuen Testament aus Talmud und Midrasch IV/1, München 1928, 559–610.

[32] Sota 14, zit. nach LUZ, Ulrich, Biblische Grundlagen der Diakonie, in: RUDDAT, Günter / SCHÄFER, Gerhard K. (Hgg.) Diakonisches Kompendium, Göttingen 2005, 17–35, hier: 19.

[33] NEUSNER, Jakob, Ein Rabbi spricht mit Jesus. Ein jüdisch-christlicher Dialog, Freiburg 2007, 111.

[34] FRANK, Karl Suso, Lehrbuch der Geschichte der Alten Kirche, Paderborn ³2002, 387.

[35] BOLKESTEIN, Hendrik, Wohltätigkeit und Armenpflege im vorchristlichen Altertum. Ein Beitrag zum Problem ‚Moral und Gesellschaft', Utrecht 1939 (Repr. New York 1979).

[36] ANGENENDT, Arnold, Geschichte der Religiosität im Mittelalter, Darmstadt ²2000, 585.

[37] ANGENENDT 2000 (Anm. 36), 585, Anm. 219: KLOFT, Hans, Getreideversorgung, in: Ders. (Hg.), Sozialmaßnahmen und Fürsorge. Zur Eigenart antiker Sozialpolitik (Grazer Beiträge, Supplementband 3), Graz – Horn 1988, 123–154, hier: 154.

[38] ANGENENDT 2000 (Anm. 36), 586, Anm. 221: KUDLIEN, Fridolf, Krankensicherung, 100 (in: KLOFT, Sozialmaßnahmen, 1988 (Anm. 37), 75–102).

[39] ANGENENDT 2000 (Anm. 36), 586, Anm. 222: DIHLE, Albrecht, Ethik, Sp. 686 (in: RAC 6 (1966) 646–796).

[40] ANGENENDT 2000 (Anm. 36), 586.

[41] VEYNE, Paul, Brot und Spiele. Gesellschaftliche Macht und politische Herrschaft in der Antike, Frankfurt 1992, 63.

[42] VEYNE 1992 (Anm. 41), 64.

[43] FRANK 2002 (Anm. 34), 386.

[44] Wichtige Hinweise verdanke ich für das Folgende SCHMIDT, Martin, Hephaistos lebt. Untersuchungen zur Frage der Behandlung behinderter Kinder in der Antike, in: Hephaistos 5/6 (1983/1984), 133–161; NEUMANN, Josef N., Die Mißgestalt des Menschen – Ihre Deutung im Weltbild von Antike und Frühmittelalter, in: Sudhoffs Archiv 76 (1992), 214–231; LUTTERBACH, Hubertus, Europäisches Jahr der Menschen mit Behinderungen, in: Stimmen der Zeit 221 (2003), 623–637.

[45] MATTNER, Dieter, Behinderte Menschen in der Gesellschaft. Zwischen Auseinandersetzung und Integration, Stuttgart 2000, 16.

[46] Vgl. LIEDTKE, Max (Hg.), Behinderung als pädagogische und politische Herausforderung. Historische und systematische Aspekte, Bad Heilbrunn 1996.

⁴⁷ SCHMIDT 1983/84 (Anm. 44), 135.
⁴⁸ WILKEN, Udo, Körperbehindertenpädagogik, in: SOLAROVÁ, Svetluse (Hg.), Geschichte der Sonderpädagogik, Stuttgart 1983, 212–259, hier: 227.
⁴⁹ Vgl. LUTTERBACH 2003 (Anm. 44), 625.
⁵⁰ Vgl. SCHMIDT 1983/84 (Anm. 44), 136.
⁵¹ SENECA, Werke Bd. 1, übers. von J. M. Moser (Römische Prosaiker in neuen Uebersetzungen 19) Stuttgart 1828, 6 f.
⁵² SCHMIDT 1983/84 (Anm. 44), 150.
⁵³ EIBACH, Ulrich, Der leidende Mensch vor Gott, Neukirchen-Vluyn 1991, 159. Vgl. auch NEUMANN 1992 (Anm. 44).
⁵⁴ Beschluss des Hamburger Landgerichts vom 19. 4. 1949, AZ 14JS265/48, 7.
⁵⁵ Die Studie von SCHMIDT 1983/84 (Anm. 44) setzt sich mit den zitierten „Kernsätzen" dieses Urteils ausführlich auseinander und zeigt, dass „die Beseitigung lebensunwerten Lebens" keineswegs „eine Selbstverständlichkeit" war: „schon der erste Bericht in der griechischen Literatur über die Aussetzung eines behinderten Kindes enthält auch Kritik an solcher Praxis" (151). Der griechische Gott Hephaist sei „Zeuge für dreierlei: für Aussetzung eines behinderten neugeborenen Kindes, für die Kritik an dieser Aussetzung und für das Weiterleben des Krüppels" (ebd.).
⁵⁶ Im Jahr 1962 veröffentlichte Werner CATEL dann das Buch „Grenzsituationen des Lebens. Zum Problem der begrenzten Euthanasie", Nürnberg, und warb für eine entsprechende Euthanasiepraxis bei schwerst missgestalteten Neugeborenen.
⁵⁷ Im Entwurf des EU-Reformvertrags von Lissabon, der am 13. 12. 2007 von den 27 Staats- und Regierungschefs unterschrieben wurde, wird in der Präambel das kulturelle, religiöse und humanistische Erbe Europas anerkannt, das Christentum aber nicht erwähnt. Neu ist allerdings in diesem Entwurf Artikel 15b, wo es heißt: „Die Union achtet den Status, den Kirchen und religiöse Vereinigungen oder Gemeinschaften in den Mitgliedstaaten nach deren Rechtsvorschriften genießen, und beeinträchtigt ihn nicht." Dies zusammen mit Protokoll 9 über die Dienste von allgemeinem Interesse dürfte wichtig sein für das Fortbestehen Freier Wohlfahrtsverbände auch in der künftigen EU. Vgl. http://www.auswaertiges-amt.de/diplo/de/Europa/Verfassung/Reformvertrag.html (02. 11. 07) und http://www.zenit.org/article-13622?l=german (23. 10. 2007).
⁵⁸ LUTTERBACH 2003 (Anm. 44), 627.
⁵⁹ LUTTERBACH 2003 (Anm. 44), 627 f. Vgl. LUTTERBACH, Hubertus, Gotteskindschaft: Kultur- und Sozialgeschichte eines christlichen Ideals, Freiburg u. a. 2003.
⁶⁰ EIBACH 1991 (Anm. 53), 160.
⁶¹ ERLER 2004 (Anm. 15), 50.
⁶² Vgl. SCHÄFER, Gerhard K. / STROHM, Theodor (Hgg.), Diakonie – biblische Grundlagen und Orientierungen. Ein Arbeitsbuch, Heidelberg ³1998

(besonders den Beitrag von Gerd THEISSEN, Die Bibel diakonisch lesen. Die Legitimitätskrise des Helfens und der barmherzige Samariter, 376–401).

⁶³ Vgl. BÖCKENFÖRDE, Ernst-Wolfgang, Staat, Gesellschaft, Freiheit, Frankfurt 1976, 60: „Der freiheitliche, säkularisierte Staat lebt von Voraussetzungen, die er selbst nicht garantieren kann. Das ist das große Wagnis, das er, um der Freiheit willen, eingegangen ist." Er fährt fort: „So wäre denn noch einmal ... zu fragen, ob nicht auch der säkularisierte weltliche Staat letztlich aus jenen inneren Antrieben und Bindungskräften leben muß, die der religiöse Glaube seiner Bürger vermittelt." (Ebd., 61) Vgl. BÖCKENFÖRDE, Ernst-Wolfgang, Der säkularisierte Staat. Sein Charakter, seine Rechtfertigung und seine Probleme im 21. Jahrhundert, München 2007; vgl. DREIER, Horst, Verfassungsstaat im Kampf der Kulturen, in: Frankfurter Allgemeine Zeitung 04.10.2007, 10.

⁶⁴ Vgl. ADAM, Gottfried / HANISCH, Helmut / SCHMIDT, Heinz / ZITT, Renate (Hgg.), Unterwegs zu einer Kultur des Helfens. Handbuch des diakonischsozialen Lernens, Stuttgart 2006.

⁶⁵ In den drei ersten, dem Altertum gewidmeten Bänden von „Die Geschichte des Christentums. Religion. Politik. Kultur" (Freiburg 1996–2001) werden Caritas/Diakonie nicht eigens thematisiert. Noch immer sehr beachtenswert neben UHLHORN, 1895, auch RATZINGER, Georg, Geschichte der kirchlichen Armenpflege, Freiburg ²1884; LIESE, Wilhelm, Geschichte der Caritas, 2 Bände, Freiburg 1922; GATZ, Erwin (Hg.), Caritas und soziale Dienste, Freiburg 1997 (seit dem Ende des 18. Jahrhunderts).

⁶⁶ Dafür stellt die Enzyklika „Deus caritas est" von Papst BENEDIKT XVI. (25.12.2005; Verlautbarungen des Apostolischen Stuhls 171) einen besonders wichtigen Impuls dar. Vgl. dazu POMPEY, Heinrich, Zur Neuprofilierung der caritativen Diakonie der Kirche, Würzburg 2007; PATZEK, Martin (Hg.), Gott ist Caritas, Kevelaer 2007; KLASVOGT, Peter / POMPEY, Heinrich (Hgg.), Liebe bewegt ... und verändert die Welt, Paderborn 2008.

Menschenwürde, Biopolitik und Kultur
Der Beitrag des Glaubens zum ethischen Diskurs der Gesellschaft

Eberhard Schockenhoff

1. Der Auftrag zu kritischer Zeitgenossenschaft

„Freude und Hoffnung, Trauer und Angst der Menschen von heute, besonders der Armen und Bedrängten aller Art, sind auch Freude und Hoffnung, Trauer und Angst der Jünger Christi". Mit diesen viel zitierten Worten beginnt die Pastoralkonstitution über die Kirche in der Welt von heute, die von den Konzilsvätern des Zweiten Vatikanums vor über 42 Jahren nach langen Debatten verabschiedet wurde. Anders als vorangehende lehramtliche Verlautbarungen von Päpsten und Konzilien wendet sich dieses Lehrdokument nicht nur an die verschiedenen Stände der Kirche, an die Gläubigen, an die Theologen, an die Seelsorger, Priester und Bischöfe, sondern an alle Menschen schlechthin („ad universos homines")[1]. Sie tut dies nicht nur, um das christliche Bild vom Menschen und die Würde seiner Berufung aufzuzeigen, sondern ausdrücklich auch in der Absicht, in einen Dialog über die wichtigsten Zukunftsprobleme der Menschheit einzutreten. Trotz der optimistischen Grundhaltung, die schon bald nach Abschluss des Konzils scharfe theologische Kritik erfuhr, sind sich die Konzilsväter der dramatischen Konflikte und der epochalen Herausforderung durchaus bewusst, die sich am Horizont der Zukunft damals bereits abzeichnete: „Es geht um die Rettung der menschlichen Person, es geht um den rechten Aufbau der menschlichen Gesellschaft."[2] Deshalb wählt das Konzil bewusst eine anthropozentrische Perspektive, um die Botschaft des Evangeliums zur Sprache zu bringen: „Der Mensch also, der eine und ganze Mensch, mit Leib und Seele, Herz und Gewissen, Vernunft und Willen, steht im Mittelpunkt unserer Ausführungen."[3] Mit dem erweiterten Adressatenkreis ist ein neuer Blick auf die Gesellschaft verbunden, in der die Kirche Jesu Christi lebt; ebenso tritt die Gegenwart mit ihren bedrängenden Problemen als der gemeinsame Zeithorizont hervor, der Kirche und Welt verbindet.

Weiterhin erklärt das Konzil: „Zur Erfüllung dieses ihres Auftrags obliegt der Kirche die Pflicht, nach den Zeichen der Zeit zu forschen und sie im Licht des Evangeliums zu deuten."[4] Der Begriff „Zeichen der Zeit" löste seitdem höchst unterschiedliche, ja gegensätzliche Reaktionen aus: Die einen sehen in dem Topos „Zeichen der Zeit" geradezu einen privilegierten neuen theologischen Erkenntnisort, der den berühmten *loci alieni* des MELCHIOR CANO gleichberechtigt zur Seite tritt; die anderen befürchten, dass unter diesem Titel die Auslieferung der Kirche an den Zeitgeist theologisch legitimiert werden solle. Tatsächlich spricht das Konzil den Zeichen der Zeit keinesfalls eine unmittelbare theologische Dignität zu. Vielmehr fordert es dazu auf, diese im Licht des Evangeliums kritisch zu prüfen. Nur wenn die Kirche sich über die Situation der menschlichen Gesellschaft und deren bedrängende Probleme Rechenschaft ablegt, kann sie ihrem Heilsauftrag gerecht werden: „Nur so kann sie dann in einer jeweils einer Generation angemessenen Weise auf die bleibenden Fragen der Menschen nach dem Sinn des gegenwärtigen und des zukünftigen Lebens und nach dem Verhältnis beider zueinander Antwort geben."[5] Damit die Kirche das Gebot der Stunde, die dringlichsten Aufgaben der jeweiligen Gegenwart erkennen kann, bedarf es des gemeinsamen Hinhorchens auf die Zeichen der Zeit. Laien und Priester sollen gemeinsam – jeweils aufgrund ihrer eigenen Erfahrung und Kompetenz – verstehen lernen, was Gott in der Jetzt-Zeit der Gegenwart von ihnen erwartet.[6]

Trotz dieses eindeutigen Auftrags bleibt der Begriff „Zeichen der Zeit" erklärungsbedürftig – nicht anders, als zur Zeit Jesu, dessen Worte das Konzil aufgreift: „Außerdem sagte Jesus zu den Leuten: Sobald ihr im Westen Wolken aufsteigen seht, sagt ihr: Es gibt Regen. Und es kommt so. Und wenn der Südwind weht, dann sagt ihr: Es wird heiß. Und es trifft ein. Ihr Heuchler! Das Aussehen der Erde und des Himmels könnt ihr deuten. Warum könnt ihr dann die Zeichen dieser Zeit nicht deuten? Warum findet ihr nicht schon von selbst das rechte Urteil?! (Lk 12,54–57)." Das wirklich Notwendige, die eigentliche Forderung der Stunde, liegt heute wie damals nicht offen zutage. Spektakuläre Ereignisse sind oftmals nur von kurzfristiger Aktualität, während ein längerfristiger Wandel tiefer liegende Ursachen hat, die schwerer zu erforschen sind. Die „Zeichen der Zeit" sind in ihrem zeitdiagnostischen Wert nicht eindeutig; sie bleiben in ihrer über den Tag hinausweisenden Botschaft verschieden interpretierbar. Die Antwort des Glaubens auf die „Zeichen der Zeit" darf deshalb nicht als eine ohnmächtige Anpassung an das verstanden werden, was der Gesellschaft jeweils den Stempel aufdrückt und sie als eine „Risikogesellschaft", „Erlebnisgesellschaft" oder „Spaßgesellschaft" kennzeichnet. Vielmehr braucht es eine „Unterscheidung der Geister", um einen klaren Blick auf das zu gewinnen, was wirklich Not tut im bekannten Doppelsinn des Wortes not-wendig. Dazu gehört auch die Fähigkeit, die Ambivalenzen und Brüche im Bild der Moderne wahrzunehmen und ihr in zeitgemäßer Unzeitgemäßheit das nicht vorzuenthalten, was zur langfristigen Erneuerung und zur dauerhaften Umkehr beitragen kann.

Im Sinne einer solchen wachsamen Solidarität, die sich den Herausforderungen der eigenen Zeit stellt, ohne sich distanzlos an diese zu verlieren, ist das programmatische Wort von der „kritischen Zeitgenossenschaft" gedacht, das einen Impuls des Konzils aufgreift, um seine Bedeutung für die gegenwärtige Aufgabe der Kirche in unserer Gesellschaft zu entschlüsseln. Der französische Theologe Marie-Dominique CHENU, der den gedanklichen Duktus der Pastoralkonstitution des Konzils wesentlich beeinflusste, prägte das schöne Wort, die Theologie sei nichts anderes als mit ihrer Zeit solidarischer Glaube. Im gleichen Sinn sagte Joseph RATZINGER in seinem Kommentar voraus, die nachhaltigste Wirkung von „Gaudium et spes" liege nicht in dieser oder jener inhaltlichen Einzelaussage, sondern in ihrem besonderen Ethos der Zeitnähe, in ihrer Art und Weise, Theologie auf Augenhöhe mit den Problemen der eigenen Gegenwart zu treiben.[7] In seiner Freiburger Dissertation beschreibt Ansgar KREUTZER den Auftrag „kritischer Zeitgenossenschaft" auf derselben Linie (im Anschluss an den französischen Soziologen Pierre BOURDIEU) als einen theologischen Habitus, der die Denkart des Glaubens prägen und seine Praxisformen bestimmen soll.[8]

Der Begriff „Zeichen der Zeit" bleibt nicht zuletzt deshalb offen und klärungsbedürftig, weil es viele derartiger Zeichen gibt.

Das Zweite Vatikanische Konzil selbst nennt, ohne damit einen systematischen Anspruch zu erheben, an verschiedenen Stellen einzelne Zeichen der Zeit, so die wachsende internationale Solidarität,[9] die Forderung nach weltweiter Gewährleistung der Religionsfreiheit[10] und einer uneingeschränkten Anerkennung der Menschenrechte, aber auch innerkirchliche Desiderate wie die liturgische Erneuerung,[11] das wachsende Verlangen nach größerer Einheit unter den getrennten Christen,[12] und die eigene Kompetenz der Laien in der Deutung der Zeichen der Zeit[13]. Schon während des Konzils hatte Papst JOHANNES XXIII. in der Enzyklika „Pacem in terris" (11.04.1963) drei besonders wichtige Zeichen der Zeit hervorgehoben: die Armut der Völker und die Forderung nach weltweiter Gerechtigkeit, die gleiche Würde der Frau und die Verteidigung und Durchsetzung der Menschenrechte.[14] Wie diese Aufzählungen erkennen lassen, enthält der Begriff „Zeichen der Zeit" mehrere Bedeutungsschichten: Er kann die soziale, kulturelle und politische Wirklichkeit als solche bezeichnen, aber auch auf hoffnungsvolle Neueinsätze des kirchlichen Engagements oder auf gesellschaftliche Neuaufbrüche verweisen; schließlich kann er auch die zeitkritische Diagnose bezeichnen, die der Kirche ihre wichtigsten Aufgaben vor Augen hält. In diesem Sinn hat sich in der Praktischen Theologie der Begriff einer kritischen „Kairologie" eingebürgert, die dazu verhilft, die Lage von Kirche und Gesellschaft ohne Angst, Scheuklappen und Voreingenommenheit zur Kenntnis zu nehmen, um auf dem Boden einer kritischen Gegenwartsanalyse zu tragfähigen Urteilskriterien zu gelangen und Schwerpunkte kirchlichen Handelns zu erkennen.[15]

Bevor der Auftrag kritischer Zeitgenossenschaft durch eine systematische Reflexion über die theologischen Grundlagen des Verhältnisses zwischen Kirche und Welt, Glaube und Kultur näher bestimmt werden kann, ist ein kurzer Seitenblick auf die Vorgeschichte dieser Idee im 19. Jh. aufschlussreich. Der Freiburger Theologe Johann Baptist HIRSCHER (1788–1865), der zu den bedeutendsten Wegbereitern gegenwärtiger Theologie zählt, kennt zwar noch nicht den Begriff „kritische Zeitgenossenschaft", wohl aber die mit ihm gemeinte Sache. Er beschreibt die intellektuelle Grundhaltung der Aufgeschlossenheit gegenüber dem Zeitgefühl der eigenen Epoche, die jeden Seelsorger prägen sollte und zunächst in dem Bemühen zum Ausdruck kommt, den Geist der eigenen Zeit richtig zu erfassen. Das Wort „Zeitgeist" hat für ihn, anders als in einer kirchlichen Abgrenzungsrhetorik bis heute gebräuchlich, nicht nur einen negativen Klang. Es gilt vielmehr, den „Finger Gottes" richtig zu deuten, der durch den Zeitgeist in seinen Verheißungen und Verirrungen noch immer spricht.[16] Hirscher deutet den Gang der Geschichte, die er als Verwirklichung des Reiches Gottes auf Erden versteht, weder nach einem linearen Fortschrittsschema, noch, wie seine damaligen innerkirchlichen Gegner, als Abfall der Gegenwart von einer zur idealisierten Norm erhobenen „Vorzeit". Vielmehr liegen in jeder Epoche Licht und Schatten beieinander, so dass jede Zeit ihre sie auszeichnenden Möglichkeiten, aber auch charakteristische Gefährdungen besitzt: „Alle Zeit hat Etwas, was fehlerhaft ist – entweder verwerflich an sich, oder der damaligen Gestalt der Dinge nicht mehr angemessen. (...) Und alle Zeit hat Etwas, was ihr als ein Gut vorschwebt und ein Gut ist – entweder an sich, oder mit Rücksicht auf ihre augenblicklichen Bedürfnisse."[17]

Die Aufgabe kritischer Zeitgenossenschaft liegt für Hirscher darin, die berechtigten Hoffnungen der eigenen Zeit nicht zu verraten und dennoch gegenüber ihren Versuchungen wachsam zu bleiben. Getragen wird ein solches Ethos kritischer Zeitgenossenschaft von der Gewissheit, dass Gottes Walten in der Geschichte auch in der eigenen Gegenwart erkennbar bleibt: „Gott waltet in der Geschichte – und in dem Streben jenes abzuwerfen und dieses zu erlangen, ist der Finger Gottes."[18] Blinde Gegnerschaft gegen das Grundgefühl der eigenen Epoche macht deshalb genauso unfähig, den im Zeitgeist verborgenen Anruf Gottes zu entschlüsseln, wie „gedankenlose und einseitige Huldigung gegen diesen Geist"[19]. Das zeitgemäß Unzeitgemäße, das die eigentlichen Bedürfnisse der eigenen Zeit erkennen und ihre Not wenden könnte, bleibt den Freunden und Gegnern des „Zeitgeistes" oft gleichermaßen verschlossen. „Der Geist der Jahrhunderte drängt nach etwas hin; dasselbe ergreift die Geister der Gegenwart; aber was er *eigentlich* will, ist oft weder von denen, welche ergriffen sind, noch von ihren Gegnern erkannt. *Daher die Extreme nach beiden Seiten.*"[20] Die Haltung kritischer Zeitgenossenschaft, die Hirscher als intellektuelle Grundtugend der Theologie vorschwebt, steht dagegen in der

Mitte zwischen den Extremen – nicht in einer Ruhezone, die von den Kämpfen des Tages verschont bleibt, sondern mitten in dem „Gärungsprozesse, in welchem das Alte ausgestoßen, und ein Neues an dessen Stelle gesetzt wird", also dort, wo es am gefährlichsten ist.[21] Nur dort kann aus den antagonistischen Kräften, aus „dem Stoße und Gegenstoße der sich befeindenden Zeitkräfte" der allein zukunftsweisende *„eigentliche* Geist der Zeit" hervorgehen.[22] Es war Hirschers lebenslange Sorge, dass die Theologie und die kirchliche Verkündigung seiner Zeit nicht hellhörig genug für den Auftrag Gottes und das Walten seines Geistes sind, dass nicht nur in einer lange zurückliegenden Anfangsphase der Kirchengeschichte, sondern ebenso in der jeweiligen Gegenwart ihrer späteren Epochen zu erspüren ist.

2. Theologische Überlegungen zur Verantwortung der Kirche für Welt und Gesellschaft

2.1 Das Sich-Einlassen auf die Sorgen, Nöte und Konflikte der jeweiligen Gegenwart

Eine erste Annäherung an den theologischen Bedeutungsgehalt des Begriffes kritischer Zeitgenossenschaft ergibt sich aus einer sprachgeschichtlichen Analyse. Das deutsche Wort „Zeitgenosse" ist als Übersetzung des griechischen *syn-chronos* zu erkennen.[23] Die beiden semantischen Bestandteile „Zeit" und „Genosse" weisen allerdings über die buchstäbliche Bedeutung von synchron = gleichzeitig hinaus. „Genosse" gehört zu dem Wortfeld von genießen/Genuss und bedeutet ursprünglich „der seinen Besitz, seine wertvolle Habe oder sein Nutzvieh mit anderen gemeinsam hat"[24]. Dieser sprachgeschichtliche Hintergrund hat sich in dem Wort „Genossenschaft" erhalten: einander Genosse sein verweist in seiner Urform auf eine gemeinsame Organisation des Wirtschaftens und Besorgens, deren Grundlage der gemeinsame Besitz an den dringlichsten Gütern des Lebens ist. Zeitgenossen zeichnen sich daher durch eine gemeinsame Teilhaberschaft an den Aufgaben elementarer Lebensbewältigung aus, die über das rein chronologische Element der kalendarischen Gleichzeitigkeit hinausgeht.

Menschenwürde, Biopolitik und Kultur

Diese gemeinsame Teilhaberschaft, die eine Bewältigung wichtiger Lebensaufgaben der jeweiligen Gegenwart erst ermöglicht, stellt die normative Verwendung von „Zeitgenossenschaft" dar. In der Gegenwartssprache kommt dies in Wortbildungen wie „zeitgerecht", „zeitgemäß" oder „den Anforderungen und Erwartungen der heutigen Zeit entsprechend" zum Ausdruck.[25] Die etymologische Annäherung an den Begriff der Zeitgenossenschaft führt somit zu einem Ergebnis, das mit den anfangs zitierten Einleitungssätzen von „Gaudium et spes" übereinstimmt: Über die formale Gleichzeitigkeit einer historisch-kalendarischen Zeitangabe hinaus meint „Zeitgenossenschaft" das Sich-Einlassen auf die Sorgen, Probleme und Nöte der jeweiligen Gegenwart, die Bereitschaft, sich ihren Herausforderungen zu stellen und Mitverantwortung für die Gesellschaft und die in ihr lebenden Menschen zu tragen. So verstanden ist kritische Zeitgenossenschaft eine Näherbestimmung des Weltauftrages der Kirche: Weil sie zu den Menschen gesandt ist, um ihnen das Evangelium zu verkünden, darf die Kirche nicht nur von außen in die Gesellschaft hineinsprechen. Sie muss das Wort des Heils vielmehr so zur Sprache bringen, dass es bei den Menschen ankommen und ihr Leben prägen, vom Licht des Evangeliums her erhellen kann.[26]

Dieses Verständnis von Zeitgenossenschaft wäre indessen missverstanden, wenn wir darin nur eine strategische Anpassung an die Denkgewohnheiten und den Plausibilitätshorizont der jeweiligen Gegenwart sehen wollten. Das Solidarisch-Werden mit den Sorgen und Nöten der Menschen ist vielmehr eine Forderung, die aufs Engste mit dem Auftrag der Evangeliumsverkündigung und der Ansage des Reiches Gottes verbunden ist. Christliche Zeitgenossenschaft bezieht ihre Legitimation und ihre eigentliche Motivation aus dem zentralen Inhalt der Verkündigung Jesu, dem Anbruch des Reiches Gottes, dem die Kirche in ihrer Verkündigung, in der Feier der Sakramente und in ihrem sozialen Einsatz für die Menschen zu dienen hat. Christsein und Zeitgenosse der eigenen Gegenwart sein, stehen daher nicht beziehungslos nebeneinander. Vielmehr gehört zu dem Auftrag, das Evangelium zu verkünden, auch das Gebot, den Adressaten dieser Botschaft Zeitgenosse zu werden.

Der Mut und das Wagnis der Zeitgenossenschaft sind nicht ins

Beliehen der Kirche gestellt, so dass diese in der Wahl ihrer pastoralen Anknüpfungspunkte frei wäre. Der Mut und das Wagnis zur Zeitgenossenschaft sind vielmehr in jeder Epoche der Kirchengeschichte neu gefordert, weil die Kirche ihrem eigenen Ursprung nur so treu bleiben kann, indem sie das ihr anvertraute Evangelium in ihrer jeweiligen Zeit – und nicht in einer fernen, von den Problemen der Gegenwart unberührten Über-Geschichte – zu leben versucht. Es gibt keine andere Zeit, in der wir Christen leben und das Evangelium verkünden könnten, als die unserer Gegenwart. Die Flucht in eine nostalgisch verklärte Vergangenheit ist uns daher ebenso verstellt wie der Ausbruch in einer träumerisch-utopische Zukunft, die von den gegenwärtigen Aufgaben nur abhalten kann. Der gebieterische Imperativ der Gegenwart, der Jetzt-Zeit, auf die es ankommt, entspricht der biblischen Bedeutung von „Kairos" als gefüllter, qualifizierter Zeit: Wenn wir sagen „Es ist an der Zeit", eine lange aufgeschobene Aufgabe anzugehen, uns der drängenden Forderung der gegenwärtigen Stunde nicht zu verweigern, ist dies wie ein Widerhall der Botschaft Jesu: „Die Zeit ist erfüllt, das Reich Gottes ist nahe" (Mk 1,14). In dem Auftrag kritischer Zeitgenossenschaft und in dem Gebot, die Zeichen der Zeit zu deuten, spiegelt sich der eschatologische Sinn, den die Rede von den „Zeichen der Zeit" bei Lukas besitzt, wider (vgl. Lk 12,54ff.).

2.2 Das Verhältnis von Kirche und Welt im Licht der Schöpfung

Der Auftrag kritischer Zeitgenossenschaft gewinnt noch klarere Konturen, wenn wir ihn im Lichte der biblischen Heilsgeschichte deuten. Das Wort Gottes, das zu verkündigen der Kirche aufgetragen ist, ist in der Welt auf zweifache Weise gegenwärtig: als Wort der Schöpfung und als Wort des Heils. Beide stehen nicht unverbunden nebeneinander, sondern das eine setzt das andere voraus. Vom Wort des Heils heißt es im Prolog des Johannesevangeliums: „Und das Wort ist Fleisch geworden und hat unter uns gewohnt." (Joh 1,14) Im fleischgewordenen göttlichen Wort, in der irdischen Gestalt des menschgewordenen Gottessohnes ist das ewige Wort Gottes aus der Verborgenheit des innergöttlichen Lebens in die Offenheit der Geschichte eingetreten: Gott selbst nahm menschliche

Gestalt an, indem er einer von uns wurde. In Jesus Christus ist das Menschliche mit dem Göttlichen vereint; anfanghaft und noch verborgen sind Welt und Geschichte in das göttliche Leben aufgenommen. Damit kommt dem Ereignis der Menschwerdung Gottes, dem Wort des Heils, zugleich Bedeutung für die Welt im Ganzen und für die Geschichte aller Menschen zu. Das ewige Wort Gottes, das in der Fülle der Zeit Mensch wurde, weist zurück auf das erste Wort, das Gott am Morgen der Schöpfung sprach. Von ihm heißt es Joh 1,3: „Alles ist durch das Wort geworden, und nichts von dem, was geworden ist, ward ohne das Wort." Nicht erst das fleischgewordene Wort Gottes, das Wort des Heils ist daher als die Offenbarung des ewigen Gottes anzusehen; vielmehr ist schon das Wort der Schöpfung ein Heraustreten Gottes aus seiner Verborgenheit und in diesem Sinn wirkliche, wenn auch anfängliche Offenbarung. Die Geschichte Gottes mit den Menschen kann somit als ein Dialog verstanden werden, in dem das eine Wort Gottes dem anderen begegnet. Dialog meint dabei nicht nur einseitige Verkündigung des Heils an die Welt, sondern dass diese einbezogen ist in das Offenbarungsgeschehen selbst. An dieser Stelle tritt das eigentliche theologische Fundament hervor, auf dem der Dialog zwischen Kirche und Welt stattfinden und kritische Zeitgenossenschaft gelebt werden kann: Im Gegensatz zu einem einseitigen Monolog, bei dem die Kommunikation vom Verkündiger zum Adressaten der Botschaft nur in einer Richtung verläuft, sprechen wir von Dialog (im Sinne des *dia-legestai*), wenn ein Wort dem anderen begegnet und beide Worte aufeinandertreffen, ohne dass eines vom anderen aufgesogen wird. „Dialog der Kirche mit der Welt – das meint nicht nur Kerygma der Kirche an die Welt, sondern Inkarnation der Kirche in die Welt."[27]

2.3 Das Verhältnis von Kirche und Welt im Licht der Menschwerdung Gottes

Ihren Höhepunkt erreicht die Geschichte Gottes mit seinem Volk, die sich im Verlauf der biblischen Offenbarung Zug um Zug zu einem Dialog mit der ganzen Menschheit erweitert, in der Menschwerdung Gottes und im Tod und der Auferstehung Jesu Christi.

Das Geheimnis der Menschwerdung Gottes enthüllt, dass die Schöpfung von Anfang an auf das Heil bezogen ist, das in Jesus Christus offenbar wurde. Der zentrale Inhalt des christlichen Glaubens, die Fleischwerdung des göttlichen Wortes im Mysterium der Inkarnation, steht jeder Dissoziierung von Mensch und Gott, Schöpfung und Heil, Natur und Gnade entgegen. „Das Geheimnis der Menschwerdung hat sich nicht dadurch erfüllt", heißt es bei THOMAS VON AQUIN, „dass Gott seine Seinsweise irgendwie mit einer anderen vertauschte, die er nicht von Ewigkeit besaß, sondern dadurch, dass er sich auf neue Weise mit der Schöpfung vereinigte, oder besser diese mit sich."[28] In diesem zentralen Geheimnis unseres Glaubens bündeln sich wie in einem Prisma die Linien, die für andere theologische Sachzusammenhänge bedeutsam sind. Die neue Verhältnisbestimmung von Kirche und Welt, Heilsgeschichte und Profangeschichte, von der die Pastoralkonstitution des Zweiten Vatikanischen Konzils spricht, erschließt sich, wenn wir nach der Bedeutung fragen, die der Menschwerdung Gottes und dem Kreuz Jesu Christi für unser gegenwärtiges Christsein zukommen. Auf dem Konzil und in der unmittelbaren Zeit danach waren es vor allem die Theologen Karl RAHNER, Yves CONGAR und Marie-Dominique CHENU, die auf diese theologischen Hintergründe aufmerksam machten und „Gaudium et spes" vom Grundgedanken der Inkarnation her deuteten. Die Eigenständigkeit der Welt, die Bedeutung der Geschichte und der Auftrag des menschlichen Handelns sind theologisch von der Grundstruktur der Selbstoffenbarung Gottes her zu verstehen, wie sie in der bekannten christologischen Formel des Konzils von Chalcedon zum Ausdruck kommt: Sie reflektiert das Verhältnis, in dem die göttliche und menschliche Natur in der Person des menschgewordenen Logos zueinander stehen und prägt dafür die Formel „unvermischt und ungetrennt" *(asynchytos kai atreptos):* Gottheit und Menschheit Jesu Christi durchdringen einander ungetrennt und unvermischt, wobei die Eigenart jeder der beiden Naturen ganz und vollständig bewahrt bleibt *(salva proprietate utriusque naturae).*

Das christologische Verhältnismodell der ungetrennten und unvermischten Menschheit und Gottheit in Jesu Christus dient als Paradigma, um die Beziehung zwischen dem göttlichen und menschlichen Wirken in der Welt theologisch zu erfassen. Die Aufwertung der irdischen Wirklichkeiten und die autonome Eigenlogik der weltlichen Sachbereiche von Politik und Wissenschaft, Bildung und Kultur finden in der bleibenden Bedeutung der Menschwerdung Gottes für jede Epoche ihren theologischen Sachgrund. Die jeweilige Gegenwart wird dadurch zur qualifizierten Heilszeit, in der die Offenbarung der Liebe Gottes durch das Handeln der Christen konkret werden soll. In seinem Kommentar zur Pastoralkonstitution schreibt Chenu: „Hier im Geheimnis selbst, in der ungebrochenen Einheit der zwei unversehrten Naturen, ist die Autonomie der irdischen Wirklichkeiten, der Eigenwert der wissenschaftlichen und ethischen Disziplinen, der eigene Platz der Laien innerhalb des Gottesvolkes grundgelegt."[29]

Das inkarnatorische Grundmodell eignet sich nicht nur zur rechten Verhältnisbestimmung zwischen Kirche und Welt, Heil und Geschichte, Gnade und Freiheit. Es kann ebenso zur Erkenntnis spezifischer Störungen und Fehlformen herangezogen werden, die sich in diesem Beziehungsgefüge einstellen können. Wie störungsanfällig das Verhältnis von Kirche und Welt tatsächlich ist, zeigt sich in der nachkonziliaren Entwicklung der Kirche auf vielfache Weise. Der erkennbare Widerwille, auf den die Vergebungsbitte von Papst JOHANNES PAUL II. für die Schuld der Kirche bis in höchste Kreise hinein stieß, verrät das Weiterwirken eines im Ansatz platonischen Kirchenverständnisses. Dadurch wird die dialektische Struktur im Verhältnis von Kirche und Welt übersehen, die entsprechend der chalcedonensischen Formel nicht nur das Gegenüber der Kirche zur Welt betont, sondern auch damit ernst macht, dass die Kirche ein Teil der Welt ist und das Reich Gottes sich in deren Strukturen inkarnieren soll. Ebenso war die qualvolle Debatte um die kirchliche Schwangerenkonfliktberatung von theologischen Misstönen begleitet, die die auf dem Konzil erreichte Synthese erneut gefährden. Die Kirche soll sich von allen Ambivalenzen und von aller schuldhafter Verstrickung fernhalten, in die Menschen geraten können; sie soll als Künderin der Wahrheit der Gesellschaft gegenüberstehen, ohne sich in irgendeiner Weise dem Verdacht der Verstrickung in den Irrtum, die Unwahrheit und das Böse auszusetzen. Es ist hier nicht der Ort, die leidige Debatte um das Für und Wider der kirchlichen Schwangerenkonfliktberatung erneut aufzurollen. Sie ist an dieser Stelle nur deshalb erwähnenswert, weil die Weisung zum Ausstieg aus dem stattlichen Beratungssystem ein Kirchenbild erkennen lässt, das nicht auf die Präsenz der Kirche *in* den Konfliktlagen der Menschen, sondern auf eine schärfere Abgrenzung *gegenüber* der Gesellschaft setzt.

Im Licht der auf dem Zweiten Vatikanischen Konzil erreichten christologischen Verhältnisbestimmung von Kirche und Welt ist ein platonisches Verständnis der Kirche, das diese der Kultur ihrer Zeit nur antagonistisch gegenüberstellt, als einseitig zu kritisieren. Auch für die Beziehung der Kirche zur Welt gelten die beiden Prinzipien „ungetrennt und ungesondert" – „unvermischt und unverwandelt": Eine Kirche, die sich von der Realität gesellschaftlicher Konflikte und den Lebenskrisen der Menschen innerlich fernhält, nimmt nur noch die eine Seite ihres Auftrages wahr. Das Menschliche und Weltliche, das zur geschichtlichen Struktur der Kirche ebenso wie das Göttliche und Ewige gehört, darf nicht – um eine Metapher aus den christologischen Debatten des 4. Jh.s aufzugreifen – im Meer des Göttlichen, im Abgrund der Ewigkeit versinken. Eine solche einseitige Akzentuierung entspräche einem monophysitischen Missverständnis, das die Eigenständigkeit des Irdischen und das Eigengewicht seiner Strukturen, Aufgaben und Bedürfnisse in der Kirche nicht genug ernst nimmt. Genauso einseitig wäre das umgekehrte nestorianische Missverständnis, von dem dort die Rede sein kann, wo die Kirche in ein bloßes beziehungsloses Nebeneinander zur Gesellschaft gesetzt und die Welt sich selbst überlassen, gleichsam in eine heillose Profanität entlassen bleibt.

Letztlich wird in derartigen Fluchtbewegungen nicht nur die Bezogenheit der Schöpfung auf das Heil negiert, sondern auch die Kirche aus der Welt abgedrängt und in ein unwirkliches Jenseits der Geschichte verbannt.[30] Gegenüber der Gefahr solcher Einseitigkeiten und Verschiebungen im nachkonziliaren Kirchenverständnis, in denen das Bild einer „geschlossenen" Kirche wieder auflebt, die als *societas perfecta* der menschlichen Gesellschaft gegenübersteht, ist mit Papst PAUL VI. daran zu erinnern: „Die Welt wird nicht von außen gerettet. Man muss, wie das menschgewordene Wort Gottes, gewissermaßen mit den Lebensformen derjenigen eins werden, denen man die Botschaft Christi bringen will."[31]

2.4 Das Verhältnis von Kirche und Welt im Licht des Kreuzes Jesu Christi

Die Offenbarung Gottes als Liebe, die in dem Wort der Schöpfung anhebt und in der Menschwerdung des göttlichen Wortes ihren Höhepunkt findet, gewinnt ihre eindeutige Gestalt erst im Leben, im Tod und in der Auferstehung Jesu. Ohne das Kreuz Jesu Christi verfällt eine inkarnatorische Theologie leicht der Gefahr einer theologischen Überhöhung der Welt, die deren Brüche und Ambivalenzen nicht genügend ernst nimmt. Das Kreuz Jesu Christi bewahrt den Gedanken der Zeitgenossenschaft mit den jeweiligen Ängsten und Sorgen der Menschen vor einer distanzlosen Identifikation; das Kreuz Jesu Christi erinnert seine Jünger daran, dass sie nüchtern und realistisch damit rechnen müssen, dass die Vergeblichkeit, die Mühsal und auch das Scheitern zum Dienst der Verkündigung und zur Umgestaltung der Welt hinzugehören. Weil der Christ im Kreuz Jesu Christi zugleich ein Zeichen der Treue Gottes erkennt, die ihn durch das Scheitern hindurch zu neuem Leben führt, darf er sich von Rückschlägen und der Versuchung zur Resignation nicht entmutigen lassen. Es ist allein die Passion der Liebe, die die Welt verwandeln kann – nicht durch eine bruchlose Überhöhung ihrer positiven Leistungen und Erfolge, sondern durch die Annahme des Leides und die Überwindung der Sünde hindurch. Daher kann die Solidarität des Christen mit der Welt immer nur eine kritische sein; daher erfordert die Aufgabe, die Zeichen der Zeit zu deuten, die Fähigkeit und den Mut zur Unterscheidung der Geister. Sicherlich ist das Erscheinungsbild der nachkonziliaren Kirche auch durch eine zu weitgehende Anpassung bestimmt, durch die sich die Kirche der Welt ununterscheidbar angleicht. Wenn sie der Welt nichts anderes zu sagen hat, als diese ohnehin weiß und so nur als Verstärkerin des jeweiligen Zeitgefühls wirksam wird, macht die Kirche sich selbst überflüssig. Wenn ihre Botschaft sich in einer ohnmächtigen Bestätigung dessen erschöpft, was ohnehin gedacht und gewusst, getan und erlitten, versucht und unterlassen wird, braucht es diese Botschaft nicht, da kein heilsamer Impuls von ihr ausgehen könnte.

Eberhard Schockenhoff

2.5 Die theologische Legitimität eines partnerschaftlichen Verhältnisses von Kirche und Staat

Aus der dargestellten Beziehung der Kirche zur Welt, die eben nicht nur durch kritische Abgrenzung, sondern auch durch positive Anknüpfung bestimmt ist, ergeben sich auch Konsequenzen für das Verhältnis der Kirche zum Staat. Dieses ist von historischen Voraussetzungen abhängig, die nicht allein von der Kirche bestimmt werden. Aber wo ein Verhältnis kooperativer Zusammenarbeit unter Wahrung der jeweiligen Autonomie von Kirche und Staat historisch möglich ist, sieht das Konzil darin eine geschichtliche Konstellation, die grundsätzlich begrüßenswert ist: „Die politische Gemeinschaft und die Kirche sind auf je ihrem Gebiet voneinander unabhängig und autonom. Beide aber dienen, wenn auch in verschiedener Begründung, der persönlichen und gesellschaftlichen Berufung der gleichen Menschen. Diesen Dienst können beide zum Wohl aller umso wirksamer leisten, je mehr und besser sie rechtes Zusammenwirken miteinander pflegen; dabei sind jeweils die Umstände von Ort und Zeit zu berücksichtigen."[32] Weil Kirche und Staat in ihren unterschiedlichen Zielsetzungen – die Kirche dient dem ewigen Heil des Menschen, der Staat seinem irdischen Wohlergehen – auf das Wohl der menschlichen Person ausgerichtet sind, ist eine Zusammenarbeit mit dem Staat überall dort, wo sie ohne Schaden für die Identität des christlichen Zeugnisses möglich ist, auch aus Sicht der Kirche und ihres seelsorgerlichen Auftrages um der Menschen willen anzustreben.

Als ein Vordenker dieses Modells einer kooperativen Verhältnisbestimmung von Kirche und Staat kann wiederum der Freiburger Theologe Johann Baptist HIRSCHER (1788–1865) gelten. Ihm schwebte eine gegenseitige Zuordnung von Kirche und Staat in Form einer gleichberechtigten Kooperation als Alternative zu der im Staatskirchentum des 19. Jh.s bestehenden Unterordnung der Kirche unter die Aufsicht des Staates vor. Beide sollten „in schwesterlicher Eintracht" zusammenwirken, da sie von Gott auf ein gemeinsames Ziel, die „geistige und leibliche *Wohlfahrt des Volkes*" hingeordnet sind.[33] Selbst zu einer Zeit, in der sich die Kirche der Umklammerung durch den Staat erwehren und ihre eigene Freiheit erkämpfen musste, sah er den Idealzustand im Verhältnis von Kirche und Staat nicht in einer völligen Trennung oder Unabhängigkeit beider Größen, sondern in ihrem auf gegenseitige Achtung und Anerkennung gegründeten Zusammenwirken zum Wohl der Menschen.

Diese theologischen Zusammenhänge sind bedeutsam, weil sich in letzter Zeit die Stimmen derer mehren, die das Modell einer Kooperation zwischen Kirche und Staat, dessen Wurzeln bis in die Zeit des Josephinismus und der Säkularisation zurückreichen, als grundsätzlich illegitim, zumindest aber theologisch bedenklich und durch die Entwicklung der Geschichte überholt einstufen. Sicherlich können die Nähe zum Staat, auch wenn es sich um einen demokratischen Rechtsstaat handelt und die institutionellen Garantien, die sich aus ihrer gesellschaftlichen Stellung als öffentlich-rechtlicher Körperschaft ergeben, die Kirche schwerfällig, behäbig, nicht genügend misstrauisch gegenüber gesellschaftlichen Fehlentwicklungen machen. Derartige Folgen stellen sich jedoch keineswegs zwangsläufig ein. Die Kirche kann die gesellschaftlichen Freiräume, die ihr durch die Zusammenarbeit mit dem Staat eröffnet werden, auch zu einer fachkundigen, dynamischen und innovativen Präsenz an den gesellschaftlichen Orten geistiger Auseinandersetzungen und an den sozialen Brennpunkten des Lebens nutzen. Insofern stellen die Kooperationsvereinbarungen im Blick auf das kirchliche Wirken in Schulen und Hochschulen, Kindergärten und Familieneinrichtungen, in Lebenshilfe und Beratung nur den äußeren Rahmen bereit, in dem sich ein Verhältnis kritischer Zeitgenossenschaft und solidarischen Eingehens auf die Konflikte der Gesellschaft entfalten kann. Auch ist zu bedenken, dass eine gesellschaftliche Randstellung, die der Kirche unter anderen geschichtlichen Konstellationen aufgezwungen werden kann, keineswegs eine größere Vitalität garantiert. Vielmehr ist umgekehrt damit zu rechnen, dass die Kirche auch ihren Verkündigungsauftrag nur unter großen Einschränkungen erfüllen kann, wenn sie aufgrund ihrer gesellschaftlichen Marginalisierung nur noch wenige Menschen erreicht. Wir sollten daher das gegenseitige Vertrauensverhältnis zu den staatlichen Kooperationspartnern, das den Religionsunterricht an staatlichen Schulen, die Theologischen Fakultäten an staatlichen Universitäten, aber auch die vielfältigen sozial-caritativen Einsatzfelder der Kirche ermöglicht, nicht als historischen Ballast ansehen, sondern die Chancen, die es uns bietet, solange wir die Kräfte dazu haben, zum Wohl der Menschen nützen.

3. Konkretisierung: Die Verwissenschaftlichung der Welt als Zeichen unserer Zeit

Die Verwissenschaftlichung unseres Weltbildes ist ein wesentlicher Aspekt des Modernisierungsprozesses, der in der frühen Neuzeit einsetzte und die moderne Welt hervorbrachte. Der Siegeszug der Naturwissenschaften prägt die Moderne mehr als jedes andere Ereignis; nach einem Diktum des Physikers und Philosophen Carl Friedrich VON WEIZSÄCKER sind sie als der harte Kern der Neuzeit anzusehen. Im 19. Jh. hatte die Physik eine unbestrittene Vorrangstellung als methodische Leitwissenschaft inne, an der sich alle anderen Wissenschaften orientierten; am Ende des 20. Jh. machte die Biologie ihr diesen Rang streitig. Durch ihre Verbindung mit dem Paradigma der Evolutionslehre, das nicht nur die Entstehung der Arten, sondern auch das Auftreten von Geist, Freiheit und Moral nach dem Modell evolutionärer Höherentwicklung deutete, gelang es ihr, sich in der Form einer transdisziplinären „Life science" als Grundwissenschaft zu etablieren. Dabei verfolgt sie das ambitionierte Ziel einer Verbesserung der menschlichen Natur, durch das sie die Hoffnungen einlösen möchte, die das neuzeitliche Wissenschaftsverständnis von Anfang an prägt. Die Abkehr von dem antik-mittelalterlichen Ideal einer kontemplativen Naturbetrachtung, die in dem Francis BACON zugeschriebenen Motto „Wissen ist Macht" zum Ausdruck kommt, führte in Verbindung mit dem Fortschritt der Technik dazu, dass der Mensch die Natur – die äußere Welt ebenso wie seine eigene – zu seinem Vorteil verändern wollte. Das Ziel von Wissenschaft und Technik war es fortan, die Natur zu beherrschen und menschlichen Zielvorstellungen zu unterwerfen; die Herrschaft über die Natur soll, wie Francis BACON in seinem „Novum organon" als ehrgeiziges Programm der „Neuen Wissenschaft" formuliert, überall auf der Erde die allgemeine Wohlfahrt steigern und die menschlichen Lebensverhältnisse verbessern.[34]

Seit der Entdeckung des menschlichen Genoms in der Mitte

Menschenwürde, Biopolitik und Kultur

und seiner vollständigen Sequenzierung am Ende des 20. Jh.s scheint die Menschheit diesem Ziel einen großen Schritt näher gekommen zu sein. Die Möglichkeiten der molekularen Biologie und die therapeutischen Verfahren der regenerativen Medizin rücken die Verwirklichung uralter Menschheitsträume (Überwindung der Krankheit, Verlängerung des Lebens, Verbesserung der menschlichen Natur, tendenzielles Zurückdrängen des Todes usw.) in greifbare Nähe. Die Möglichkeiten der modernen Lebenswissenschaften lösen dabei anders als die Entwicklung sonstiger technischer Großprojekte bei fast allen Menschen sehr persönliche Reaktionen aus. Diese reichen von Hoffnung, Faszination und emphatischer Erwartung bis zu Skepsis, Distanz und ebenso entschiedener Ablehnung. Als der erste Mensch vor fast vierzig Jahren den Mond betrat – um ein Schlüsselereignis aus der jüngeren Geschichte der Weltraumforschung zum Vergleich heranzuziehen – da erlebten die meisten Menschen diesen atemberaubenden Erfolg der Wissenschaft in der Haltung faszinierter Zuschauer, in einer Mischung von Stolz, Staunen, Neugierde und Überwältigung. Kaum einer bezog diesen Durchbruch der Weltraumtechnologie unmittelbar auf sein eigenes Leben. Nur die besonders Unerschrockenen rechneten in diesem Augenblick ernsthaft damit, zu ihren Lebzeiten eine Ferienreise auf den Mond oder zu einem anderen Planeten des Sonnensystems antreten zu können.

3.1 Die modernen Lebenswissenschaften wecken Hoffnungen und Erwartungen

Bei der Erfolgen der „life sciences" und der modernen Fortpflanzungsmedizin ist dies anders: Ob es sich um die Geburt des ersten Kindes nach künstlicher Befruchtung, die Entschlüsselung des menschlichen Genoms oder die Aussichten der regenerativen Medizin aufgrund der Nutzung von Erkenntnissen aus der Stammzellenforschung handelt – in jedem Fall gibt es Betroffene unter uns, die als Patienten, Eltern oder Angehörige die Erfolge biomedizinischer Forschung gerade nicht als Zuschauer erleben. Sie verbinden mit dem wissenschaftlichen Erkenntnisfortschritt vielmehr sehr persönliche Hoffnungen – auf Heilung von schwerer Krankheit oder spürbare Erleichterung ihrer Beschwerden, auf ein gesundes Kind ohne die befürchtete schwere Behinderung, auf risikolose Familienplanung auf dem Weg zum eigenen Wunschkind, auf die Beherrschung der biologischen Unwägbarkeiten der eigenen Lebensführung – und dies alles nicht erst in ferner Zukunft, sondern baldmöglichst, in naher, von heute aus überschaubarer Zukunft, jedenfalls aber zu einem Zeitpunkt, in dem sie noch Nutznießer des erhofften wissenschaftlichen Erkenntnisfortschrittes sein können.

Die großen Erwartungen an dem Fortschritt der Wissenschaft führen dazu, dass jeder Einspruch im Namen der Moral auf Misstrauen stößt. Solcher Argwohn stellt sich bei vielen ein, wenn ihre persönlichen Hoffnungen auf den Sieg der Wissenschaft, der sie von „ihrer" Krankheit befreien oder ihnen „ihre" Ängste vor künftigen Leiden nehmen kann, mit einer distanziert-sachlichen Analyse der notwendigen Forschungsprojekte konfrontiert werden sollen. Wenn es einen Weg geben könnte – es genügt aus der Sicht der Betroffenen bereits, diese Frage im Konjunktiv zu stellen – um Krankheitsursachen zu erforschen, Therapieverfahren zu verbessern und Leiden schließlich zu heilen – wer hätte das Recht, die Nutzung dieser Möglichkeiten Bedingungen zu unterwerfen? Aus unbeteiligter Distanz Bedenken vorzutragen? Gibt es außer dem Leid der Kranken und ihrer verzweifelten Hoffnung auf Hilfe überhaupt andere Gesichtspunkte, die neben den gebieterischen Imperativen einer Ethik des Heilens zählen?

3.2 Ethische Grenzen des Machbaren

Der Satz: Nicht alles Wünschenswerte oder technisch Machbare ist ethisch vertretbar, findet auf Anhieb große Zustimmung; er gilt als eine Art von Generalnenner, unter dem ethische Debatten über biomedizinische Fragen geführt werden. Er eignet sich jedoch nicht als Beschwörungsformel, die eine überzeugende Argumentation im Detail ersetzen könnte. Aufgabe ethischer Beratung ist es vielmehr, im konkreten Anwendungsfall zu begründen, warum der Einsatz gentechnischer Möglichkeiten im einen Fall – etwa der Gewinnung von Arzneimitteln auf gentechnischem Wege – ethisch begründbar

Menschenwürde, Biopolitik und Kultur

ist, während das ethische Urteil in anderen Fällen ein negatives Urteil nahelegt. In den meisten bioethischen Konfliktfällen geht es dabei nicht um die Frage, ob die verfolgten Ziele gerechtfertigt sind, sondern darum, ob wir sie auf den Wegen erreichen dürfen, die dazu im Augenblick erforderlich sind.

Die Verwirklichung an sich wünschenswerter Handlungsziele kann dann zur moralischen Unmöglichkeit werden, wenn diese nur erreicht werden können, indem elementare Rechte und Ansprüche anderer verletzt werden. Wir empfinden Sympathie mit dem Räuber Robin Hood, der nicht aus Eigennutz, sondern zum Wohl der Armen stiehlt: Er ist kein gewöhnlicher Räuber, da seine Tat durch die gute Motivation etwas Würdevolles, Edles und Nobles gewinnt. Dennoch wissen wir, dass sein Handeln nicht gerechtfertigt werden kann, da ein Raubüberfall kein moralisch und rechtlich zulässiges Mittel ist, um den Armen zu helfen. Derselbe Grundsatz gilt auch in den moralischen Konfliktsituationen, in die moderne Verfahren der Fortpflanzungsmedizin und die Möglichkeiten der Embryonenforschung führen könnten. Zwar verfolgen Ärzte und Forscher hochrangige Zielsetzungen; sie handeln, um Krankheitsursachen zu erforschen, neue Therapien zu entwickeln oder Eltern mit einem behinderten Kind die Geburt eines genetisch eigenen, gesunden Kindes zu ermöglichen. Eine ethische Beurteilung von Forschungsansätzen oder reproduktionsmedizinischen Verfahren kann jedoch nicht allein von den Intentionen der Forscher oder der Ärzte her erfolgen. Ein moralischer Standpunkt wird vielmehr erst dann erreicht, wenn die Belange aller von ihren Handlungen möglicherweise Betroffenen Berücksichtigung finden. Daher muss ein ethisches Urteil auch die erforderlichen Mittel überprüfen und die bei realistischer Risikoerwägung zu erwartenden Folgen berücksichtigen.

Dabei gilt die Präferenzregel, dass im Konfliktfall der Wahrung elementarer Rechte von Individuen der Vorrang vor allgemeiner Hilfeleistung unter dem Vorzeichen des an sich Wünschenswerten zukommt. Der Schutz fundamentaler Rechte – vor allem des Rechts auf Leben, dessen Achtung jedem menschlichen Wesen strikt geschuldet ist – wiegt schwerer als die erhofften positiven Folgen für andere. Im Fall der Kollision zwischen positiven Hilfspflichten und negativen Unterlassungspflichten, die nicht durch die

Beachtung einer zeitlichen Reihenfolge aufgelöst werden kann (zuerst das Dringliche, dann das Aufschiebbare), muss daher das Prinzip *primum nil nocere* (= zuerst nicht schaden) beachtet werden. Dieser Grundsatz der allgemeinen Ethik findet in der Medizinethik und im ärztlichen Berufsethos eine Entsprechung darin, dass dem Nicht-Schadensprinzip der Vorrang gegenüber der Pflicht zur Hilfeleistung zukommt.

3.3 Die Unterscheidung von Zielen, Mitteln und Folgen

Der Sinn der Unterscheidung zwischen gerechtfertigten Zielsetzungen und unzulässigen Mitteln lässt sich anhand von Beispielen verdeutlichen. Die Heilung von Krankheiten und der Schutz vor Behinderung sind ein berechtigtes Ziel. Es macht jedoch einen erheblichen Unterschied aus, ob dieses Ziel durch die Bekämpfung der Krankheitsursachen oder die vorgeburtliche Aussonderung der künftigen Träger dieser Krankheiten oder Behinderungen erreicht werden soll. Im einen Fall stehen Diagnose und Therapie im Dienst des kranken Menschen, wie es dem Auftrag der Medizin entspricht, im anderen Fall findet überhaupt keine Therapie statt, während die Diagnose zur Grundlage von Selektionsentscheidungen wird, die mit dem ursprünglichen Heilungsauftrag der Medizin unvereinbar sind. Ähnliches gilt für die Präimplantationsdiagnostik und die verschiedenen Varianten der fremdnützigen verbrauchenden Embryonenforschung, sofern sie eine unzulässige Instrumentalisierung des menschlichen Lebens voraussetzen. Im Fall der PID erfolgt die künstliche Erzeugung menschlicher Embryonen nicht um ihrer selbst willen, sondern zum Zwecke ihrer genetischen Untersuchung und ihrer präsumtiven Aussonderung bei entsprechendem Ergebnis. Im Fall der embryonalen Stammzellforschung können die benötigten Stammzelllinien bislang nur durch die Vernichtung menschlicher Embryonen gewonnen werden. Trotz ihrer hochrangigen Zielsetzungen stoßen die genannten biotechnologischen und fortpflanzungsmedizinischen Verfahren daher auf schwerwiegende moralische Bedenken, die in einem ethischen Gesamturteil letztlich den Ausschlag geben.

Niemand hat einen Anspruch darauf, die eigenen Wünsche

und Interessen auf Kosten der fundamentalen Rechte anderer durchzusetzen. Auch die seelische oder körperliche Notlage, in der sich Eltern mit einem behinderten Kind oder unheilbar Kranke befinden, gibt diesen kein Verfügungsrecht über fremdes menschliches Leben. Die reproduktive Autonomie von Paaren und das Recht auf ungehinderten Zugang zu allen Heilverfahren der modernen Medizin finden eine Grenze an dem Anspruch des Embryos, um seiner selbst willen geachtet zu werden. Der Hinweis auf den extrakorporalen Status und die sogenannte Überzähligkeit eines Embryos mindert seinen Schutzanspruch keineswegs. Schließlich ist er selbst ungeachtet seines Aufenthaltsortes oder der Erzeugungsintention, die am Ursprung seines Daseins steht, ein unschuldiges, schutzloses Wesen, das niemanden bedroht und nur durch menschliches Handeln in die Situation äußerster Schutzlosigkeit und Hilfsbedürftigkeit gelangte. Die Anerkennung seiner Schutzansprüche erfordert auch keinesfalls ein besonders hochstehendes Ethos oder einen heroischen Verzicht, der niemandem zumutbar wäre. Vielmehr entspricht es einem Minimalbegriff der moralischen Verantwortung, dass wir für diejenigen Lebewesen der eigenen Art Verantwortung tragen, die wir durch unser eigenes Handeln in die prekäre Lage gebracht haben, in der sie sich befinden. Die umgekehrte Schlussfolgerung, die aus der existentiellen Bedrohung der einen durch die Krankheit das Recht zur beliebigen Verfügung über das Leben der anderen ableitet, widerspricht dem Grundsatz vom Vorrang der Unterlassungspflichten vor den positiven Tugendpflichten. Diesen Grundsatz zu beachten, mag in vielen Fällen schwer fallen; doch benennt er präzise den Grund, warum wir als moralisch handelnde Personen nicht alles tun dürfen, was an sich wünschenswert und technisch möglich wäre. Der Verzicht auf die Realisierung wünschenswerter Ziele kann aus moralischen Gründen geboten sein. Eine Hilfeleistung für die einen – so wertvoll sie für sich betrachtet sein mag – findet dort ihre Grenze, wo fundamentale Rechte anderer verletzt werden, zumal dann, wenn es sich bei diesen um schwache und daher schutzbedürftige Subjekte handelt, die ihre berechtigten Ansprüche nicht aus eigener Kraft geltend machen können. Ethische Beratung nimmt in einem solchen Fall eine Anwaltsfunktion wahr, die an das Recht derer erinnert, die ihren Standpunkt nicht selbst vertreten können.

3.4 Der Schutz des menschlichen Lebens in seinen Anfangsphasen

Die Bereitschaft zur Anerkennung der anderen als uns ebenbürtigen Mitglieder der moralischen Gemeinschaft muss auch das Urteil über die Schutzwürdigkeit jedes menschlichen Individuums in den Anfangsphasen seiner Existenz bestimmen. Die modernen Biotechniken haben die Grenzlinie, auf der die Entscheidung über die Anerkennung oder Missachtung der von unserem Handeln Betroffenen in ihrer Würde als Mensch fällt, weit nach vorn geschoben. Diese Entscheidung fällt in einen Bereich des nur mikroskopisch Wahrnehmbaren, in dem die Verletzung fundamentaler Rechte des Menschen so frühzeitig und verborgen stattfindet, dass sie von vielen als solche überhaupt nicht erkannt wird. Um in diesen Grenzfällen nicht der Problemlosigkeit des Augenscheinlichen zu verfallen, kann ein begründetes Urteil nur von einem Unparteilichkeitsstandpunkt aus erfolgen. Keineswegs darf dabei eine „Abwägung" in der Weise erfolgen, dass wir dem Embryo in Abhängigkeit von den Nutzungsansprüchen anderer einen sich wandelnden moralischen und rechtlichen Status zuschreiben. Die unumkehrbare Asymmetrie der Beurteilungsebene – wir befinden als bereits Geborene darüber, unter welchem Blickwinkel wir die einzelnen Lebensphasen der noch Ungeborenen betrachten – verpflichtet uns vielmehr zu besonderer Vorsicht und zur advokatorischen Wahrnehmung der Belange des Embryos gegenüber unserem eigenen Urteil.

Die advokatorische Vertretung der Position des Embryos gegenüber den Interessen der bereits Geborenen ist ein striktes Gebot der Unparteilichkeit und damit der Gerechtigkeit; sie kann nicht durch den Hinweis relativiert werden, dass auf Seiten der Wissenschaft besonders hochrangige Güter auf dem Spiel stehen. Wenn bei der Festlegung des zeitlichen Beginns der Schutzwürdigkeit des Embryos von den humanbiologischen Grundlagen her ein Spielraum bestehen sollte (etwa zwischen dem Abschluss der Befruchtung oder dem Beginn der Nidation), darf dieser nicht stillschweigend zu Lasten des Embryos genutzt werden. Ethische Vernunft legt es vielmehr nahe, von einem Unparteilichkeitsstandpunkt aus dem am wenigsten willkürlich gewählten Zeitpunkt den Vorzug zu geben.

Menschenwürde, Biopolitik und Kultur

Wir müssen, um die Schutzwürdigkeit des menschlichen Lebens in seinen Anfangsphasen unvoreingenommen erkennen zu können, retrospektiv zum Ausgangspunkt unserer eigenen Existenz zurückgehen und nach den für unser heutiges Dasein relevanten eigenen Herkunftsbedingungen fragen. Wir alle haben unabhängig davon, wie wir im Einzelnen denken, eines gemeinsam: Wir selbst existierten einmal als Embryonen, deren durchschnittliche statistische Überlebenschancen wie die der gegenwärtigen Zygoten auf derselben Entwicklungsstufe nicht mehr als 30–40 % betrug. Alle Einwände, die in der gegenwärtigen Debatte um den moralischen Status des Embryos gegen eine volle Schutzwürdigkeit von Anfang an vorgetragen werden, hätten damals auch gegen unser Existenzrecht ins Feld geführt werden können. Umgekehrt gilt: Weil unser heutiges Dasein in einem unauflösbaren Zusammenhang mit der Tatsache steht, dass wir in unserer damaligen gefährdeten Existenzweise von unseren Eltern als eigenständige Wesen geachtet wurden und uns die zu unserer Entwicklung erforderliche Unterstützung nicht vorenthalten wurde, sind wir verpflichtet, denen dieselbe Achtung, Unterstützung und Hilfeleistung zu erweisen, die sich heute in unserer damaligen, höchst prekären Lage befinden. Wenn es die gegenwärtigen fortpflanzungsmedizinischen Möglichkeiten erlauben, menschliches Leben außerhalb des Mutterleibes zu erzeugen, darf dies in moralischer Hinsicht nicht dazu führen, dass wir dem von uns erzeugten eine geringere Achtung entgegenbringen als sie im natürlichen Zeugungsvorgang gefordert ist. Wir dürfen daher auch den extrakorporalerzeugten Embryo nicht wie das Produkt eines Herstellungsvorganges behandeln, über das wir nach unseren Vorstellungen und Interessen verfügen dürfen. Wir haben ihn durch eigenes Handeln – eben durch die Nutzung der neuen biotechnologischen Möglichkeiten – in seine derzeitige Lage gebracht und sind daher verpflichtet, dafür Sorge zu tragen, dass er eine dem natürlichen Zeugungsprozess vergleichbare Entwicklungschance erhält. Die Künstlichkeit der Erzeugung des Embryos ändert nichts daran, dass sich hinter dem biologischen Vorgang, den wir ins Werk setzen, der Anfang der personalen Freiheitsgeschichte eines Subjekts verbergen kann, das uns auf einer späteren Stufe seiner Entwicklungsmöglichkeiten als ebenbürtiger Interaktionspartner gegenübertritt. Das Verhältnis des Erzeugers zu dem erzeugten Embryo soll kein einseitiges Nutzungsverhältnis, sondern ein solches der Anerkennung sein, das dessen zukünftigen Lebensmöglichkeiten antizipiert.

4. Schluss

Die Verwissenschaftlichung unserer Welt ist ein Grundzug der modernen Lebenswirklichkeit, ohne den diese nicht adäquat verstanden werden kann. Wer den Hoffnungen und Ängsten, den Erwartungen und Sorgen der eigenen Gegenwart treu bleiben möchte, muss sich den Herausforderungen stellen, die mit der Anwendung und Nutzung der biotechnologischen Möglichkeiten gegeben sind. Diese verändern nicht nur die Umwelt des Menschen, die seinen natürlichen Labensraum darstellt, sondern auch das menschliche Leben selbst und zentrale Lebensvorgänge wie Zeugung und Geburt, Gesundheit und Krankheit, Sterben und Tod. Der Auftrag kritischer Zeitgenossenschaft umfasst dabei beides: die Bejahung von Wissenschaft und Technik und ihre kritische Indienstnahme, die das technisch Machbare an dem ausrichtet, was wir im Blick auf die Zielsetzungen, die Mittel und Wege und schließlich die Folgen ihrer Nutzung verantworten können.

Die Annahme der Welt, die auch die Eroberungen der Wissenschaft und die Macht der Technik einschließt, hebt deren heilsgeschichtliche Ambivalenz nicht auf. Grundsätzlich gilt: Es gibt keine neutrale Welt. Diese ist vielmehr immer schon auf den größeren Gott hin geöffnet, aus dessen schöpferischer Macht und Liebe sie hervorgeht oder sie bleibt in sich verschlossen, indem sie sich Gott verweigert. Auch die Möglichkeiten einer Umgestaltung und biologischen Manipulation des Lebens müssen daher in ihrer ambivalenten, „gemischten" Qualität wahrgenommen werden: Sie sind kein Teufelswerk, aber sie schaffen auch nicht den Himmel auf Erden. Die Hoffnung, mit Hilfe der Wissenschaft die Fehlerhaftigkeit der menschlichen Existenz korrigieren und ihre leidvollen und schmerzhaften Seiten für immer aufheben zu können, bleibt ein vergeblicher, des Menschen unwürdiger Traum. Seine Würde als endliches Wesen besteht nicht darin, dass er gegen alle Grenzen rebellieren muss, sondern dass er in seinen Grenzen, mit seinen Fehlern und Defiziten, auch mit den körperlichen Gebrechen und Behinderungen, die vielfaches menschliches Leid verursachen können, leben und sterben darf. Die Verwandlung menschlicher Leiden in Freude, der Übergang vom Tod zum Leben und die Überwindung des Schmerzes kann nicht auf rein technischem Wege gelingen; sie bleibt das Werk der Liebe, die dem Leid nicht ausweicht, sondern ihm standhalten kann.

Blicken wir am Ende nochmals auf die Grundhaltung kritischer Zeitgenossenschaft zurück, in der wir als Kirche Jesu Christi Mitverantwortung für die Geschicke der Welt und die Zukunft der menschlichen Gesellschaft tragen. Wir haben gesehen: Kirche und Welt, Glaube und Kultur lassen sich nicht in der Weise unterscheiden, dass ihre Bereiche nur getrennt und einander gegenübergestellt würden. Vielmehr sind beide, Kirche und Welt, Glaube und Kultur umschlossen von der Schöpfung und der Geschichte des Heils oder Unheils. Man kann sie daher nicht adäquat unterscheiden, so dass es einen Bezirk des Heiligen neben dem Profanen gäbe. Die Aufgabe, die Zeichen der Zeit im Lichte des Evangeliums zu deuten, fordert uns vielmehr dazu auf, nach den Spuren des Geistes Gottes im Acker der gemeinsamen Geschichte von Kirche und Welt zu suchen. Auch wenn uns dies als theologische Wahrheit über Gott und sein geschichtliches Heilswirken bewusst ist, müssen wir uns dieser Wahrheit immer wieder vergewissern, damit sie zu einer gelebten Haltung im Umgang mit den Nöten der Gegenwart werden kann: Der Geist Gottes weht auch außerhalb der Kirche in der Welt. Ebenso gilt umgekehrt: Die Kirche selbst wird bis zum Ende der Tage immer auch ein Stück Welt bleiben. Daher ist die Welt für die Jünger Jesu Christi unaufhebbar beides, Ort der Sendung *und* des Kampfes, der Liebe *und* des Todes, der Solidarität *und* der kritischen Verweigerung. Diese letzte Distanz, die den Jüngern Jesu Christi eine restlose Identifikation mit den Erwartungen ihrer Zeit unmöglich macht, bringt es mit sich, dass die Kirche die Erwartungen der Welt immer wieder wird enttäuschen müssen. Sie kann nur eine kritische Zeitgenossin der Gegenwart sein, wenn sie ihrem Wesen als *ek-klesia*, als herausgerufenes, pilgerndes Volk Gottes treu bleiben will.

Erst aus dieser Haltung eschatologischer Distanz spricht der Glaube sein Ja zur Welt. Sie ist der Ort, an den er von Gott gestellt ist, die Zeit, in die er von Gott eingewiesen ist. „Das Christentum ist keine geschichtliche Größe", schreibt der Begründer der Nouvelle Théologie und spätere Kardinal Henri DE LUBAC in seinem Tagebuch nieder, „die Geschichte vielmehr ist eine christliche Größe"[35]. Wir können uns die Zeit und die Stunde nicht aussuchen, in der Gott unseren Dienst fordert. Vielmehr sollen wir unsere Zeit und unsere gegenwärtige Welt als den Platz erkennen, an den wir von Gott gestellt sind. Für uns bedeutet dies: Wir sollen das Evangelium einer Welt verkünden, wir sollen als Kirche Jesu Christi in einer Welt leben, die durch Wissenschaft und Technik geprägt ist und in Zukunft noch stärker geprägt sein wird, als wir uns dies heute vorstellen können. Bei aller kritischen Wachsamkeit, die auch gegenüber den Errungenschaften des technischen und wissenschaftlichen Fortschritts notwendig ist, brauchen wir vor der Zukunft einer verwissenschaftlichen Welt keine Angst zu haben. Als Christen wissen wir: Gottes erstes Wort an die Welt, das „Wort der Schöpfung", in ihren Werken als Wahrheit der Welt geoffenbart, ist die Quelle, in der alle wissenschaftlichen Erkenntnisse ihren Ursprung haben.

ERASMUS VON ROTTERDAM, an den zu erinnern wir im Jahr unseres Freiburger Universitätsjubiläums besonderen Grund haben, hat es in seinem „Enchiridion militis christiani" auf die Formel gebracht: „Christi esse puta, quidquid usquam veri offenderis" („Sei gewiss, dass alles Wahre, auf das du triffst, von Christus stammt"). Er wandelt damit einen Satz aus den Schriftkommentaren des THOMAS VON AQUIN ab: „Omne verum, a quocumque dicatur, a Spiritu Sancto est"[36] („Alles Wahre, wer immer es aussprechen mag, stammt vom Heiligen Geist"). Was für ein Satz ist dies! Welche Haltung intellektueller Offenheit spricht aus ihm! Zur Entstehungszeit der großen Universitäten Europas galt diese unbekümmerte Einstellung gegenüber der Wissenschaft als eine gläubige Haltung, die von dem Vertrauen geleitet ist, in den Erkenntnissen der Wissenschaft der noch verborgenen Wahrheit der Welt zu begegnen, die Gott im Wort der Schöpfung der Natur eingestiftet hat. Deshalb stellte man auf den Universitätszeptern dar, wie Christus die Wissenschaften auf die einzelnen Fakultäten verteilt. Das Vertrauen, in den Ergebnissen der Wissenschaft, auch wenn sie unser Leben in einer früher ungeahnten Weise verändern, nichts Bedroh-

Menschenwürde, Biopolitik und Kultur

lichem, sondern den Spuren des Heiligen Geistes, der schöpferischen Wahrheit Gottes zu begegnen, ist noch immer die angemessene, Gottes Weisheit entsprechende Haltung, die Herausforderungen der Gegenwart in kritischer Zeitgenossenschaft anzunehmen.

Anmerkungen

[1] GS 2. Die Abkürzungen der Konzilsdokumente richten sich nach W. Kasper u. a. (Hgg.), Lexikon für Theologie und Kirche, 3. Auflage, Bd. 11 (2001) 697.
[2] GS 3.
[3] GS 3.
[4] GS 4.
[5] GS 4; vgl. auch GS 11.
[6] Vgl. PO 9 und AA 14.
[7] Vgl. LThK^2 Ergänzungsband III, 314–316.
[8] Vgl. KREUTZER, Ansgar, Kritische Zeitgenossenschaft. Die Pastoralkonstitution Gaudium et spes modernisierungstheoretisch gedeutet und systematisch-theologisch entfaltet, Innsbruck 2006, 448 f.
[9] AA 14.
[10] DH 15.
[11] SC 43.
[12] UR 4.
[13] PO 9.
[14] Nr. 132–138.
[15] Vgl. LEHMANN, Karl, Christliche Weltverantwortung zwischen Getto und Anpassung. Die nachkonziliare Aufnahme der Pastoralkonstitution über die Kirche in der Welt von heute, in: ders., Glauben bezeugen, Gesellschaft gestalten. Reflexionen und Positionen, Freiburg i. Br. 1993, 328–342, bes. 335 f.
[16] Vgl. HIRSCHER, Johann Baptist, Die christliche Moral als Lehre von der Verwirklichung des göttlichen Reiches in der Menschheit, Bd. 2, Tübingen ^{2}1836, 191.
[17] HIRSCHER, Die christliche Moral (Anm. 16), 191.
[18] HIRSCHER, Die christliche Moral (Anm. 16), 191.
[19] HIRSCHER, Die christliche Moral (Anm. 16), 178.
[20] HIRSCHER, Die christliche Moral (Anm. 16), 178 f.
[21] HIRSCHER, Die christliche Moral (Anm. 16), 191 f.
[22] HIRSCHER, Die christliche Moral (Anm. 16), 191 f.
[23] Vgl. KLUGE, Friedrich, Etymologisches Wörterbuch der deutschen Sprache, Berlin ^{20}1967, 878.
[24] Vgl. KLUGE, Friedrich, Etymologisches Wörterbuch (Anm. 23), 248.
[25] Vgl. DUDEN, Das große Wörterbuch der Deutschen Sprache, Bd. 8,2, Mannheim 1994, 3990.

[26] Vgl. KREUTZER, Ansgar, Kritische Zeitgenossenschaft (Anm. 8), 49 f.
[27] AUER, Alfons, Zur Theologie der Ethik. Das Weltethos im theologischen Diskurs, Freiburg i. Ue. 1995, 17.
[28] THOMAS VON AQUIN, Summa theologiae, Tertia pars, 1,1 ad 1.
[29] CHENU, Marie-Dominique, Die Aufgabe der Kirche in der Welt von heute, in: BARAUNA, Guilherme (Hg.), Die Kirche in der Welt von heute. Untersuchungen und Kommentare zur Pastoralkonstitution ‚Gaudium et spes' des Zweiten Vatikanischen Konzils, Salzburg 1967, 226–247, hier: 243.
[30] Vgl. AUER, Alfons, Zur Theologie der Ethik (Anm. 27), 25.
[31] AAS 56 (1964), 646; zit. nach der deutschen Übersetzung aus: Herder Korrespondenz 18 (1964), 567–583, hier: 579.
[32] GS 76; vgl. auch Nr. 25; 40; 43; 74.
[33] HIRSCHER, Johann Baptist von, Die christliche Moral als Lehre von der Verwirklichung des göttlichen Reiches in der Menschheit, Bd. 3; Tübingen ²1836, 234 und ders., Zur Orientierung über den derzeitigen Kirchenstreit, Freiburg 1854, 18. In den späteren Auflagen seines Handbuches strich Hirscher allerdings den Ausdruck „in schwesterlicher Eintracht", um statt dessen den Vorrang der Kirche vor dem Staat zu betonen, der dieser hinsichtlich der Realisierung des Reiches Gottes nach der Vielgestaltigkeit seiner äußeren Existenzweise zukommen müsse. Zum zeitgeschichtlichen Kontext vgl. FALLER, Joachim, „Mir scheint, es wäre an der Zeit zu handeln ...". Johann Baptist von Hirscher. Werk und Wirken einer Epoche des Umbruchs (1845–1865), Freiburg – München 2006, 143–156.
[34] Vgl. BACON, Francis, Novum organon (hg. von W. KROHN), Hamburg 1990, 271 (Aphorismus 129).
[35] DE LUBAC, Henri, Glaubensparadoxe (Kriterien 28), Einsiedeln 1972, 69.
[36] THOMAS VON AQUIN, Super II, ad Timotheum III,3 (nr. 126).

Herausgeber und Autoren[1]

Klaus Baumann
(* 1963) Dr. theol., o. Professor für Caritaswissenschaft und Christliche Sozialarbeit

Georg Bier
(* 1959) Dr. theol., o. Professor für Kirchenrecht und Kirchliche Rechtsgeschichte

Thomas Böhm
(* 1964) Dr. phil. Dr. theol., o. Professor für Alte Kirchengeschichte und Patrologie

Markus Enders
(* 1963) Dr. phil. Dr. theol., o. Professor für Christliche Religionsphilosophie

Helmut Hoping
(* 1956) Dr. theol., o. Professor für Dogmatik und Liturgiewissenschaft

Hubert Irsigler
(* 1945) Dr. theol., o. Professor für Alttestamentliche Literatur und Exegese

Ursula Nothelle-Wildfeuer
(* 1960) Dr. theol., o. Professorin für Christliche Gesellschaftslehre

Lorenz Oberlinner
(* 1942) Dr. theol., em. Professor für Neutestamentliche Literatur und Exegese

Herausgeber und Autoren

Eberhard Schockenhoff
(* 1953) Dr. theol., o. Professor für Moraltheologie

Bernhard Uhde
(* 1948) Dr. phil. Dr. theol., apl. Professor für Religionswissenschaft und Religionstheologie

Peter Walter
(* 1950) Dr. theol., o. Professor für Dogmatik und Quellenkunde der Theologie des Mittelalters

Hubert Windisch
(* 1949) Dr. theol., o. Professor für Pastoraltheologie

---

[1] Herausgeber und alle Autoren: Katholische Fakultät der Universität Freiburg im Breisgau.